JN207640

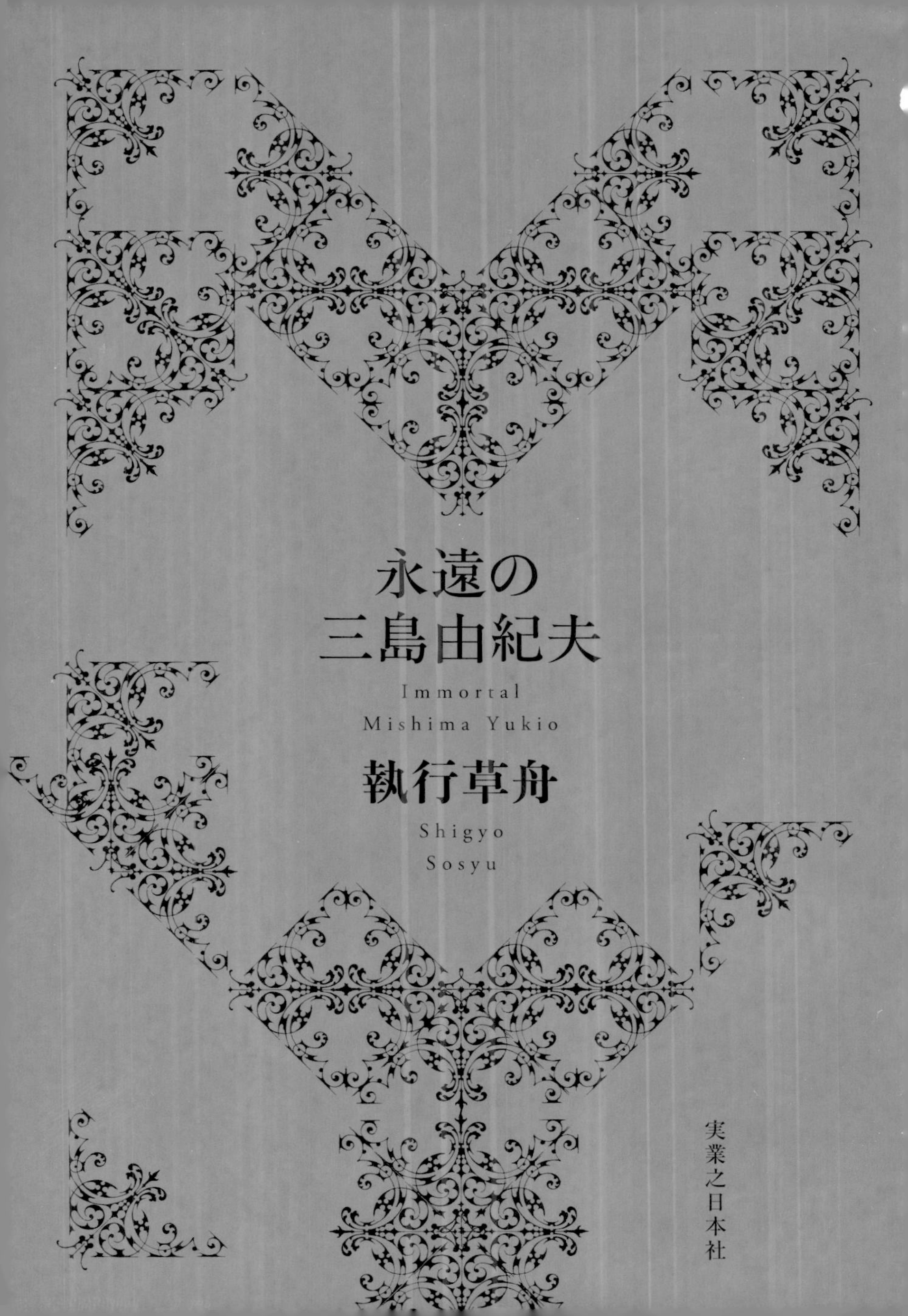

永遠の三島由紀夫

Immortal Mishima Yukio

執行草舟

Shigyo Sosyu

実業之日本社

三島由紀夫　生誕百年記念出版

はじめに

ここには一人の作家と、一人の青年との赤裸々な魂の交感が溢れている。それは文学が生み出した激烈な時間と言えよう。また『葉隠』が生み出した清冽な時間だったとも言えるだろう。記憶の聖域によって濾過された「青春」の「対話」が、いまこの世に甦ってきたのである。五十五年の歳月を経て、三島由紀夫先生の言葉がこの世に降（くだ）ってきたように私には感じられるのだ。先生はその壮烈な死とともに、未来を見据えたひとつの「神話」に向かわれたと私は思っている。そして時間の作用が、その対話を確実に熟成させてきたのだ。

本書に示された対話のすべては、三島先生と私の間に交わされた「私信」である。私信のゆえに、七十四歳の今日こんにちまで私は先生との対話を公に発表するつもりは全く無かった。それは先生と私の間に存在した「友情」でもあり、また私の人生を内側から支える「豊かさ」の震源でもあったからに他ならない。しかしその私信を、私は公にしなければならないと感ずるようになってきたのだ。その心の中の変化に、私は歴史がもつ重大な必然性を感じていると言っていいだろう。

大仰な言い方になるが、歴史が私に「私信」の公表を命じてきたと思っているのだ。その核心にある必然とは、先生の思想がもつ予言性と革命性にその根拠がある。先生がその最後の四年間に、私に伝えようとしたことが、半世紀以上の時を経て、今後の日本の行く末を作用するほどの「大思想」に膨らんできたと私にははっきりと認識できるようになったからだ。先生が語った文学論や日本論そして人間論は、間違いなく日本の未来を決定づけるほどの思想である。先生はその思想から立ち昇る予言を、青春の真っ只中にいた私に何か託されたように感じるようになってきたのだ。

それは三島先生の死後五十五年を経て、まさに今日こんにち、日本の「新しい神話」となってきた思想と言ってもいいだろう。そのような内容を、先生と私は文学論を通して語り合ったと思えるようになったのだ。だからこそ、それを多くの人たちに伝えなければならない。日本の未来のために、それを死んでもやらねばならぬと私は決心したのだ。五十五年前の対話と議論を克明に思いだすことは、本当に死ぬほどの労苦を私の生命に与えた。しかし、先生の言葉とそこに示された思想を絶対に現代の人間に伝えなければならない。その使命が、私の生命を鼓舞し続けていた。

この記録は、私の中ではこのような悲愴な思いで書き続けられることとなったのだ。四年間に亘って語られた議論を、主題別に纏めるという方針で、何とか書き進めることができた。私の拙い文筆力では、本当に分かりにくい纏め方だと自分でも思いながら書き進めた。しかし、今の私の力ではここまでが限界なのである。読み難い文かもしれない。そこを何とか、読み続けてもらいたいというのが、今の私の唯一の願いと言ってもいい。

私の拙い文を超えた先にある、「三島由紀夫」という「神話」を信じて読者の方々には読み進めてほしい。読めば必ず、三島先生のもつ、日本の未来を決定づける「思想」と、そして未来を摑み取るための真の「予言」を読者の方々は得ることになるに違いない。そして三島先生の生命がもっていた、真の未来性を感じていただけることになるだろう。

私は文学を死ぬほどに愛する青年だった。だから私は若気の至りとはいえ、先生に対して随分と生意気な言い方を続けているが、どうかそこは御寛恕願いたい。私が本書をこの世に問う目的は一つしかないのだ。それは先にも触れたように、先生の思想と予言を、現代人に摑み取ってほしいということに尽きる。青春を生きていた私に向かって放たれた、先生の言葉をのみどうか読み込んでいただきたい。

令和六年五月八日

執行草舟

目次

第二章　スサノヲの現成——神話の地上的展開

第三章 ギリシャ的晴朗——自由への渇望

第六章

恋闕の詩情——王陽明逍遥

第七章 反文学への道――虚無の創造

第八章　人類の終末——文学における終末論

終章　その最後の言葉

序章

忘れ得ぬ日々

なぜ、いま三島由紀夫か

いま私の現前には、あの烈しかった青春の日々が思い浮かんでいるのです。その日々は私を創り上げるのと同時に、また私の人生に回復し得ぬほどの慟哭を刻印したものでもありました。それは、三島由紀夫先生との出会いによってもたらされたものでした。私が三島先生の知遇を得たのは、十六歳のときでした。その後も十九歳までの青春の約四年間に、先生に度々交流の機会を与えていただき、様々な文学の議論を交わさせていただいたのです。その時期は、三島先生にとっては、一九六六年四十一歳から最晩年の一九七〇年四十五歳に当たる四年間でした。いまから思えば、先生が一直線に死に向かう、まさに最後の四年間です。

私はそのことを思い出すと胸が熱くなり、先生の恩義を深く感じながらも、自分のもつ烈しい運命を考えざるを得ません。そしてそれは、あくまでもそのすべてが個人の思い出の範疇だったのです。だから、三島先生が直接私に語って下さった当時の会話や思い出を「纏める」などという考えは、いままでまったく私の頭の中には浮かびませんでした。しかし今回、尊敬する何人かの人たちの強い勧めと実業之日本社からの依頼により、三島先生と私との個人的な対話を世に問うこととなったのです。

顧みれば、私の経験は三島先生の最晩年の文学思想を表わす記録となっていることに気づかされ、それを後世に伝えなければならないという義務感に襲われてきたと言うべきかと思います。そして纏めるに当たり、膨大な文学的対話をいかに一冊の書物とすべきかを考え、三島文学を私なりに八項目の大きな主題に分類して書くことになったのです。このことによって、先生と話し合った膨大な文学論の内容を主題別に記録として纏めることができたと思っています。

私の体験は先生が私に個人的に語ったことでもあり、まさかそれが先生の晩年に当たる年月の対話になろうとは、当時は想像すらできなかった。そして、精神的には解決不能とも思える、あの大事件が起こったのです。だからこそ、三島事件後は先生との思い出を誰にも語ることもできずに、ただただ先生の行動は果たしてどういう意味があったのか、自分なりに考え続けることしかできなかったと言ってもいいでしょう。

私は長年に亘って、沈黙を続けてきました。それは先生への追悼の意も含め、時間を費やす必要が私にはあったからなのです。その死を消化することは到底できずに、あれから五十年の歳月を沈黙の中に生き続けてきました。悶々と、なぜ先生が亡くなったのか考え続け、先生の文学のもつ憂国性と未来性を思索しながら生きてきたと言えます。というのも、事件の年の五月に電話で話したのを最後に、それまで夏休みにお会いした八ヶ岳の山荘を始めとして、東京では日生劇場や帝国ホテルのラウンジなどで多数回お会いし、また私の目白の家まで来られたことも何度かありました。電話も何十回となくかけ合い、文学、哲学、音楽など多岐に渡って先生は忌憚なく自らの意見を語って下さり、私もまたそれに甘えていつでも自分の本当の意見をぶつけさせていただいていたのです。

それが、あの突然の自決事件によってすべて崩れ去ってしまった。私はそれまで、「楯の会」も含め、先生の政治活動のことはほとんど知りませんでした。また先生も、私にはそういう事柄は一切語らなかったのです。私はあの事件を、先生の「文学者」としての覚悟と考えていました。そして、それを自己の中で納得させるために、多大の時間を必要としたのです。先生との文学体験は、私の青春にとって、それほどに巨大なものだったと言えましょう。

後から思えば、三島先生はすでに死の覚悟をしておられた時期です。だから文学論といえども、語るものに何か二重の意味が込められていたのではないかと考え続けてきたのです。思い出しても、本当にそう思います。一体、三島先生はいかなることを望んでおられたのか。当時は本当に若輩ですから、高校生の青年に向かって何を真意として語っておられたのか。改めて先生の死という事象を通してみると、当時、先生が語られていた文学・思想・哲学が大きな意味を持って浮かび上がってこざるをえません。今回、このように発表する機会を得たことで、五十年以上を経た個人的な思い出だけに留めるのではなく、日本人ひいては人類的な意味として「三島由紀夫」の真実を検証する一助となればとの願いで、身の程をわきまえずに筆を執らせていただく決意をした次第です。

運命の出会い

私が本書執筆の決意を固めるには、すでに伏線があったのです。それは、三島由紀夫没後五十周年の第五十回「憂国忌」とそして第五十三回「憂国忌」において、その実行委員会の依頼を受け、三島先生との思い出を講演させていただいたことでした。その講演の評判が、予想した以上に評価され、改めて先生の生き方を伝え、考えるべきときがきたと強く思ったことがきっかけの一つとなりました。まさにこの二つの記念の大会に講演者として参加させていただけたことは、私にとっては決定的に大きかった。こうして、私は本書を一冊の本として発表する勇気を得ることができたのです。

そもそも、高校生で「三島由紀夫」と文学論を交わすなど、蛮勇もいいところだと思われるかもしれません。ですが、私は文学についてはかなり早熟というか生意気というか、小学生から高校生まで、かなりの量の書物を読みふけり、いっぱしの文学青年を自負していました。といっても、一般的な青白い文学青年ではなく、喧嘩を人並み以上にして、好き放題に学生時代を過ごしていた不良だったのです。では、なぜ三島先生と知り合ったのかと言えば、私の両親が別々に先生とご縁があったからなのです。まず母親の知り合いが三島先生と家族ぐるみで親しい間柄でした。また、奇しくも私の父が三島先生の結婚相手となる杉山瑤子（ようこ）*さんの父で画家の杉山寧（やすし）*さんと親しかった。瑤子夫人も日本女子大の頃、目白の私の家に遊びに来たことがあります。

　両親それぞれがご縁を持っていたことに、私は何か自分の運命を感じていました。そのような経緯も、私が早くから三島文学を読みふけった理由の一つとして挙げられるかもしれません。知り合いから三島先生の話を聞いたり、父親、母親からそのご家族の様子を聞いたりしたことも度々ありました。間接の噂を聞くだけでしたが、三島先生やご家族の様子はよく知っていたのです。そのような状況の下で、先生との初めての出会いが十六歳のときにやってきたのです。それは中学三年生の、十六歳の夏でした。私は幼い頃に大病をしており、学年はみんなより一年遅れていてすでに十六歳だったのです。私の母と親しい関係の人が営む山荘に滞在中のとき、三島先生が訪ねて来られたのが私としては初対面となりました。

　中三の夏休みに、母の知り合いの営む八ヶ岳の山荘で十日間ほど過ごしていたのですが、そこに先生が遊びに来られたのです。その母の知り合いが三島先生と旧知の仲だった。おそらくその知り合いの方が三島先生に声を掛けたのでしょう。先生が訪ねて来られ一緒に乗馬をし、文学論を交わし、何物にも代えがたい時間を過ごさせていただいたのです。元々、私の両親が知り合いだったので、先生は初めから親しく接して下さった。偶然にも、私が三島文学にも詳しく、また大変な文学好きだったので、本当に楽しい話と議論が巻き起こったと言ったところでしょうか。私も若き文学青年だったので、先生には好印象を持っていただけたと思われ、それ以降も定期的に三島先生が会う機会をもたらして下さったというわけです。

その後、高校の三年間も先生と直接お会いし、長いときは五、六時間から十時間にも及ぶ対話を交わしていました。短いときでも二、三時間は話をさせていただいている。合計すれば十回以上は会っているのではないでしょうか。電話も何十回となくかけていたので、それらをすべて纏めると、相当な時間と内容の濃さで文学を中心に論じ合ったと思います。まさに話の内容は、九割以上が文学と芸術に関することだったと言ってもいいでしょう。いま振り返れば、三島先生にとってはその生涯の最晩年に当たるわけなので、膨大な時間を割いて下さっていたという重みと相まって、その意味を深く考えずにはいられないのです。

なぜこれほどの対話をする間柄となったのかと言えば、文学もさることながら、大きくは『葉隠』の思想が先生と私に共通していたことに起因していると思います。それに加え、当時から私は三島文学をすでに細部まで読み込んでいた。出会った時点ですべての先生の作品を読んでいた私としては、生意気なことに先生に対して各作品の、自分なりの解釈をどうしても述べさせていただきたかった。それも『葉隠』を通しての三島文学論です。熱狂的な三島文学のファンは他にも多く存在していましたので、先生も青年たちに直接話される機会はあったと思います。しかし、私の場合は小学生以来の『葉隠』の信奉者であり、それが生意気な言い方をすれば先生との共感を増幅したのだと思います。恐れずに言えば、三島先生とは最初から深い部分の生命的、人生的な共鳴が生まれていたように現在でも感じています。

だからこそ、最初の出会いのときから文学論を中心にして、人生ひいては人類の文明的生き方など、本当に深い部分の話までさせていただけたのでしょう。しかも個人的に、直接、二人きりだったことも、心底までとことん話をするためには恵まれた環境だったように思います。わざわざ三島先生が一対一の対話をして下さったことへの計り知れない思いを感じるのです。ただただ自分としては、三島先生の人間の大きさ、底知れぬ知性、そして同じ葉隠を根本とした生き方によって、このような深い縁を結ばせていただいたことを、涙とともに思い出すことしかできないのです。

そもそも四年間に亘る話というのは、何度も繰り返し同じ議論を深めて思索したり、読んでいた本に関する意見を交わしたり、唐突に話題が変わったりと、ほとんどの場合はある日にこの論題を話そうと定まった感じではありませんでした。つまり具体的に、明確に何か結論のようなものに向かって話し合っていたわけではなかった。大きくはいつも同じことを螺旋的に話していたようにも思います。円環的または還元的に打ち寄せる海の波のごとく、さまざまな話が有機的に連なり、うねりとなって大きな波を作り出すような感覚でした。なぜなら、大きな哲学問題や思索的な主題が先生と私の間には横たわっていたのです。つまりは葉隠です。

先ほども述べたように、その葉隠が何よりも私たちを結んでいたのです。葉隠なくして存在し得ない関係だったとも言えましょう。誤解を恐れずに言えば、同じ運命へ向かう同志というか、何か人類的な使命に対する大いなる共同体というか、そのような感情が根底に在ったように思います。四十一歳の大文豪と十代の青年ではあっても、私たちの間には何か志を同じくする人間の絆のようなものがあったと感じています。

葉隠思想が中心となったのですが、いつも先生との話に出てきた主題をいくつかに纏めて、本書で振り返っていきたいと思っているのです。そうすることで、大きく何を三島先生が求め、何を言わんとし、そしてあの事件が何を我々に遺言として残したかったのかについて考えたいのです。三島先生と私との間で話しながら、いつも必ず戻っていく話題があり、一つの根源というものがあったと確信しています。いま、ここで思い出しながら書き下ろすことで、真の「三島由紀夫」像つまり永遠の三島由紀夫という人間を浮き彫りにしていきたいと考えているのです。

『葉隠』によって結ばれた

本題に入る前に、もう少し最初の出会いの様子を書いておきたいと思います。先ほども少し触れたように、母の知り合いの営む八ヶ岳の山荘にて三島先生と最初に出会ったのは、十六歳の夏の盛りのことでした。私は学生の頃、夏の十日ほどをこの知り合いの営む山荘に滞在することを常としていました。そこで文学を読み、乗馬に親しんでいたのです。両親は元々三島先生と知り合いでしたが、私はこの十六歳の夏が初めての出会いになったのです。

初めてお会いしたときの印象としては、三島先生のもつ快活さというか、品格のある透明な明るさがまぶしかった。その印象はいつでも夏の太陽と重なって思い出されるのです。白と青のポロシャツに真っ白なズボン、ベルトだけが濃いグレーで実に軽快な服装をされていた。格好良いというのが最初の印象でした。他にも若者らが何人か滞在していましたので、一緒に乗馬をしたり、歌を共に歌ったり、充分に笑い遊び体を動かし、先生も青年そのもののようでした。体も引き締まり、鍛え上げられた鞭のごとく、身体の問題に関しては一つの美学に沿って生きておられるようでした。外面と内面が一致するような美学。限界まで引き絞った美しい肉体を、何とも思わずに投げ捨てるような美学。

そういった葉隠の哲学が身心ともに体現されたかのような印象でした。

先生のもつ端正で清冽な物腰は決して忘れられるものではありません。先生は私と話すときはいつも真剣そのものだったのですが、私が意見を言い難くならないように、非常に繊細な気遣いを見せてくれていました。いつでも優美な、紳士的な雰囲気を湛えていましたが、突如、豪放磊落な笑い声を上げ、こづいたりじゃれ合うような悪ふざけもありました。柔と剛の無限回転のような、そのような印象もありました。

山荘で会うときは他の若者と一緒でしたが、遠乗りをしたときは一対一の真剣勝負となった。光の零れ落ちる常緑樹の木立の中を、先生と馬を並べ、山並に向かって共に走ったのです。私は少し遅れぎみで、何度も先生に追いつきながら、馬をひとしきり駆って疲れたら、草原に横たわってのびのびしながら対話を続けたものでした。しんみりとした深夜の時間、山国の涼しさが忍び寄り、何か眠れぬ夜には、山荘の広々とした応接間の木の椅子に腰かけて、静けさの中じっくりと文学の深淵を語り続けたのです。

この出会いの状況が、先生と私の議論をより深めてくれたようにも感じています。それは自然の中で身心ともに解放され、魂の奥深くに潜む人間の真実が浮き彫りにされる環境があったからです。夏の光の中で、私たちの心は解放され、夜の深淵が私たちの魂の熱情をあおってくれたように思われるのです。どちらにしても、先生と私の出会いは、人間の魂をその故郷へと導いてくれたように思い起こされると言ってもいいでしょう。私にとって、先生を思い出すときには、いつでもこの高原の青い山並が青春の息吹と共に私の心を去来するのです。

三島先生は葉隠の精神を、日本の歴史の中心に据え、また自己の思想の根本に立てていました。そして私もすでに葉隠の思想を生きることに命を懸けていたのです。だからこそ、葉隠の生き方は私たちを結びつけ年齢の差を超えた対話が始まったのだと思っています。三島先生は、自分を創り上げた書物の中で一番大きい影響を与えてくれたのは『葉隠』だといつでも言われていました。偶然、私も小学校一年生から、この書物だけを唯一の精神的支柱として崇めている人間だったので、もの凄く議論が白熱したのです。

三島先生は『葉隠』が世界中の全書物の中で最も大切なものだ、とはっきり断定していた。自分にとって一番の座右の書だと断言なさったこともありました。まだ最初の出会いのときは、『葉隠入門』を書かれていませんでしたが、もちろん先生は以前からいくども『葉隠』を精読されていて、私たちの話題の中心となったわけです。三島先生が、これほどはっきりと意見を言われたのには驚きました。私は戦後生まれですが、『葉隠』を信奉し、葉隠の思想だけで生き、その思想のためだけに死のうとすでに自己の死生観を決めていたのです。

ここで、私の『葉隠』との出会いを少し述べたいと思います。私は偶然ですが、小学校一年から『葉隠』だけを信奉してずっと生きてきたと言えます。小学校入学直前に大病をし、死の淵をさまよい、家族が葬儀の準備をしていたこともありました。長きに亘って国立第一病院に入院し、どうにか母親の看病や医学的な治療によって回復して自宅に戻ってきた。退院してすぐになぜか父親の書棚にあった『葉隠』をどうしても読みたくなって読み始めたのです。母親にルビを振ってくれとせがんで、無理やり読んだのです。

それが『葉隠』との出会いで、以降、自分の家系が佐賀の出自に繋がるということもありますが、それ以上に自己の命を崇高なもののために捧げるという葉隠ひいては武士道の思想に、完全に心酔したのです。私は当然、戦争も知らない世代ですし、戦争で亡くなった人たちを目の当たりにする惨状も経験してはいません。しかし、戦争中に亡くなった人たちのことを常に考えていた。戦後、命を賭した兵士や戦死者たちのことをとやかく学者たちが言っていたことには憤りしか感じていなかったのです。もちろん戦争の話だけでなく、生き方として自分の命を何に捧げるのかということを、またそういう生き方をどう実現するのかということを、小学生のときに何度も死にかけたことによって、ずっと考え続けていたのです。十六歳になって自分の生き方としての葉隠が思想的にも固まった時期に三島先生と出会ったということになります。

私にとってはそういう時期であり、多分、先生にとっても文学的に必然的な状況での出会いだったように私には感じられるのです。当時、私は十代だったので、三島先生とはあまりに人間の位が違い過ぎたのですが、その壁を乗り越えて、心の底から語り合える関係となったと思っています。先生は私に、初めて自分の文学について『葉隠』を通じて分かり合える人と出会ったと仰って下さったのです。それは私が特別、文学的に優れているとか、三島文学を詳しく研究しているということではなく、偶然なのか必然なのか分かりませんが、葉隠の武士道を神のごとくに崇めているという共通点があったからなのです。

『葉隠』は戦後、最も否定された書物となっていました。当時は本当にそうだったのです。私は戦後五年経ってからこの世に生まれましたが、幼い頃から思春期までは特にそれが酷かった。最も戦中の日本の行動からの反動が強すぎたのでしょう。精神、美学、武士道的なもの、男性的な生き方がすべて否定された時代です。反動で極端から極端とも言える意見が主流を為していた。ヒューマニズム論者と共産主義の左翼によって、あらゆる角度から戦前のすべてのものが否定された。

特に葉隠思想というのは軍事利用されたこともあり、強く否定された社会だったのです。もっとも、本当に戦争中の葉隠利用は若者を死に追いやるために利用されただけの酷いものであったのも確かなことでした。だからこそ、至極安易に戦後、否定の対象としてやり玉に挙がったのでしょう。しかし、葉隠のもつその深い文明的価値や、人類的意味そして日本の背骨ともなる武士道精神について、三島先生と私は話し合っていたのです。つまり戦後日本社会で最も否定された生き方を先生も私も選び、武士道の精髄となる葉隠を人生の指針として選んだ人生を送っていたのです。私もまだ青年でしたが、これから葉隠の思想を自分の人生の中心にして戦い続けようと決意していたということです。

本音の対話

先生と私は、文学を通して、いわば見えない「戦争」を二人だけで戦っている感覚を持っていたように感じています。奇妙な連帯意識が三島先生との間にはあったと思います。それは「楯の会」のような実働的な機構としての「軍隊」を作るという動きとは一線を画していました。私は三島先生の「行動」的な側面である「楯の会」の存在については、まったく知らないというか、先生もその話は私にはまったくされなかった。

私の場合は、三島先生とはただただ葉隠の「精神」と、それに基づく「文学論」だけで繋がっていた感覚です。もちろん命懸けの生き方という意味では、行動とすべて繋がってくるわけですが、あくまでも魂に中心が据えられていたのです。どちらにしても、苦しく先の見えない戦いではありました。自分の葉隠の生き方は、青年時代には社会からはまったく認められず、何の得にもならない思想だったのです。

何の政治的な意味も、利害損得もない。純粋に精神・思想の問題としての葉隠が私たちを結びつけていた。その精神に則って、あらゆる文学の話をさせていただいたのです。だからこそ、深い部分で共感し合えたという感覚なのです。三島先生と話したことはあくまで個人的な繋がりだったし、ましてや精神的なことであり、二人だけの真剣勝負の話でもあったので、七十四歳の今日まで世間に発表するつもりは露ほどもなかったということなのです。それに先生の自決事件後は、相当長い間に亘って煩悶し続け、先生との思い出については語れずにいた。自分なりに葉隠の思想を確立する苦悩の中を生き抜くのに、必死だったということもありました。また、それ以上の悲しみと苦しみを先生の死から与えられていたと言ってもいいでしょう。

何か、残された者の悲しみというか、苦しみのようなものが強くあった。戦前の生まれで生き残った人たちは多かれ少なかれ皆、戦争で死んだ人たちの十字架を背負って生きていかざるを得なかったと思います。私もおこがましいですが、三島先生の死という大きな十字架を背負った感覚があったのです。特に亡くなる半年前まで話し合っていたわけですから、全く気づかなかった自分を深く恥じたことも大きかった。本当に恥ずかしかった。自分は文学論だ、精神論だ、葉隠だと先生と話ができる喜びに満ちていて、これからの先生の新しい文学を楽しみにしていた。それに、大学生になっても引き続き語り合えるだろう日々を疑いもせずにいたのです。

あれから五十年以上に亘って逡巡していたのですが、先ほども触れたように、いま、やはり三島先生との四年間の対話を発表すべきときがきたと、やっと思えるようになったのです。なぜいま発表するかというと、やはり没後五十年以上経って、三島由紀夫先生の本当の思いとか言葉というものが世に伝わっていない、と感じる機会が多くなったからです。私も生前の三島先生とお会いした者の一人として、色々な人と語り合ってきたのですが、ともすれば三島文学ならその三島文学、演劇なら演劇、UFO研究会ならUFOだけ、ほかにも世間的な話とか、憂国の外面的なパフォーマンスやボディビルなど、俗的な噂話ばかりが取り沙汰されている。三島先生と私の間では、文学的思想ひいては死生観が主だった話題となっていました。日本国家や文明・文化に対して思っていたこと、そして何よりも日本人の使命について話し合ったのです。後世にその三島先生の真実の言葉を残しておくのが、私の使命なのではないだろうかと思うようになったということなのです。

先ほども触れた「憂国忌」に参加された方からも、講演の後に、晩年の三島先生の真意というか、文学的意味としても、ぜひ纏めてはということを何人もの方々から言われたことも大きかった。大きな弾みとなったのは、前にも触れたように、その「憂国忌」に参加し、三島先生の言葉を伝えたときの反響が予想以上に大きかったことです。「五十回忌」で出会ったアンドレ・マルロー*研究家として名高い竹本忠雄*氏からも、晩年の「三島由紀夫」の貴重な証言だということで、絶対に記録として残した方が良いと勧められ、徐々に心が固まったように思います。そして五十三回の「憂国忌」でやはり講演し、作家の宮崎正弘*氏そして文芸批評家の松本徹*氏や富岡幸一郎*氏、さらには三島演劇の主演女優である村松英子*氏などの励ましの力によって心が固まってきたと言っていいでしょう。

三島先生にとっては高校生を相手の文学論というので却って、鎧を脱いで気楽に話しやすかった面もあるのかと思っています。後から考えると、よくあれだけ論じて下さったものだと驚かずにはいられません。しかし、確かに文学好きの高校生で遠慮なく言いたいことを言う、生意気な学生でもあったので、先生もかなり直接的な言い方をされたり、断定した口調で話されていたようにも思い出すのです。もちろん三島先生は一流の色々な方と対談されているのですが、一般的な文学論では批評家相手に理論武装をしていたり、あるいは公の発表と齟齬の無いよう気をつけて話されているようで、本質的な文学思想としては語り尽くされていないような印象を抱きます。

三島先生は、美学的な方なので、創作ノートなどの多くも中途半端なものは処分されたように聞いています。それだけ自分の人生と創作とを芸術家として完璧に美学化されていた。話される内容にしても然りです。完璧すぎるくらいだったかと思います。しかし、私を相手にした場合は、私は一ファンの高校生でしたから、却って先生も気が休まるというか、後から考えれば本音が語られていたように感じられるのです。

『豊饒の海』は続くのか

最初の出会いの頃は、あの長編大作の『豊饒の海』の第一巻『春の雪』を完成させた後ぐらいに当たっていると思います。ちょうどその続巻の大構想を練っておられるときで、第二巻以降の核心部分について悩んでおられるようでした。先生は文学的には限界とも言えるほど疲弊し、希望を失っておられたように私には見えました。悩みは非常に深く、これ以上文学で表現していったところで、日本社会の文化の瓦解はとめどもなく、自分の文学を誰も解しないだろうとまで仰っていた。いわば絶望の淵に立たされているといったことまで言葉の節々に出すほどでした。

種々の原因によって、随分と私には気楽に話しかけて下さり、本音で語って下さったように思うのです。特に作家「三島由紀夫」という人物は、美学的に人からどう見られるかということに過剰なほど気をつけていたと思います。普段は絶対にこういった姿や言葉を体面上は表わさないでしょうが、私の前では、社会との関係の疲れがいかほどか見受けられる感がありました。そこに私は若気の至りで、嘘偽りない意見を次々と先生にぶつけていたのです。一方で先生も自分のもつ弱さというようなことまでも気楽に話され、物事のもつ負の側面も含めて、一般世間との乖離などから生じる有名作家の抱える悩みといったものまで、包み隠さずその多くを語って下さった。ごく限られた個人的な関係の中で、若い文学好きの青年と語り合うこととなって、先生はいつもの鎧を軽く外されていたようにいまとなって考えれば思えるのです。

『豊饒の海』については、忘れられぬ思い出があります。初めての出会いのとき、三島先生は四十一歳。すでにこのときには『英霊の声』を書き終えられて、『葉隠入門』の執筆を考えておられるところだった。だから私も当然『英霊の声』を読み終わっていました。そして葉隠の話題を縦横無尽に語り合っていたのです。その頃先生は『豊饒の海』の第一巻『春の雪』を書き終わり、本当にこの長編小説を書き続けるのか迷っていると仰っていた。第二巻の『奔馬』の構想はできつつあったが、実際に書くかどうか筆を進めるか否かを、心底悩んでおられたのです。そのような文学上の悩みまで私が聞いたのは何か巡り合わせというか、信じ難いことでした。

しかし、その後さらに信じられないことですが、先生は私との出会いによって『豊饒の海』を完成させなければならない、と決意したと仰ったのです。それは後に詳しく書くことになると思いますが、「不条理こそが真の自由を生む」ということを先生の文学が表わしていると話し合ったときのことでした。この頃、先生は若い人の意見を強く求めていたように思います。先生は「君と文学について話すことによって、私は未来へ向かって書き続けなければならないという思いが固まった。君は私に未来を運んできたように思う」と仰って下さったのです。

私は先生が何かに絶望し心に枯渇感を抱かれていたように感じました。さすがに『豊饒の海』の構想は、先生の生涯を懸けての挑戦とも言うべき大長編だったので、相当のエネルギーと刺激を欲しておられた。自決のことは予想もできない段階なので最後にして最大の作品となろうとは想像だにしませんでした。ただ、桁はずれの大作となるだろうことは確信していました。先生の人生において集大成となるような最大の作品であることは、会話の節々から感じられたのです。先生は結末の部分と、これから取りかかろうとする『奔馬』の根源的革命性の在り方とその内容について悩んでおられました。一方で完成しないまま終わらせるかもしれないと言っておられたことによって、この作品の運命というか意義の大きさが伝わってきたのです。

三島先生は文学的で挑戦的な青年を求めていたようにいまとなって私は思い返しているのです。もちろん色々な経緯があったのだと思いますが、三島先生が若い人の意見を取り入れて、行き詰まっていた「最後」の作品の打開をしたいと思っておられる時期に、「偶然」私との出会いがあったように思うのです。あくまでも「偶然」であるが、「必然」であるような偶然というものが、この世にもあるとしか私には思えないのです。

後に分かったことですが、当時、三島先生は激しい気性をもつ一本気な青年にものすごく興味を持って色々と取材されていたようで、一つの青年像を思い浮かべ想像し、それを自己の文学の中に落とし込もうと試みたようなのです。そのような時期に、私は三島先生と出会ったということです。激しく一本気な気性は良くも悪くも私の最大の特徴でした。そして飯よりも文学が好きだったことも、また私の個性だった。私は先生の文学を神の如くに崇め、そして先生は一つの「青年像」との邂逅を求めていた。先生と私の出会いは、後に考えれば、そのようなときに、「偶然」に出会ったのです。先生と私との対話は、このような「偶然」によって始まったと言えるのです。このような出会いが私の中で、「必然」と化すのに大した時間は必要ありませんでした。

そして先生と親しく文学の話をすることは、私にとって何にも換えがたい喜びとなっていったのです。三島先生は新たな息吹というか、若い青年の理想像みたいなものを描くにあたり、同じ年頃の青年からの新しい発想源を求めていたように思います。先生は四十一歳という円熟の年齢に差し掛かり、自分自身の中で肉体的にも大いなる不条理を抱えていたように思います。若者と話したい、意見を聞きたいというのも、自己の文学を固めるために求めていた時期だったように思えるのです。また自己の文学の再編について強く関心をもたれていたという時期的なものもあったようでした。

それが『豊饒の海』の完成にまで繋がっていったように私には感じられます。というのは、初めての出会いの後、私と別れてすぐに三輪の大神(おおみわ)神社に向かわれたのですが、そのときの爽々(すがすが)しい笑顔が素晴らしく、まさに忘れられないものだったのです。そして大神神社にて『奔馬』が急速に執筆されていったと後々聞くことになった。私と出会い数日間に亘って議論を重ねることによって一挙に『豊饒の海』の第二巻『奔馬』を書く決意を固められ、その後『暁の寺』『天人五衰』へと繋がっていったように思われるのです。

これは私自身も関わっていたことなので言いにくいことですが、事実としてそういう経緯があったということなのです。ちょうど先生と出会ってから、その死の年に至るまで交流させていただいた四年間というのは、『豊饒の海』の第二巻から第四巻までを執筆されている時期に重なっていた。三島先生が執筆にあたり何を中心思想として創作したかったのか、三島先生の当時の発言を纏めるにあたって非常に重要なことが、私との対話の内容から浮かび上がってくるようにも思えるのです。このようにして、三島先生と私の四年間に亘って幾度も繰り広げられた文学的交流が始まったのです。

第一章

不条理への渇望

救済の形而上学

不条理の意味

先生と私に共通する関心は、いつでも葉隠の本質に収斂（しゅうれん）していったように思います。そのため種々の議論において、最初から三島先生と私の間で共通していたのは、現世の「不条理」の問題でした。この章では、根源的な問題として繰り返し先生との間で話した「不条理」について思い起こしてみようと思います。ただしここで言う「不条理」とは、フランスの実存哲学などで言う反理性や反科学、あるいは反常識やナンセンスなどの限定的な意味ではなく、信念のためには生命を投げ出すなどの、葉隠的な武士道のもつ不合理性や未完結性などを含む大きな意味で三島先生と私は捉えていました。

また、不条理は葉隠思想を貫徹する大きな主題でもあるので、色々な文学作品への興味の切り口として大いに役立ったと言えるのではないでしょうか。不条理という言葉だけを聞けば、何か行き詰まったものを感じるかもしれませんが、宇宙や生命そして文明の本質は常に不条理の問題と直面していたということがこの世の真実なのです。しかし、そのような考え方は、いまの世からは完全に忘れ去られていますし、当時もすでに忘れ去られつつあったのです。だが、それは、厳として存在する事実なのです。

だからこそ、三島先生はこの世の社会的な不条理に反発し、その反動として心の奥底では生命的真実としてのそれを強く渇望していたのだと思います。そして、その不条理がすべての存在の本質であるということを、常に作品の隅々から描こうとしていたのではないでしょうか。それに、この不条理をつんざいた先に、真の「救済」があることをいつでも先生と私は文学論を通して話し合っていたのです。なぜなら、先生の作品の多くが不条理を超え、人間生命の救済そのものを描いているのではないかと、最初の出会いから私は三島先生に愬えていたからです。

そもそも真の文学の中で、ある程度の不条理を描いていないものはないでしょう。しかし、特に三島文学はフランスのアルベール・カミュ*の文学と並んで、不条理を代表する文学なのではないかと私は強く感じていたのです。不条理を描かせたら三島先生以上に、物事の表裏と真実、物質と肉体のもつ儚さ、不条理へと向かう人間の深層心理を捉えられる人はいないと確信していましたし、それを直接先生に伝えたかったのです。これを聞いた三島先生は、「我が意を得たり」と言わんばかりに私の肩を叩いたのです。そして、堰を切って先生の考える不条理について語り出された。

三島先生は「不条理だけが、人間の生に深い真実性を与えるのだ。不条理によってもたらされる不幸や悲哀こそが、我々の人生を立たせていると言っていい。私はそれを描きたいが、思うように描くことはなかなかできないのだ」と言われたのです。「そして多分、それを心技体すべての働きをもって完全に表現し切ることこそが、私の文学の最終目標となるだろう」と言葉を結ばれたのです。私はただそれに対して「僕も葉隠を踏まえて、不条理を表わし切る人生を送りたいと思っているのです」と答えました。対して先生は「君の言いたいことは分かるが、若者が不条理の世界に、極端に突入することは非常に危険なことだ。あまり軽々しくそのような発言をしてはいけない」とたしなめられたのです。私は何か自分の中に巣食う幼稚さを見すかされたようで、ひどく恥じ入ったことを懐かしく思い出したのでした。

先生は確かに不条理ということを非常に重要視して、自分の文学の主体にしていたのだと吐露されました。そして先生は続けて、「人間は死ぬために生きているのだ」ということを語ったのです。「だから不条理をつんざくことは、非常に難しくまた怖いことでもある」と仰られた。ドイツのハイデッガーが言った人間の定義である「人間とは、死に向かう存在である」という思想を葉隠と重ねながら話されていた。我々人間の存在は、そういう意味で不条理に満ちており、人間の創った文明や、また人間を創った宇宙の存在も不条理がその根源にあると語られたのです。そして先生は、自分は「不条理から生まれる悲哀に向かう、人間の勇気と挫折の精神的交感を文学として表わしたい」と語られていたのです。

不条理の具体的な事柄について、「その登場人物たちが皆、根底に生命の危機感と人生の不安や不満を潜ませている」と先生は言われていた。沈潜する不条理は、時に自己破壊すら引き起こしていくほどです。ただ、三島文学の凄さというのは、この不条理を葉隠的思想で乗り越え、真の自由に到達するものに変換した点にあります。その変換こそが、先生と私の議論の中心となったのです。三島先生ご自身が語っていたのですが、「不条理こそが、自由の淵源なのだ。本当の自由というのは、不条理の中からしか生まれない」と。そして、それを堅く信じておられた。だから文学論がいつも不条理即自由に収斂していったのです。特に「不条理から生まれる自由」の問題は、最も葉隠的精神の問うているものであり、真の自由が不条理から生まれているその歴史的な真実を捉えているのです。

一見、不条理と自由は繫がりがないようにも見えますが、不条理を乗り越えたところにあるのが真の自由であり、その真の自由を生み出すことによって、私たちの生命そして人生が真に救われるということを二人で語り合いました。「不条理を厭わぬ者だけに、真の自由が与えられる。それこそが、人間生命の真の復活と救済を生むだろう」と先生は言われていたのです。そしてすべてが連関しているのです。真の自由は、苦悩の中からしか生まれない。真の愛が苦悩の中から生ずるのと同じことでしょう。先生は、人間のもつ苦悩を実にロマンティシズムの基礎の上に築かれていたように私には思えるのです。その情緒の根源こそが、まさに三島文学の魅力を創っていると私は思っていた。三島文学を通じて、人間の生命が真に救われるということを、「救済の形而上学」と私は名づけさえしていたのです。三島先生にもその言葉を伝えたときに、先生は黙って私を見て頷いておられました。十六、七歳の若者でも、先生の描く不条理、自由、救済という大いなる流れを摑んだということに、先生は何か深く感じておられたようです。

復活と救済の文学

そもそも「不条理と自由」が一体となっている点を、私は三島文学の特徴だと思っていました。また三島文学は、不条理をつんざいた先にある「救済の形而上学」という言葉で表わしたような復活の文学であり、救済の文学であるということを直接、三島先生にも伝えさせていただいたのです。なぜここで復活と救済が出てくるのかと言えば、これも三島先生と私を繋いでいた葉隠から得られた考え方だったのです。私は小学校一年生から『葉隠』をずっと熟読し、葉隠の哲学で生きてきた。三島先生も同じく『葉隠』が好きで、「一冊しか書物が与えられないとすれば『葉隠』を取るだろう」と仰るくらい自己の中心思想に据えていた。その葉隠から見た三島文学の解釈の一つが、「復活と救済」という読み方だということです。

先生は、「三島由紀夫」という作家としての立場では、自分自身の本音をあまり仰る人ではなかったし、その生き方や根本となる思想について言挙げし主張する人ではなかったと私は思っています。しかし私には、『葉隠』についてどう先生が考えるかについて忌憚なく話してくれたのです。最初の出会いから急速に親しくなったのも、この『葉隠』という書物で結ばれていたことが大きかった。そして先ほど触れた「三島文学は復活の文学であり、救済の文学である」と心から伝えてからは、輪をかけて先生は自分の文学の意図を明かして下さるようになった。ある種の安堵を得られたようにも見えたのです。

その様子を見るにつけ、私は三島先生がこの頃、制作に対する閉塞感を感じられていたと思うようになったのです。先生は自分の文学に壁というか、一つの行き詰まりを感じておられた。その行き詰まりは何かと言えば、日本社会が戦後のアメリカ型民主主義により、みなが魂を失い、日本人がどうにもならない段階にきているという思いによって、もたらされていたと言えるでしょう。もう文学を求める人がいなくなってしまった社会を、心の底から憂えていました。自分が文学者として、本当にこのような社会の中で文学を書いていて良いものだろうかと、険しい表情で痛切に私に語りかけたのです。

一方で、葉隠的な文学談義のできる青年という仲間を得て、先生は『豊饒の海』の完成への決意を固められていったのも事実と言っていいでしょう。当時の十代の私が三島文学をかなり読み込んで、自分の意見を持っていることに、ほんの少しの希望を抱いてくれたのではないかと思うのです。だからこそ、先生も論敵や同じ文学界の仲間と交わす言葉とは違って、あまり話し方にも気を遣わずに話して下さったのでしょう。深いところで、いつでも葉隠の思想に支えられており、いわば好き勝手に話し合っても何の心配もいらないような感じだったのです。

いつもは紳士的なごく優しい口調で、はにかむ印象の三島先生でしたが、自分自身の根源思想を語るときには、葉隠的で武士道的なものが乗り移ったように、非常に力強くて断定的な口調になった。

凄く男らしく断定的に述べ、一寸の迷いもない感じでした。印象としては、葉隠の生き方からくる長い苦しみを通り抜けてきた人間が得た断定と結論だという感じを受けました。普段は割と紳士的で口調も非常に丁寧かつ滑らかで、独特の高貴さのある話し方でした。ところが思想となると、『葉隠』の言葉がそのまま出て来る。非常に武士道的で核心になったら誰も何も言うことのできない、苦しみの中から絞り出されるような言葉でした。まさに三島先生が「自由とは、苦しみ続けられる人にだけ与えられる恩寵なのだ」という言葉を言われたときも腹の底から搾り出されるような、凄く低くそれでいて、喘ぐような声で語られていた。そういう印象が、あれから五十年以上経っても私の記憶に強く残っています。

私は、小学生の頃から葉隠思想で生きていたために、学校の教師からは嫌われ、友人たちからも軍国主義者と言われ恐れられていました。父親の所蔵本であった『葉隠』を読んでいたにも拘らず、父親からも時代錯誤だと繰り返したしなめられてきたのです。それでも自分の主張を曲げることはなかったのですが、当然、理解者などは一人もおらず、孤独のうちに自己確立をしなければならなかった。いわば不条理の渦中にいた少年時代を過ごしてきたのです。だから、すべての人間関係、社会的圧力などに対するすさまじい反発と反抗の力が私の生命を支えていました。

まさに不条理が先生と私を結んでいたと言っても過言ではありません。だからこそ最初の出会いから不条理の話でもちきりになったのではないでしょうか。却って物理的、社会的な制約が多い方が、自由について考えるきっかけにもなります。不条理がもたらす最も崇高な人間の自由です。その反発の力はすさまじいものがあったのです。

さて「復活と救済」とはいかなることなのでしょうか。それはまず滅びることによって、却って得ることができる救済と言えます。真の人間は、滅びることによってのみ本当に救済されるのだということを、いつも先生と話し合っていました。文学の中で言えば、登場人物の死に方、滅び方に救済の内容が表わされているということです。そして三島文学の中でいつも取り挙げられるのは、すべてを失って滅びることによる救済と、すべてを失って初めて得る人間的な魂の崇高との出会いということです。そのためにこそ人間は滅びなければならない。そのような滅び方が真の復活を生み、魂の救済に繋がることを三島文学は表わしている。それを、私は感じてきたのだと先生に伝えました。三島先生は深く頷いて、「私は、人間が魂だけの存在なのだということを最重要視して、文学に表わそうとしている」と微笑んで答えられた。そして「肉体は魂を生かすためにだけ価値があるのだ」と言っておられたのです。

私たちの議論は、いつも葉隠の表わす武士道の話に戻っていくようでした。文学論と言っても結果的に葉隠論に落ち着くことが多かった。先ほどの「滅びることによる救済」とは何かと言えば、「生、き、る、た、め、に死ぬ」ということだと三島先生は力説しておられた。だから「真に生きるためには死ななければならないことがあるのだ」と先生は続けられたのです。まさに不条理の極みと言ってもいいでしょう。「自分は〈生きるために死ぬ〉ということを、文学に書きたいのだ」と私に語った。

だからこそ「人間というのは魂だけの存在なのだ」という思索を二人で深めていったのです。一方、三島先生は逆説的な方でもあり、「魂だけの存在である」と言っても、わざと肉体を非常に重要視していたというのも有名な話でした。自分でもそれは逆説による肉体の鍛錬だと言っておられた。そして先生は「魂だけが重要なのだけれども、逆説の意味で魂の重要さを浮き立たせるという意味でも、人間は肉体を鍛えなければならない」とも仰っていたのです。

実際、三島先生の肉体の美学は徹底していました。魂が理想であって肉体は関係ないけれども、魂が本当に生きるためには肉体も必要だという考えです。魂を美しく浄化するためにも、肉体の美学化を行なっておられたのです。つまり人間というのは魂に生きるため、魂を貫いて死ぬためにも、体を鍛えなければならないという考えです。特攻隊の話になって、体が弱まるとどうしても気力が衰えるということを話されていた。特攻隊で死ぬ若者たちは敵艦に突っ込むために、日夜死ぬほどの肉体的な訓練をしているということが話題に出たのです。これが本当の意味での、肉体を鍛えるということなのだと先生は仰ったのです。

さらに私と初めて出会った後すぐに、知覧の特攻隊を取材しに行かれたようでした。ちょうど夏の山荘での出会いの後すぐに、大神神社、知覧、熊本神風連など『奔馬』のための一連の取材旅行に行くと仰っていました。この特攻隊の鍛錬の話はいつも三島先生が例として挙げており、私も好きでいつもそれを話し合っていたのです。私には、これらの不条理を愛する心がなければ、三島文学は言うに及ばず、ほとんどの「大文学」は理解することができないのではないかと思えるのです。そして、不条理をつんざいた先に、我々人間の魂の真の復活と救済があることを、私は先生との議論の中で、徐々に納得していったのです。

二つの対極する自由

このようにして、夏の山荘で「不条理」についての議論が交わされていったのです。そして、それは最後のときまで続けられたと言ってもいいでしょう。その議論が始まったのは最初の出会いの頃からですが、後には先生から薦められたエーリッヒ・フロム[*]の『自由からの逃走』という哲学書を元に、不条理を越えた先にある自由とは何かという文学論を二人で展開していったのです。同書には、根源的に人間にとって自由というのは最も重荷なのだということが書かれている。ナチス・ドイツが台頭した頃に書かれた本なので、与えられた自由をどうしても持て余して困ってしまい、逆に独裁者とか命令者を求めてファシズムが生まれてくるのだと書かれています。近代に発生した「自由」という思想が、いかに権威主義やナチズムなどの全体主義にまで至ったのかということを分析しています。この「自由からの逃走」のメカニズムが、破壊性と画一性などをもたらす結果を招来した。結局のところ、自由ほど重たいものはない。個人が自由を手にするとき、非常に重たい責任がかかってくる。つまり人間は、自由を手にすればするほど、その重みで押しつぶされるということです。

アメリカ独立戦争のときにパトリック・ヘンリー[*]が言った言葉ではないですが、「自由か、しからずんば死か」が自由の本質なのです。それは武士道や騎士道を貫く考えとも言い換えられるでしょう。逆説的には、武士や騎士が忠誠を誓う際には、この世の自由を放棄し死を受け入れることによって永遠の自由を得るのです。そのための最も深い人生の「覚悟」としても使われるのが、真の「自由」ということなのです。いずれにせよ、自由というのは命懸けで得るものであって決して優しい軽やかなものではない。だから、押しつぶされる人は自由を手にすることはできない。この重圧から逃げようとする人たちが、ファシズムや権威主義へ向かうということがフロムの『自由からの逃走』には描かれているのです。

三島先生はこれが真実であるといつも言っておられました。「ある意味で、自由とは人間に不条理を突きつける最大のものだろう」と先生はことあるごとに言われていたのです。そうならないためには一人ひとりが戦いながら自由を噛み締めるだけの魂を醸成しなければならないというのが、先生の武士道的な考えだった。要するに、フロムの言う自由とヒューマニズムそして平等の重荷が人類を滅ぼすだろうということです。先生はそれを分からせるために、私にこの本を薦めて下さったに違いありません。実にこの世を覆う不条理は、我々が理想とする現代の思想の根源の中に潜んでいたのです。これを三島先生は自分の文学の中で、最も重要な思想として取り挙げています。こうして『自由からの逃走』を一緒に読みながら、先生と私は様々な角度から自由の問題というのを考えながら論じ合ったのです。

三島先生は、戦前から戦後までの時代の変化に特に不条理を感じていたのではないでしょうか。先生はその時代を実際に生きているので喪失感が大きく、真の自由ということが何なのかということを考え続けていました。ずっと戦争・終戦・戦後と、不条理と自由という問題を考え続けていたのだと思います。世代的にも、そういうことで悩む人が多かったと思いますが、三島先生ほどの繊細な天才肌の人にして、いかほどの憂いだったかは想像を絶するものがあります。実に、軍国主義からいっぺんに民主主義になり、神格化された天皇が人間宣言をするという、セントラル・ドグマが狂い果てる時代を生きたのです。

こうして、三島先生が自由についてどう捉えておられたのかが、端的に表わされてきましたが、先ほども挙げたように「自由とは、苦しみ続けられる人だけに与えられる恩寵なのだ」と先生は度々述べていたのです。これは忘れられない言葉となりました。私が三島文学の深みを最も感じたのは、多くの対話において、人間にとって不条理こそが真の自由を与えてくれるのだと捉えていたところです。人間にとって最も尊い自由というのが、実は不条理から生まれるのだという信念を三島先生は持っておられました。その不条理から生まれる自由を捉えて、色々な角度から文学に仕立て上げたいと思って、自分は文学を書いているのだといつも仰っていたのです。

さらにこのフロム的な自由からの逃走が、真の自由を得られない現代人の顛末を描いたものだとすると、一方で自由を得ることのできる生き方を描いたものとして、三島文学の中でも最初期に書かれた『花ざかりの森』の話にもなりました。この作品は三島先生が十六歳のときに書いた短編小説で、幻想的でありながら祖先への憧れを描いた詩情があふれています。私は先生のもつ自由の根源は、祖先への憧れとその魂魄的な一体化にあると考えていたのです。だから不条理と自由の問題が論ぜられたとき、真っ先に『花ざかりの森』が思い浮かんだのです。

それは先生と私に共通する葉隠的な武士道への思いから想像できたことでした。私も自己の自由を祖先との一体化によって成し、何とか生きてきた人間でした。だからこそ、先生もその思春期を祖先との一体化で乗り越えられたのではないかと考えたのです。先生はここに、自分固有の自由を得て、すべての不条理を乗り越えたに違いありません。作品中の「私たちには多勢の祖先がいる。彼らはちょうど美しい憧れのように私たちの中に住まうこともあれば、歯がゆく、厳しい距離の向こうに立っていることも少なくない」という言葉に集約されるでしょう。先生はフロムが分析した疎外の時代を生きたのです。そして祖先との親和力によって、それをすべて良きものに変換したのです。

私は自分も『葉隠』を通じて、祖先との一体化を自分なりに行ないながら生きたことによって、このような考えに気づいたのですが、喜び勇んでそれを先生に告げると、何か先生は暗い顔をされたのです。そして先生はこう言われました。「その解釈は私個人にとっては非常に嬉しいものだ。しかし、それをあまり話さないほうがいい。それは科学的な一般論には成り得ないものだからだ。君は若い。

多くの苦労をするだろうが、是非にそのような考え方は胸に秘めるようにした方がいい」と仰ったのです。私はこれによって、社会の不条理性と人生の荒波を強く予感したことを思い出すのです。

『英霊の声』による決意

ちょうど三島先生と出会う少し前に、雑誌『文藝』に『英霊の声』が発表されていて、私も熟読していました。二・二六事件を主題とした作品です。その中では「などてすめろぎは人となりたまひし」、つまり「なぜ天皇は人間となられたのか」が、究極の不条理だということで描かれている。三島先生の中で、それ以降の人生を方向づけるような作品としても私は捉えていました。

つまり、戦前・戦中・戦後と、三島先生が不条理と感じていた最大のものの一つが天皇陛下の「人間宣言」だったのです。天皇制というのは明治以降の政治機構などではなく、日本を日本たらしめている根本の中の根本だった。まさに「国体」という「聖性」であったのです。「戦後の日本は聖性を全く失ってしまった」という言葉を先生の口から何度聞いたか分かりません。今上天皇は常に今上天皇であっても、天皇個人という考え方や人間の天皇はあり得ない。これが三島先生の中では解決不能の大きな問題として引っかかっておられたのです。

私は、二・二六事件については、『英霊の声』と共に『憂国』についても先生と議論を戦わせたのです。もちろん二・二六事件から着想され先駆けて書かれた『憂国』にもすでに、その問題は表われていた。ただし『憂国』の不条理は、『英霊の声』に比して復活と救済を感ずることが少ないということを私は話しました。それは、その死の中に不条理性が少ないからだと私は思っていた。むしろ、自己固有の責任に基づく、強い憧れが存在のすべてを覆い尽くしていたからに他なりません。

そして同じ主題でありながらも、『英霊の声』は一つの転換点ともなる復活の文学であり、救済の文学なのだということを私は先生に伝えたのです。三島先生は、二・二六事件や特攻隊で命を失った者たちは、天皇が神であって初めて救われるのだという結論に至ったと仰った。つまり、不条理の問題が解決されていないのです。天皇が神であったからこそ、二・二六事件も起き、特攻隊員たちが命を投げ出し、聖性を有する日本を存続させようとしたのだということです。

天皇が人間宣言をしたということは、ある種、天皇の裏切りとも言えるのです。これをどう復活させるのか。「この復活を私の文学が成し遂げなければならない」ということを、三島先生は語っておられたのです。もちろん三島先生個人は天皇の崇拝者なのだけれども、天皇の裏切りによって「救われない者たち」となってしまった人々を「三島由紀夫」の文学によってどう救済できるのかを考え続け、自分自身の文学を変革させてきたということなのです。その決算書とも言うべき作品の一つが『英霊の声』なのだと先生は言われていました。

それは終わりのない挑戦の始まりだったのです。天皇の裏切りから戦争で死んだ者たちを、いかに文学によって救うことができるのか。これに挑戦した最初の作品が『英霊の声』であり、この発表によって先生は「私はこの作品によって、腹を括ったのだ」と仰っていました。まさに『英霊の声』以降の文学は、腹を括って命懸けということがよく分かる。命を捨てて何が何でも浮かばれない霊たちのためにも立ち上がらなければならないということが、それ以降の作品を支え続けていると言っていいでしょう。

この不条理は、もちろん三島先生だけでなく、日本国民すべてが抱えた不条理かもしれません。しかし、そのために自分の人生と命そのものを投げ出した人物は、先生を措いて他にいません。天皇制は日本の国体の問題であって、「三島由紀夫」のような天才的な芸術家にして最大の苦悩を与えられ続けた問題なのでしょう。「天皇の人間宣言が、国の興廃を決定的に分かつことになった」と先生は何度も語っておられた。

つまり日本は滅亡へと向かう道をたどるようになった。特に時代に先駆けて生きる天才には、他の人には見えない何ものかが見えていたに違いありません。極端に言えば、三島先生は終戦のときにすでに、日本の行く末が見えていたような感がある。「三島由紀夫」という作家には、かなりの予言者的資質があるように私には思えるのです。あの有名な自決前の夏に発表された「果たし得ていない約束」に描かれた日本は、五十五年後のいま、まさに何一つ違わずにその通りになっているではないですか。

三島先生の捉える不条理は、単なる人間の心の問題だけではなく、国家的な、文明的な行く末を決める問題を含む不条理だったのです。そのところが、実存主義の哲学とも違うところと言えましょう。「〈などてすめろぎは人となりたまひし〉という不条理が自分の不条理の思想を象徴している」と三島先生は仰っていた。三島先生の世代にとって、この言葉は日本人の根源的実存を表わす言葉なのだと私は思いました。解決するには天皇が神であらねばならない。

先生は文明的な日本国家、そして日本の歴史も全部を含めた大きな主題としての不条理を考えていたわけです。前にも触れたように、フランスの実存主義哲学に代表される不条理という狭い範疇ではなく、歴史・民族・人類の問題なのです。人間として生まれた魂が、いかに苦しみ、いかに生きるために死ぬことができるのか。また、いかなる生き方で命を全うすれば、真の意味で魂が救済されるのかを、三島先生は考え続けた。そのような問題を私たちは語り合いました。『英霊の声』は不条理を超えた後の救済の方法というか、文学によっていかに魂の生を救うのかという問題が描かれているということを繰り返し話し合ったのです。三島先生は「人間にとっては、不条理と自由の問題が一番重大である」と言われ「不条理から生まれた自由の本質は、我々人間が自分の中で絶対に解決しなければならない問題なのだ」と仰っていました。各自の中でそれぞれに摑まなければならない問題なのだと。『葉隠』においても示されるように、不条理から生まれる自由のために人間は生きている。だからこそ「真に生きるためには、死ななければならない」、そして「死ぬことによって本当の自由へ向かうのだ」とも言葉を重ねられていたのです。

　それが真の自由を得るために、最も必要な考え方なのだと先生は言われていたのです。人間の魂にとって自由は一番大事だけれども、一方で自由ほど人間にとって不条理を与えるものもない。しかし、その自由が最も大切だからこそ人間の苦しみというのは無限なのだという捉え方です。『朱雀家の滅亡』なども、遠い憧れを忍んで見ているだけの話というのは悲しく思えるかもしれませんが、実は全くそうではないのです。逆にその憧れによって、心の自由を得て心の明るさを生み出しているのだということです。先生は私の解釈を、自分の言いたかったことと同じだと仰ってくれた。そして「あの作品は真の希望、真の憧れがもつ孤独を描きたかったのだ」と私に告げて下さいました。そういう真の希望を三島先生の文学から感じていた私の喜びは大きかった。また、三島先生の方も一人の青年の感じたこととして、先生の真意を捉えてくれた意見として受け止めて下さったようでした。

「憧れ」ということを先生は何度も語られました。そこにだけ、真の希望があるということを言われていたのです。「憧れ」というのは非常に重要な思想としてすでに、私も最初の出会いの頃には曲がりなりにも確立していた。私は元々、ライナー・マリア・リルケ*の詩をよく読んでいました。ほかにリルケの『ロダン』という本を読んでよく引用していたのですが「遠くから見られ得るもの」というリルケが重要視している「憧れ」の思想がある。崇高な芸術作品などを表わすのに使われた言葉です。ドイツ語で「ヴァイトヒン・ジヒトバール」(weithin sichtbar)という言葉で、先生にも伝えたのです。「それは非常に美しい響きをもつ言葉だ。どこかでぜひ使わせてもらいたい」と言って先生はメモされていた。

「憧れ」とは、神や宇宙や天皇など、自分よりも異なる遥かに崇高な絶対的存在に対する想いなのです。「真の自由を得るためには、その憧れの中を苦しくとも生きるしかない。もしくは死を選ぶかのどちらかだ」とまで先生は言われていた。先生は創造する芸術家の側におられた人です。そして芸術とは到達不能なもので、生きて、生きて、生き続けて、最後まで到達不能なもののために戦い続けるものだと、私は先生を見ていて感じたのです。その後に先生は、「しかし真に生きるためには、死ななければならないときが人間にはあるのだ」と、静かな、確固とした口調で私に向かって言われたのです。

『金閣寺』の誤解

私はすべての三島作品をこの時点で読んでいて、その文学論は四年間に亘って度々繰り返されました。私が不条理を最も感じる作品としては、『金閣寺』『朱雀家の滅亡』『聖セバスチャンの殉教』などを挙げたのです。『聖セバスチャンの殉教』は翻訳ものですが、私は内容的に三島先生の創作作品の中に数えていた。後にそれぞれについて三島先生と何を語ったか纏めていきますが、全部の作品を支えるものとして、不条理による自由が通底しているのです。特に分かりやすく説明できるのはこの三作品であり、先生と私でよく話し合ったのでした。

まず『金閣寺』についての捉え方としては、「苦しむことの拒絶」を示したつもりでいると先生は言われたのです。主人公の中には恩寵を受ける真空つまりある種のゆとりがない。だからこそ、主人公は真の自由を得る前に存在の破滅を招いたのだと言っていたのです。先生は「真の美は、強い魂のもとでのみ輝くのである」とつけ加えられました。そういう人間の苦しみを描いたのが『金閣寺』だったと仰っていたのです。

また、『金閣寺』は「自由なる美への陶酔が自ずから滅びを生む」ということを表わしており、それゆえに「主人公の吃音をもつ青年は、美のために死ぬまで苦しみ続けることができない人間なのだ」と続けられたのです。そうであるが、この主人公はまた、愛おしい存在でもあると先生は捉えておられた。「『金閣寺』は、戦後に起きた実際の放火事件を題材とした文学であり、自由なる美への陶酔という究極の世界を描きたいと思っていたものだが、挫折によってその崇高をぐっと現世に引き寄せることになってしまったのだ」と仰っていました。

そもそもこれらの言葉を先生から聞き出せたのは、私が『金閣寺』が世間で誤解されていることに対して、自分なりの意見を述べたことがきっかけでした。誤解というのは、つまり作品として「美に対する執着」を描こうとしていたのではないかと多く意見されていた。しかし私は深い意味での「自由」の問題について問うていたのではないか、と投げかけたのです。三島先生は「そうだ、自由の問題だ」と答えられ、『金閣寺』の主人公は美のために死ぬことはできなかった。逆に美の方を否定して無くそうとした。それは主人公が自分より崇高な者のために苦しみ続けることのできない人間だったということに、一番深い意味があるのだ。魂の弱い者には美を求めることはできないということが『金閣寺』の結論だ」と話して下さった。つまり、「美というのは強者の思想なのだ。魂の強い者のみが本当の美を、到達不能な美を堪能できるのだ」と。こういうことが三島文学の根底にあるということを話し合ったのです。

自由なる美を求めるには、どれだけの不条理を対価として受け取る覚悟があるのかということです。強い人間であったとしても、自由なる美の最終には滅びが待ち受けている。それは最終的な死ということですが、しかしながら、一生涯、死に至るまで苦しみ続けられる人だけが「自由な美」を味わえるということを言っているのです。『金閣寺』のように弱い人間である主人公は、不条理に耐えられず、自由なる美に耐えられず、途中で挫折し、自己崩壊を起こしてしまう。すなわち「美は弱い者を殺す」とも先生は言われていた。そして「このことこそが、私が『花ざかりの森』で〈祈りは生命力の流露でなくてはならぬ〉と書いた謂われなのだ」と続けられていたのです。美は生命の自由の流露ともいうべきもので、生命力と魂の弱い者には目指すことのできないものなのです。私はこの先生の唱える美学論を、葉隠が生み出す世界的思想だと直感したのです。

本当の美は、普通の人間には、恐ろしくて耐えられないのです。「美というのは恐ろしいものだ」といみじくも三島先生は仰っていた。この言葉は脳裏に焼き付き、私はずっとその思想を考え続けていたのです。後にW・B・イエイツ*の、有名な「一九一六年復活祭」という詩に歌われるアイルランド革命のときの「恐ろしい美が生まれた」という言葉に出会ったときに、三島先生の言葉と相まって、魂が震えた想い出があります。

これら先生と話し合った美の問題は私の中枢を確立し、後年に至って私が自分の使命と考えた「憂国の芸術」というコレクションを生み出す基礎ともなったのです。いま思い起こせば、三島先生の言葉は現在の私のあらゆる活動に、非常に大きな影響を与えていると思います。私の美術コレクションはいま言ったように「憂国の芸術」と名づけていますが、三島先生の「憂国」の思想と美の思想を小さな形であれ受け継ごうと決意し、自分のできる範囲で日本人の魂を残すために活動しているのです。

さらにこのコレクションを表わすぴったりの言葉が、高村光太郎の書として所蔵品の一つとなったのです。「義ならざるものは、美でない」という言葉ですが、これもイエイツの「恐ろしい美が生まれた」と同じ概念を表わすものとして、三島先生との対話を思い出して私が選んだと言ってもいいでしょう。そして、この二つの言葉は我が「憂国の芸術」のモットーとして現在も掲げられているのです。つまり、高校生のときの三島先生との文学論が、現在の私の美術活動や社会活動を支え続けてくれているということになるのです。

話が少しそれましたが、この「恐ろしい美が生まれた」という、三島先生の文学論に表現されている美は、弱いものを殺していく美だと言い換えてもいい。逆に言えばそれに耐えることができれば、美は強者を創り上げる力があるということになるのです。ここに私は先生の本当の愛国心と憂国への意志を見出しています。だから、美しいものに本当に触れた人間は滅びるか、または本当に強い崇高な魂の人間になるかのどちらかです。このとき先生と私、二人共に共通して頭に浮かんだのが、ゲーテでした。ゲーテというのは三島先生に言わせれば「したたか」であり、美を求めるためには「冷酷」でもあった。つまり本当の美を追求した人がゲーテということです。

「ゲーテのような人が美を追求した結果、あれだけの業績を残すことができたのだ」と先生は言われていた。そして続けて先生は、耐えることによって美の極致を体験したもう一人の作家として、トーマス・マン*を挙げておられました。マンの示した「したたか」な我慢強さが、ヨーロッパを抉り出すような大文学を生み出したのだと感嘆していた。あの執拗なねばり強さこそが人間の魂を揺さぶるような美を生み出すために必要な生き方なのではないか。私がその当時愛読していたマンの『ブッデンブローク家の人々』と『ヴェニスに死す』を題材として、美を追求する人間の死生観についての文学論は、とどまるところを知らなかったのです。

美への特攻

『金閣寺』の場合には、主人公の青年は心の弱さのために苦しみ続け、偉大なもの、巨大なものを拒絶し、中途挫折して自己崩壊してしまう。魂的には死んでしまうのです。先ほども述べたように、『金閣寺』は「美への執着」と解釈されることもあるのですが、そう単純なものでもない。主人公は執着が足りないから挫折したのです。そこから美の本質はそうではないということを三島先生と話し合った。美は考え続けることによって、考える者を殺す場合もあるし、偉大な者にしていく場合もあるというものなのです。

三島先生は、美や美的なものを追求したと見られています。そして耽美的な世界観だなどということも言われていますが、美だけではなく美の中にある真の「自由の問題」を見ていたということを、私は先生から教えられた。美と自由の関係から、私は三島文学を飛躍的に自己の中に取り込んでいったように思います。『金閣寺』は美への執着と見てしまうと、ごく平凡な作品と化してしまうのです。

実は主人公が向かった先が最終的には、美を美としてしか捉えられずに終わってしまったということに、この文学の深みがある。美が、それ以上の存在として自己に「強さ」を求められたとき、主人公はその自由の深淵に耐えられなかったのです。

美に執着することも、まずは真の自由に向かうための一つの入り口にはなるでしょう。まず美を感じる心が無ければ、そもそも自由に向かうこともできないからです。しかし、何をもって美とするかで、『金閣寺』の主人公は決して美を分からなかったわけではありません。むしろその偉大さを直観する鋭敏な感受性を持ち合わせていたが、それはもしかしたら吃音によって社会と隔絶されていることも一つの原因だったのかもしれません。そしてそれを社会に向かって表現することができない。ある種の美との個的関係は結んでいたが、それ以上に発展することができなかったのです。先生と私の『金閣寺』論は何時間も続けられていきました。そして結論のように先生は、「真の自由を満喫し、不条理を突破する自由に向かうには滅びの覚悟がいる。最後には滅びるかもしれない危険な美を求めるためには、苦しみ続けるか、諦めるかのどちらかしか道がないのだ。しかし、この主人公はどちらにも行かず、ただ自我のゆえに敗北したのだ」と言われたのです。

真の自由と表面的な自由の違いについても三島先生と話しました。表面的な自由への願望が、美への執着として『金閣寺』を捉える一般の日本人の状態と言ってもいいでしょう。それこそ表面的な意味では、アメリカから民主主義の「自由」を与えられて、どうしていいか分からず困っている状態だった。三島先生の見方では、「民主主義も本当に苦しみ続ければ素晴らしいものになるだろう。しかし、多分ほとんどの人は苦しみ続けることができないので、苦しみを捨てて魂の死を選ぶだろう」と見ていたのです。この死は魂の問題なので、魂を捨てて、苦しむことを拒絶し、『金閣寺』の主人公のように自殺をせずに生き続けることもできる。一般的には『金閣寺』は、苦しまない人たちによって、表面の美への執着とされてしまっているのです。

「三島由紀夫」と言えば写真集『薔薇刑』などの、耽美的パフォーマンスで知られています。そういう、かなり表面的なパフォーマンスの方が世間では取り沙汰されており、マスコミが取り上げやすいからかもしれませんが、三島由紀夫先生のパフォーマンス好きというのも美の側面だけが誤解されて捉えられていると私は考えています。私がこの誤解について述べていると、先生は「美は誤解されることによって、より深いものへと進化する」と仰られた。「十九世紀末の耽美派のオスカー・ワイルド*に代表される退廃的な美も誤解の上に塗られた誤解が、それを歴史的な美へと押し上げたのだ」と重ねるように言われたのです。本当は、三島先生は耽美派などとは反対の人と言えます。真の教養人であり、その知性の根底には『葉隠』がある。だから、美即自由、自由即不条理という公式のもとに、生命の奥底を支えるような深い意味での美を追求している。不条理の中から自由を得た人だけが真の救済を受けるということです。

発表当時、『金閣寺』は表面的にしか世間では理解されなかったようです。それを先生は苦々しく思っていらした。理解されなかったというよりも、当時、真に理解されていなかった生命的な「美」の概念を、新たに提示したということかもしれません。『金閣寺』というのは、実は戦後の昭和三十年代の日本社会に対して、三島先生が投げかけた重大な問題提起なのです。すなわち、美の根底にあるのは「自由の問題」だということです。そして、それはいつでも死を伴う危険なものにも成り得るということなのです。その良し悪しを問うこと自体に、先生は逆に人間存在が危険にさらされているのを感じていた。

先生はいつでも私に「死の前提がない生はすべて嘘なのだ」と語り続けていたのです。先ほども言いましたが、美そのものが生命の自由な流露なのです。それを、自分の心に恩寵としての真空を持つ者だけに、本当の美は微笑むと三島先生は仰っていた。先生の言う恩寵とは、人間の初心を恋う恋闕の情に違いないと私は考えました。それを問うと先生はほほえまれて「そうだ」と答えられたのです。人間の初心ということは、人類が発生したときの純粋な心のことで、人間が人間であろうとするときの最初の状態です。『金閣寺』を話題とするときには、私はこの人間の初心ということを、「美」を媒介としながら先生といつでも話していたのです。

『金閣寺』の主人公の敗北は、要するに一つの挫折なのですが、この主人公の青年を三島先生は非常に精神的に愛していました。要するに、「高いものを目指す者の討ち死にであり、挫折なのだ」ということを繰り返し仰っていたのです。だから悲劇なのですが、それは結果論そうなっただけです。結果の悲劇であって、本人の中では一つの憧れが完結していると考えていた。他人から見て不幸でも、美すなわち自由の追求は本人にとってしか分からない問題なのです。

もちろん挫折して負けたのですが、挫折して負けても、それは美の極致に向かって敗北したことに変わりはないのだと話し合った。先生が仰った「『金閣寺』は、あれは美への特攻なのだ」という言葉を私はいまでも忘れることができません。結果的には挫折した弱者となってしまっても仕方がない。目指したものは崇高だった。その生き方としてはもちろん三島先生自身も自分と同じだと考えていたようです。ただ負けてしまったということです。だから『金閣寺』というのは美の問題として文学論的な取り扱われ方をしていますが、先生自身は『金閣寺』の中に自由の問題と救済の形而上学というものを、非常に重要視していると私は感じたのです。

『朱雀家の滅亡』というロマン

次に『朱雀家の滅亡』について話し合いました。この作品は非常に暗い感じがするのですが、実はその中に、夢と希望そして人間生命の心の明るさを感ずると私は捉えていました。遠い憧れに対する生命の真の幸福の予感です。発表前の原稿を読ませてもらい、その感想を伝えたときには三島先生の顔色がぱっと変わって、はにかむような笑顔を浮かべました。若者が真意を汲んで突っ込んできたということは、文学者にとって本懐だとそのようなことを仰って下さったのです。

そもそも『朱雀家の滅亡』というのは、大東亜戦争末期の戦中・戦後を舞台に、華族の朱雀家の滅亡を大日本帝国の斜陽と重ねて描いた作品です。これは「孤独なる忠義」と三島先生も自ら言っておられますが、秘められた中で、孤独の中で滅びていく忠義の物語とも言えます。本作は到達不能の遠い憧れに向かうことによって得る真の自由について表現した作品で、内容についても相当深く三島先生と語り合ったのです。最初の出会いから一年以上経ってから発表された戯曲で舞台にも上がった作品です。

「『朱雀家の滅亡』を通じて、人間が持つことのできる最大の不条理と最も崇高な自由の在り方を描きたいと思ったのだ」と三島先生は仰っていた。それでは本当の自由とは何か。それは「何も報われることのない生命の雄叫びなのだ、それが心の本当の自由なのだ」と先生は続けて言われた。このとき、私はこの生命の雄叫びとはマルクス・アウレリウス*の言った「運命への愛」（アモール・ファーティー）とも、憧れに向かって死ぬことの自由だとも思ったのです。まさに葉隠の「忍ぶ恋」でしょう。またその理想が純粋なものほど、葉隠的に言うと「死に狂い」の「忍ぶ恋」に繋がっていくのです。

本当に先生と私の文学論にはいつでも葉隠が中心思想となっていたのです。私の葉隠思想が本当に固まったのは、まさに三島先生との議論があったからです。高校生までには自分で読書をして、ある程度は固めてきてはいたのです。しかし、最大の知性を持ちながら葉隠の野蛮性に生きようとした文学者である三島先生の人格と言葉を得ることによって、肚の底までその思想が落ちたように感じているのです。なかでも「忍ぶ恋」は繰り返し話題に出され、後に私が片思いの苦悩のときに先生に相談したこともあるのですが、若い頃の現実と三島先生の言葉とが相まって非常に救われた思い出があります。今日こんにちの自分の思想、事業、行動などすべてが三島先生に始まり現在も続いている。どれだけ大きな影響を受けたか自分でも計り知ることができません。

さて、『朱雀家の滅亡』はエウリピデス*の『ヘラクレス』という戯曲を参考にして、物語が書かれたと言われています。ヘラクレス*といえば、ギリシャ悲劇なのですが、このギリシャ悲劇を「現代の魂の神話」に落としこもうと思って書いたと三島先生は仰っていました。ギリシャ悲劇の一つの物語を参考にしながら、現代人の心理に愬(うった)えかける新しい神話を蘇らせようとしたのだと。これについては何となく直観的に自分でもそう捉えていたのですが、三島先生の口から直接お聞きすることによって、非常にその文学が深く読めるようになったのです。これについて、私は人間の未来の魂の在り方を感ずるということを先生に話させていただいたことがあった。そのとき、先生は大きく息を吸い込んだあとに「人間の原初の魂が、未来の魂を創っているのだ」と力強く言われたのです。この発想は、私の新しい出発となったということで、いまでも忘れることができないのです。

この原始と未来の交叉という考え方を通じて、今日まで私が先生の言葉を内省しながら確立していったのが、「絶対負の思想」です。この思想によって私のすべてが創られていると言っても過言ではありません。愛や信や義といった目に見えない、宇宙から来る負のエネルギーを最上位におき、その法則通りに生命を燃やし尽くしていくという信念です。生き方においては「体当たり」とも私は言い換えていますが、人生で起こるあらゆる問題に、いま、この瞬間に生命を燃やし尽くし、それによって時空を超えていく生き方のことです。この「絶対負の思想」の中心ともなるのが、先生と話し合った原始と未来の時間の直結から生まれてきたのです。

また、『朱雀家の滅亡』は、舞台化もされました。私は舞台も見に行きましたが、より深く原作が分かるようになりました。それは素晴らしい舞台で、朱雀経隆*を中村伸郎*さんが、経広*を中山仁*さんが演じていました。経広の恋人の松永璃津子*役には村松英子さんが扮していました。まさに忘れられぬ名演だったのです。

面白いことに朱雀家というのは琵琶の家元だということになっていますが、琵琶というのが月の精霊を表わしているのではないかと私が先生に述べたことがあったのです。雅楽のときからずっと月に纏わる楽器だったわけです。何か忍ぶ恋を、深いところで支えている楽器なのではないかと私には思えたのです。その読みのロマンティシズムを三島先生は喜んでくれました。いまから思えば、すでにこのときから『豊饒の海』にまで繋がるような、月によって結ばれた魂の絆というものが先生の中にあったのではないかと感じさせられます。後に『豊饒の海』については詳しく述べたいと思いますが、この作品も月から着想されたということを三島先生と語り合ったのです。

月が何を象徴しているのかについて何度も話し合ったのです。月というのは、この世を超越した遠い憧れの象徴として神話にも表われているものです。月に向かう人間の魂と月の精霊との対話だと言えますが、そのために琵琶が出てきたのではないかと思ったのです。日本人の月に対するロマンティシズムというのは、かぐや姫伝説に最も代表的に表わされているので、かぐや姫の物語と『朱雀家の滅亡』は共通しているように私には思えたのです。三島先生にもそれを伝えたら、「その読み方は、人類の青春というものを感じさせる、そういう読み方をしてくれた人はいない」と言われた。そして「戦後生まれの現代の若者がそういう読み方をしたというのは、自分の将来の文学にとって希望が湧いてきた」と仰って下さったのです。この「月」に関する議論は、また詳しく後の章でも扱いたいと思います。

初めにまず死んでおく

そして朱雀経隆の忠義について、その狂気的ともいえる描かれ方について議論が進んでいったのです。『朱雀家の滅亡』で描かれるのはもちろん忠義も大きな主題ですが、その忠義の本質が不条理から生まれる自由の問題だということは先ほど述べました。さらに自由についての定義として、自由とは不条理の世を生き切るための最も尊い知恵であり、それによって生命のすべてが救済されるのだという話になったのです。まさに狂気的なほどの「孤独なる忠義」と言い表わされるような、リルケの言う「遠くから見られ得るもの」と同じ遠い憧れに対する忠誠心です。そこにこそ、人間のもつ本当の自由が存在するのだということを話し合ったのです。

「遠くにいて、遠い憧れとして遠くから見ながら行なう忠義。これを行なうことができる人間というのは、本当の意味で自分の運命を愛している者だろう」と三島先生は仰っていた。決して報われることがない真実の愛が無ければできないことです。つまり「遠くから見られ得るもの」との同一化を行なう忠義だけが本物の忠義だということです。その真の忠義だけが、生命の救済を行なえる唯一の道になると先生は考えられていた。だから生命とか自由は不条理から生まれた代表的なものなのだということで、その不条理を文学に落とし込みたかったのだと先生は仰っていたのです。元々『英霊の声』や『憂国』などの作品もすべてこの不条理の切り口を変えて書かれているということを論じ合いました。

根底が同じものを、どのようにして異なる描き方をしたのかを私は知りたかった。一人の作家が書いている作品だから、当然、思想はすべての作品に共通しているのですが、何が一番強く表わされているとか、どういう順番かということは、作品ごとに描き分けるしかないはずです。『英霊の声』についてはすでに触れましたが、『朱雀家の滅亡』で表わされる自由は、不条理から生まれる最も尊い生命の救済が描かれているということです。その救済による自由を求める雄叫びこそが、本当の忠義という形の中で表わされている。そして、本当の忠義とは善の否定、正の否定であり、主人公の朱雀経隆を通じてそれを表わしているのだということを三島先生は話されました。

この善の否定、正の否定による本当の忠義によって生命は躍動を始めるのです。つまりそれが『葉隠』の「死に狂い」や「忍ぶ恋」に繋がっていくというのです。すべてのものの否定の上に、生命の躍動が生まれる。その生命の真の躍動こそが本物の忠義なのだと先生は言われていた。当然、世間で善いもの、正しいものと固定されているものすべての否定です。だからこそ、どれくらい自由が不条理なものかということです。すべての不条理を乗り越えなければならないのです。いわゆる道徳とか価値観を固定することの逆です。もちろん世間や周りからは絶対に理解されない、報われないものが忠義なのです。

だから『葉隠』の言う「死に狂い」や「忍ぶ恋」が始まると、「恐ろしい美」が生まれ「恐ろしい孤独」が生まれるのです。この強烈な孤独の中に入っていく生き方が、『朱雀家の滅亡』で描かれたものなのです。主人公の朱雀経隆の「どうして私が滅びることができる。夙うのむかしに滅んでいる私が」という台詞が最後にある。それを三島先生が取り挙げて、「これだけの恐ろしい孤独の中を生きることのできる人間は、人生の初めにまず死んでいなくてはならない」と仰ったのです。これは三島先生自身のことでもあるようでした。人生の初めにまず死んでおく。これによって孤独の中を生き切ることができるのだと私に向かって話し続けたのです。

後から思えば、三島先生の遺言的な意図すら私は感じてしまいます。まさに、いまから思えばです。すでにこの時点で三島先生は自分の最後を覚悟していたと思います。先生は『英霊の声』で文学上の転換点を迎えた。そして、命懸けで天皇のために死んだ人たちの霊を鎮めることを実行したいという決意を確かにされたのでしょう。『英霊の声』の主人公である二・二六事件の磯部浅一*を先生は好きなのですが、磯部浅一の霊と特攻の霊は、どうやったら鎮まるのかということを先生は考え続けていました。

そして、それが天皇の問題なのだと三島先生は仰っていました。実は日本民族の深い歴史の問題なのだと言われ、天皇は日本の魂の表現にほかならないと語っていました。この民族が魂のために死ねる民族となり、天皇中心の帰一性を取り戻せば霊は救われると続けられたのです。「不条理の中を生き続けること、それこそが、日本人の本当の救いになるに違いない。そして書いているときからこの対話をしている今日も『朱雀家の滅亡』は生きて成長している」と仰ったのです。

そのとき、私は「その成長とはいつまで続くものなのでしょうか」と質問したことを覚えています。先生は即座に、「私の本当の死が完成した後までそれは続くだろう」と答えられました。その死がもう近いとは想像だにできませんでしたが、このとき、私は『朱雀家の滅亡』の中に、先生は自己の死生観のすべてを注ぎ込まれたのだということを感じたのです。

天上と地上の戦い

三島先生は、人間の自由と不条理の問題が、我々の生命に生まれるのはなぜかということを話されていた。「それは天上と地上の戦いから生まれているのだ。つまり魂と物質の戦いがあるからだ」と言われました。そして、「そのことが、地上を覆う不条理から真の美が生まれる謂われにもなっている」とも続けられていたのです。一呼吸おいて締めくくるように「我々の魂は、最後の戦いに臨もうとしているのだ」と言われたのです。この「我々の魂は最後の戦いに臨もうとしている」という言葉は、私の魂を震わせました。この言葉の中に、三島先生の人生とその文学の本質があるように、私には思えたのです。つまり、それを先生は文学の中に落とし込もうとしているのだと私は思ったのです。これは、一連の『金閣寺』や『朱雀家の滅亡』について話しているときに仰ったことでした。

当時ははっきりとは気づきませんでしたが、後に私も読書を重ね、ある日、プロチノス*の「偉大にして最後なる戦いが、人間の魂を待ち受けている」との言葉に出会い感銘を受けたときがあった。まさにこの言葉に表わされる思想を下敷きに三島先生が、あの当時最後の戦いということを仰ったのではないだろうかと思ったのです。若い頃に三島先生と交わした「不条理」の議論がなければ、プロチノスの言葉に魅かれ、その哲学・思想が血となり肉となることはありませんでした。

そもそも三島文学は、肉体つまりその実体を凌駕して生き続けていくと私は思っていた。魂の戦いが、一つの神話に向かっているように見えていたのです。三島先生自身の行動もそのような考えに一致しているように私には思えました。最後の戦いに臨もうとしているのが、現代の様相であると先生は何度も言われていた。また、自身の文学を通して自分の意図を真に理解してくれる相手と、一緒に戦いの準備をできるのはとても嬉しいことだと先生は仰ったのです。

三島先生は、朱雀家に描かれたような凄まじいまでの孤独を生きてこられていたからこそ、文学にそれを落とし込むことができたのでしょう。そして、その後の文学も生き方も、もっと壮絶な孤独へと向かっているように私には感じられたのです。しかし、先生は私について、「これから文学とは限らず、君は自分なりの方法で最後の戦いを戦い抜くだろう」と予告していたのです。私たちは文学を通してこれほど理解し合えたのだけれども、それは私の生き方が同じ戦いに向かって生きているからだということを仰って下さったのです。

手前味噌になってしまいますが、私との議論は、先生にとって孤独の中に見えた一筋の光になっていたのかもしれません。少なくとも、私にはそう見えたのです。そして話は、魂の審判に移っていきました。先生は高橋和巳*の作品のうち『悲の器』と『邪宗門』を取り挙げ、それを自己の作品と比較しながら魂の最後の審判について話されたのです。先生は自己の美意識についても、「美とは、魂の審判に向かう実存が醸し出す叫びなのだ」と言われた。高橋和巳の『悲の器』などもそうだということで挙げられたのです。私も当時、『悲の器』はもちろんのこと、朝日ジャーナルに連載されていた『邪宗門』など高橋和巳の作品はほとんど読んでいた。『悲の器』や『邪宗門』そして『金閣寺』『朱雀家の滅亡』なども、魂が受ける最後の審判に向かっている現代の文学として、関連づけて話し合いました。先生は高橋和巳の終末論を大変に高くかっておられた。

日本文学を背負う人物と評価しておられましたが、何かその生命的な弱さを感じておられ、その行く末を大変に心配されていた。後になれば、先生のもつ予言者性を思わせるエピソードともなってしまいました。この魂の審判に際し、勝ち負けは関係ないという結論を導いた。負ける人もいる。勝つ人もいるのだけれども、魂の審判に向かって生きる人はすべて、救われる魂なのだと結論づけられたのです。三島先生の文学は魂が受ける「最後の審判」に向かっていると私は元々、思っていました。だから、この話は記憶に深いのです。「最後の審判」というとキリスト教的な感じを受けますが、三島先生も私も人類は魂の問題で滅びるか、その復活に向かう戦いを突きつけられるときが来るだろうと思っていたのです。だからキリスト教を超えた全人類的な問題としての「最後の審判」です。

とはいえ私は小中高とキリスト教系の私立学校に行っていたので、「最後の審判」については、何か馴染みがあるし、いつかそのような日が来るのではないかと思っていたのです。三島先生は特に、戦中はいつでも死ぬ覚悟で生き、死によって生(せい)が生かされている日々を送っていた。つまりいつか死の在り方についての審判が行われるのだと考えていたのです。『金閣寺』の主人公も戦争で金閣寺もろとも焼け死ぬようなイメージを抱いていたのと同じです。それに三島先生は自分自身で、戦後は余生だと仰るくらい「すでに最初から死んでいた」と私に語ったことを思い出すのです。二十歳の夏の終戦の日にです。

私は、三島先生の憧れは到達不能の遠いものだったように思います。その憧れが、先生の文学の不条理性を生んだのではないでしょうか。だからこそ世間の人には固く本音は出さずに、まさに不条理れを描こうとしていたに違いありません。

の中を真っしぐらに生きてこられたように私は感じていたのです。先生は芸術を通じて到達不能の憧

『聖セバスチャンの殉教』の自由

さて、話はガブリエル・ダヌンツィオ*原作の『聖セバスチャンの殉教』に移っていったのです。この作品は三島先生が翻訳したのですが、あまり世間では重要視されていません。この作品について、私は「真の自由へ向かって飛翔を遂げたいという人間の根源的欲望を表わした作品」ではないかと述べました。永遠の生命に向かって放たれる真の自由を得ることによる、真の人間の魂の救済が描かれている点を挙げたのです。

そもそも聖セバスチャン*は紀元三世紀の聖人で、キリスト教の同士を助けるためにローマで軍人となり陰で信仰を支えた。ある機会にキリスト教徒であることが発覚したセバスチャンは、柱に括りつけられ、弓矢に射られ多くの矢が突き刺さってもなお何とか生き続けていた。その後、聖女の介抱によって生き返ったという伝説の聖人です。私はこの作品の中に、生命に宿される不条理の本源を見出していた。つまり、不条理をつんざいた先にある真の希望ということです。そして、私はこの翻訳は先生の創造的作品の代表の一つだとも思っていたのです。

また聖セバスチャンは、多くの絵画のモチーフともなった聖人です。三島先生はグイド・レーニ*の絵画を好んで、翻訳の本にも使っています。本の装丁としても大変素晴らしいものですが、そこまで注目はされていなかった。しかし、先生とも話したのですが、先生の死の美学にとって象徴的な文学

作品であり、また、刻印された理想像としてイコン（※1）のごとく捉えられていた。イコンの美学についての先生との対話は実に美しい内容のものでした。

人間の魂の根源形態について、ギリシャ正教の聖像画であるイコンを引き合いに出しながら、先生が熱く語った姿がいまでも瞼に浮かびます。先生は「イコンの中に示された〈こちらを見るもの〉という描写こそが、生命の実存を最も芸術的に表わすものだと思っている。これは我々が慣れ親しんだ〈見る芸術〉ではなく〈見られる芸術〉なのだ。この平面的で直截な描写の方が、生命の神秘を写し取る力があると私は思っている。イコンの美学は、君の武士道的な精神をいやが上にも確立させていくだろう」と言われ、続けて「この描写に近い芸術にラスコーの古代壁画と日本画そして浮世絵があることに、私は古代人と日本人の信仰の形を見ているのだ」と一気に語られていたのです。時間を忘れ先生と私は、イコンのもつ神秘的な魂の流露の仕方について議論を交わしていったのです。

そして結論が語られることになった。つまり不条理から生まれる真の自由を、そのまま体現したような美意識の物語こそが、『聖セバスチャンの殉教』の本質であり、その本源的美しさによって最後は救済にまで至るところに、この文学の崇高さがあるということです。三島先生の美学という意味でも『聖セバスチャンの殉教』は、文学論の中でも特に深めたい主題だったのです。加えて言うと、この議論は後に、私とロシアのパーヴェル・フロレンスキー*との出会いを促すことになったのです。イコンの哲学者フロレンスキーを知るに及んで、私は「逆遠近法」という生命的芸術の真髄を学び、その真髄をすでに掴み切っていた三島先生の芸術的感性に改めて驚き入った記憶があるのです。

話は戻りますが、まさに『聖セバスチャンの殉教』も、「不条理を受け入れることによって真の自由が得られる」ということを表わしていると先生に伝えました。必ず、不条理を自己の生命の奥深くに受け入れることが、自由を得ることに先行して存在しているのです。三島先生も不条理と自由について、最も美しく描かれたものの一つが『聖セバスチャンの殉教』だということを仰っていた。ダヌンツィオの原作が、創造的な翻訳を促す力を持っていることを知るのも重要だと言われていたのが印象に残っています。この本は、一見、キリスト教の殉教の物語に見えるのですが、これは信仰の問題ではなく、生命の自由を求める者の生き方の一つの例なのです。「これは自己が本当の自由を得ると、それだけで永遠の生命に繋がるということを表わす神話なのだ」と先生は言われていた。つまり永遠の生命に繋がるにはいかに生きるべきなのかを『聖セバスチャンの殉教』は描いている。

実際の生命としては死んでも、そこにこそ真の幸福があるのだということを、私はこの作品において深く摑んだように感じています。殉教ということは、結果的には死んでしまうわけです。それも到達できない憧れに向かって死ぬということです。三島先生はもちろん聖セバスチャンに、葉隠の言う「忍ぶ恋」を見出したのです。「忍ぶ恋は生命の最も尊い自由への讃歌なのだ」と仰っていた。また先にも述べましたが到達できない憧れに向かうイメージを美術的に描く題材として多く用いられたのが、この「聖セバスチャンの殉教」の物語でした。ソドマ*やメムリンク*ほか名だたる巨匠たちが描いていますが、それほど芸術家たちを魅きつける主題だったのです。三島先生は十七世紀バロック期のイタリアの画家グイド・レーニの絵が特に好きで、いつもコピーを持っていた。

なぜグイド・レーニの聖セバスチャンを好まれたかと言えば、それは、この絵画には、「本当の自由を得る幸福に向かう生命の陶酔が一番よく表わされているからだ」そして「生命の一番の輝きであるその陶酔の美を感じるからだ」と仰っていたのです。この死は、陶酔であって苦しみではないのだという先生の考えに共感し、この絵画の魅力について話し合ったのです。例えば他の巨匠の聖セバスチャンはどちらかと言えば苦しみ、苦痛を表現していますが、グイド・レーニだけが陶酔の喜びを表わしている。だから本当の憧れである忍ぶ恋を表現できたのでしょう。つまり葉隠的な絵画だということでその魅力に納得したわけです。一気に陶酔の表情を浮かべられるのは信仰の強さとも言えます。ちょうど同世紀に活躍したイタリアの彫刻家ベルニーニ作*の「聖テレジアの法悦*」も同じ表情だと先生は言われていた。聖セバスチャンにしても肉体としては不条理なまでに傷ついた状態でも、自由の恍惚の表情を浮かべているのです。

三島先生は特段クリスチャンではありませんでしたが、ヨーロッパ文学、西洋思想、キリスト教、ギリシャ・ローマ史などの膨大な渉猟によって、ヨーロッパ文明に対して常人の想像をはるかに超える深い知識と教養を持っていました。だからこそ先ほども触れた「最後の審判」というのは、身近なイメージとしてあったのかもしれません。実に皮肉なことに、日本人として終戦を迎えるに当たり、来るだろう死の審判が下されずに生き延びてしまわれた。先生自身の人生としても、キリスト教ということを超え、「最後の審判」を強く頭に抱く考え方を持っていたようです。だからそれを文学の中で表わそうとしていたのでしょう。

不条理なものだけが、真の生命の喜びを生み出すという先生の考え方は、この「最後の審判」の思想から生まれていたように私は感じています。そして、その生命の喜びは、審判を受けた後の真の自由の問題なのだと三島先生は繰り返し述べていたのです。先生の文学はそれに挑戦しているのだと私は考えていたので、文学の議論ではいつでもこの話題が話し合われたのです。「人間文化は不条理によって強いものとなってきたのだ」と先生はいつも言われた。続けて、反対に「世の中は正しい意見、素晴らしい意見、整合性のとれた事柄によって滅びるのだ」と言って憂えていたのです。だからこそ三島先生は、その滅びに対抗するのが真の文学であり、真の武士道だとしてそのような人生を目指していたのです。正しさや素晴らしいことに抗う魂の雄叫びが、文学であり芸術なのだとして議論を展開していったのです。人間のもつ崇高に向かうための、正の否定、善の否定、道徳の否定です。

私はその意見に対し、その考え方こそが『葉隠』の高貴性を支えている真の野蛮性だと思うと伝えました。人間が持つ心の奥底に潜む野蛮性であり真の生命の復活なのだと言ったのです。三島先生はジョルジュ・バタイユ*の例を引いて、「〈残酷〉ということが聖性へと到達するためには必要なのだ」と言って、絶対的なものと合一するためには、また、遠い憧れに向かうためには、まさに「野蛮性」が必要だと思って自分も文学の中に表わしてきたつもりだし、特に自分の目指す最後の文学はそうなるだろうと仰っていた。

続けて先生は「真の聖性は残酷の中から生まれ出づる」と言われていました。「残酷さがなければ、誰でも聖性に近づくことができる。しかし、誰でもが近づける聖性とは、つまりは商業主義的で民主主義的な偽りの聖性に過ぎないだろう。真の聖性は我々の生命を超越したところに存在するものだ。それは残酷なものを乗り越えた先にある存在の光明に違いない」。先生の聖性論はとどまるところを知りませんでした。

聖性と残酷の話のときに、すでにこの時点で「最後」の文学と仰っていたのです。真の野蛮性、真の生命の復活を最も表わす文学を最後に自分はやるだろうと言われていた。私はこの時点では何も分かりませんでしたが、後に三島先生の切腹が最後にして最大の文学であったことに気づいたのです。先生が本当に死を意図していたとは全く想像できず、もちろんまだ先生は長く生きて、後に最大の文学を創り出されるのだろうと、単純に楽しみにしていたのです。

いまから思えば、若気の至りとは言え、実に傲慢で手前勝手な心を持っていたものだと思い、恥ずかしく感じているのです。そして後に、自決事件の結末を知り、私は三島先生の最終文学がそれだったと直感したのです。この聖性と残酷さの文学論を行なった時点では、自己の最後の文学について、幾度か仄(ほの)めかして仰っていた。そのようなことにも、私は全く気づかなかったのです。もはや死を覚悟している時点で、これだけの議論をさせていただいたということも、何か遺言めいたものとして、いまになって振り返れば響いてくるのです。

アルベール・カミュとの比較

こうして、三島文学が不条理の文学だということで先生と深く話し合ったのです。先生の文学を不条理の文学だと位置づけることによって、元々好きだったアルベール・カミュの文学と比較しながら、自分の中で研究していきました。研究しながら、三島先生とカミュ文学との比較を論じ合ったのですが、カミュの作品では『シジフォスの神話』が皮切りとなりました。しかし、先生はカミュの作品では、特に深く『カリギュラ』という戯曲を愛しておられましたので、それについても議論を重ねたのです。『カリギュラ』はまた最後に触れようと思います。

さて、この『シジフォスの神話』というのは、不幸によって生み出される、真の人間的人間の抱く幸福感とは何かという問題提起で、『聖セバスチャンの殉教』『朱雀家の滅亡』と共通する親和力を私は感じていたのです。真の幸福は、幸福の中にはないということが描かれていると私は考えていた。つまり苦悩こそが真の幸福を生む。真の幸福は幸福の中になく、苦悩のみが本当の幸福に至る可能性を生むのだということを感じていたのです。『シジフォスの神話』と『聖セバスチャンの殉教』『朱雀家の滅亡』ほか『英霊の声』などの作品に通底するものは何かということを、三島先生と話したのです。先生ももちろんカミュの『シジフォスの神話』を非常に読み込んでいたので、一番この作品の深いところを抉(えぐ)り取るような議論が展開されたといまでも思っています。

そして突然、先生が「『シジフォスの神話』には、私は藤原定家*の歌を感じるのだ」と言われたことが、その意外性と共に深く記憶に残っています。先生は不条理と不幸を表わすこのギリシャ神話の中に、日本人のもつ無常観を見出していると言われていたのです。「無常の中に真の幸福を見出すことが、人類文化の最終形態を創り上げるだろう」と先生は仰られた。そして定家の歌「見渡せば　花も紅葉も　なかりけり　浦の苫屋の　秋の夕暮れ」を引き合いに出し、「この歌のもつ無常こそが、シジフォス*の神話の最も深い情念を表わしていると私は思っている」と言われたのです。無常の極致を窺う、先生のもつ不条理性についての意見は実に華麗ですらあったのです。そして二人の中で苦悩の克服だけが永遠の生命に繋がることができると結論づけたのです。

続いてカミュの『異邦人』と三島先生の『金閣寺』そして『美しい星』を比較したのですが、『異邦人』は肉体と魂の両方の自由を求める者、『金閣寺』は肉体の自由を求める者、『美しい星』が魂の自由を求める者の物語だという内容で議論は進んでいったのです。『異邦人』の主人公は両方を同時に求めることによって、実に軽薄と感じられる人格を形成してしまったのではないかと私は考えていたのです。だから『異邦人』の主人公のムルソー*というのは、「偉大なる無知」の代表として捉えられていると思っていた。そして『異邦人』また『金閣寺』と『美しい星』に共通しているのは、敗れることによって得る真の復活と真の自由が描かれている文学だという結論を得ていたのです。

これらの文学は保田與重郎（やすだよじゅうろう）*の言う「偉大なる敗北」を描いているのではないかと私は述べました。『異邦人』と『金閣寺』についての比較では、先ほどの説明の通り肉体の自由を求める者の話ということになるのです。肉体の自由を求めた者の敗北の物語です。『異邦人』と『美しい星』の対比は、やはり魂の自由を求めた者の敗北を見ることができます。それぞれの主人公は、真の自由を求めそれに敗北していくのです。しかし、その敗北は美しいものでもある。『異邦人』は、肉体と魂の両方にかかっているので、『金閣寺』と『美しい星』の両方と比較できたということになります。この文学の比較と結びつけ方に三島先生は苦笑いを浮かべながら、恐れを知らぬ若さを感じたと言われていたのです。

これは新しい文学の見方であり、高校生ぐらいの瑞々しい年代の人にしか気づけない斬新な文学の見方で、いまの日本の文学界の主流にはないだろうと言われたのです。いまから思えば、かなり強引な文学観だったのですが、先生はそれを包み込むような笑顔を絶やすことなく、私の考えを聞いて下さった。このカミュとの比較文学論は、後年思い返せば、先生の人物の大きさを表わす思い出として私の胸に深く刻まれることとなりました。そのような先生の振舞いによって、若気の至りとも言うべき私は、調子に乗って次々とカミュを論じ続けたのです。

次にはカミュの『ペスト』について話しましたが、『ペスト』は生活をすべて奪われたときの人間の姿、つまり社会的人間の「脱生活」を描いている。そして私は三島先生の『鏡子の家』を持ち出し、これは時代によって魂を抜かれたときの「脱魂」を描いていると先生に伝えました。つまり真の魂を抜かれたときの人間の状態を『鏡子の家』は描いており、市民の生活を抜かれたときの人間の姿を描いているのが『ペスト』だということです。両方とも本当の不条理によって人間としての自由を奪われた人間たちがより良い生のためにもがきながら、真の救済に向けて生きようとしている姿です。

そういうものを描く代表的な文学として、私が位置づけたのがこれらの二文学だったのです。『ペスト』は病気による隔離、『鏡子の家』は戦後の民主化によって魂を抜かれた時代による隔離の状態を描いた。三島先生にとってはカミュの作品と自分の作品を、比較対照して語る人というのは非常に新鮮だったようです。少なくとも、私にはそう映りました。先生は心底、こうした議論を楽しんでおられるように見受けられた。そのくだけた姿勢は、非常に柔らかい雰囲気があり、先生の本当の姿の一面を感じさせるものがありました。

不条理の文学の最後に挙げたいのが、カミュの『カリギュラ』です。後年に考えれば三島先生の行動の最終文学と、『豊饒の海』の最後に至っていく発想源はこの『カリギュラ』に近いのではないかと現在では思っています。当時の議論では、私が『カリギュラ』の思想と比較したのは『豊饒の海』の第一巻『春の雪』と『禁色』の二作品でした。三島先生の二作品については、復讐と愛の交錯という主題が浮かび上がってくる。そして『カリギュラ』は不可能への挑戦ということが言えるのです。なかでも私が思う『カリギュラ』の中心思想の一つは「かけがえのない野蛮な宴」という言葉の中にあるということを三島先生に伝えたら、先生はその言葉に秘められた思想を非常に気に入って下さったた。カミュの言葉ですが、その考え方は自分の作品にもこれから決定的なモチーフとしても用いたいと仰っていました。他にはカリギュラの台詞*で「俺は月を手に入れたい」というものがある。これもいたく三島先生は関心をもたれて議論が弾んだのです。そして、自分のこれからの文学というのは、『カリギュラ』の思想が非常に大きい意味を持つだろうということを仰っていたのです。つまり、不可能への挑戦という思想そのものが、現代人の真の魂の復活に一番必要なものなのではないかという議論に至っていったのです。

野蛮性と言えば、やはり人間の正しくない生き方の極限のように現在では考えられています。つまり先ほどから述べてきている正の否定、善の否定なわけです。『カリギュラ』についての文学論のときに、三島先生が感応した言葉を一緒に読みあったのですが、二人で一致した言葉があります。「深い情熱は、いつも何らかの残酷さを伴っている」というものです。後になって考えれば、先生はすでにこの時点で、自己の最終文学というものが射程に入っていたのではないかと私には思えるのです。やはり「世間での敗北」というか、そのようなものを突き抜けた「何ものか」を先生は目指されていたように感じたのです。世間的な正しい綺麗なものとは全然違う、不条理の真っ只中に人間の真実を見ようとする働きを私は感じていたということです。

先生と私が共通して非常に気になったもう一つの言葉は「俺には月がいる……この世のものではない、何かが必要なんだ」というカリギュラの発した台詞です。すなわちこの言葉こそが人間の「生命の雄叫び」であると話し合って、いずれも遥かな憧れの理想に向かう生命の不条理を抱きしめる思想だという結論で先生と私は一致したのです。いや、一致させていただいたのではないでしょうか。

先生と私の文学的な議論は、いつでもこのような感じで繰り広げられていったのです。いま思い返せば、高校生であった私に、なぜ先生がこれほどまでに時間を割いて対話をして下さったのか。美しい思い出であると同時に、不思議な思い出ともなっているのです。私が思うには、多分、先生はもうとっくに死の決意を固められていたのではないかということに尽きるのです。そのことによって、若者の中に未来の希望を少しでも感じたいと思われていたのではないかということです。

本当のところは分かりませんが、先生は遠い未来に対して何かを伝えたかったように私は感じているのです。いま考えれば、先生の死後五十年以上に亘って、私は沈黙していました。三島先生とのごく個人的な交流を通じての話だったことが、その大きな理由だったとは思います。しかし死後五十五年、生誕百年を機に、先生との文学について交わした対話の内容をこうして発表するに至ったこと自体が、何か先生の遺された意志を未来へ受け継ぐための、一つの企図のような働きを私は感じているのです。つまり、自分の意志を超えた何ものかに書かされているという感覚がいま私の中に犇（ひし）めいているのです。

第二章

スサノヲの現成

神話の地上的展開

「スサノヲの現成」に始まる

三島先生と初めて出会った頃に話し合った大きな主題の一つが、「不条理」と「自由」についてだったことは先の章で述べました。その主題は形を変えながら最後まで続いていったことは言を俟ちません。先生と私の対話には、いつでも大きな何か哲学的で人生論的な主題が立っていたのです。私たちに共通した関心は、やはり武士道的な生き方についての話題が多かったと記憶しています。いつでも武士道的な関心から話が始まり、それがそのまま文学へと移行していった。私たちの議論が急速に深まったのも、すべて武士道に対する関心の深さから出発していたからなのです。それも特に『葉隠』の存在が大きかった。

なぜ三島先生にとって葉隠思想が重要だったかと言えば、それが、失われつつある日本文明の根源であり、日本の国体を護持するための行動を支える精神の柱だったからです。何に命を擲つかを覚悟させる思想を、先生も私も求めていたからに他なりません。実際に『葉隠』は、三島先生をその人生の最後まで動かす原動力となった書物だったのです。当時はもちろん、その後の先生の先行きも行動も私には分かりませんでした。しかし、先生が強固な決意をもち、一気に最後の日まで駆け抜ける火蓋を切った時期が、また私との出会いに重なっていたのです。いまになって見れば、先生と私の出会いは運命的だったとしか思えません。

先生と私の出会いの直前には『英霊の声』が刊行され、その翌年には『葉隠入門』が世に出ることになる。いま思い返せば、出会いの近辺には先生の人生の指針としての、決意表明とも言えるような作品が出版され、完全に先生の中で固まった信条が明らかになってきていたように思います。私はと言えば、小学生のときに図らずも『葉隠』を好きになり、魂の深い部分に愬えかけるこの書物の磁力によって日々を生きていた。自分の生命も人生も何もかもを葉隠の思想に染め上げたいと思っていたのです。

このような十六歳の少年に何が分かるのかと疑問に思われるでしょうが、子供の頃から幾度も大病に見舞われ、生と死の狭間で激しく揺れ動いていた私の肉体と精神は、人間を生かしている本源のようなものを直観的に捉えられるようになっていたのだと思います。そして、その生き方は七十四歳の今日まで一日の休みもなく続けられているのです。『葉隠』を指針としたときから、あらゆる人生の出来事、あらゆる人との出会い、あらゆる書物からの学びが、一つひとつ色濃く記憶され、後になって自分なりに深く人生と結びつけて意味を紐解くようになっていた。だから「葉隠十戒」（巻末全文掲載三八六、三八七頁）という、小学校五年のときに自分なりに抽出した『葉隠』の精髄を、三島先生にも最初の出会いのときに示すことができたのです。

『葉隠』の結んだ絆であったからこそ、先生と私の間では、日本文明の奥深くにまで分け入る話が多かったのだと思います。葉隠の武士道は武士の生き方の指針を表わすに過ぎないと誤解されていますが、そうではありません。著者、山本常朝が仕える鍋島藩でも、幕末に至るまで禁書とされてきた古来の武士道の死生観を描いた書物であり、それは武士の世においても危険思想とすら思われていた。それ自体が、人生哲学の精髄であり、また生命論の精華だったのです。さらに言えば、葉隠的な武士道の発祥は神武天皇*以前の縄文時代にまで遡るという点で、三島先生も私も意見を一にしていた。

つまり、それは日本文明の背骨とも言えるものだったのです。その武士道は高貴性と野蛮性の交錯であり、日本建国に向かって凄まじいエネルギーで垂直に立った人間の魂の直接性を表わすと言ってもいいでしょう。簡単に言えば、日本建国の意志が、後年に形となった「何ものか」と言えるのです。先生と私の間では、『葉隠』をそういう観点で捉え、あらゆる対話においていつでも日本神話にまで遡るような多くの意見が話し合われたのでした。なかでも日本神話に登場する男神、荒ぶる神であるスサノヲ（※2）の神話については、私たちの信仰でもある『葉隠』を支える根元となる強大なエネルギー作用として語り合いました。そして、私たちはそれを「スサノヲの現成（げんじょう）」という言葉を以って、日本神話を現代にいかに甦らせるかに焦点を絞って話し合ったのです。改めてここで、三島先生と私の間で共通して捉えた日本神話の、特にスサノヲについて書いてみようと思います。

まず「現成」と言う言葉は、『正法眼蔵（しょうぼうげんぞう）』を著した道元*がその書物の中で使った言葉です。私が三島先生に日本神話の議論をぶつけたときに、頭に真っ先に浮かんだのが、この「スサノヲの現成」だったのです。つまり、日本神話を新たにこの世に顕現させることが、今後の日本には絶対に必要なのではないかということです。魂的・霊的な存在を、地上において物質化するのです。もちろん『葉隠』を絶対的な指針としている時点で、三島先生と私は揺るぎない土台を共にしている。しかし、『葉隠』を信じるには、またその大本となる別の信じる対象が必要なのです。

天皇制についても、国体としての天皇制だけでなく、もっと遡って日本神話にまで繋がる神に直結した天皇の存在を私たちは求めていた。いみじくも「スサノヲの現成」という言葉が浮かんだのは、私の好きな折口信夫（おりくちしのぶ）*の思想とその詩によるものだったのです。折口はスサノヲ神話を現代に甦らす必要性を説き、先に挙げた道元の言葉を使って、それを「スサノヲの現成」と表わしていたわけです。私はその言葉が元々好きで、それを三島先生に示したことから対話が始まりました。

特に私は、折口の『近代悲傷集』にある「贖罪」というスサノヲの神を歌った詩が好きだった。私はこの詩の中に、日本誕生とその基盤を築いた縄文文明のすべての精髄を見ていた。その精髄を現代に甦らせなければならないというのが折口思想だったのです。それを先生に伝えると、先生はそのような折口思想はもちろん知っておられ、まさにそれこそが今後の日本と日本文学に必要なのだという話になった。しかし、先生はこの思想が「現成」という言葉で表わされるのは初めて知った様子で、ことさらに関心を示されたのです。これ以後、神話を現代に甦らせるという発想を「スサノヲの現成」という言葉で表わそうということまで仰ったのです。

先生と私は、日本の将来に非常な憂いを感じていました。愛国心があればあるほど、戦後日本の精神の荒廃と文化の衰退、つまり日本の歴史を根こそぎ否定されてしまった惨状に対して義憤を感じずにはいられなかった。日本の神々は完全に死に、すでに天皇は人間宣言をして真の存在の働きを喪っている。この怒りにも近い気持ちが、スサノヲの激しい魂と共振することになったのでしょう。ここから、三島先生と私は「スサノヲの現成」という言霊（ことだま）を掲げ、日本の源流にまで遡り、祈る気持ちで文学を通して日本の未来を語り合うこととなったのです。

スサノヲ論に拍車をかけたのは、私が先生の文学に対して日頃から強く感じていた「贖罪（しょくざい）の魂」という考え方でした。つまり我々人類は古来、非常に純粋に生きる汚れなき魂を持っていた。しかし、その初心が生きていた時代はすでに失われてしまった。キリスト教的に言えば「楽園喪失」でしょう。我々の魂が純粋だった頃から穢（けが）れに穢れ、ついには理想すなわち楽園を失ってしまったのです。いまや極限までの物質主義となり、穢れなき精神は枯れ果ててしまった。この楽園喪失への悔恨の思いを胸に、いま一度、我々が最も純粋だった魂の頃に戻らなければならないという議論を重ねたのです。ここから、三島先生と私の間に「魂の楽園を復活させる」という共通の理想が生まれました。そして悔恨の思いがいやが上にも湧き上がった。葉隠の武士道からくる悔恨です。我々は穢れてしまった。この穢れ果てた状態から、もう一度理想に近づくように魂を浄化せねばならない。そうしなければ、日本の将来も日本人もひいては人類も駄目になってしまうだろうと話し合っていたのです。

では我々が向かう方向はと言うと、「スサノヲの現成」という共通認識で表わされる「神話と現世の一体化」であろうと結論付いた。スサノヲの現成という言葉をいたく気に入られた先生は、「その言葉こそ、私が考えている神話と現世の一体化という思想に最もふさわしい」と仰った。そして議論の中で、繰り返しこの「神話と現世の一体化」を目指すための「文学」のあり方について、口角に泡を飛ばして話し合ったのです。あまりに浮世離れして、具体的にどう対処すべきか惑わされる事柄ではありますが、日本が失ったものがそれだけ大きかったということを心に刻むべきでしょう。神話という遥か彼方にある詩的現実を現世に引き戻すためにも、強く言い続ける必要があった。三島文学においては神話の物語や、天皇への忠義などが重層的に描かれていますが、先生が普段の文学論の中で言葉として常に発していた言葉は、「神話と現世の一体化」だったのです。

三島先生は後の一九六九年の東大全共闘との対話においても、「天皇」という言葉を発することで生まれる言霊の重要性を発言されていました。賛成、反対の立場を異にしたとしても「天皇」という言葉が場に飛び交うことが先生にとっては重要だったのです。文学者として言葉のもつ力を信じ、また言葉に命を懸ける三島先生の思いというものは、常日頃の会話の中に繰り返される表現の中にも込められていた。だからこそ今回、先生との思い出を書き下ろすに当たり、特に先生が大事にしていて繰り返し語っていた言葉というものを杭として、その言霊を追悼の意とともに永遠にこの世に打ち降(お)ろしたいという気持ちが私の中に大きく膨らんでいるのです。

「神話と現世が、もう一度、一体とならなければならない」。そして後にはその発展型として「天孫降臨を、もう一度、実現しなければならない」と先生は何度も私に仰られるようになったのです。天孫降臨とは日本神話の天照大神(あまてらすおおみかみ)の命を受け、瓊瓊杵尊(ににぎのみこと)*が、国土平定のために高天原(たかまがはら)から日向国(ひゅうがこく)の高千穂(たかちほ)に天降った日本発祥の出来事です。つまり「天孫降臨」という言葉をもって、象徴的な意味で日本を新たに再興させねばならないと先生は仰っているのです。このことを、具体的な文学論として私たちの間で戦わされたのが「スサノヲの現成」という考え方に他なりません。先の二つの言葉は最初の出会いから、再三にわたって私に対して投げかけられたのですが、いずれもこの世において再び日本神話を「現成」させることへの熱情を感じさせる口調でした。二人の間で繰り返し言葉を発することによって、何か天と通ずるような気持ちにさせられたのです。

　そういえば先生は天孫降臨や神話について語るとき、非常に物静かで何か別人のような、どこか遠くにいる人のように感じたのを覚えています。つまり、先生が神話と現世の一体化を語るときは、本当に崇高な何ものかが先生を包み込んでいるように私には見えました。このときの記憶によって、私は後の先生の自刃について、間違いなく、それこそが「新しい神話」であり「新しい天孫降臨」なのだと確信するに至ったのです。

「贖罪」と憂国

「神話と現世の一体化」という言葉と「天孫降臨をもう一度」という議論が噴出したきっかけは、前述したように、私が釈迢空(しゃくちょうくう)こと折口信夫のスサノヲの詩を話題にもちだしたことによっています。

私は小・中学生のときから折口を熟読し、三島先生に出会ったときにはほとんど暗唱するくらい、その詩歌を読み込んでいました。なかでも、先ほど少し触れた折口の戦前、戦中の珠玉の詩を集めた『近代悲傷集』にある「贖罪」というスサノヲを歌った詩は、一読、頭にこびりついて離れないものとなっていた。『葉隠』と同じく、この本も父親の書棚から何気なく手に取ったものだったのですが、小学校高学年の頃には何度も読みかえし、口ずさんでいたものです。この詩に関してはなぜか分かりませんが、音読して味わうことが多かった。声に出すことによって、私の心は古代の日本に飛翔することができたのです。古代人の哀歓が目の前に浮かぶところまで読み込んでいました。

そういうわけで三島先生が「神話と現世」の話をしたときに、それは折口信夫のスサノヲのことではないかと私はすかさず口を挟んだのです。そこから、先に述べたように元々の先生の思想の上に、「スサノヲの現成」という概念が被さっていったのです。三島先生はもちろん折口の詩は読まれており、「贖罪」についてもご存じだった。しかし、私のような若者がなぜこれほどまでに折口の神話観に魅かれたのか、非常に興味を持って下さり、一つひとつ問いかけながら聞いて下さったのです。スサノヲという神は、何か我々を奮い立たせるものがあったのでしょう。私は先生の思想について、それは折口が特に歌っている高天原の野生の精神であり、その清純の香りではないかと伝えました。三島先生も「神話と現世の一体化」を目指すにあたり、それを一言で言い表わすような折口の言葉である「スサノヲの現成」をいたく気に入り、それを自己の思想に取り込んで下さったのです。日本神話の神と禅の言葉の組み合わせの妙にもいたく感心されていたようです。

この時点で三島先生は折口を一通り読まれていたのはもちろんのこと、先生は折口学をかなり前から研究されており、そこから「日本的霊性」とは何かという問題を考えたと仰っていました。以前から折口の人物像に興味を持たれ、短編小説『三熊野詣』の登場人物としても描かれていることは広く知られています。古代史観としての折口の著作に魅かれていたのです。しかし、折口の「贖罪」については、私を立ててくれていたのだと思いますが、私との対話でその深さに気づかされたということでした。詩を通しての思想や神話観については改めて考えるきっかけとなったと言われていたのです。

そこで我々はまさに口角に泡を飛ばしてスサノヲの荒ぶる神性について語り合い、また壮絶な孤独の神として生まれた最初の情景に抱く互いのイメージの交感が行なわれたのです。先生はスサノヲの中に、新しい天孫降臨のイメージを抱いていたように見受けられました。一方、私はスサノヲに、日本の武士道の核心である高貴と野蛮の無限回転のエネルギーを感じていたのです。三島先生は「スサノヲの魂が生まれ変わり、この世に新たな生(いのち)をとり戻さなければ、日本はもう立ち直れないだろう」と反芻するように述べられたのでした。

先生は続けて、ご自分の文学の中にもスサノヲの現成を下敷きとして、何か書き表わせないものかと言われました。すでに『近代悲傷集』は読んではいたが、確かにこれからの日本にとって一番必要な神の力がスサノヲなのではないかと、私に向かってつぶやかれたのです。スサノヲについて語り合うにつれ、先生は特にスサノヲのもつ底なしの孤独性に痛いほどご自分を重ねておられたようです。壮絶なスサノヲの誕生は、日本そのものの誕生でもあったのだと話されました。そして「新たにこれからスサノヲを現成させるには、同じことを自分のできる範囲で追体験せねばならない」と。そういう意味でも先生は折口の『近代悲傷集』の「贖罪」を、今後の創作のための、文学的なイメージの源泉の一つとして捉えようとされていた。

おそらくは、私が血気盛んな若者であり、あまりにスサノヲのことを激しく先生に言うので、いま振り返ってみれば先生も困っておられたのかもしれません。しかし、その熱情を受け流すことは決してなく、一つひとつ丁寧に先生自身の言葉で私に解釈や意味を返してくれたのでした。最初の出会いで話した話題でもあり、「贖罪」は深く先生と私の議論の根底に横たわることとなったのです。こうして三島先生と私は『近代悲傷集』を神話と現世を結ぶために不可欠な文学と考えるようになった。また葉隠に生きる者が、願わくばスサノヲと一心同体となるためにも愛唱すべき詩が「贖罪」だとして、ともに深く読み込んでいったのです。先生が「贖罪」の価値をそのように置いて下さったので、私は魂の最も深い層にある先生の憂国の思いも、「贖罪」の意味と相通じるのではないかと返したら先生はいたく共感して下さった。

　先生は「私の憂国は、喪われた楽園を慕う悔恨の情に支えられているのだ。それはあの保田與重郎の言う〈偉大なる敗北〉の情感を表わすものとも言えるだろう」と言われ、続けて「〈贖罪〉はそのような理想に向かう人間の悲哀を原初的に捉えた類い希な詩と思う」と結論づけたのです。そして先生自身の作品である『憂国』の話題となった。私が「その理想へ向かう偉大なる敗北は、先生の著書『憂国』に示された清純無垢な武山信二中尉*とその妻の、あの崇高な自決と同じものでしょうか」と質問したとき、先生はギョロリとこちらを睨み、「その通りだ」と力強く答えて下さったのです。

　私は続けて「それならば、『憂国』で三島先生が述べられている〈この世はすべて厳粛な神威に守られ、しかもすみずみまで身も慄（ふる）えるような快楽に溢れていた〉という件（くだり）こそが、先生の憂国の根源ではないかと僕は思うのですが」と問いを重ねたのです。先生は「憂国の根源に、人間生命のもつ真の快楽が存在することが、そうだ、憂国の本当の根本だと思う」と言われました。

　そして「君はなぜ、その言葉に気づいたのか」と問いかけられたのです。私はすかさず「それは先生の切腹の描写にあります。あの〈未経験のリアリティー〉は、真の苦痛や真の苦悩の中に信仰的な快楽を感じている人にしか書けません。僕は先生の中にその創造された切腹の快楽を見たのです。つまり、あの切腹はスサノヲの贖罪のような原初の生命的リアリティーを先生が表わしたように僕には見えたのです」と言いました。続けて先生は「君の読みと生意気さは、実に堂に入ったものがある」と笑いながら言われ、「君は本当に将来苦労するに違いない。しかし、いまの会話の中に、君の体内にある〈葉隠〉の偉大さを私は感じた」と、にが笑いをされて仰られたのが昨日のように強く思い起こされるのです。

激烈な青年

さて、この頃、先生の求めていたのは「激しく生きる青年像」だと感じたことを、私ははっきり記憶しています。だから『葉隠』の武士道に心酔する当時の私に、先生が最初から多くの時間を割いて下さっているように私には見えました。私はこの頃、体格は悪くはないものの極端に荒削りで、かなり思い詰めたようなところがありました。ベートーヴェン*の音楽を聴くときは正座をして木刀を横に置いて聴いていましたし、何か過度に集中して物事に没入するような生活を送っていた。見た目にも激しさが露骨に現われていたと思います。私は愛国心が強く、何よりも文学と武士道が好きだったので、多分、大人たちから見たら可愛くない青年だったのでしょう。父親や学校の教師たちなどからはほとんど相手にされていませんでした。

ところが、三島先生は、私の一途で激しいところが、時代から失われてしまった真の「青年像」に近いと言われ、またそれが私の良いところだと仰って下さったのです。私を見ていると、何よりも明治の若者と話しているようだとも言われた。私は調子に乗り、夜の懇談では先生やみんなの前で与謝野鉄幹*の「人を恋ふる歌」全十六番と一高寮歌「あゝ玉杯に花受けて」そして島崎藤村*の「惜別の歌」などを披露して喜ばれたのを懐かしく思い出しています。しかしながら、私自身も危うい人間で、何をしでかすか分からないところが青年時代は特に強かった。

後に私は二十八歳のときに自決未遂事件を起こすのですが、そのときの不思議な体験も含め、このときすでに何か三島先生に見透かされていたようにも思うのです。機会さえあれば、国のため人類の文明のために何か行動を起こすことを厭わない思いで生きていました。そして三島先生こそが、極限にまで死生観を突き詰めた生き方を、特にその頃求めていたのではないかと思うのです。ただ私が激しい青年だというだけなら、表層的な交流になったかもしれませんが、先生と私には『葉隠』という共通の死生観があった。その上、私は死ぬほどの文学青年だったことが、先生との議論を深められた原因だったのではないかと思っています。

それに、先生はとても聞き上手で、何を話しても特にこのスサノヲの話のときは非常に若々しく、何か思いがふっ切れたような爽々しさまで滲み出ていたのです。私の「贖罪」に対する解釈もそうですが、葉隠への思いなども逐一、深い共感を示して下さり、私が気楽に話せるようにされていた。私の生い立ちから、通っていた立教の話といった、私自身の身辺に関することも、関心をもって質問を多くされたのです。そしてメモを取られていたのが印象的でした。いまから思えば、次の作品への材料集めもあったのかもしれませんが、私はまだ十代だったので先生の言葉を真に受けて、本当に恥ずかしいことですが調子に乗って葉隠論、スサノヲ論をぶったのです。先生は終始にこやかに私を立てて聴いて下さっていた。私はこの年になって振り返ると、自分がこれほど楽しく過ごしていたということは、多大なる三島先生の気遣いがあったのだと気づくのです。

それにしても、スサノヲの現成つまり神話の地上的展開ということを深く考えていた時期の出会いとなったのも、いまから考えれば不思議な符号です。先生はその機を逃さず、私の考えをも引き出して双方の思想の地固めをしようとしていたのではないかと、いまになって考えれば思われるのです。そもそも、私にとってのスサノヲの神話精神とは、運命を共にし、共に生き、共に死ぬという愛の対象だった。それは折口信夫が神話や古代人に接した態度に倣ったとも言えます。神話や古代人の気持ちで現代を考え、未来を志向することが、先生の中でも信念として固まっており、すでに私も信念として確立しつつある状態にいたのです。そしてその信念を実行するにあたり、日本人が最も失ってしまった心であることを、先生と私はひどく憂えていたのです。

私にとって「贖罪」は、スサノヲの現成として読むだけで、各人が神話と一心同体となれるほどの力をもつと、当時もいまも考え続けている詩なのです。すでにこの詩を好きになったときから、いわば日本の古代、縄文的霊性でものごとを捉える下地を創り上げていくことになったとも言えます。特に葉隠的武士道を信奉する者にとって、この「贖罪」の詩は必ず行き着く着地点だと思います。葉隠を信ずる者にとって、「贖罪」は武士道の淵源であり、その初心のすべてと言ってもいいでしょう。先生と私は、この詩を中心として、武士道の生き方とその未来を語り合ったのです。

先に書いたように、このスサノヲの現成の話が出たのは、三島先生と初めて出会った八ヶ岳の山荘における一九六六年七月のことに当たりますが、数日間に亘る文学論を終えたその直後、先生は三輪の大神（おおみわ）神社に行かれました。出発に当たって、「そう言えば、大神神社の御祭神はスサノヲの子孫にあたる大物主命だ（おおものぬしのみこと*）」と言って微笑んでいた、その軽やかな姿が忘れられない思い出の一つとなっているのです。この旅立ちの別れまでに、スサノヲの話は一日に五、六時間で三日間以上はしていたので、何か目に見えないエネルギーによって動かされていたようにも思えるのです。本当に運命とか言霊というものがあると、深く印象に残った出来事でもありました。

別れの前日に、私があまりにもスサノヲの現成について叫んでいたので、三島先生も、もう一度「折口信夫」を全部読み直してみる、特に日本神話についてのところはいま本当に必要だとのことで、次の話し合いのときにはもっと意見を交わせるだろうと、私を元気づけるように仰って下さったのです。この対話をしていたときには、折口信夫が戦後すぐに歌った「日本の国　つひにはかなし　すさのをの　昔語りも　子らに信なし」という和歌について三島先生が思い起こされていました。この歌からはスサノヲの魂を完全に失った日本の姿が浮かび上がってくる、と。そして先生は「やはり、戦後とは、スサノヲを失った悲しみに尽きるのだろう」と言われていたのです。折口の失われた古代の魂に対する痛切な思いを私たちは共にしたのです。

このような経緯により三島先生は、神話と現世を結ぶ日本最大の文学の一つは折口信夫に違いないとまで、後に仰るようになりました。この文学論をきっかけとして、知れば知るほど、先生は折口の思想と自己との一致の深みに驚いておられたのです。折口信夫の再読によって、確かに、三島先生は折口思想を自分自身の目指されていた「神話と現世の一体化」、そして「天孫降臨を、もう一度、実現しなければならない」という思想を体現するのに必要な文学だとされたのです。

まさにこの後すぐに書かれ出した『奔馬』を実際に読んでみると、スサノヲの思想が多く込められていることに気づきますし、初めて会ったときの文学論の内容が本当に多く書かれていて驚いたのです。特にスサノヲの現成の思想が、これほどまでに重層的かつ劇的に描かれている作品はないでしょう。「スサノヲの現成」を話した時期が、先生の『豊饒の海』の展開では第二巻の着手と合致していたということも、本当に不思議な一致でした。

誰にも分からないことかもしれませんが、『豊饒の海』の第二巻『奔馬』というのは頓挫する危険すらあった作品なのです。その苦しみは、『豊饒の海』もさることながら、日本の文学の現状そのものから来る絶望感のようにも見えたので、それは当時の私のような一ファンが考えるよりも深刻で厳しいものだったようです。完全に文学そのものに絶望し切っていた。「戦後の日本人はもう文学の心を失った」とまで言っていたのです。第一巻『春の雪』までで、これから文学を書き続けても一体何になるのだろうかと、そんな極限の状態にまでなっておられたのです。

しかし、当時十六歳だった私という若い人間の魂に触れて、自分では分かりませんが何らか刺激となったのかもしれません。それは先生が発した「自分の文学が、戦後生まれの若者の心の奥底に、自分の思っていた以上の影響力を与えていたことを知り、何か私の中に得体の知れぬ力が湧き出してきたように思う」という言葉までいただいたことによっても推し測れると思っています。私にとってもスサノヲの現成についての激しい文学的な議論によって、何か本源的な魂を感じたことは確かなことだったのです。だから、この劇的な第二巻が完成したのも、スサノヲの霊魂の計らいだったように思えてなりません。

スサノヲと縄文的感性

三島先生と私は、出会ってから二日後には折口信夫の「贖罪」についての文学論を交わしたのですが、共通に浮かび上がってきたことは、この詩が縄文時代の霊性を考えるうえで、現代の我々に知恵を授けてくれるに違いないということでした。これによって、日本人の奥深くに眠る古代の心象を捉えることができるようになると考えたのです。特に折口の芸術的感性によって、誰もが見たことのない、原初の世界が眼前に立ち上ってくるのではないかと思えたのです。この詩自体がスサノヲを現成させるための祈りによって、つまり、何かの宇宙からの直接的な力によって書かされているとしか思えませんでした。だからこそ、私も書棚から初めて『近代悲傷集』を手に取ったときにも、何か途轍もなく懐かしいという感覚を覚えたのだろうと気づかされたのです。日本人の原風景、故郷のような感覚さえ得られた。そして言葉に出して唱えたくなった。「贖罪」は、ある種の祈りとも、また縄文時代の日本人の魂そのものとも言えるのです。

「贖罪」からこの知恵を授かることで、私は自然と三島文学に関しても縄文的感性から捉えられるようになったと思っています。いみじくも最初の出会いでスサノヲの神話の話になるわけですから、よほど三島文学も縄文から続く日本人の感性で書かれていたと言えるのではないでしょうか。そしてなぜ文学論が縄文にまで遡るのかと言えば、最も古いものが最も新しいものを、つまり古代が未来を生み出すのだということを、この「贖罪」を通じて先生と私は共に理解したからなのです。三島先生はもちろん未来を感ずることのできる方でしたから、無意識に自分自身の創作活動を通じて神話に辿りついていかれたのだと思います。そして、どちらかといえば西洋的知性との比較において、自己の文学様式というか、文体を確立されたに違いありません。

三島先生の教養と知性はまったく圧倒的なものがありました。あらゆる西洋文学に通じていた。後述しますが、ギリシャ神話と日本神話の共通性をも深く捉えられ、若くして独自の神話観を『潮騒』などの作品にも取り入れておられた。また日本語を真の意味で美学的に物質(ロゴス)化した実力は、西洋的知性を完全に咀嚼した上のことでありましょう。真の日本文学としての自分の言葉に対して、非常なる自負を持っておられたのではないでしょうか。もしも先生が日本文学を主とするだけだったのであれば、折口信夫のように特異なる文体で語ったのかもしれません。しかし、西洋知を咀嚼した三島文学における構築性と造形性は、日本人としては異例のロゴスによってできあがっていたと思います。だからこそ現在でも世界中に通用する文学として、愛読されているのでしょう。

いずれにせよ、このように折口のスサノヲの詩を通じて、縄文時代の本当の魂、古代日本の魂がいまの時代をも貫く現実として、また知恵として授けられた。スサノヲの現成が、三島先生の目指した「神話と現世が、もう一度、一体とならなければならない」ということのすべてを言い表わしているのです。スサノヲとは縄文の日本精神のことで、天皇以前のもっと古い日本神話から来る神なのです。三島先生にそう述べると、先生もその通りだろうとして、おそらくは天皇家の神話とは別に、縄文時代からずっと日本に土着した人々の伝承がスサノヲを創ったのだろうと捉えられていました。

さらにスサノヲは縄文の魂であり、それが日本の神話に残ったのだという点で三島先生と私は一致した。続けて三島先生は、「神道の淵源が実はスサノヲで、元々日本の中心はスサノヲだったのではないか」と仰っていたのです。そこから続けて生まれたのが後の武士道の考え方で、「武士道は未来に向かって解き放たれたスサノヲの雄叫びなのではないか」と言われたのです。つまり、日本文化のすべてはスサノヲから始まっているということで、先生と私は自分たちの思想の源流にまで遡っていったのです。日本人にとっては、もちろん天皇の神話も重要なのですが、それ以前のスサノヲの神話やスサノヲの正しい心が現代に甦ることが、いまの日本にとって重要なのだという結論に至った。

　そして、この日本神話が復活するには、一度それは死ぬ必要がある、と私たちの議論は進んでいきました。多分、先生は、そこに神話を通しての日本文学の復活を見たのではないでしょうか。もはや現状維持のままでは、改善はできない段階にきている。だからこそ、一度、日本人の精神性が完全に滅び去る時代を経験しなければ、新たな神話は生まれてこないのだということになった。非常に辛い話となったわけですが、却って三島先生も私も希望を断つことで爽々しい、本当の絶望から生まれ出づる希望が見えてきたのです。だからこそ先生は『豊饒の海』の続きを書く覚悟を決められたのではないかと私は思いました。

　何とか命を繋げようという気持ちで、芸術に関しては生きて、生きて、生き抜いて到達できない憧れにどれだけ近づけるかということになったのではないか。後年になって考えれば、先生の心の中では徐々にそのような思いに成っていかれたように感ぜられるのです。そして、たった一回の死は最も重大だが、行動として完結しなければならないと考えられていったように思うのです。おそらく三島先生は、芸術と行動の間に横たわる不条理を葛藤のばねにして、生と死が、芸術と行動が、一体となるような最後の作品を描き切ろうとしていたに違いありません。文学としても先生は一つの形を完成させる必要があった。

　歴史に「仮に」は無いのでしょうが、私たちが出会わなかったら、いずれの結果となっていたのか、いまとなっては想像できないことです。いずれにせよ先生は当時、日本の文学界、知識人に絶望し切っていたことは確かで、危うく最後の文学を書くのをやめていた可能性もあった。日本の文学界も日本人も文学を全然解さない、日本人は文学を必要としていない、そういう計り知れない苦しみに三島先生は直面していた。私は外面上からの様子でしか分かりませんでしたが、その苦悩にはもう推し量れない深さがあった。そんな絶望の淵にありながら、三島先生が十六歳の若者に出会って、再び文学を語り合い、新たな創造への道に向かわれたことに、本当に大きな感慨を覚えるのです。

いま、自分がこの年齢になって気づくのは、年を重ねるということは、日々死にながら生きる覚悟が必要だということなのです。また、命を擲つという覚悟も同じです。命を惜しまないことで、日々の命が却って生きてくる。年を重ねるほど、先生の覚悟の偉大さがより迫ってくるのです。三島先生の覚悟は、永遠に繋がるということだったのかもしれません。美学的にも四十五歳という、まだ生命の充溢した状態で亡くなった先生の強靭な意志には、『葉隠』以外の何ものも私は感じません。却っていなくなってからの三島先生の存在が、いっそう大きく私自身の人生を支配しているように思います。

人類誕生の悲歌

それでは、三島先生と具体的に「贖罪」の詩についてどのようなことを語り合ったか、これについて少し補っておきたいと思います。詩全体を深く読み合ったのですが、ここでは最も本質的なことを話したいくつかの段落だけを取り挙げます(「贖罪 序歌」巻末全文掲載三八八、三八九頁)。

まずは第一節です。

すさのを我　こゝに生れて
はじめて　人とうまれて――
ひとり子と　生ひ成りにけり。
ちゝのみの　父のひとり子――
ひとりのみあるが、すべなさ

私はこの一節から、これはまさに人類誕生の悲歌であり、霊示であるということを直観的に受け取ったのでした。人間は、その誕生から悲哀を背負っていた。この認識こそが、人間というものの原点ではないでしょうか。ただ独りで生き、ただ独りで死んでいく。人間の発生の悲しみをこの上なく表わしているのです。人類の誰よりも先に生まれてしまった悲劇が、いまここに在る。スサノヲの誕生以降は誰しもが父も母も持つようになった。しかし、スサノヲは壮絶な孤独の中で、初めて生まれ出づる人間としての苦しみを背負ったのです。苦しいが、人間の発生の究極的な純粋さが湛えられている。つまり、人間とは自分が在るという悲しみを背負い続ける生き物なのだということに尽きるでしょう。

こうした考え方を現代の日本に甦らせなければならないと、私は三島先生に意気軒昂として語りかけた。「この独立自尊の初心こそが、人間にとって最も尊い思想で、この考え方が現代に絶対に必要なものだ」と先生に話したのです。また、神の意志によってなされる、真の魂のみの交流の始まりを感ずるという議論を交わしていったのです。つまり、神との関係のみで生きる壮絶な孤独を与えられた人類誕生の悲歌だということを伝えたのでした。人間はその誕生から、独りでいることだけが人間の証となると私は感じていたのです。

対して先生は、「君の解釈は『葉隠』を深く読んでいるがゆえに導き出された、孤独の極限を志向するものだ。真の日本人ひいては人類の姿を捉えるものに違いない」と仰った。さらに先生自身の葉隠解釈に対する考え方が、この詩によって信じられぬ速度で深まっていくと。「しかし、葉隠の死生観なしに、ただ読んで味わうだけではここに歌われた孤独性と独立性は分からないだろう」と三島先生は私に言って下さったのです。かくして、先生と私の間で、人間の本性は自己の魂の真っ只中を生き切ること、つまり自己の魂がただ独りで生き、ただ独りで死ぬことだけが人間の出発だという結論に至っていった。それがスサノヲの現成つまり神話の地上的展開であることを確認し合ったのです。人間のもつ真の精神を現世に示さなければならないということに尽きるでしょう。これからの三島先生の文学と私の人生の中で、このような孤独を生き切ることが、最も重大な使命になると二人で長く頷き合っていたのです。

次に第二節です。

天地(あめつち)は　いまだ物なし――
山川も　たゞに黙(もだ)して
草も木も　鳥けだものも
生ひ出でぬはじめの時に、
人とあることの　苦しさ――。

ここでは「人間の魂の屹立（きつりつ）の悲しさが歌われている。人間は肉体などを持つ前から、人間の苦悩に生きていたのだ。人間とは魂であり、その魂が入る肉体をいまだ持たない悲しみが歌われている」と私は述べました。この二節で表わされた状態は、肉体を持つ生命的実在がまだ全体として我々人類の中に、定着していなかった頃の様子です。我々人類が完全な生命を持つか持たないかの狭間にあった状態ということです。「だからこそ人間がいまだ完全なる〈人間〉となっていない悲しみを歌っているのではないか」と私は述べたのです。

それに対して三島先生は、「魂が求めるものの期待に応えることだけが人間存在なのだ」と言われ、続けて「人間とは、魂の求めに応じて生きなければならない生き物なのだろう」と仰った。そして「この魂の期待に応えるために、それを感性的に支えるものが文学の真の姿だ。だから魂こそが人間なのだという思想を打ち込むのが文学の役割だ」とまで答えられたのです。

次に、第十節です。

我が力　物をほろぼす――
憤恚（いきどほろ）し　我が活（い）き力（ちから）
　わが父や　我を遁（のが）ろへ、
　　我や　わが父に憎まえ、
　　追放（やら）はれぬ。海（わた）のたゞ中

この節について私は、人間に与えられた完全なる生命力の持つ崇高と悲劇性を歌っていると解釈しました。我々は個人に分かれ、相い争う文明を起こした。そこに繰り広げられる、反発と反抗のエネルギーだけが文明を推進してきたのだと私は議論を続けました。これは著名な哲学者の田辺元（はじめ）*の述べた、「類」「種」「個」に分類された人類の宿命と同じものだということを三島先生に伝えたのです。私は当時、田辺元の『種の論理』を読んでいました。人類は、最初は「類」として屹立し、次に民族的な集団としての「種」に移行する。最後には「個」という単独の個人に段階的に向かっていくのが人類の宿命として存在するというものです。この段階的な移行はそれぞれのもつ反発エネルギーによって行なわれるのです。これを詩として表現したのがこの第十節なのだと解釈したわけです。

　つまり、文明がいよいよできあがっていく過程での人類の苦しみを表わしている、と捉えた。三島先生はこの人類的な詩の捉え方を聞いて、何か自分でも気づかなかった、折口神話学の新しい見方に出会ったようだと仰られたのです。これらの発想がもし『葉隠』を読み込むことだけで得られたのだとしたら、改めて自分は『葉隠』を信奉することに偉大な力と希望を持つと仰って下さった。先生は、田辺哲学について「その著者は非常なる〈信仰〉を持つことによって、その哲学を樹立したに違いない。田辺理論は、信仰なくして生み出せるものではない」と言って感心されていた。そしてこの哲学一つを取っても日本の将来に夢を感じて下さったようでもあり、また、それだからこそ、日本の文化の未来への継承に再び意を強くされていたのです。そして「真の人間の姿とは、民族のもつ文化の目に見える形かもしれない」と漏らされていたのでした。

　それからスサノヲの文学論は進展し、スサノヲの現成という言葉は「文明の衝突」を表わすに違いないと、二人でこの節の解釈を導いていきました。我々日本人がその文明の衝突の中から、どういう魂の純粋さを摑み取るかが、将来の最大の課題となるだろうという結論に至ったのです。

最後に第十二節です。

更に見ぬ。わが生みの子の
八千つゞき　八よろづ続き
穢れゆく血しほの　沈殿（をどみ）――。
あはれ其（そ）を　あはれ其奴（そやつ）らを
予（あらかじ）め　亡しおかむ――。
物皆を　滅亡（つくし）の力　我に出（い）て来（こ）よ

人間はその発生のときの魂に宿った初心が、最も美しかった。我々は時代とともに穢れ果ててきたことを表わしている。その穢れを滅ぼす力としての、縄文エネルギーの総質量を象徴しているのが、スサノヲの力なのではないかと解釈したのです。我々の魂の穢れを洗い清める力、それがスサノヲの力であり、スサノヲの現成ということなのです。続けて私は、本当に立つ人間は自分であらかじめその穢れを断ち切ることが重要だと言いました。その覚悟と決意だけが新しい人間を生み出す力となり得るのではないかと、まさにここにスサノヲの現成の根本があると述べた。

それに対して三島先生は、やはり『葉隠』のもつ文明的な、偉大な力をこの議論で深められたと言われました。そして次の文学を書く勇気が沸々と湧き出して来るのを感ずると仰ったのです。スサノヲの現成の文学論を交わすことによって『奔馬』の魂と形態が先生の中で固まっていったのではないかと、いま振り返ってそう思うのです。このような対話をしているときは、まだ『奔馬』については構想だけで作品としては、影も形もない段階で私も誰も存在すら知らなかったのです。三島先生の頭の中にしかない段階であり、先生はもう書けないかもしれないと思っていたようにも見受けられたのです。

そのような分岐点に私との出会いがあったということが、後になって分かってきたわけです。この私たちの対話を通じて、先生は折口の「贖罪」の中に、真の「天孫降臨」の意味を汲み取っておられました。「天と地が合体する真の意味は、美しいことや正しいことを行なうというよりも、精神の生き物である人間の初心の姿に戻ることだ。そして、それを地上で実行することなのだ。それが今後の天孫降臨の意味になるだろう」と私に語っていたのです。そして「精神が物質を完全に支配する世の中を創らなければならない」と仰ったのです。この詩から、先生は私などの思いも寄らぬ壮大な「創世記」を考えていたようにも見受けられたのです。

『奔馬』に描かれたもの

こうして、最終文学に至る基礎が固まるような時期に三島先生と出会ったことで、私の人生にも大きな影響が与えられました。文学者として生きた三島先生の苦悩と創作への思いを窺い知ることで、私自身が葉隠思想をいかに生きるかを強く考えさせられるようになったのです。私は小学生の頃から葉隠で生きることは決めていたものの、十六歳くらいまでは世間からの圧力や反動などのために、幾度も心がへし折られるような思いをしてきていた。葉隠に関する限り、誰一人として味方はいなかった。

だからこそ折口信夫が「贖罪」に歌ったスサノヲの気持ちに、小さな範囲ですが自分なりに激しく共感し、またスサノヲを甦らせることを使命と捉えられるようになっていたのです。そのような時期に持論を他人に言い表わす、しかも、同じ葉隠の信条をもつ大作家に向かって表明するということは、自分の人生にとっても大きな転換点となったのです。このスサノヲの現成の文学論は、多分、先生にとってもその後の人生を決するような大きな出来事だったと言えましょう。

またこの対話を交わした頃に構想の固まっていった『奔馬』については、スサノヲの神話が実現されていく過程で主人公の魂が目覚め、その武士道が生まれ育っていく様子を描いたのではないかと、私は後に思ったのです。縄文以来のスサノヲの神話が現世で実現していく過程が武士道の成立史と言えるのではないでしょうか。だから、その日本的な魂が成長していく姿を、その武士道の成立していく過程と捉え、それを三島先生は個人史に還元して『奔馬』に描き切ろうと思ったのだろうと考えた。特に私との文学論のときに、一人ひとりの心の中に、その人自身の武士道ができあがっていく様子を想像しながら、スサノヲの詩を語り合っていたので、そのように考えたのです。

また、この文学論のとき、私の通っていた立教の校章が百合であることも話題に出ました。百合の象徴性について、ブルボン王朝の紋章でもあり三位一体を表わすということでも大いに話が盛り上がったのです。『奔馬』の中にも大神神社の百合祭りが登場します。その百合が用いられる意味について、私は三島先生に対して百合は「結びの思想」であるとして、三位一体論を展開しました。先生はそのことを、大神神社の百合祭りで飯沼勲*が登場する場面に隠喩として出されていたように思います。要は、何ものかを霊的に引き合わせる、この「結びの思想」が神道にも存在していることを確認したのです。その力が、神道から派生して武士道を生み出し、日本の歌を生み出したのではないかと、私たちは話し合っていたことが思い出されるのです。

三位一体について、さらに、キリスト教の「父」と「子」と「聖霊」と対比して、三島先生がそれを日本文化に照らし合わせ、「父」が「神道」、「子」が「武士道」、「聖霊」が「歌」（文学）ではないかと斬新な意見を言われたことが忘れられません。「贖罪」の思想は元々、キリスト教に深く根差したものですが、内村鑑三*も言うとおり、キリスト教を生み出した考え方と神道は限りなく親和性が高いのです。歴史や土地によって微妙に分かれてしまったが、発想源は一緒で全く違和感がない。神道は八百万の神などと言われ、アニミズム的な、自然信仰的な宗教だという捉え方をする人もいますが、そもそもは一神教に近い概念なのです。だから神道もキリスト教も、神そして楽園喪失や悔恨といった概念が共通しているのです。最初は清く純粋だった人間が、徐々に穢れてきたという思想が二つともにあるのです。

また神道の話では他に高橋和巳の『邪宗門』を取り挙げて、実は大本教が日本の神道の歴史としては最も正しいのだと先生は言われていました。戦前に大本教が弾圧されたのも、天皇以外は認めないという時代の考え方に反抗する宗教団体だとされたからです。しかし、本来は天皇以前の神話に繋がっていくのが日本文明の淵源なのです。だから大本教は正しかったと先生は言われていたのです。つまりは縄文の魂ということです。その魂がスサノヲの神話として記憶された。だから、それは天皇を中心とした神道を生み出した本当の柱となるものだったのです。

なかでも三島先生が私との対話で重要視されていたのは、私の葉隠論には縄文の魂から来る、未来の息吹があるということでした。その息吹が「贖罪」の解釈に真の自由をもたらしているのだろうということだったのです。そして私の培った武士道が神話に遡る死生観であるということです。こういう考え方から多分、将来は私にも歌が生まれてくるだろうと言われた。そもそも日本の歌はどういうものかということにも話題は発展し、歌は人間のもつ初心への悔恨であり、それが日本文学の始まりだということを先生は力説しておられたのです。

日本の文学というのは、純粋だった時代の初心を悔恨するものだから、時代を超えて我々の魂を惹きつけるのだと三島先生は言われました。だからこそ、我々日本人には歌の心が最も大切なのではないか。歌と桜が日本人の魂の故郷であることは永遠に変わらないだろう。自分も将来、日本の歌の心を表わす真の文学を書きたいと思っているのだ——。そう先生は力強く語られていたのです。つまり、先生はいつでも神話と現世をどうやって繋ぎ留めるかということを考え続けておられたと私は感じているのです。先生がいつでも言われていた「天孫降臨」の再現ということも、このような先生の一貫した考え方の現われと言ってもいいでしょう。

スサノヲの源流

それではここで、「天孫降臨を、もう一度、実現しなければならない」という三島先生の言葉を再考したいと思います。そもそも天孫降臨とは人間が魂の存在であることを示しているのです。つまり、「天孫降臨とは、人間の原初の魂の復活なのだ」と先生は仰った。天孫降臨という言葉自体は、魂の力が地上の物質社会を支配することを言っているのです。それが先生の天孫降臨の意味と言っていいでしょう。我々の原初の魂が我々の住む地上で復活することを、三島先生は天孫降臨と言っている。「スサノヲの魂をいまの世に降ろさなければならない。そうしなければ真の日本は再生しない」と先生は言われていた。そして、真の日本文学も生まれないだろうと話し合っていたのです。魂が人間であることの証明であり、それを謳い上げるのが真の文学であると言っておられたのです。要は日本で言えば、スサノヲの魂をいまの世に降ろすということに他なりません。

「新しい天孫降臨が行なわれれば、人間の心、ひいては人間そのものの復活になるのだ」と三島先生は言われました。そして天孫降臨が行なわれることによって、「精神が肉体を完全に支配する世の中を生まなければばならない」と強く語られていたのです。戦後の日本は、一言で言えば、日本人の血の底辺を支えるスサノヲの魂の完全否定だった。これが三島先生のどうにもならない絶望感の根本だったのです。スサノヲの魂の否定ということは、日本人の原初の魂の否定であり、天孫降臨の否定であり、神話の否定だということになるのです。だからこそ三島先生は、「スサノヲの魂の復活のために自分の文学はあらねばならない」という言い方をしていたのです。

いみじくも後年、第五十三回「憂国忌」で私が三島先生の「最後の言葉」をめぐって講演し、その中で天孫降臨の思想について語ったところ、鎌倉文学館館長で文芸批評家の富岡幸一郎氏が、私の講演を大変に喜んで下さり、私のところに遊びに来られたことがありました。その折、富岡氏は講演の中にある三島由紀夫先生の言葉、「天孫降臨を、もう一度、実現しなければならない」にいたく感動されて「まさに三島事件そのものを、新しい天孫降臨と捉えることが日本の精神の復興にとって一番重要なこととなるだろう」と言われて、強い共感を示して下さったのです。三島先生亡き後、五十三年を経て私が伝えた言葉が、三島由紀夫研究の第一人者である富岡氏の心に届いたことの喜びは本当に深いものがありました。

次に「スサノヲとは、人間の持つ野生の力の総体を言っているのではないでしょうか」と私は三島先生に申しました。「それは我々の生命に〈高貴性と野蛮性〉を与える根源的な死生観を確立する役割を果たしたに違いありません」と付け加えました。そもそも「高貴性と野蛮性」とは、三島先生が葉隠について言った言葉でした。そこに、スサノヲの力は我々の生命に「高貴」と「野蛮」を与える根源的な死生観に違いないと、私が言い添えたのです。そして日本人の中で、それが根源的な伝統となっていったのではないかと語り合ったのです。それこそがスサノヲ的人間の持つ野生の力に違いない。それを取り戻さなければならないという話になった。

期せずして当時、私は「根源的な伝統」という言葉を使っていたのですが、後年、ルネ・ゲノン*というフランスの神秘思想家も同じく「根源的伝統」という言葉で人類史の核心について触れている本に出会い、知らずしてゲノンと似たことを表現したかったのだと気づかされました。ゲノンの言う「根源的伝統」を意味する場合は、伝統を表わすtraditionの頭文字を大文字のTで表記するほど、フランスでは浸透した考え方となったようです。いずれの文化をも支える根本的な、重大な考え方と言えましょう。

こうして、このスサノヲ論は国の源流を辿る重要な方向性を示すものとして、作品だけでなく、先生と私の生き方を運命づけたようにも思います。人間は元々野蛮性を持っている。その野蛮性が現世では否定され、真の生命が躍動することができなくなってしまった。特に戦後日本はそれが酷い。最も重要な、日本の根源となる縄文にまで繋がる武士道が全面否定されてしまっている。三島文学で最終的に表わさねばならなかったのは、人間はその生命に宿る野蛮性の発動によって魂の高貴性を得るに違いないということだったのでしょう。

さらに、「スサノヲを語ることによって、日本の深層構造を抉ることができる」と三島先生が言われたことがあった。そして先生は「いままでの私の生きてきた時代は、縄文などの日本文明の深層に対してあまりにも無関心だったのではないか」と言われ、続けて「縄文の研究と解明に向かわなければ日本民族の行きつく先は暗い」とまで仰ったのです。そして「縄文文明が日本を創ったことは間違いないから、おそらく君のような若者たちの時代には縄文文明が社会と文学の表舞台に躍り出してくるのではないか」と続けられたのです。ひいては「それが真の平和と魂の純粋を慕う人間を取り戻すことになる」と結ばれました。

確かに一九六九年当時までは、まだ縄文文明というのはほとんど知られておらず、クロード・レヴィ＝ストロース*などの人類学者によって縄文が注目されるのも後のことになります。三島先生と私が語り合った当時は、全くと言っていいほど縄文は未発達の未開な野蛮人の状態というだけで、文明としては捉えられていなかった。ですから、この縄文の話を一つとっても、先生がいかに古代と未来を見通していたのかということに驚きを禁じ得ないのです。

三島先生はそのようなことを文学の中に一つの謎のように描いているのです。裏側にある意図や文学の源泉については、通常、明かすことは無かったでしょう。その意味で、私たちの出会いと状況は、ある種、いまから見れば異常だったようにも思えます。三島先生もまさか高校生相手に文学の激論を交わすなど予想もしなかったでしょうし、さらには最後の大事な数年に突入してすぐのことですから、残された時間もあまり無い。ひときわ、先生の発言は明確、端的で、遠慮のないものになったようにも思います。

それに私の若い頃は、文学についての議論といえば、まだ「俺」「お前」という感じが残っており、大作家も高校生も、有名も無名もなく、ただ内容をぶつけ合う直接的なものが多く、年齢が近ければときにはつかみ合いの喧嘩にもなったほどでした。ですから、この思い出の記も、相当丁寧に思い返して書いてはいるのですが、実際はもっと荒っぽい話し方をしたこともあり、上下のへだてなく肚を割って話し合っていたというのが真実のところだったのです。

霊性文明への道

とにかくスサノヲから始まった話の結論としては、三島先生が自身の文学の中にそれを表わしていこうとされたと同時に、「日本の未来を考えるとは、縄文を志向することだ」と予言していたことが忘れられません。スサノヲの現成ということは、見方を変えれば縄文時代とその精神の復活とも言えます。いみじくも私は最近、これからの日本ひいては人類は縄文的な霊性文明に戻るだろうと多く語っていますが、その基盤にあるのは三島先生とのこの「スサノヲの現成」の対話なのです。未来社会というものは、ある意味、古代社会の復権なのです。真の霊性文明に突入するには、縄文的思考に戻らなければならない。魂が物質を完全に支配する文明、つまり天孫降臨の文明ということに他なりません。三島先生は「縄文的な息吹を文学の中にどううまく入れこんでいくか、その魂的な表現を探りたい」と言われ、そして「それを未来の日本にどのように繋げていくかを考えたい」と仰った。「ある種、小説としては破綻する可能性もあるものだろうが、絶対に挑戦してみたい」と言われて、意を新たにされていたのです。

いま振り返ると『豊饒の海』の本質は、霊性文明に向かうための心の叫びと言うものではないでしょうか。私はそのような感じを受けるのです。徐々に私も三島先生との文学論を思い出すことで、最後の文学の意図と思えるものを深くまで探ることができるようになった。結局、霊性文明の世界への入口を描いたのが『豊饒の海』なのではないかと、いま、強く思うのです。つまり縄文の魂を描くことで、三島流に未来の日本を展望している。しかも最後の巻は三島先生が亡くなった後の世界に向けて出版されたのです。

ここで、あの事件の直前に、霊性文明を夙に提唱している竹本忠雄氏に、三島先生が『豊饒の海』の三巻までを署名入りでパリにまで、わざわざ送られた事実が思い出されます。亡くなる前なので、四巻はまだ出ていなかったわけですが、霊性文明に先立って新しい文学を表わそうとされた意志が、このことからも強く感じられるのです。

私はそれら直筆の献辞を拝見しましたが、三冊とも寸分の狂いもない清冽な書体であることに感じ入りました。三島自刃の直前にこの三冊を受け取った竹本氏は、事件後すぐに「パリ憂国忌」を決行し、フランスのテレビ番組にも高熱をおして出演し、かの地での逆風に抗して敢然と故人の大義を擁護する行動に出たのです。この竹本氏から、真っ先に三島先生と私の思い出を纏めるように薦められました。竹本氏からの言葉がなければ、この本は上梓されなかったかもしれません。ここにも、私は何か不思議な人間の霊性的繋がりを感じずにはいられないのです。このような経緯からも、やはり『豊饒の海』というのは、縄文文明的な霊性の世界を描いたものなのだと尽々思えるのです。

さらに三島先生と私は、縄文文明の起源と期間について、実際には約一万五千年の期間に達していたのではないかと話し合っていた。この話はもう六十年近く前のことですが、すでに縄文時代が世界最古の文明ではないかということまで、スサノヲの文学論をきっかけに話していたのです。もちろん当時、何度も言うように縄文などは文明とすら思われてもおらず、起源についても誰も研究もしていない。そのような時代にすでに三島先生は、縄文文明が一万四〜五千年続いていたのではないかと予想していた。それが証明される時代が来れば、日本が世界最古で最高の文明を持っていたと知ることになるだろうと現実に話されていたのです。

また、天孫降臨についても、世の中が乱れてきたから、それがもう一度起こると言われた。つまりノアの箱舟*の神話と同じ考えです。天孫降臨とはつまりは縄文文明が降りてくるとも言い換えられるかもしれません。ノアの箱舟が縄文文明への旅立ちの始まりのようにも思えます。事実、縄文人は葦草の舟で南米大陸まで渡っていたということが最近になって証明されました。

この縄文文明が、武士道を生み出したということを私は前から言っていますが、もとはと言えば三島先生と若い頃に話し合っていたからなのです。縄文文明から生まれた武士道が、日本の精神の柱だと話していました。天孫降臨のときに天忍日命（あめのおしひのみこと）*によって歌われた「海行かば」の歌にもすでにそれは表われている。建国以前に、すでに武士道の元となる死生観が確立していたわけです。若かったこともあって極端にも聞こえたかもしれませんが、武士道は縄文からの考えだと、私は三島先生との対話で主張していたのです。三島先生が賛同してくれたので、この私の考え方は以後、今日に至るまで信念として深まっていったのです。

このような縄文的な霊性文明を一つの新しい文明としてまとめ上げたのが、天皇家ということになるでしょうか。三島先生はこの断定には少し驚いてはいたのですが、心底共感して下さり、文献の読み込み能力が常人を遥かに逸脱しているとまで仰って下さったのです。この先生の見解によって、私が若気の至りだったかもしれませんが、強い自負心を持てたことは間違いないことでした。縄文の魂が摑めれば、古代が未来と同じものなのだと納得できるのです。日本の源流にどれだけ遡れるかで、日本の未来は決まるといっても過言ではないと思っています。このようにして、スサノヲの文学論は先生と私の対話を支える話題として、一九七〇年の前半まで、輪廻転生の思想を踏まえながら続けられていったのです。

三島先生は、「現在書いている長編の中で、角度を変えて、いま話し合っている内容について描いてみようかと思う」と言われました。すなわち、輪廻転生という主題を元々は下敷きにしようと考えていたが、縄文文明、日本の最古の文明の復活をその中に盛り込んでみたいと言われていたのです。すなわち、霊性的な縄文人の魂や肉体に関する捉え方が、阿頼耶識（あらやしき）や輪廻転生とどう繋がっていくのかということを考えておられたようです。「輪廻転生の思想は縄文文明の神話が現世に生まれ変わってくる過程だとも言えるのではないか」と仰っていたのが忘れられません。しかも、それが未来まで続くのです。

過去と未来の円環

こうして、天孫降臨の意味について、スサノヲ論を通じて三島先生と私は何度も話し合ったのです。それは何度か触れましたが、精神が肉体を支配することであり、天上が地上を支配することなのです。つまり、人類の初心に戻る文明を築く必要があるということです。三島先生は、初心に戻るというと、時間を逆行する、つまり過去に戻ると人は捉えるが、そうではないと言われていたのです。「初心に戻るということは、時間の円環作用を創り上げることによって、新しい未来を創り上げることなのだ」、そして「新しいものは常に復活と呼ばれることになるだろう」とも言われたのです。「これが私の文学の中枢でもあり、いままでも挑戦してきた。そして、これからも挑み続けるだろう。それは他でもない未来のためなのだ」と仰っていたのです。

先生の言う輪廻転生は、過去に戻ることによって、そのまま未来にも行くということなのです。この魂の瞬間移動を、肉体を通じて表現するのは骨の折れる作業となるだろうと語られた。だから天孫降臨というのは、もちろん過去の歴史との繫がりもあるが、未来の人類から天孫降臨がやって来るという考え方が重要であると。輪廻転生というのは、誰かの生まれ変わりと言うけれど、『豊饒の海』でおそらく三島先生が最も伝えたかったのは、生まれ変わりというのは、未来の人の生まれ変わりでもあるということなのです。それが分からないと輪廻転生は分からない。過去の人が生まれ変わって来るだけではなく、未来の人が生まれ変わることもある。つまり時間の逆行だけではなく、未来からの転生ということでもあるのです。そういう時間軸の捉え方をしないと新しい人類が生まれることはないだろうと仰っていた。現在の我々が縄文に戻るというのも、縄文人にとっては未来から人が来るとも言えるわけです。

そういう意味のことを三島先生は文学的に表現されています。だから我々は、未来の人間が生まれ変わって、我々の時代に来ることもあると知らなければならない。そういう考え方を基に輪廻転生ということを二人で話し合いました。この話が下敷きとなって私はいま自分の事業でも縄文の魂を現成させたいと思って行動しているのですが、私が縄文時代を現成させようとするということは、現在から縄文時代へ私が行くという意味としても捉えているのです。そうすれば、未来から現在に誰かがやって来るという考え方も成り立つわけです。昔に戻るだけではなく未来にも行くのです。だから、未来に行く文明が初心に戻る文明だという見方もできるということです。つまり人類の初心に立ち戻ることによって、未来を見ることができる。

改めてこのような深い文明論の話になったときに、三島先生は繰り返し、私との文学論ほど気の休まるときはないと仰って下さいました。それは我々の間に葉隠を何よりも愛するという共通の憧れがあるからで、共感の震源がいつでもそこにあるという喜びは深い、と言われたのです。葉隠の行き着く先は、結局のところ、古代を慕う心とその初心から未来を見る力が得られるということに尽きるでしょう。三島先生が、「ここまで葉隠の意味が解明されるということは、まったく予想できなかったことだ」と深く安堵するように仰ったことが印象に残っています。続けて先生は「輪廻転生とは、人間の初心に戻ろうとする苦悩や足掻(あが)きを生み出す〈還元的実在〉なのだ」と言われたのです。これは先にも触れた時間軸の円環的な捉え方のことだと思われます。ここに先生の輪廻転生の秘密が潜んでいるように私には思われるのです。

だから人間はいつでも過去を倣いつつ、完全な形の未来を目指して文明を築いてきたのであろうと。そして思うようにいかない現実を人間は嘆き悲しみながら生きてきたのです。このような「文明への悔恨が肉体に輪廻転生という形をもたらすのだろう」と先生は言われた。この還元的実在というのは円環的時間とも言えますが、また時間が未来や過去を行ったり来たりできるということでもあるのです。魂を本当に大切にしている肉体には、必ず起こる生命現象とも言えましょう。この時間の縦横無尽の相対性の中に生きることが真の輪廻転生なのです。それを三島先生独自の言い方で、還元的実在という言葉になったのでしょう。

三島先生は、当初、人間は最も完全な形で生まれたからこそ、神を志向する文明を築いたのだろうと言われていた。どこまでその原初の純粋性を伝えられるかが、輪廻転生の最も大切な考え方を創っている。だから「輪廻転生の中心思想というのは、我々人間がもった純粋な魂をそのまま、なるべく純粋な形で伝えていこうとする活動や考え方の中に、最も大きい歴史的意味があるのだ」と言われました。しかし「いまや我々はその多くを失ってしまったのだ」と三島先生は憂いて言われたのです。

純粋な魂がそのまま輪廻転生として維持されていけば、我々は未来の人とも共感できる。それが時間軸の正しい捉え方、仏教の阿頼耶識の正しい捉え方なのだということを三島先生は言っておられた。しかし、我々が文明的にはそうできなかったことへの悔恨が、肉体的に輪廻転生という形をもたらしているのだと言われていたのです。いまは肉体大事で肉体が転生するという考えに囚われているけれども、三島先生は「輪廻転生の正しい、最初の考えは魂の話なのだ」と強調して何度も仰っていたのです。

すでに魂が失われているので、現代人は輪廻転生というと、肉体にしか重きを置いていない。しかし、それが間違いだということが分かるように、『豊饒の海』ではわざと登場人物の肉体的特徴である黒子（ほくろ）を徴（しるし）として描いた。先生ご自身が言ったのですが、「わざとそういうつまらない特徴を上げることによって、本当は、肉体はどうでもいいのだということを表わすための転生の証とした」と。もしも肉体的特徴がそれなりに素晴らしいものとなると、肉体の輪廻転生が真実だと思われてしまう。しかしそうではないので、肉体の輪廻転生というのは間違いなのだと示すために、ある意味で、謎かけというか、つまらない特徴とした。「本体はもっと深いところにあるのだということを示すための隠喩なのだ。この逆説のイロニーが分かると、あの小説はぐっと読む者の身近に迫って来ると思う」と先生は仰ったのです。

読んでみて冷静に考えれば、黒子があったから生まれ変わりというのはあまりに単純で幼稚な仕掛けでしょう。でもこれはわざと三島先生がそうしたのです。三島先生が世間から誤解されることの多かった理由は、わざと目立った外面的なパフォーマンスを行なったからです。何かこのパフォーマンスに象徴されるような、外見的に分かりやすい行動、見た目、シンボルというものを意図的に三島先生は採り入れるきらいがあったように思います。

それは先生のもつ、古い日本人の生真面目さから生まれている「照れ」と私は考えています。先生は本質を直接に表現することを非常に恥ずかしがっていました。しかし、私はそこに先生のもつ葉隠的な男らしさというものを見出してもいるのです。肉体的な特徴で表わされたとしても、魂の問題であることを先生は作品や自分自身の行動を通じて表わしたかった。つまり、「輪廻転生を信じて生きる生き方、そして信じて死ぬ死に方、これが輪廻転生とそれを支えている阿頼耶識の正しい思想的な捉え方だ」と教えていただいたのです。

この思想を踏まえて、古代を慕う心とその精神を持てば、未来を見る力が生まれる。三島先生も私も古代へ遡ることで日本の未来を見据えるという、共通のヴィジョンに生きようとしていたのです。三島先生から、私も未来を見る力があるということを言われたことがあります。古代を見ることができるならば、誰でも未来を見ることができるのです。魂なので、過去から輪廻転生することもあれば、未来から来る場合もある。過去の魂を分かれば未来の魂が分かる。そして、未来からやって来る輪廻転生の思想だけが、人類の未来を結果として救うというところに真意があるのではないでしょうか。

しかし先生は、その文学化には計り知れない苦悩があることを吐露していました。だからこそ輪廻転生の思想の締めくくりが、『豊饒の海』では終わらないのではないかということを先生は予感していたのです。実際に、いま取り組んでいる長編作品だけでは表わせないから、もっと新しい方法で試みたいとも仰っていたのです。私のこの回想録は「永遠の三島由紀夫」と題しましたが、いみじくも三島先生自身が文学を通して永遠の生命を表わす意図で、阿頼耶識や輪廻転生に辿り着いたのだと言っていたのです。それを思えば、『豊饒の海』が終わるわけはない。いわば『豊饒の海』が新しい出発になるのではないかというくらい、輪廻転生の文学化は困難を極めていたようです。

先生はさらに、輪廻転生の思想を表わす文学に自分のすべての力を注ぎたいということと、存在のすべてを賭けてみたいということも仰っていました。というのも「自分」という小さな「個」の問題ではなく、日本の歴史、日本文明、ひいては人類的な問題としての救済を視野にいれていたからです。「人間の初心に戻ってこそ、初めて未来へ船出できるのだ」と、まるで縄文人に自分を重ねて旅立つかのごとく本当に爽々しい表情で仰っていたのです。人間は人間の初心に戻ってこそ、未来へ向かうことができるのだと。現世は古代を忘却した最も悲惨な状況の極みにある。だからこそ、誰か独り立ち上がってスサノヲのごとく新たな天孫降臨を実現しなければならない、そういうふうに考えられていたのです。

折口信夫の「贖罪」の詩にある「物皆を　滅亡（つくし）の力　我に出（い）て来（こ）よ」という言葉について話したときに、先生がしきりと「滅ぼすとは、最初の初心に戻るための革命なのだ」と言われていたことを思い出すのです。「物皆を滅ぼす力」が、いま一番必要なのだ、と。「贖罪」について、先生は私と語り合っていた四年に亘り深く考え続けておられたようです。私たち人類は初心を穢し続けて今日まできてしまったということを仰っていた。それを人間の一人として自分の責任において、先生は悩まれていたのです。先生との出会いの最初から、その最後に至るまで、先生はこの「贖罪」の思想から離れられることはなかったと私は思うのです。こうして三島先生は最後の段階にまで向かっていったのだろうと、いまとなって悔恨のような複雑な感情の入り混じる気持ちで思い起こすばかりです。すべてを自分自身の人生と行動に引き寄せて持っていかれた三島先生の純粋性を、ただただ偲ぶ気持ちでいまは胸がいっぱいなのです。

第三章

ギリシャ的晴朗

自由への渇望

「ギリシャ的晴朗」とは

私は青春の真っ只中を生きていました。そのとき、「三島由紀夫」と出会ったのです。

三島先生の知遇を得たということ、また、どのような経緯で出会ったかはこれまでに述べました。『葉隠』の武士道によって先生と私の絆は結ばれ、最初の出会いから始まって、私たちの間には「不条理」の文学論、そして「スサノヲ」の日本文明論にまで議論は発展していきました。まさに私にとっては人生という大海原に乗り出す前の思春期に当たり、読書体験の深みに没入しつつ、日々、必死に思索し続けた時期でもありました。

そういった背景の中、私にとって三島文学は、ある種の陶酔そして激情の神から来るディオニソス的な情感を育んでくれたように思っています。地底を這う苦しみにぴったりと寄り添ってくれることもあれば、ディオニソスを乗り越えて、天上の夢想と静観の神から来るアポロン的な煌めきにまで誘ってくれることもあったのです。つまり、三島文学は絶望の中に一筋の希望をもたらしてくれていたということです。そこで、三島文学と、アポロン（※3）、ディオニソス（※4）に象徴されるギリシャ文明との関係についての、先生との語らいを思い起こしたいと思います。

何度目かの先生との対話において、私は三島文学からドイツの哲学者フリードリッヒ・ニーチェ*の言う「ギリシャ的晴朗」（die griechisch Heiterkeit）という情感を感じると話したことがありました。「ギリシャ的晴朗」とは後ほど詳述しますが、簡単に言えば、紺碧の明るさの中に潜む一抹の哀愁や不安というものをニーチェが表わした言葉です。その情感を私は三島文学に感じていたのです。

それが分かりやすく表われた作品として、『潮騒』や『真夏の死』そして『鏡子の家』や『美しい星』また『午後の曳航』などを、私は先生の前で話したことを思い出しているのです。これらは私の思春期に読んだ作品の中で、非常に印象に残ったものです。三島先生から「青春の息吹」を感じるという意味で印象的な作品はどれだったかと問われたときのことです。何か「青春の息吹」と、この「ギリシャ的晴朗」のイメージが重なっていたようで、その時期に瑞々しく私の心に映じられた作品だったのです。三島先生も若い人から青春文学として捉えられたということに、何か満足を感じられていたようでした。

私は文学的には早熟だったので、すでに小中学生から思春期特有の悩みというか、自己確立の悩みの過程に入っていました。だからこそ、小学校五年生で「葉隠十戒」を自分なりに纏め上げ、自分の生き方を決定したいという気持ちをもったのです。『葉隠』に出会って生き方が固まったのか、生き方を固めたいと思ったから『葉隠』と出会ったのか分かりませんが、とにかく大病をした後に、自分なりの死生観というものをもつ必要を早くから感じていたのです。

肉体としては、私はすでに何度か死の淵まで行っていましたので、体感的に死ぬということを何となく把握することができていました。しかし、その後、生をふたたび得たときに、現実世界の大海原で、どう死の問題を解決しながら歩んでいくのか、この世を生き切るための哲学としての「何か」が必要だった。そんなときに父親の本棚にあった『葉隠』に手が伸び、それを日夜読み続けたのでした。

しかし、いったん『葉隠』をある程度読み込むと同時に、猛烈な文学への欲求が体の奥深くから湧き上がってきたのです。優れた文学は皆、「死」を別々の角度から表わしているということに気づいたのも小学生の頃でした。生きるための死に方、死ぬための生き方を表わした文学が、いわば私にとっての「思想的肉体」となったのかもしれません。その思想的肉体を纏うための中心的な文学となったのが、三島文学だったのです。そのような理由から、我が青春とも相まって前述のごとく、ニーチェの「ギリシャ的晴朗」を三島文学から感ずるということを先生に伝えさせていただいたのです。この言葉をもってニーチェが表わそうとした「無限の明るさの中に潜む哀愁」のさらに深い部分にあるのは、真の生命がもつ死をも超えた「自由への渇望」ではないかと、三島先生に文学論をもちかけたのです。

自由という大いなる希望のもとに、非常に多くの人が生きようとするのだけれども、その大いなる希望を抱けば抱くほど一抹の哀愁や不安が漂う。そういう人間の心の状態を捉えた文学的な言葉がこの「ギリシャ的晴朗」なのです。ギリシャというと澄んだ紺碧の空に白い家、そしてどこまでも続く碧いエーゲ海といった明るいイメージを誰しも思い浮かべるでしょう。しかし、若山牧水*の「白鳥(しらとり)は悲しからずや　空の青　海のあをにも　染まずただよふ」の歌が象徴するのと同じく、この「ギリシャ的晴朗」の青の下にも、非常に深い悲しみの世界が横たわっているのではないかと三島先生に伝えたのでした。つまり、生の根底に横たわる死です。

牧水の歌のような、自由に広がりゆく空の下に立つ人間の悲しみの心象を表わしているのが、「ギリシャ的晴朗」であろうと私は考えていました。先の章でも述べましたが、真の自由への渇望、憧れ、そこから生じる「不条理」というものが三島文学の全体を覆っている。だからこそ先生との文学論の始まりが「不条理」だったのです。真の「自由」の裏にある「不条理」が、文学的には「ギリシャ的晴朗」という情景によって表現されているのではないかということで話は展開していったのでした。

そもそも「ギリシャ的晴朗」とは具体的にはニーチェの『悲劇の誕生』で述べられた言葉です。この書物は現代哲学の出発と言われた名著ですが、三島文学に触れたときにその中心核に同書を感じたのです。なぜなら、『悲劇の誕生』にはアポロンとディオニソスのもつ、重層的な意味の明るいものと同じく重層的な暗いものの対立が描かれています。この対立構造が三島文学という壮大な建築物を構築する柱となっているのではないかと述べたのです。明と暗、陰と陽の交錯を華麗な文体に潜ませる先生の力量に、私は深く感じ入っていました。先生は私の文学観を認めて下さり、特に若者が自己の青春の力で三島文学の根底の深層構造に近づこうとしていることを喜んで下さった。先生はある種の「永遠の青春」を求めていて、ほかの文豪もそうかもしれませんが、年を重ねれば重ねるほど心は若くなるように私には見えていました。

三島先生は見た目も若々しい青年のようでしたが、心もとても瑞々(みずみず)しい方でした。いつでも中途半端で対話を終わらせずに、思いつくかぎり二人で論じ合い、夜が更けるのも構わずに時間を過ごしたこともありました。特にこの「ギリシャ的晴朗」の主題は、すべての三島文学を貫く最も情感的で文学的な要素だったこともあり、先生は思いつくままに他の作家を引き合いに出して自分自身の文学を説明されたのです。その一つが、先生の尊敬されるフランスの作家、レーモン・ラディゲ*だった。先生はラディゲの『肉体の悪魔』と『ドルジェル伯の舞踏会』を引き合いに出し、自分のもつ「ギリシャ的晴朗」の根底にはこの二作品があると仰られたのです。

これらは青春のあふれるほどの血潮で書かれているが、信じられないほどの構築性と虚無性を同時にもつ文学だと先生は言われたのです。この文学的な対比が、図らずも私の言う「ギリシャ的晴朗」と繋がっているのではないかと言われたのが、強く印象に残っているのです。私もラディゲは二冊とも読んでいたので、先生のもつ比較文学的な構成力の巨大さに驚いたことが昨日のことのように鮮明に残っています。

三島文学の明暗

三島先生は実際にギリシャへ旅されたこともあったのですが、この旅行から直接的に影響を受けたというよりも、いま言ったように、ラディゲの作品から文学的に構築されたのでした。それを踏まえて先生は、以前からギリシャ的な明暗の対立やアポロン的なものとディオニソス的なものの対比を考え抜かれていたように見受けられました。以前から三島文学で表現されていたこの対立構造をイメージ的に把握すべく、旅行し、五感を使い、全方位的にギリシャ神話の印象を捉えたのだということを、私は初めて先生の口から聞かされたのです。

ですから、旅行の意味としては、自分自身の思想を検証するためであって、決して先生にとっては旅行自体が目的であったのではない。構築物としてはすでに骨組みと思想はできている。その上で言葉を受肉させて、思想に肉体を纏わせる材料を補強されるために旅したわけです。先生は「旅行から得るものは少ない。だいたいにおいて、旅行が精神的に大きな発展をもたらす場合、それはあらかじめ精神の中に構築された思想の補強としての意味しかないだろう」と仰っていた。

えてして文学者や研究者は、ギリシャ旅行との直接の関連を三島文学の中に当てはめようとしますが、基本的には旅行しなければ書けないということはないと三島先生は仰っていました。旅行は、どちらかと言えば、細部を五感で捉えると同時に、何か予期せぬ無形の着想を得るためという考え方でした。もっとも、『悲劇の誕生』を書いたニーチェが憧れたギリシャのエーゲ海の底抜けの美しさ、白い家々との対比、紺碧の海と空は直接に見ると見ないでは言葉の情感の質が違っただろうとも、先生は仰っていたのです。暗く寒いドイツから南国の温かな朗々たるギリシャを夢見たニーチェの想像力の清純や如何ばかりかと、私たちは語り合いました。すなわち土地からの影響による人の体質、気質といったことから、思想、文学でのその表わされ方まで、風土のもつ力という意味での旅行について語り合ったのです。

ドイツ語で言う「ギリシャ的晴朗(ディー・グリーヒッシュ・ハイターカイト)」の音の持つ感じについても、二人で気に入って発音し合ったものです。ニーチェの喜びと悲しみが伝わる言葉とも言えましょう。しかし、ニーチェは、この言葉をもって、エーゲ海の澄み切った極めて透明な明るさの中に、人間のもつ根源的な悲しみがあると言っているのです。人間の生命的なものの根底にある深淵を言っているのです。

後年、私は同様の概念を感じさせる西脇順三郎*の詩も好きになりました。西脇の詩の多くもまさに「ギリシャ的晴朗」というものを表わしていると直覚したからです。すなわち「ギリシャ的抒情(じょじょう)」という詩で「覆された宝石のやうな朝　何人か戸口にて誰かとさゝやく　それは神の生誕の日」というものです。小学生のときからこの詩が好きだったのですが、もちろんその頃は深く理解できていない。とはいえ、直観的に三島文学と何か通底するものを感じていたのです。後になってニーチェの「ギリシャ的晴朗」と言う言葉と出会い、これらすべての情感が繋がっていきました。

もう一つ西脇順三郎の「カプリの牧人」という詩があります。「春の朝でも　我がシヽリアのパイプは秋の音がする　幾千年の思ひをたどり」というものです。これも同じような印象で捉えた詩です。また、西脇は、「おゝポポイ!」という「エーゲ海の明るさの中にある悲哀」を表わす古代ギリシャ語の感嘆詞を自らの詩の中に多く使っています。これも素晴らしい明るさ、希望と無限の明るさのなかに潜む一抹の不安、悲しさのような、まさにニーチェの「ギリシャ的晴朗」と同じものです。無限の明るさとは、三島文学においては、アポロン的なもの、一抹の不安はディオニソス的なものと言えます。白い家々、紺碧の空、青いエーゲ海の中に漂う悲しみです。これらの世界観を私は三島文学の中に強く感じていたのです。

先生と語り合うときは、小学生から中学生の多感な時期に繰り返し読んだ『潮騒』、『真夏の死』を引き合いに出しました。私が初めに「ギリシャ的晴朗」を感じたのは、『真夏の死』という作品でした。小学生で読んだこともあり、まだ理解できない悲劇的な世界観が日常生活の中に進行していく物語が心に沁み込んだのです。特に主人公の心理描写、悲劇の創られ方に、子供から思春期に向かう自分の心の奥に一抹の不安を与えられたのでした。それに、夏と死という対比が深い部分で何かギリシャ的なものを感じさせたのです。

もちろん最初に読んだ頃はそこまで明確には分かりませんでしたが、中学、高校と繰り返し読むことによって、悲劇を描く三島先生の手法と、高い教養と知性の裏打ち、そして影と潜在的な情感を描き出すことの巧みさに感じ入ることができたのです。つまり、アポロンとディオニソスの交叉の中に、私は人生の哀歓を見出すすべを学んでいったとも言えましょう。私は、『真夏の死』によって、日常生活が実は非日常によって支えられていることを知らされたように記憶しています。非日常が、人生のほとんどを占める日常を支配している。そういう考え方が、私の場合、三島文学によって刻印されたのです。

その後は有名な『潮騒』です。一九五四年に刊行された、大変な評判をとった小説で、文学好きの人で読んでいない人はいないでしょう。この『潮騒』の中にも「ギリシャ的晴朗」がもちろん表われています。古代ギリシャの散文作品『ダフニスとクロエ』を下敷きにしたと言われていますが、ギリシャ神話を彷彿とさせながらも、それを完全な日本の風土と神話に即して描きなおした純愛物語です。

日本の歌島に生まれた男女の物語へと、三島先生が創作し直されました。『ダフニスとクロエ』の物語が下敷きということは、当時、高校生の私は知らなかったですし、三島先生も私との対話のときには全く仰らなかった。エーゲ海のギリシャ神話風の恋物語を感じたと、私なりに抱いた最初の印象を先生に伝えたのです。

『潮騒』に関しては、私はギリシャとの関連を小中高と読書しながら感じとっていましたし、先生の中にギリシャは昔から存在していたと思っていました。しかし、三島先生は、たとえギリシャ的な主題でもギリシャ自体にはあまりこだわらないで書きたいということを、『潮騒』に関する私たちの対話の中で繰り返し仰っていた。こだわらずに自ずと浮き上がってくるような情景が本物なのではないでしょうか。それが「ギリシャ的晴朗」であるところに、『潮騒』がもつ神話性と真の憧れを感じているところ、先生に伝えたところ、先生は深く頷かれました。その表情には何か遠くを見つめるような安堵を私は見たように思っています。『潮騒』については、後に詳述したいと思います。

輪廻転生の少年

後年になって気づいたのですが、「ギリシャ的晴朗」を強く感じさせた作品があります。『豊饒の海』第四巻の『天人五衰』がそれです。ご存じのように、先生の死後に出版された本です。『真夏の死』、『潮騒』の物語に潜んでいると感じた「ギリシャ的晴朗」が、この大作の最終巻に大きく再臨しているように感ずるのです。もちろん『天人五衰』については直接三島先生と話せなかったのですが、後から見れば、三島文学は比較的初期の作品からこの最終巻に至るまで「ギリシャ的晴朗」が作品の根底を支えていたことになります。

近年、奇しくも、第五十三回「憂国忌」壇上で、私が講演をさせていただいた直後、三島研究の第一人者で著名な文芸批評家の富岡幸一郎氏から、三島先生の残された『豊饒の海』の「創作ノート」について知らされました。私が講演を終えた翌日の二〇二三年十一月二十六日、以下のようなメールを富岡氏から受け取ったことをきっかけに、『天人五衰』の後にも「ギリシャ的晴朗」の続きとなる作品があったのではないか、と改めて考えるようになりました。ここに、富岡氏の御了承のもとにその文面を掲載させていただきたいと思います。

「……執行さんのご講演、誠に深い内容で感銘を受けました。

三島由紀夫が若き執行さんに遺言を遺され、それが半世紀以上の時を経て憂国忌で物語られた事は、日本文化の一つの事件です。執行さんの死生観が、この稀有な機会を与えて下さったものと存じます。改めて感謝申し上げます。

『豊饒の海』の最後は、残された創作ノートによれば、輪廻転生の少年が、光明の中に船出することになっております。しかし、作家はあの夏の寺の〈何も無い世界〉を描きました。昨日から感じておりますのは、三島由紀夫のライフワークで描かれるはずだった「少年」は、この現実の世界で執行さんとなったのではないか、ということです。

これは神秘主義でも霊感でもなく、小生の認識論であり、文学論です。……」

自分ではまったく気づかなかったのですが、富岡氏からのご指摘で改めて「創作ノート」の内容を読み直すことになりました。確かに『天人五衰』ノートにはこうあります。

「第四巻――昭和四十八年。本多はすでに老境。その身辺に、いろいろ一、二、三巻の主人公らしき人物出没せるも、それらはすでに使命を終りたるものにて、贋物也。四巻を通じ、主人公を探索すれども見つからず。つひに七十八歳で死せんとするとき、十八歳の少年現はれ、突然、天使の如く、永遠の青春に輝けり。……この少年のしるしを見て、本多はいたくよろこび、自己の解脱の契機をつかむ。思へば、この少年、この第一巻よりの少年は、アラヤ識の権化、アラヤ識そのもの、本多の種子（しゅうじ）なるアラヤ識なりし也。本多死なんとして解脱に入る時、光明の空へ船出せんとする少年の姿、窓ごしに見ゆ」

富岡氏はこの謎の少年について長年文学者として考え続けてこられたと仰っていました。突然この少年がノートに現われ、大変にとまどわれたそうです。そこで『天人五衰』には続きがあったのではないかという推測が浮かんできたと言われていたのです。『天人五衰』の続きと思われる巻の主人公だと推察されるとはいえ、一体この少年は誰で、何がきっかけで、どこから現われたのかまったく分からなかったそうです。そして長年の間、疑問として残っていた。

しかし、直観的に富岡氏は、少年のモデルとなった人物が私なのではないかと、「憂国忌」講演で語った三島先生の思い出から感じ取って下さったようです。創作ノートの少年は、「ギリシャ的晴朗」の青い大海原へと船出するように私にも見えました。先生は『天人五衰』の後に、真の「ギリシャ的晴朗」に至る作品を書こうと思っていたのではないかと――。確かに私が「ギリシャ的晴朗」を特に感じた第四巻からの流れに連なるイメージであり、先生のもつ「持続的思考」と作品の具現化に際しての一貫性には驚きを禁じ得ないのです。実際、先生はいま取り組んでいる大作が完成した後には、最大の文学を書きたいと仰っていたので、私は『豊饒の海』以降の文学作品を楽しみに待っていたという経緯がありました。恥ずかしいながら、「最大の文学」の真意とは何かはまったく気づかずに――。

さて、先生とは「ギリシャ的晴朗」で言えば、太古の原始の純愛としての『潮騒』や、真の自由、憧れへ向かうために必要な悲劇を描いた『真夏の死』以外に、『鏡子の家』、『美しい星』についても語り合いました。「ギリシャ的晴朗」ひいては、太古に繋がるような「原始の純愛」という象徴的主題は、すべての作品に通底しています。「三島由紀夫」の中心軸の一つがここにあるのではないでしょうか。

例えば『鏡子の家』は、「ギリシャ的晴朗」という意味では意外な作品と思われるかもしれませんが、戦後の明るい、やけに軽薄な社会の中に描かれた人間の深層心理にある一抹の不安とその精神を捉えています。このことが分かれば、『鏡子の家』は我々の人生にぐっと入り込んできます。『鏡子の家』に漂う「ギリシャ的晴朗」について私が触れると、先生は、この作品が若者の潜在意識に前向きな作用を及ぼしたという事実を、希望とともに受け止めておられたように見受けられました。

さらに、私の最も好きな作品の一つ、『美しい星』も話題に上りました。地球が美しい星、つまり非常に明るくて、希望があって、海で言えばエーゲ海のような「ギリシャ的晴朗」のイメージとして描かれている。その晴朗をそのままSF的に描く手法こそが、先生の真骨頂の「エスプリ」を表わすものではないかと私は先生に言いました。宇宙飛行士のガガーリンが「地球は青かった」と評した、あの言葉通りに。しかし、この美しい地球に漂う悪徳、明るさに潜む悲哀、原子力や水爆の話が『美しい星』には出てきます。美しさの裏側にある、エーゲ海に潜む哀しみです。「水爆は最後の人間である」という『美しい星』の作中にある思想は、先生の中に潜む「ギリシャ的晴朗」を感じる最も端的な言葉だと私には思われるのです。

このような私の捉え方の中に三島先生は文学的な希望を見出して下さり、作者自身の悲劇的な情感を、よく作中から掬い上げてくれたと仰られたのです。私は本当に三島文学を愛していましたので、どこの箇所がどう「ギリシャ的晴朗」なのかなど隅々まで味わい尽くし、先生に伝え続けていたのです。三島文学は華麗な文体なので、美の側面が一人歩きすることもありますが、やはりアポロン的なものとディオニソス的なものの交叉が、先生の個性の真髄にあると感じていたのです。そして、『豊饒の海』の最終巻に至るまでそれが一貫していたことに、驚きを禁じ得ないのです。

庭のアポロン像は

私の知るかぎり、三島先生は大変に紳士的で優しく、ごく生真面目な性格が根底にありました。しかし、表面的に分かりやすい明るいパフォーマンスの面だけを見て先生の人となりを捉える人が多かった。だからこそ、先生の悲しみは深かったと言えます。要は、明るさの裏にある見えないものを、どれだけ感じることができるかです。隠された意図とは非常に見えにくいものなので、私が三島文学を通して細々と気づいたことに、先生はとても関心を示しておられた。そう気づいたとき、私は先生が抱える現世的な悲しみというか憤りのようなものを思わざるを得なかったのです。だからこそ、先生は私のような若者の率直な意見をこうまでも聞いて下さったのかと、いま、尽々と感じ恩を深く偲んでいる次第なのです。

先生の「ギリシャ的晴朗」の一つの現象として、馬込のお宅の庭に飾られたアポロン像も挙げられます。これは、見た目にはアポロン像ながら、その裏にはディオニソスが潜んでいると先生から聞かされたことがありました。実は制作過程においてディオニソス的要素をふんだんに取り入れて作られたものだというのです。この像は、おそらくは、ディオニソスの祭壇に捧げるために作られたものであると。先生はこの像をローマの美術商に希望を話して、手配を依頼したようです。もちろん邸宅の庭に設置すること自体、ある種の「明るい」「目立つ」装飾なのですが、先生の真意はそこには無かった。

いわゆる「三島由紀夫」の表の顔としてのアポロン像の根底には、ディオニソス信仰が横たわっているということを示されていたのです。アポロンとして生きるのが自分の人生なのだけれども、実は違うということを、この像でも表わしたかったようです。わざわざ美術商を通してイタリアの彫刻家に作ってもらったようですが、その作り手自身もディオニソス信仰の人らしいと、美術商に言われたとお聞きしました。きっと三島先生の真意が美術商や彫刻家と通じ合っていたのではないかと思います。

このアポロン像については、設置後にもその制作上の真意にまつわる事件が沢山起きたそうです。先生は自分の芸術上の戒めのために、これを庭に飾ったのですが、この像はその後一人歩きをして、三島邸の主のように有名になってしまったのでした。一つには三島邸と先生の芸術的な感性が讃えられるような評判も大変に多かったのです。しかし、その反面、三島先生に対する誹謗中傷としては、成功したことに対する妬みである「自分を神と思っているのではないか」「何様だ」ということまであったそうです。つまりは、このような像を庭に飾ること自体を尊大であると捉えられることが殊の外に多かったのです。

三島邸の明るさを象徴する反面、このように大変な悪意の根元にも成っていたということなのです。この像が先生の運勢にもたらした、激しい「二面性」を聞くにつけ、私はこの像に秘められたアポロンとディオニソスの交叉に係(かか)わる先生の真意というものが、多くの人の心の奥底に何らかの作用を及ぼし続けていたことを強く感じたのです。先生の人となりの通り、先生の持たれているアポロンは、ただのアポロンではなく、それはあくまでも暗く不安なディオニソスを秘めているということを実感させられる話として私はいまでも鮮明に覚えているのです。

先にも述べましたが、先生は明るさと暗さ、陰と陽の交錯を華麗な文体に潜ませる技量が普通ではない。それは先生の人となりから行動、生活や調度品の一つひとつに至るまで同じ信念に裏打ちされているということなのです。先生の高い知性、頭脳の明晰性は常人の及ばざる域にあり、その裏側や真意こそが三島文学を味わう醍醐味と言えるのではないでしょうか。先生は、絶対に真意を悟られないように、わざと韜晦(とうかい)する書き方にしたり、モデルがいる場合でもいないと断定したり、公の上では作品の出典を敢えて述べたりしていますが、それはあくまで表向きのことです。天才の心底が分かることは永遠にありません。私はそう思いながら今日まで三島文学を読み続けてきました。

思い起こせば、これも三島先生の無意識の演出なのか分かりませんが、先生は『潮騒』の話については、特に明るい声で弾むように話されていました。元々高い声なのですが、一段と高くなって、笑い声が響き渡った。「ギリシャ的晴朗」を主題にしたときは、一段と朗らかで声が高まり、人間の崇高さをも笑い飛ばすような感じがありました。ギリシャ神話について先生は「アポロンの明るさの中にある本質というのは、アポロンの生命の歎きであり、ディオニソス的な生命のもつ笑いなのだ」としきりと言っておられたのを思い出します。

先生は、芸術家気質というか、演劇性を自身の存在に纏っていたように思います。役割に扮するような感覚ですが、それはときにナルシシズムと誤解されることもあったかもしれません。良い意味で、先生は文学も自身の人生も何かの役を演じていたように私には思えるのです。それが徹底していて、そのような演劇性の中にこそ先生の人間的本質があると、良い意味で考えているのです。それが先生の紳士性であり、また葉隠によって培われた美学だったのです。三島先生は、この世でただひとり、日本男児としての真の「役割」を背負い、実行し、そして死んでいきました。それを自分の役割としていたからこそ、あの優しい先生が、あれだけの凄まじい仕事をこの世でこなすことができたのだと私には思えるのです。

縄文からの純愛

ここで「ギリシャ的晴朗」の代表作である『潮騒』の解釈を少々述べたいと思います。主人公の久保新治*も宮田初江*も無知な人間で、教養がある人間としては描かれていません。話す内容も単純明快で、底が浅いようにすら見えます。しかし、私は、無知の中に存する真の知というものを三島先生は『潮騒』に描いたのではないかと思っていたので、それを意見として先生にぶつけたことがあります。「知を描かないことによって真の知が表現され、それによってこそ『潮騒』の文学的価値が一段と上がっているのではありませんか」と。すると先生は「穢れのない生まれたままの人間のもつ無垢なる知こそが、本当の知性なのだ」と、そして、「私はそのような知に憧れる」と仰って、大いに共感を示されました。

私は、新治や初江の無知の中に、三島先生が本当の人間の知をどのように文学的に入れ込んでいるのか、この点について一つひとつ分析して述べさせていただいたのです。日本神話がそうですが、知性や秩序の中に自ずと生まれる「破れ」というものが、この小説をがっちりと下支えしていると思っていたからです。そのように先生に伝えると、先生は「それこそ私が『潮騒』に求めた日本的な神話性なのだ」と仰ったのです。そして、「物語そのものに内在する、そのような神話性つまり破れが、整合性を求めないような話の展開を生み出していくのだ」と話を続けられました。これは、先にも述べた高貴と野蛮の交錯だと私には思えたのです。「つまり、高貴と野蛮の回転を〈生命〉は絶対に忘れてはならないということが、神話の世界には描かれているのではないでしょうか」と私は申し上げたのです。

『潮騒』の物語を読み込むとよく分かるのですが、新治と初江は無知だけれども、自分の生まれ故郷の小さな歌島を心から愛している。そこに全く嘘が微塵もないのです。自分の故郷を愛する愛し方が、我々現代人とはけた違いに深く、まったく比較にならない。その故郷を愛する心が人類の本源なのだと、『潮騒』の物語の端々から私は感じさせられたのです。「身土不二」とも言い換えられるかもしれません。生まれた土地を死ぬほど愛し、そこで生き、そこで死ぬ。それ以上に価値のある生き方があるでしょうか。そう生きることができる幸福を先生と語り合いました。「自分の持つ運命を愛し、それ以外の考え方を持たない人間が、本当の意味で崇高なのだ」と、私はまだ何の人生経験もないのに断固として言い放ったのです。先生は、これにはにが笑いを浮かべられただけでしたが、私は全くひるむことなく語り続けました。

日本神話の登場人物も、ほとんどがそのような人間です。そもそも日本は初めは非常に小さな場所から生まれ、神と人の境もなく、近しい存在として皆で生きていた。生まれ故郷に対する愛は、日本神話の中に示されている祖国に対する愛と同じなのではないでしょうか。ギリシャで言えば、コイネーという共通語がまだ無かった時代、一つの村でしか通じない方言しか存在しない時代に、古代ギリシャの偉大な芸術や文学は生まれたのだということも、三島先生から教えていただきました。後年、ドイツの歴史家ランケ*の著作『世界史の流れ』の中に同様の思想を見出して、懐かしさに瞼が熱くなりました。そのような神話的縮図となっているのが歌島で、これは日本の縄文文明一万五千年の縮図でもあると、先生と話し合ったのです。

当時、この議論の少し後に開かれた大阪万博のときに縄文土器が美術として騒がれ始めたくらいで、縄文は未開の先史時代として扱われ、文明を持つとは思われていなかった頃です。スサノヲの文学論のときにも少し触れましたが、三島先生の縄文に対する理解は深く、先生は非常に縄文の霊性的な文明を重要視していました。『潮騒』を書かれるに際しても、ギリシャ神話を触媒として使いつつ、根底には日本文明を創った縄文以来の神話の世界とのつながりを感じさせる独自の表現でこの作品を表わされたのです。この文学的想像力は、三島先生の文学的技量の実力が強く示されているのを感じるのです。つまり、「日本の最も古く、そして深い人間論にしたいという意図で、『潮騒』を描いたのだ」と先生は仰っていたのです。人間の「生」を高らかに歌い上げ、その中に潜む悲哀を描いたとも言えるかもしれません。

悲哀とは、生（せい）の謂（い）われでもあるのです。人間の素晴らしい生は悲哀の上に立てられている。悲哀が悪いと思っている人にはこれは分かりません。人間の真の希望とは何か、希望の中に潜む悲哀とは何か、これらを見つめ続けようとするのが真の文学であると、先生との対話は進んでいきました。終始一貫して、先生は悲哀の上に立てられた人間の生というものを仰ぎ見ていたように私には感じられたのです。日本人だから悲哀というよりも、「もののあはれ」が根底にあるのではないかと思うかもしれませんが、三島先生が文学で表わす悲哀というのは、人間の生の根源的実存なのです。「もののあはれ」よりも深い存在論的な問題です。

三島先生は、『葉隠』の中でも最も好きな言葉として、「人間は生だけによって生きるものではない」と、「生きるとは死ぬことである」を挙げています。「生きるとは死ぬことである」ということも、深い悲哀の上に打ち立てられた生命観と言えます。三島先生も私も葉隠を信奉している者としては、そのような生命の在り方に一段と強い生の崇高さを感じていたのです。

「日本的霊性」と「無知の知」

私がこうして先生と文学論を交わせたのは、先生の誠を立たしめていた思想が私と共有されていたという関係性にあったことは、再三述べてきました。つまり根底の信条の大部分が重なっていた上、同じ時期に、同じ意志をそれぞれ別々の人生航路で固めようとしていたからに他ならなかった。だからこそ、私も先生が真に書き表わそうとしたアポロンとディオニソスの交叉とその根底に横たわる深い悲哀を、少しは汲み取ることができたのかもしれません。また、三島先生は、自己の中に潜む「聖性」に到達するには、ある種の「残酷さ」が必要だといつも仰っていましたが、まさに葉隠の思想にも「ギリシャ的晴朗」に潜む明と暗の交叉に通じる考え方が横たわっています。「残酷さに裏打ちされた聖性」という先生の言葉は、真に葉隠と一体化した人間にしか分からない思想だと私は思います。

本当の生、本当の尊さというのは、ある種の残酷性から出てくるということが『葉隠』の根本哲学なのです。「汚いものを嫌う人間は美しいものを分かることはない」とも言い換えられるかもしれません。そして文学で言えば、アポロン的な部分を支えるディオニソス的なものが、三島文学に隠されている最大の真髄とも言えるのです。またディオニソス的なものを支えているアポロン的なものを見出す読み方も大切になってくると思うのです。そして、ギリシャ的なものと日本的なものの融合も然りです。ギリシャと日本は、いつでもその位置を換えながら、円環運動をしつつ溶融していくのです。

三島先生はさらに続けて、『『潮騒』の恋を取り戻すことが、日本的霊性に還るきっかけとなるだろう」と仰いました。この「日本的霊性」と言えば、鈴木大拙*がその著作で掘り下げた言葉として有名です。その思想を、三島先生は大切にされていたのです。三島先生は宗教の時代が終わり、霊性文明が始まるだろうと予感されていた。だからこそ先にも触れたように、亡くなる前に霊性文明の旗手、パリ在住だった竹本忠雄氏に献辞入りの『豊饒の海』とともに、メッセージを送られたのでしょう。ちなみに三島先生は竹本氏の文章を高く評価し、生前、出会いを楽しみにしておられたようです。また、竹本氏は、若き日に鈴木大拙に直接に師事されており、霊性の糸で繋がっていることを私は強く感じたのです。

ある日、詩人で三島先生と交流のあった高橋睦郎（むつお）*氏は、竹本氏が建勲神社に詣でたときの宮司とのやり取りを三島先生に伝えたことがありました。竹本氏が「神鏡とお供えの榊以外ここには何もないんですね」と宮司に言ったところ、「神道とは、何もない、何もない、何もなあい！」と三度叫んだ、と。高橋氏がこのことを伝えると、三島先生は「そうだ、日本的霊性とは、何もないということだ。しかし、この空っぽの坩堝（るつぼ）だからこそ新しい創造が生まれて来るのだ」と答えられた。

時に、三島先生の死の決行は間近のことでした。高橋睦郎氏によれば、この挿話は深く先生の心に留まり、『豊饒の海』の第四巻『天人五衰』の有名な結語、「何もない……」へと結ばれていったということです。確かに、そこでは「何もない」という言葉が二度、三度と繰り返し言われています。この意味は仏教的無か神道的清明心かとも言われてきましたが、これに対して一石を投じるような秘話とも言えましょう。

そして『潮騒』において、この「日本的霊性」を表わすような場面がどこに出てくるかについて三島先生と語り合いました。具体的には、嵐の日に廃墟で待ち合わせた新治と初江が、ずぶ濡れになった身体を乾かすために火を挟んで裸で向き合う場面です。恋心を抱く二人の緊迫した瞬間、後ずさりする少女に対して、「初江！」と叫ぶ新治。「その火を飛び越して来い。その火を飛び越してきたら」と初江が答える──。私は、この言葉と場面から縄文の魂を感じたと先生に伝えました。火は、ただの火ではない。火を飛び越して来いということは、現世を超越して縄文の魂にまで到達してほしいということではないか、と申し上げたのです。

それは生命の淵源を見据えた、純愛の最高の現われの言葉だと私は感じていました。無垢な生命の本体は女性にあり、それを求め焦がれるのが男性の原理に違いないということです。男女の恋は古来、それをどう美しく表わせるかにかかっている。保田與重郎が『日本の文学史』において「わが日本の文学の最高のものである」とした、女神崩御のときの岐神の悲嘆を思わせると私は先生に伝えたのです。

先生は、それに近い意味で「ジャンプ」とも仰っていました。いま書いている『豊饒の海』では時空を超えることを「ジャンプ」という概念で表わしたかったと。『潮騒』の頃からすでに先生は、「飛び越す」シーンなどを通じて、時空を超えることを暗示し、最後には輪廻転生を表現したかったのでしょう。炎に揺らぐ古代人の男女が邂逅するような場面です。縄文の時代にあったであろう激しく、熱い恋。弾けるような肉体の恋を超えた、純粋な男女の燃え盛る恋――。この尊い心が葉隠の「忍ぶ恋」へと繋がっているのではないでしょうか。

そして「飛び越す」ということには、知性を通り越した勇気が必要となる。ここで私は知性を飛び越えるための勇気について先生と語り合ったのです。先生は、「〈知〉を〈無知〉で描くには勇気がいる」と言われた。そして、知や技巧を捨てることの勇気についても話し合いました。その勇気について先生は「知を捨てる勇気は、自分の心が古代人のもっていた人間の初心に触れたときに、自ずから湧き出してくるものだ」と仰っていたのです。

あれだけの文体を確立しながら、『潮騒』の書き方はいたって簡素で、どちらかというと明快に過ぎるほどの美しさです。この『潮騒』に関しては、先生は技巧ということもある程度捨てて、純粋な文体の中に現われる真の文学を為そうとしていたのです。このようなわけで、『潮騒』は三島文学では特殊なものとして扱われているのですが、却って私は、この『潮騒』こそが三島文学の中心を占めるものではないかとさえ思っているのです。

さらに先生は「無知を愛する私の気持ちは、葉隠を愛する者にしか分からないだろう」と仰った。この無知を愛することを知ってくれる者は少ないと。だからこそ、「私が無知を愛する気持ちに対して、君が心からの感動を示してくれるのは、多分、葉隠の為すわざだろう」と言われ、続けて「葉隠の同士として永遠の戦いを共にしよう」とまで先生は気焔を上げておられました。日本神話の中でも「無知への愛」は最も深い霊性的真実を含んでいると言われていたのが忘れられません。三島文学には非常に高い知性の登場人物も多く出て来るのですが、底辺の意味としてはどのような知性が描かれようとも、先生の信ずる人間論ではいつでも「無知への愛」が表わされているのだということでしょう。

魂に纏わせた肉体

さらに、『潮騒』に関する議論の中で、三島先生は「日本人はもっと愚かにならなければならない」ということを何度も仰っていました。戦後の日本人は平均的な人々に至るまであまりにも利口になり過ぎて、却ってすべてを失っている。だからこそ、日本人はもっと愚かにならなければならない、と。我々は豊かになり過ぎたために、明るさの中に潜む悲哀を捉えることができない。「本当の明るさというのは悲哀に支えられているのだ。この悲哀に支えられた明るさをもう一度、日本人は取り戻さなければならない」と先生は仰っていた。これがまさに「ギリシャ的晴朗」なのだということです。とにかくいまの日本の問題は、日本人が利口になり過ぎたということに尽きると先生は仰っていた。利口な点の一つとしては経済的に豊かになり過ぎたことで、日本人は上手くたち回るのを止めて、もっと愚かにならなければいけないのだということです。

特に「神話の中では、日本人はもの凄く愚かに見える」ということも先生は言われたのです。日本人もギリシャ人も神話の世界では、皆、その初心ではもの凄く愚かなのだと。「この愚かなところに人間らしさがあるのだ」と続けられたのです。現代の人間というのは豊かになり、利口になり過ぎたので、一度こういう精神をうち壊さないと本当の人間には戻れないのではないかということを三島先生はいつも言われていたのです。途轍もない知性の持ち主が言っているのだから、これは凄いことです。先生を知っている方で、先生のもつ知性に圧倒されない人は多分いないでしょう。先生のもつ知は、昭和では頭抜けたものであったに違いありません。しかし、先生の本当の力はそこではなかった。それは捨てる力にあったのです。

また先生は、無知の知と同じような対比として、精神と肉体の問題についても触れておられました。先生は「真に肉体に回帰する意味は、魂の純粋を取り戻すということに尽きる」と言われた。肉体に回帰するということは、実は肉体は関係ないという逆説になっているわけです。「魂の純粋を取り戻すためにこそ、人間は肉体に回帰しなければならない」と先生は言われていたのです。これが三島先生の肉体論とも言えるでしょう。もちろん、これは葉隠の思想から来るものです。私は葉隠信奉者だからそれがすぐに分かりました。先生が肉体を鍛えていたのは、立派に死ぬためだという葉隠思想の現われなのです。

これは武士道の根源的な思想とも言えます。死ぬ前の日まできちんと髪を整え、身体を清潔にするという、あの思想です。特攻隊も同じでしょう。予科練が毎日肉体を鍛えるために、もの凄い訓練をしていた様子がフィルムなどでも残されていますが、あれもすべて敵艦に体当たりして立派に砕け散るための訓練なのです。特攻隊の話も三島先生とよく話しましたが、肉体の本質は何かと言えば、魂の純粋性を保つためのものだということです。こういうようなことを話し合うことで、精神と肉体の意味まで突き詰めて考えていった。ちょうどこの頃、『太陽と鉄』という自伝的評論・随筆の作品も三島先生は連載されていましたが、先生はその精神と肉体の二元論に対する解答を自分なりに出すべく書かれたように思います。

すべてが純粋性を取り戻すための現世であり、肉体なのです。真に肉体に回帰するという意味は、人間が魂の純粋を取り戻すということを言っている。そしてそれを三島先生は本当に行動として外面的にも肉体的にも表わしていたのです。魂に纏わせた肉体ということでしょう。古代ギリシャでも、まさに肉体美ということで彫刻などにも表現されていますが、外面的な肉体美はギリシャ文明から得た発想とも言えるでしょうが、やはり核心には葉隠の「死ぬための肉体」があったのでしょう。それを外面的に表現するための着想源としてギリシャは大いに役立った。死ぬための肉体の美学を、ギリシャ的発想を通じて表わしたのです。『潮騒』において、「ギリシャ的晴朗」として外面上はアポロン的に表現した方法と通底するものがあります。

私が読んだ感覚では三島文学というのは、一つひとつが三島先生の遺言だったのではないかと思います。一つひとつの作品に、自分自身の生を埋葬しているかのごとくに、私には思えるのです。つまり肉体や自己を投げ捨てなければ書けない作品ばかりと言ってもいいでしょう。あのベルツ博士*が明治の日本国家に対して言ったとされる「死の跳躍」（サルト・モルターレ）とでも言えましょうか、そのような「凄み」を私は三島文学に感じているのです。しかし、作品だけでは分からない、また、三島先生自身も書いただけでは分からないことを、話し合うことができたと思うのです。

穿（うが）った見方をすれば、私との対話も「三島由紀夫」個人の遺言として残そうとしたのではないだろうかとまで思うのです。大作家である三島先生が、自分自身の人生観とか、文学を書いたときの心とか気持ちを吐露するなどということも、あまり類例がないように思います。しかし、私相手には本当にここに示されたように、胸襟を開いた話をいつでもして下さったのです。このような絶対的な安心と信頼感があったのも、葉隠という絆もさることながら、何か計り知れぬ運命のようなものを感じざるを得ないのです。

霧と水蒸気の文化

さて「ギリシャ的晴朗」を主題とした対話は深まり、アポロンとディオニソスのギリシャ神話を日本神話へと転換させた表現方法についての話題となったのです。そして神話から生まれた文明についても話が進んでいったのです。私はここで私のもつ持論を展開させました。「日本文明とは、霧と水蒸気を通してみたギリシャ文明ではないでしょうか」と私は三島先生に言いました。この意見に三島先生は驚くほどの共感を示して下さり、「まさにその通りなのだ」と仰った。先生は「アポロンとディオニソスの相互作用を、明るさの中に潜む暗さ、一抹の不安として表現してきたのだが、それは自分がギリシャ神話とその文明を、日本神話とその結果としての日本文明へと転換するためだった。このギリシャと日本の融合が無ければ、いままで話してきた〈ギリシャ的晴朗〉の文学は成し得なかった」と言われ、続けて「もしもその表現方法自体を言葉で言い表わすとすれば、〈日本文明とは、霧と水蒸気を通して見たギリシャ文明である〉というのがぴったり当てはまるように思う」と言われたのです。

先生は自己の作品が、無意識的な表現方法として「霧と水蒸気」のベールに包まれたギリシャ文明を日本へ移したという表現となったことに、非常に満足されていたのです。三島文学の一つの謎のようなものさえ、「霧と水蒸気」に包まれている点を特に気に入っておられた。世阿弥*の「秘すれば花」と同じものだという風に議論は発展していきました。花を花として青空の下で見るのがギリシャ文明であり、それを「霧と水蒸気」を通して見たのが日本文明なのです。日本の花というのははっきりとは見えないものです。「霧と水蒸気」が加わって初めて「秘すれば花」となる。ギリシャ文明と日本文明は共に根底で非常に共通しつつも、「霧と水蒸気」が決定的にこの両者の表現を違ったものにしている、と話し合いました。

私が「霧と水蒸気」の着想を得たのは、京都大学人文科学研究所の今西錦司*、梅棹忠夫*や、ほかに和辻哲郎*、会田雄次*などの日本文明論を精読していたことによります。当時、京都大学を中心とした学派の文明論は、非常に画期的なことで知られていました。その人類学的文明論の中から、私はギリシャ文明と日本文明を分析して、「霧と水蒸気を通して見たギリシャ文明がそのまま日本文明である」というところにまで辿り着いていたのです。これを文学的に表わしたのが三島文学で、表現の中枢をこの文明観が占めているのだということを伝えた。これによって色々な文学の本質を文明論との相関関係で見る見方が、先生と私との間に出てきたわけです。

これは元々、先生がギリシャ神話を日本神話に転換して小説化する手法を私が言葉に表わしただけですが、このような手法を自然に生み出せる人は先生の他にはいないでしょう。特にあの華麗な文体で明暗を精妙な調べで描き出し、根底には文明の大きな流れを表現している。かつ日本文学としての自負というものがある。単に西欧の真似では絶対に確立できない文学を厳然と立ち上げている。そして先生は西欧文学、哲学などは総ざらいと言うほど、本当にもの凄い読み込みで、誰も追従できないほどの堆積をもっておられた。

先ほどの日本の人類学的文明論の学者たちの著作を読んで、私はそもそも日本文明というのは、「還元的水蒸気文化」だと自分なりに名づけて捉えていたのです。先ほどの文明論の用語化です。その前提で、三島先生の文学の表現方法を「霧と水蒸気」で言い表わした。先生の文学は文学を超えて、文明論的な描写にまで至っている。だから新しい日本神話となるような文学となったのだと強く思うのです。

この文明論的視点で掘り下げて捉えられた人は少なかったようで、三島先生は私に対して「私の文学に〈ギリシャ的晴朗〉を見出す人は少ない。その意味をさらに文明論的に深く掘り下げた君の意見は、自分の文学を捉え直すきっかけにもなった。そういった第三者的な目というものをいまこの上なく必要としているのだ。自己批評には限りがある」と仰って下さったのです。三島先生の文学の系譜は、ボードレール*の言う「死刑囚であり死刑執行人である」ということにも繋がる行動文学であるがゆえに、冷徹な客観性というものを自分自身が持たねばならないのです。

特にこの時期、先生は自身が文学で成してきた結果を、冷静に捉え直そうとされていたように見受けられました。いままでの作品にどういう意味があり、また、いま書いている途上の作品と、未来の作品とを、大きな流れで把握したがっておられたように思えたのです。書いてきた作品について私は素朴な疑問から、こう先生に尋ねました。「先生は書き上げた作品に関しては、読み直されたり反芻したりされるのでしょうか。作家によっては、いったん作品になったらもう二度と振り返らない、といったタイプの人もいますが」と。これに対し三島先生は、「自分の書いたものを他人の作品として読み直すことを出版後に必ずしている」と仰いました。つまり先ほど述べた自己批評という意味です。

そして「作品全体に大きな川の流れのような、奔流のようなものをイメージして捉えるようにしている」と続けられました。その奔流に対し、どのような波を創り上げ、また波がどう吸収されていくのか、自分なりに大局的に把握するようにしていると言われていたのです。先生のような真面目で律儀な性格からすると、一つひとつの作品を的確に把握されたかったのでしょう。しかし、その把握の仕方は体系化というよりも、有機的に行ないたかったようです。そこで、他人の目の重要性というものを、非常に感じるようになっておられた。私が述べた作品論はどちらかと言えば、大局的で文明論的であり、人類的な視点をもち、また本質で各作品を無理矢理に連関させるものだったので、当時の三島先生が最も必要としていた見方だと言われたのをよく覚えています。

西脇順三郎とギリシャ性

このように、三島先生の流儀というのは、文明や文化の深い部分を表わす「ギリシャ的晴朗」によって支えられているものであり、外面的な日本文化やギリシャ文化で表わせるようなものではなかった。ギリシャ的抒情の滲む文学観とでも言いましょうか。私が先に挙げた西脇順三郎の詩に、三島文学は最も近いように感じたのです。その詩を小説化したとでも言えるほど、両者の表現の求めるところには共通性がある。両者は、魂の部分で同じものを持っているような感覚です。西脇の詩が三島先生の魂を表わし、三島先生の文学が西脇の魂を表わしている。それは一篇の詩、一つの小説を超えた日本文学の煌めきとも言える表現なのです。後年、私は引き続き西脇順三郎の詩を相当研究したのですが、これは三島先生との文学論が土台にあったからだと言えます。

ギリシャ神話をめぐって三島先生との間に、その伝統で言えば、あのホメロス*の『イリアス』、『オデュッセイア』についても随分話が出ました。トロイア戦争凱旋の折、船が難破して、なんとか故郷に還らんとするオデュッセウスは、帰路、一つ目の巨人の怪物キュクロプス*たちに囚われます。そしてキュクロプスから「お前は誰なのだ」と問われて、「誰でもないもの」（ウーティス）と答える。この問答を特に私は三島文学のもつ神話性として心に留めていたのです。つまり私は、誰でもないものだからこそ、何者にもなれる、何でもできる、いわばそうした神話性を三島文学は表わしているのではありませんかと先生に申し上げました。三島先生自体が「誰でもないもの」だからこそ、あれだけ多彩な小説を書き、新しい文体を試み、小説、戯曲、能に翻訳と、あらゆる形態で表わしたいことを追求された。もし自分自身の表現にのみ固執されていたら、あれだけの多様な文学は書けなかったでしょう。

これは『葉隠』にいうところの「同じ人間が、誰に劣り申すべきや」に近い思想かもしれません。これは、三島先生との初めての出会いの折に手渡した「葉隠十戒」(巻末全文掲載三八六、三八七頁)中の第十戒の言葉です。それに近いもの、つまり「誰でもないもの」という人間の実存を三島文学にも感じると先生に伝えたのです。「誰でもないもの」とは、人間の元型のようなものかもしれません。元々ギリシャ神話やホメロスの『イリアス』『オデュッセイア』も、非常に日本神話的な霊性がある。いままで述べてきたギリシャ神話と日本神話の類似性とも言えるものでしょう。何かこのホメロスの『オデュッセイア』の主人公が、自分は「誰でもないもの」だと答えた件(くだり)は、三島先生自身が答えた言葉であるかのように私には印象が重なっていたのです。

天皇の話になったときのことも思い出されます。天皇には個性は要らない。今上天皇は今上天皇であって、「誰でもない」と三島先生は仰っていました。つまり天皇制そのものが大事なのであって、天皇が人間であるべきではないということです。これも『オデュッセイア』につながる「誰でもないもの」の思想かもしれません。「誰でもないもの」という生き方は、先生との対話を通じて私の人生を創り上げてくれた根本思想の一つと成っていくのです。願わくば私も、自分の人生をこのような思想に捧げ、自分に与えられた使命を「役割」として生き続けたいと思っています。

三島先生は文学的な意味での「ギリシャ文明・文化」については、西脇順三郎を非常に好んで研究されていた。明るさの中にある悲哀というものを捉えている数少ない日本人の一人だということで、意識的にも、文学的にも非常に高く評価されていたのです。西脇はギリシャ語と漢語の比較研究なども行なっていますし、シュールリアリズムの手法なども使って革新的な文学を生み出していた。西脇は慶應義塾大学理財科を出た後に同大教授となりますが、折口信夫もたまたま同大でその時期に教鞭を執っていたのです。二人は古代を恋慕する心でそれぞれスサノヲ、ディオニソス的なものを研究したのですが、この符号にも何か驚くべきものがあります。三島先生も古代を慕っていたからこそ、折口、西脇らの根底にある憧れを読み取ることができたのでしょう。

そして私との文学論も、先に述べたスサノヲの現成で扱った折口の詩から、「ギリシャ的晴朗」の西脇まで、結局のところすべてが神話に繫がっているのです。これらの文豪たちは神話からそれぞれ独自の文学へと自己の想念を降ろしていった人たちばかりです。第二章で触れたように、私は折口の「贖罪」の詩をそこで取り挙げかなりの文学論をぶったのです。一方、西脇については私とは比較にならないほどに先生はすでに読み込んでおられて、三島先生から教えていただいたことしかありません。特に西脇がもち出した「おゝポポイ！」という「ギリシャ的晴朗」を表わす古代ギリシャ語の感嘆詞について、その言葉の意味を深く掘り下げていただき、この言葉が私の人生の中心を占める原因となったのも、このときの文学論だったのです。後年、私は先生の思い出と共に、この言葉を自分の人生を表わした著作の題名に選んだのです。

この西脇順三郎の「ギリシャ的晴朗」について語っているときに、一つまた大変に印象深いことを三島先生が仰ったのです。それは、「ギリシャ文明と日本文明のみが、縄文的な文明、またはそれ以前の超古代文明を中心的に引き継ぐものだ」ということです。ギリシャ文明と日本文明の重なりはこの点でも相当大きいものがあります。続けて、「古代の魂を引き継ぐものだけが本当の未来を創り上げる力をもつだろう」と仰いました。文明という大きな流れで、自分の文学を新しい神話となそうとした人間だけに見えていた未来と言えるかもしれません。私も時々感ずるのですが、世界史、文明史、人類学など大きな時間軸に乗った見方を自分なりに得たとき、自ずと未来が見えてくるということを感じます。三島先生は大局的な見方をもたれていたと同時に、自分自身の言葉で文学を生み出そうとされた。新しい神話を書こうとさえされていたのです。

だからこそ『豊饒の海』は単に輪廻転生だけではなく、水蒸気を通して見たギリシャ文明、ひいてはスサノヲや縄文の真の魂を描こうとしたのではないかと、後に同書全巻を通して読み、そう思うようになりました。超古代文明の魂を『豊饒の海』に歌いこんでいる。三島先生と私が話した内容の多くが、根底の霊的な部分でこの一大小説に描かれているように思います。我々、現代の日本人がどうやって未来へ行くのか、古代から未来へどう跳躍するのかということを示唆している。超古代文明の魂を復活させることによって、未来に向かう日本の真の霊性文明へと出発できるのではないかということです。

自由への渇望

さて、三島先生が表現の上で気をつけておられたのは、重々しく暗いディオニソス的な内容はアポロン的に描かないと文学上は破綻してしまうという点でした。大変な内容であればあるほど、芸術形式として創り上げるには細心の注意が要ると何度か仰っていた。内容が軽ければよけいに書く形式は重厚でなければならない。文明論という大きな視座で、しかも古代と未来と現在を行き来する文学というのは誰も成し得たことがないからこそ、何とかそれを成し遂げたいのだとも言われていたのです。先生の晩年は、これほど大きな課題に向かっていたからこそ、既存の文学界、戦後日本社会、ひいては日本の未来を貫くものでもあり、三島先生の生涯を賭けた戦いとなったわけです。しかしそのような状況のときにあって、この「ギリシャ的晴朗」の思想だけが、権威主義、破壊性、画一性という呪縛から逃れる唯一の道なのではないかということを三島先生は言われていたのです。

現代社会の権威主義、破壊性、画一性は、何事もすぐに固定して決めたがる風潮から生まれたものです。つまり現代社会を見据えて言えば、正義を振りかざす民主主義とマスコミによって醸成された社会風潮のことです。これを突破するには、真に新しい文学を生み出さねばならない、という十字架を先生は背負っておられた。つまり神話に代わるような文学です。日本神話を継いだ文学、言葉のなせる奇跡とでも言いましょうか。先生は文学者だから、結局、自分自身の役割は言葉の世界にあるということを強く意識しておられた。しかし、言葉だけでは成し得ないものがあることも痛感されていた。ロゴスの限界です。しかし、あくまでロゴスの力による何らかの形を残した上で、自分自身の生き方をどう定めるかということを考えられていたと私には思えるのです。

三島先生は「民主主義やヒューマニズム、そして無限の自由という生命に逆行する思想から逃れるためには、超古代の健全な精神を摑み取るしかない」と仰った。その健全な精神というのは「ギリシャ的晴朗」に象徴された神話の世界であり、そこに問題を解き明かすヒントが隠されているのだということを語り続けたのです。

この話をしているときには、先に取り挙げたエーリッヒ・フロムの『自由からの逃走』とともに、自由の問題を考える上で先生が一冊の本を私に薦められました。それは、アメリカの社会学者デビッド・リースマン*の『孤独な群衆』でした。これも私が文明論的な観点から文学を精読するために、非常に役に立つだろうと言われたのです。先生自身が、文明的な思考の欠陥を把握し、社会という生き物をいかに理解し、文学に採り入れるかについて考察する際に、非常に参考にされた本ということでした。『自由からの逃走』と『孤独な群衆』の二冊を、従って私は青春時代に繰り返し読んで、ここから「自由への渇望」という思想を掘り下げて考えることができるようになったのです。元々三島文学に表現された「自由」と「不条理」といった切り口で私は先生に文学論を仕掛けていたのですが、先生はこれら二冊の本を薦められることで、より私が深く問題を理解できるように助けて下さったのです。先生は「自由への渇望」という意識が非常に強かったのですが、その根底にあったのはこれらの哲学書だったのです。

いったい、真の自由なるものが人類にとっていかなることを意味するのか、自由を求める生き方とは、そして自由の代償とは何か、こうしたことを理解せずには決して真の自由は得られないでしょう。先生は実に気楽にこれらの二冊を薦めて下さったので、私もさほど不思議とも思わずに受け止めて読んだのですが、普通に考えれば、自分の文学の淵源となっている哲学や思想の種を明かすということは、なかなかに勇気がいることだと思うのです。もちろん当時、私が十代で未熟ということもあったとは思いますが、三島先生の懐の深さには改めて深く感じ入らざるを得ません。しかも、いつでも教えるというような態度ではなく、相手が気にならないような気楽さで、さらっと自然に本なども薦めて下さるのです。その優しさとダンディズムには、いま振り返っても三島先生の美学が貫かれていたということが思い出されるのです。

自由と柔軟さという点では、三島先生の人となりを垣間見る出来事がありました。ある夜のこと、レストランで先生に食事をご馳走になったことがあります。フランス料理のフルコースでしたが、私はテーブルマナーもろくに知らなかったので、スプーンやフォークの順番が分からず、魚用のナイフで肉を切り、肉用のナイフで魚を切って食べてしまったのです。その他の使い方もすべて反対でした。いま思い出しても赤面するばかりですが、そのとき、三島先生は、私のナイフやフォークの使い方と全く同じ順番で食事を召し上がっていたのです。何も言わずに、です。そのときには私はよく気づかなかったのですが、後々になって思い出し、恥じ入るとともに先生の相手に対する気遣いと優しさを痛感したのです。しかも高校生を相手に、です。私が恥をかかないように先生は私の通りに食事をされたのです。このような真の優しさ、柔軟な態度を私は他でほとんど見たことがありません。このような振舞いの中にも、私は先生のもつ人間としての真の自由の意味を深く感じさせられたのでした。

再び「ギリシャ的晴朗」と「自由」についての話に戻りますが、このとき、三島先生との間で、『午後の曳航』についての話にもなりました。これはある未亡人とその女性に恋する船乗りの関係性の機微を、未亡人の子供である少年の目から描いた作品です。メロドラマ風の物語の根底には、一人の男に真の自由を保証していた海や大義といったものを、結婚によって次々に喪失していった男の物語が展開されていくのです。敗れ去る英雄像や真の父性といったものの顛末が、ある種の残酷性をもって観察されている。しかしここで重要なことは、この男が「自由」を放棄したときに失われたものが何だったのかということなのです。

それが人間存在の本当の意味における死ということに他なりません。子供の目を通して、先生は人間の本当の生の価値を問うているのです。この作品の裏には、平和と繁栄によって失われていく、人間の生命の躍動の意味が横たわっているのです。それが先生独自の「ギリシャ的晴朗」という、美しくも哀しい神話的なロマンティシズムによって描き切られていくのです。暗く陰惨な場面すら、何か爽々しい風が読む者を包み込むのです。いまの日本は、益々、先生の危惧された方向に完全無欠の形で進んできました。私は『午後の曳航』を読み直すたびに、先生のもつ真の予言者性にも改めて驚かされるのです。

我々は人間として生まれたからには、真の自由を得なければならないのです。それが先生と私の議論の中心の流れの一つでした。先生も文学を通じて、自分自身の本当の自由へ向かって生きておられた。あらゆる文学が自由を求めて呻吟しているのです。私は実にこの『永遠の三島由紀夫』は先生が求め続けた真の自由を伝えるために、筆を執らされているのだと実感しているのです。

「誰でもないもの」として

結局のところ、「ギリシャ的晴朗」の思想に基づいて書かれた文学は、三島先生の中では『真夏の死』、『潮騒』、『鏡子の家』、『美しい星』『午後の曳航』であるということに共感して下さった。作家が自分の文学について定義するというのも珍しいというか、避けるところのものかもしれませんが、私との話においては、ある種、軽やかに各作品の精髄を特定していかれたものです。議論が進むにつれ、ほかに、同様の思想をもってつけ加えられた作品としては、『朱雀家の滅亡』があり、さらにこの時期に、執筆中の『豊饒の海』があるとのことでした。

要するにこれらすべてを貫くのは、明るさの中に潜む悲哀そして悲哀の中に点された明るさということなのです。一見、暗さに貫かれているように思える『朱雀家の滅亡』にしても、主人公はもはや死ぬことを潔く決めている。つまりあらかじめ死んでいる人物です。これは葉隠を信奉する者ならば分かることですが、死ぬと決めれば逆説的に非常に明るい光が差してくるのです。「死ぬために生きる」ということの逆転作用です。明るいけれどももちろん生命的な悲劇は含まれている。しかし、悲劇を不可避のものとして受けとめたときの、却って明るい気持ちになる状態が「ギリシャ的晴朗」なのでしょう。朱雀家で言えば、滅びの中に潜む明るさです。もはや滅びることが定めであれば、滅びるしかない。そして、いま、この瞬間を生きることに全力を注ぎこむのです。

私と文学上の議論を交わすまではあまり三島先生は意識されなかったそうですが、私の言うように先生の性分そのものが「ギリシャ的晴朗」なのではないかと気づいたということでした。さまざまな文学を通じて話すことで、三島先生は自分自身の特質として、また三島文学の性質としての「ギリシャ的晴朗」を捉えるようになられたようです。しかしこの明るさは、もちろん葉隠から来ているのです。先にも少し述べましたが、真の自由はあらかじめ死を覚悟している者に訪れる。自由の問題は最終的には死の問題と切り離すことはできないのです。

肉体や物質の自由からは何も得られない。むしろ永遠に生きるかのごとき快楽主義しかないでしょう。戦後日本の「自由」とは、この「物質主義の自由」をはき違えて、真の自由からは逃走していたのです。無限経済成長という「無限の自由」へ向かって、人々の魂は干からびて死んでしまった。真の自由は魂を持つ者にしか訪れない。すなわち肉体よりも精神を重視する者、自由の代償として死を厭わない者にしか与えられないものが真の自由なのです。

それほど「自由」という哲学主題は大きく、切り口も様々になるのです。さまざまな角度から真に自由に生きるための哲学とは葉隠の精神なのだということを、三島先生とともに思想的に固めていけたことが、私にとっては何にも替え難い最大の幸運だった。死を厭わぬことによって生まれる自由、つまり葉隠の自由です。自由に生きるためには、人間は死ななければならないときがあるのです。先ほど例に挙げた戦後の正義というか、固定したがる思想というのも、永遠に生きたいという欲望から生まれる思想だと言えましょう。死を受け入れれば、いま、この瞬間にすべてを賭けて生き切ることができる。そのように三島先生と繰り返し語り合いました。

しかし、先のような固定思想によって三島文学と三島先生自身は大いなる誤解を受けてきた。また、そういった誤解から自由になるためにも、葉隠思想を貫いて死ぬことが、なおのこと、三島先生と私の間で重要な結論となったのです。戦後の日本社会の圧力は想像以上に恐ろしいものです。スペインの哲学者オルテガ・イ・ガセット*の『大衆の反逆』ではないですが、全体主義にも近いポピュリズムの民主主義によって日本人は腑抜けにさせられた。そして大衆の多数意見だけが正義とされる世の中で、真のエリート、真の芸術家たちの生きる道は至難となった。しかし、至難であればあるほど、自由の光はなお輝きを放つとも言えましょう。

三島先生は作品だけでなく自分自身の生き方においても、どのように自由に生きるかを考えておられた。だからこそ、若者との議論も一つの自由の顕れとして楽しんでおられたように思います。私はその幸運に与(あず)かった数少ない一人かと思います。これからの日本において真の自由を得るためにも、古代を取り戻すことによって未来を築くためにも、三島先生から教えていただいた事どもを、このような書物の形で残しておかなければと強く思っているのです。

また「誰でもないもの」という思想を話し合いましたが、「三島由紀夫」という人間を「誰でもないもの」とすることのできた先生の真の大きさが偲ばれるのです。一つひとつの作品で先生は自分自身を葬って、「死の跳躍」をされていた。だからこそ、私との対話においても自分とは何か、自分の生み出す文学作品とは何かということを考え、葬り去り、新たな作品として描く力とされていたのではないかと思うのです。

大きな流れとしては葉隠は絶対的ではありましたが、具体的にさまざまな思索を張り巡らしたときに、いかに死ぬのかという問題を明確化させていったようにも思います。個人、社会、文明、神話と規模を広げれば広げるほど、最初の出発点である個の部分が揺るぎないものとなったのです。そういった意味でも三島先生と若い頃にあらゆる哲学、文学、芸術の話題で葉隠思想を固めることができたことは、先ほども言ったように幸運以外の何物でもなかったと思います。三島先生から直接に聞かせていただいた言葉は永遠に残るものとして、その魂は常に私の人生とともにあって生きているように思うのです。

私は、日本のこれからの行く末に対し、いま、本当に、三島先生の言葉と文学が必要だと感じています。三島文学の真の意味を問うことによって日本人は過去を取り戻し、現在を生き、そして未来に向かうことができるのです。すべては過去の集積から続くいまなのです。日本神話から続く日本文明の総決算として、三島文学が果たす役割は想像を絶するほどに大きいといって過言ではない。その意味を捉えられなかった戦後日本は、ついに最終局面にまで到達してしまった。三島先生の没後五十五年経ったいま、我々は改めて真の自由とは何かを考え、それを自らの生き方に充当すべきときがきているのです。

第四章

アポロンの巫女

月の沙漠

アポロンの巫女

三島先生との対話の中で、「ギリシャ的晴朗」に続いて「アポロンの巫女」へと主題は発展したので、何を語り合ったかを思い出してみたいと思います。その議論の中で、『豊饒の海』に込められた先生の「想い」が解きほぐされていきました。その想いとは、フランスの詩人ポール・ヴァレリー*の「アポロンの巫女」という詩の一節から放たれた、「三島由紀夫」の激しく迸ったロマンティシズムとも言えるものではないでしょうか。そもそも「アポロンの巫女」は、我々人類の生命と月のもつ霊性との運命的な繋がりを謳い上げた神秘的な詩なのです。そのうち、三島先生が特に「豊饒の海」という概念を摑み取ったと言われた一節をまず初めに掲げておきます。

……その時、死んで、流離うて、永久に
月となつた　この放浪の女によつて、
大海の水は　忽ち襲はれて、波は
永劫の絶頂に束縛されてしまふやうに。
心臓は凍結され、魂は沈黙させられ、
人類は　石像と化されてしまふやうに。
そして　私の眼の鏡によつて映されて、
人間どもの　叢る言葉の集りが
痴愚と傲慢との物も言はない

偶像の塊りとなつて　凝固(こりかたま)つてしまふやうに。……

——『ヴァレリー詩集』鈴木信太郎訳

これは一九六八年九月に岩波文庫として出た『ヴァレリー詩集』の訳の抜粋です。出版されてすぐに、私は初めて同詩を読んで非常に感動しました。他に「若きパルク」という長篇詩も収録されていたのですが、これも大変な大文学として私の魂を抉ったのです。二篇とも、人間生命の本源的実存に迫る、世界最高の長篇詩と言えるものです。また、どちらも非常に難渋で、真意が韜晦されており神秘的ですらありました。三島先生は、これらの詩に託された生命の神秘を、自分自身の輪廻転生の思想的な基礎とされていたのです。そこでは生命と月との関係の神秘が謳われていますが、その深遠について先生の語ったことは生涯、忘れることのできない衝撃を私にもたらしました。現世的な見方からすれば、「アポロンの巫女」も「若きパルク」も、人間の運命や肉体に潜む情念を謳った詩と言ってもいいでしょう。

三島先生はこの訳詩集が出る前から、ヴァレリーをかなり深く読んで、偉大な文学として高く評価されていました。また、自身の文学にも大きな影響を与えられたと前々から仰っていたのです。先生は、かなり前に出た翻訳と鈴木信太郎訳の両方を読み、フランス語の原文と照らし合わせて味わっておられたようです。三島先生と会って幾度も文学論を交わしていた頃に、ちょうど、私もこのヴァレリーの詩を読んだのです。すでに私は十八歳となっていました。出版と同時にすぐに読んでヴァレリーのもつ深遠さと、遠い憧れを女神に託して歌うそのロマンティシズム、そして月が人間の生命に対して及ぼす神秘的な作用についての印象を得たということを、三島先生に伝えたのです。私自身、月に対しては「かぐや姫伝説」に現われるような「忍ぶ恋」として葉隠的に理解していたので、ヴァレリーの憧れには、読んだ最初から非常に共感したのです。

三島先生からは、ヴァレリーのもつ予言性というかその神秘的言辞から感じとったことを、先生自身の文学作品に生かしていると聞かされました。特に言葉のもつ力とその枷(かせ)としての働きについて、肉体と精神の比較で捉え論じ合ったのです。「ギリシャ的晴朗」をめぐって、たびたび話題に上りましたが「肉体と精神」に結びつけて、ヴァレリーが人間の到達できない神秘の世界を、いかに言葉によって表わそうとしているかに、先生は感銘を受けておられました。先生は私に向かって「言葉に命を与えている人間の肉体の底に潜む情念を、これほどまでに深く表わした詩は少ないだろう」と仰っていました。三島先生は、相当ヴァレリーの詩を読み込んでいて、自分自身の文学へも大きく影響を受けた点について、話されたのです。

また、不思議な符号があるのです。岩波文庫の『ヴァレリー詩集』が出たのが一九六八年九月だったということは前述のとおりですが、その翌年の二月か三月にアメリカでアポロ十一号が月に到達するという予想が発表されたのです。ここから三島先生と私は、『ヴァレリー詩集』の出版と月の相関関係を感じとり、ヴァレリーの詩と現代科学を対比的に捉える機会を持ったのでした。こうして月の神秘を謳う「アポロンの巫女」と、私たちの現代的問題とが議論として浮かび上がってきたのです。

このような符号は偶然のように見えますが、三島先生も私も大いに文学や言葉の霊力を信じていましたので、ただの偶然という風には捉えられなかったのです。「月の霊性」または「月の魔力」は、太古より人間の憧れの存在でありながら、決して到達できないものだったのです。到達できないからこそ、その憧れが、深い人間精神を育んできたと言ってもいいでしょう。ところが「アポロンの巫女」のロマンティシズムを語り合っている最中に、人類がついに月に到達してしまうという、人類の憧れの臨界点が超えられた出来事が起こったのです。実際に、一九六九年七月二十一日には、アポロ十一号が打ち上げられた。これには何かざわざわとした運命的な重なりを感じました。ただ単に月に物理的に到達するということではなく、人類の分岐点になると、三島先生も私もそう思ったのです。つまり物質文明が人間精神を冒す時代に入ったということです。これについては、当時、多くの人がそう言っていましたし、まさに三島先生も憂慮しておられたのです。

この大事件が起こる約一年前から、ポール・ヴァレリーの「アポロンの巫女」と「若きパルク」を通じて、私たちは月の神秘について語り始めていたのでした。先に少し触れたように、これら二篇の詩は、人間の最も奥深くにある生命を支える情念を謳い上げたものとして知られていました。直観的に私が感じたことは、まさに人間生命のもつ表裏の相克関係が表わされているといったものでした。太陽と肉体が人類の「表」の文明とすると、「裏」の文明は月と魂だと私は思っていました。その交錯する関係によって人間は、重く厚みをもった文化を築き上げてきたと思っていたのです。

一方、このような人間の交錯関係を、私は従来の三島文学からも感じていたことから、ヴァレリーの二篇の詩と三島文学の精髄には非常に近しいものがあると直観していたのです。すなわち、太陽と月の相克関係を受けながら発展した、人間精神の深遠性がそこにあるということです。私はそう思い、「その交錯する関係によって、人類文化は厚みを増していったのではないでしょうか」と先生に問いかけたのです。すると先生は「そうだ。そして〈アポロンの巫女〉とヴァレリーの詩は私の原風景の一つだ」と仰ったのです。

三島先生は随分前からレーモン・ラディゲとの関連でヴァレリーを読まれており、私のようなヴァレリー新参者は、当然、まったく太刀打ちできないほどの深い解釈をお持ちでした。しかも先生自身の文学観を築き上げるに当たって、非常に重要な役割をヴァレリーが果たしたということでした。だからこそ、私が『ヴァレリー詩集』を読んでただちに三島文学との符号を直観してそれを伝えると、「我が意を得たり」と言わんばかりに満面の笑みで応えて下さったのです。いまでもその笑顔は忘れられません。また、そのとき、二人に共通して浮かび上がったのがヴァレリー詩の中に潜む「月の沙漠」というイメージだったのでした。

そこで私は、すかさず、「いま先生が書いておられる『豊饒の海』の題名は、〈アポロンの巫女〉から来るロマンティシズムを淵源にもつように感じられてなりません」と申し上げた。「何より虚無から生まれる真の豊かさが『豊饒の海』の奥底に流れる本当の価値なのではありませんか」と。その虚無の代表としての月とその本体とも言える「月の沙漠」という「荒涼の精神」を感じたと伝えたのです。

驚くべきことに、先生は「そうだ」と仰り、続けて「『豊饒の海』は、ヴァレリーの〈アポロンの巫女〉のイメージによって想像した月の荒涼の風景からとった名前だ。私は人間の憧れが、実は荒涼とした悲しいものであることを、一つの生命論として書きたいのだ。そして、それこそが真の人間の豊かさなのだ」ということを一気に言われたのです。そして、「このことに気づく人はまずいないだろう」と。私はそう思ったことの経緯を自分なりに述べました。なぜ「豊饒の海」を月のイメージと私が感じたかと言えば、三島文学はおおよそアポロンとディオニソスの交錯的表現をとっているからなのです。詳しくは前章の「ギリシャ的晴朗」で述べた通りです。つまり逆説的な生命の弁証法です。わざわざ先生が「豊饒」という言葉を使ったということは、逆の不毛さ、荒涼さ、虚無といったものからそれがきたことを表わしているのではないかと思ったのです。この海は、地球の青いエーゲ海のような海ではなく、荒涼とした不毛の海、つまり「月の沙漠」ではなかろうかと。

私は言葉としては三島先生に、「あの題名は月の精霊とも言い換えられるかもしれませんが、月の虚無と無常によって生み出される、人間生命の奥底の豊かさを先生は題で表現されたかったのではないでしょうか」と質問を発した。言葉としては不正確かもしれませんが、地球の人間に対する戒めのような意味も込めて、イロニー的に『豊饒の海』とつけられたように思ったのです。というのも、月の風景の中に実は人間の本当に豊かな心があり、人間の憧れを吸い寄せる真の虚無があるように私は思えたからです。そして、その人間の憧れのもつ真の過酷を最も知っているのが先生自身に他ならないと私は考えたのです。だから人類が生まれた地球の最も高い精神の高貴性は逆に、「月の沙漠」の荒涼とした原風景にあるということを先生は言いたかったのではないかと、私は先生に伝えたのです。

後に知ったのですが、実際に、月には「豊饒の海」(Mare Fecunditatis)という海があるそうです。また、後年、ドナルド・キーン氏*が三島先生に手紙を書いて題名についてなぜそう名づけたのか理由を尋ねたときに、先生は「生命が存在しないカラカラの月という宇宙的虚無に豊かなる海のイメージを重ね合わせた」と返事をよこしたそうです。私がこの題名を話題に出したのは高校二年生の頃ですから、三島先生とキーン氏のやり取りより少し前のことになります。それにキーン氏への答えは着想源のイメージに留まるもので、本当はもっと何重にも深い意味が隠されていたのです。

蛇の思想

三島先生は、「生の暗黒に対する真の救いとしての〈豊饒の海〉を題名に付した」とも仰ったのです。私は続けて「アポロンの巫女」については、その巫女が永久に姿を変えて月となったというイメージを話し、「若きパルク」については我々に宿る「原始の息吹」を表わしているのではないかと先生に伝えたのです。この「原始の息吹」も三島先生の文学の核心の一つにあるということを私は感じていたからです。また、「アポロンの巫女」は月のイメージだけでなく、我々の古代文明で言う「蛇の思想」をも表わしているのではないかとも、私は三島先生に尋ねたのです。つまり、現在に至る、我々の農業文明以前にあったケルト・縄文的な文明を念頭に置いていたのではないかということです。蛇の性質、爬虫類との共存時代から生まれた思想を謳い上げているのが「アポロンの巫女」ではないかという見解です。

私の言う「蛇の思想」とは、我々の体の一番奥深くに宿る、人間の最も暗黒の部分であり、また最も崇高な部分でもあるのです。いみじくもこの章の冒頭に掲げた詩の中に「石像と化されてしまふやうに」とありますが、先生はこの件(くだり)の中にメデューサ（※5）のイメージを彷彿させられると言われました。メデューサとはギリシャ神話に出てくる蛇体の怪女で、髪の毛も多くの蛇でできている世にも醜い存在です。これと目が合った者はみな石になってしまう。先生は、この詩の中で、ヴァレリーによって月に仮託されたメデューサの神話こそが、人類にとっての真の「豊饒」なのだと、おもむろに言われた。蛇と石化に表わされるように、「アポロンの巫女」は恐ろしい側面も持っているわけです。そういう面を蛇の思想として表わしたのが長篇詩「アポロンの巫女」なのだと先生と私は語り合ったのです。

三島先生が、荒涼たる月の沙漠を表わすその詩句の中に、さらにメデューサの神話を見出しておられたことは、まさに天才の為せる業(わざ)としか言いようがありません。メデューサに象徴されるような蛇の文明が農業文明によって滅ぼされ、怪物となったメデューサがその復讐のために人類を石化させようとする——。ギリシャ神話はこのことを表わしているのです。メデューサと目が合えば皆、石となるとは逆説的な表現です。新たに農業文明を生み出した民族によって滅ぼされたことにより、超古代文明の怨霊と化した化け物メデューサが、その後、農業文明とそれを引き継ぐ我々近代の人類に復讐するために我々を石化させようとしているのです。つまり、農業文明と、その後の近代文明に対する呪いがかけられている。

我々の歴史の発展に伴ってその呪いは形を変え、近代に至って積極的な石化ではなく、我々に自滅を誘うような内部的石化を促すものに変容していったのです。そのようなことが、詩の行間から感ぜられるということを先生は語り続けた。つまり、より悪質で強力な科学文明やヒューマニズムそして民主主義を生み出すいまの文明のことです。我々の生存基盤の蛇性、野蛮性は完全に内部から石化して硬直してしまった。そのことがヴァレリーの詩から読み取れます。ギリシャ神話から引き継がれる現代文明の病根を抉った詩こそがヴァレリーの詩なのだ、ということを三島先生は解読なさったのです。その自覚こそが、新しい未来を創る力となるだろうと感じたそうです。そしてその思いを『豊饒の海』という題名に込められ、大文学へと発展させていかれた。

このメデューサの呪いから人類が救われるためにはどうしなければならないかという打開策まで、『豊饒の海』の題名と内容には込められているのです。それが三島先生の願いとも言えますが、実に深い未来論と人類愛が溢れていると、先生との対話を通して私は知るに至りました。後に詳述したいと思いますが、メデューサは英雄ペルセウス*によって殺される。そしてその死体から生まれた希望を象徴するペガサス*に乗ってペルセウスがエチオピアに飛び、アンドロメダ*姫を救い出すという神話に先生は着目しておられた。これこそ人類の未来を救う神話であり、我々人類の滅びるその原因の中に我々の再生の秘密が隠されていると洞察しておられたのです。いまや物理学によってアンドロメダ星雲と我々の銀河が未来において合体することが証明されるに至って、この神話に隠された真意を紐解いた三島先生の予言者性には、本当に私は驚かされています。その合体に向かうエネルギーの中に、先生は新しい人間の霊性的生き方を模索しているように私には見受けられたのでした。

　ヴァレリーの詩と三島文学の対比は大変に面白く、さらに私は先生に教えていただいて、他の作品も多く読みました。『詩集』だけでなく、極めて難解な『テスト氏』についても先生から指南を受けたのです。『テスト氏』に関しては、虚無から生まれた理知というものが抱える問題を、テスト氏*が現代を生きるその生き方の中から、浮き彫りにしていただいたのです。私はテスト氏の虚無を知ったとき、ここに三島先生の抱える最大の悲しみを見たように思いました。

　そして私の青春の書でもあった堀辰雄*の『風立ちぬ』にある有名な言葉、「風立ちぬ　いざ生きめやも」がヴァレリーの「海辺の墓地」という詩の最終行の翻訳であることを先生から教えられたのです。この言葉は、私の命そのものを立たしめたほどの言葉だったので、その言葉がヴァレリーの詩だと知ったときの喜びは本当に深いものがありました。私はこの事実を、先生から聞かされたとき、ヴァレリーの詩がもつ陰陽交錯の文学的妙を強く感じたのです。

　私の生に蠢く（うごめ）暗黒とそこに同時に存在する「清純」というものを一気に把握していったのです。

ヴァレリーを読み込んでいくと、先生のもたれている生命論との共通項が浮かび上がってきたのです。生の暗黒と崇高について、先生がいかに深くヴァレリーを読み込んできたかが一層分かるようになったということです。

私の深い喜びは、繰り返せば『豊饒の海』の題名がヴァレリーの詩歌から着想されたということを直接に聞かされたことです。そこには、もちろん先ほどの『風立ちぬ』で示された私自身との関連があったことは否めない事実だと思います。元々、三島文学は、虚無思想と逆説的弁証法が根底にあり、私は多くの文学作品からその裏の意味ではないですが、逆説的に述べられている箇所を自分なりに抜き出して分析してもいました。だからこそ、先生が絶望の中から勇気を奮い立たせながら書き上げようとしていた『豊饒の海』という作品は、人類に対する最も大きな「希望」であり、またその反面としての「滅び」だったのではないかと推察していたのです。題名からしてすでに裏側に隠された逆説的真実を表わす手法の真骨頂だったように私には思えたのです。

私の、文学に対する読み取りの手ごたえを、三島先生の反応を通して感じることができたことに大きな喜びを感じたことも覚えています。この詩歌にはやはり、科学文明によって人類が滅びてしまうということが示唆されていると私も考えていたのです。人間の魂の奥深いものを破壊する具体的な例としては、ヒューマニズムと民主主義、肉体の正義と科学至上主義といったものが挙げられるでしょう。正のエネルギーの代表とも言える「正しいもの」によって、人類の神秘であった暗黒の本性と、ディオニソス的側面が滅ぼされてしまうということです。その結果として、「原始の息吹」が死に絶え、人類は滅びる。正のエネルギーという「正しいもの」によって人類は暗黒の面を全部つぶされてしまうのです。こうした人間の原始性、本来的にもつ暗黒面が無くなってしまうのではないかと三島先生は懸念し、逆説的な警告として「豊饒の海」と命名されたことの意義が改めて顧みられます。

いずれも「アポロンの巫女」と「若きパルク」の詩全体から、人間の非常に原始的な本性がこれからどうなるか、本当に物質文明や科学文明によって打ち負かされてしまうのか、人間は果たしてそれを乗り越えていけるのか、という瀬戸際にいることを切実に感じるのです。科学と民主主義の発展によって善悪を超越してしまった、人間の本性が描かれた素晴らしい詩だと言えましょう。人間のもつ憧れやロマンという美しいものが、実は生命に内在する暗く恐ろしいものから生まれて来るということを感じさせてくれる詩です。この詩を謳うヴァレリーの勇気に私はまず感心したのです。そして、このような人間の勇気が生み出したもう一つの文学として三島文学を思い浮かべ、それとの相関関係に思い至ったのでした。

かぐや姫の夢

さて、「アポロンの巫女」の中でも、『豊饒の海』の題名の着想源となったのは、具体的な行としてはその六十から七十行目の箇所に当たると三島先生にお聞きしました。この章の最初に掲げた部分です。私もこの箇所を読んだとき非常に深い意味が隠されている、文明的な予言詩のようなものを感じていたのですが、先生もこの箇所を一番重要視されていた。それが先に述べた先生のヴァレリーの詩の解釈だったのです。この「アポロンの巫女」が、月に対する郷愁の原風景を捉えた詩であることから、月は地球の生の精髄（エキス）だという話になり、先生はさらに「月は地球の死んだ姿なのだ」と仰った。「その死を見つめれば地球の人間にとって本当の豊かさが何から生まれて来るのかが分かる」と。これが『豊饒の海』という題名をつけた真意なのだと仰っていたのです。

地球の人間にとって、本当の豊かさが生まれる原因を月は持っているのです。それは精神の豊かさと言う意味で、物質の貧しさがその豊かさを生むということを先生は話されていた。つまり現代社会の物質的豊かさは虚像であって、精神的には一番貧しい状態にある。嘘の豊かさを生み出したのが戦後の日本社会だったと言えますし、また世界的にも同じことでしょう。その極致がアポロ十一号の月面着陸に象徴される、科学文明、物質文明が到達してはならないところにまで踏み込んでしまったということの本当の意味なのです。

月は地球に比べると、印象が貧しく、荒涼たる荒れ果てた荒野なのですが、実はその月の存在によって地球というのはほとんどすべての豊かさを与えられているのです。我々の生きている緑豊かな青い地球は、月の力によってその豊かさを与えられているのだということを先生は仰っていた。つまり、我々生者は死者によって支えられているのです。逆説的に月は干からびていて、水もなく荒廃し切った状態なのですが、そのお蔭で我々の地球は緑が多く、水も豊かで、生命が育まれる温床となるような星として存在できているということなのです。

その長年与えられてきた恩恵の源が何であるかを分かることで、より生命は輝きを増す。こうして、その月の存在の重要さに気づかせるためにも『豊饒の海』という題名の中に願いを込めて、三島先生は最後の長篇大作を書いていたのです。その最中に、生命を謳歌する絶頂期にあった高校生の私が、月という外面上は干からびた、荒涼たるものの持つ霊的な意味を捉えていたことに先生は深く何か感じ入っておられたのです。若さの裏側にある生命の悲哀のようなものが、このとき私を捉えていたのかもしれません。

さらに三島先生から、月に対してなぜこれほど理解が深められたのかを私は尋ねられました。そこで私は幼い頃からの自分と月の関係を先生に語ることにしたのです。いま考えれば、単なる若者の幼少期の話を馬鹿にもせずに先生が聞いて下さったことには、いまだに目頭が熱くなるのを止めることができません。ちょうど三島先生とお会いしたのは十六歳の頃でしたが、実は私は十五歳になるまで、週に一度、必ず同じ夢を見ていたのです。物心ついた二、三歳の頃からずっと見ていた夢です。

それは月の夢で、かぐや姫のように美しい十二単衣の女性が月に向かって、永遠としか思えない時間の中をゆっくりと天高く昇っていくというものでした。そして、それを私がじっと見上げ続けているのです。十二単衣を着たこの美しいかぐや姫と思しき女性の夢を見たあとは、恐るべき悲しみにいつも襲われ、巨大な「悲哀」に包まれ、脱力して何もできなくなってしまっていました。怪しく思われないように、両親にも見つからないようにしていました。一度この状態になるとそれは六時間続き、きっかり六時間後には元気に戻るという、不思議な循環でした。

そしてこの夢の中に出てくる、月をめざして上昇し続けるかぐや姫は、絶対に月にたどり着くことができないのです。それを知りながら、私は地上でじっと見つめ続けているのです。そしてこの夢が二、三歳の頃からはっきり記憶にあるということは、記憶のない本当に生まれたての頃から見ていたように思います。

ところが十五歳になった途端に、突然この夢を見なくなったのです。それ以来、この夢は今日まで一度も見たことはありません。そしてその十五歳のときに、信じられない変化が私の中に起きたのです。毎週、悲哀に襲われて気だるく、何とも言えない状態にあった自分が、その夢を見なくなった瞬間から、突然に驚くほどに、文学や哲学が、何でも自分なりには分かるようになったのです。例えば西行*『山家集』の歌や道元の『正法眼蔵』そして『平家物語』や『万葉集』などの、日本の歴史的な文学に表われる「もののあはれ」や「悲哀」が根本的に自分の中で実感的に分かるようになっていたのです。もちろん、西洋哲学や文学もすべてを自分なりに摑めるようになった。つまり、行間を読む読書力が突然に上昇してきたのです。そして、何よりも月や太陽を中心として、あらゆる天体との一体感まで実感として味わえるようになった。

　特に月との一体感は、生命の奥深いところに打ち込まれていったと考えられます。月との関係で、私は人間の生命がもつあらゆる情動を理解できるようになったと言っても過言ではありません。例えば、小学生以来の愛読書だった『正法眼蔵』の中に、突然、自分なりには分からない個所が一つも無くなってしまったのです。意味が全く分からなかったが、ただ格好良いというだけで私の座右銘になっていた『正法眼蔵』の中の言葉である「花は愛惜（あいじゃく）に散り、草は棄嫌（きけん）に生（お）ふるのみなり」というものも、その真意と生命的実存が一挙に私の肚の奥深くに音を立てて落ちていったのです。

　同じく、ただ好きだった道元の辞世「春は花　夏ほととぎす　秋は月　冬雪さえて　涼しかりけり」も、それ以後の私の人生を覆うほどに肚に落ちたということがあったのです。他の多くの思想もまた然りと言えましょう。この話に対して、三島先生は「それは君の中に眠っていた霊性が、間違いなく〈かぐや姫という精霊〉と合体したのだと思う。君はそれを無意識に成し遂げたのだ」と興奮して語られ、続けて「君の葉隠と私の文学に対する意見を色々と聞いたが、このかぐや姫の夢の話を聞いて、私はすべてが腑に落ちた」と言われたのです。しばらく沈黙した後に先生は、「私も実は月の夢をずっと見続けたことがあるのだ。つまり全く同じ経験があると言っていい。だから君の夢のすべてが分かる。私は自分の夢を中心にした作品を、これから書きたいと思っていたが、その決意がいまついた」と重ねて言われたのです。

　つまり私は、この夢の時期を通過していなければ、多分、月に対する理解も文学に対する理解も、何となく良いと思える直観以上には、理論的に説明することができなかったと思うのです。だから、私の文学を味わうための「情感」は、まさに月の精霊によって育まれたのではないかと自分でも思うくらいなのです。この長い長い行程を経た後に三島先生に出会ったのも、本当に時期として考えられないほど良く符号していたと言えるのではないでしょうか。

　三島先生はこの話を聞いて、ユング*やフロイト*はもちろんのこと、夢のもつ神秘性というか、記憶による現実の夢と宇宙からの電磁波を受けて見る夢というものを区別されて、かなり先生自身でも分析されておられたのです。私のかぐや姫の夢はもちろん、宇宙から来る負のエネルギー的なもの、つまり中世ヨーロッパで言うところの「夜の精神」から直接得られた夢だろうということを、先生も私との話の中で了解されたように見受けられました。

「夜の精神」とは、中世に生きた聖ベルナール*の思想を私なりに纏めた考え方です。私は小学生以来、聖ベルナールを研究していたのですが、あるとき、聖ベルナールの知識と思想は宇宙から直接に得ているのではないかということに気づいたのです。そして検証していくと、すべての発言がほとんどその通りだった。宇宙から降り注ぐ何らかの「負のエネルギー」によって、聖ベルナールは中世最大の仕事を成したことが想像できたのです。私はそれを静かな知識という意味で「夜の精神」と名づけたというわけです。先生と私が体験した夢は、それに近いものではないかと私は考えたのです。いま、そのようなことを先生と語り合っていたことを思い出しています。

　そして先ほどの会話が数時間後に再開され、先生は私に向かって「その経験は君が思うよりも巨大な〈何ものか〉を君にもたらしているに違いない」と言われたのです。続けて「どうりで私の文学に対する読み込みが普通の若者とはまったく異なることに納得した」と仰っていたのが昨日のように思い出されます。このかぐや姫の夢について、先生は「十五歳より前から絶対に君の中で、その夢は多大な作用をもたらしていたはずだ」と断言され、重ねて「それこそが君の〈葉隠十戒〉を創らせた原動力だろう。あの十戒は人間のもつ悲哀の極限を見つめなければ選べないものだ」と言われ、「それを小学生で纏めたということ自体が、何か宇宙的な作用があったに違いないのだ。君は将来、人間の根源に何ものかを打ち込むようになるに違いない」と仰られたのです。ただの夢を、ここまで言われると、私も言葉がありませんでしたが、本当に先生の期待と優しさの結晶のような言葉として、今日まで私の胸の奥深くにしまわれていたのです。

呪いを愛にするには

さて、ヴァレリーの詩に戻りたいと思います。「アポロンの巫女」に象徴される「メデューサ」の意味については先に触れました。詩は最終的にメデューサへと収斂されていくのですが、古代文明や爬虫類そして蛇性を表わしているという解釈について、再び先生と話し合ったのです。淵源はギリシャ神話とはいえ、メデューサの伝説を表わす起源はケルト文明や縄文文明などの超古代文明です。そして、我々のいまに続く農業文明がそれらの文明に取って代わったことが、歴史的には解明されているのです。農業文明以前は、蛇を崇拝の対象とし、蛇性や爬虫類性そして野生や自然崇拝が文明の特色となります。その後、農業・牧畜文明に以降してからは『聖書』などにも出てくる牛を崇拝する宗教と文化が生まれて来る。

つまり、部族や文明のシンボルが牛トーテムとなったのが農業文明なのです。それ以前は蛇トーテムの時代です。キリスト教が出る頃には、蛇トーテムはもちろん邪教として、悪魔の象徴として迫害されるようになっていたわけです。太古の信仰はすべて人類が爬虫類から人間になるまでの記憶を引きずっています。人類学的にも証明されていますが、例えば縄文土器などの文様は蛇のようなうねったモチーフです。また狩猟・自然作物文明は月を崇拝しており太陰族と呼ばれ、トーテムに蛇や龍そして月に関するシンボルをもつ。日本では勾玉（まがたま）をご神体とする神で、水や水銀、河川や湖などに関連する文明です。

次に農業・牧畜文明は太陽族と呼ばれ、牛や鷲や鷹などの鳥、菊の花、黄金などがシンボルとなる。日本ではご神体の一つである鏡が挙げられるでしょう。結局いまの時代は太陽族の文明つまり農業文明から発達した工業文明であり、ほとんどが太陽族を主流とした文明だということになります。だからこそメデューサは、太陽族のシンボルである鏡のように反射する剣を持つ英雄ペルセウスに退治されてしまうのです。つまり古代人は我々現代人にとって悪魔とも言える存在に貶められてしまったのです。日本神話もギリシャ神話に現われる物語の中にあるような、表から追いやられてしまった古代人からのメッセージであり呪いを象徴的に表わすものが多いのです。

このような歴史的事実を踏まえて、ヴァレリーの詩を三島先生と深く読んでいくうちに、「メデューサの呪い」というのは古代文明が農業文明を呪うということを象徴しつつも、その農業文明の超発展段階である現代の科学文明こそが、その呪いを受けて、メデューサの自己溶融作用の結果、内部からメデューサ本体そのものに成り果てているのではないかという話になったのです。呪いには、自家中毒的な溶融作用があることから、そのように話が発展したのです。つまり我々人類は、科学文明に溶け込んだメデューサの眼に射られて石化してしまっているのではないかという結論にまで至ったということです。詩、神話そして『豊饒の海』のタイトルもそうですが、ある象徴が表に立っていても、裏の意味というものが何重にも隠されているのです。

だから「アポロンの巫女」という詩は、我々人類がメデューサのひと睨み、つまり科学や民主主義そしてヒューマニズムといったものに見詰められることによって、石化して滅びて行くことになるという意味に深読みすることができる。科学文明自体がメデューサの呪いの一つなのだということとして読み解いていったのです。これはヴァレリーの詩を読んで逆説的に理解できる隠喩です。これを三島先生は詩を深く読むことによって、独自に真の意味を見出されたということに尽きるでしょう。このような天才的な読解力をもつ先生と文学論ができたことを、私は本当に人生最大の幸福だったといまでも思っているのです。

この呪いを解くには、目には目を、歯には歯をではありませんが、メデューサが象徴する本当の意味での古代文明というものを愛するしかないのです。つまり、本当のメデューサに向かうしかない。古代を愛するということは、月の神話やそのロマンに戻るということなのです。しかし月はいまにも沈んでいく状態にある。一九六九年にかけてヴァレリーの詩を介して、三島先生と私は月の文明論をしたわけですが、この中枢には我々が「月によってもたらされた人間の崇高」を失うかもしれないという危機感があったからなのです。我々人類は元々月のロマンによって発展してきたのです。ところが一九六九年には、月はただの物体であり天体であり、地球に従属する単なる衛星になってしまった。人類文明史の決定的な転換点となったのです。

世界中どの国も、月というのはロマンティシズムの源泉だったのです。私の見た夢ではありませんが、かぐや姫のような伝説が日本にも残されている。そういった神話や伝説によって人間の心は育まれてきたのです。何もない月に精霊を感じてロマンを抱く限り、人間はメデューサの眼から逃れることができるということを三島先生と話し合いました。月を愛する心すなわち古代を愛する心が残っているという意味です。ところが月が単なる物体と化して、手の届く場所となってしまったら、我々が逆に古代に乗っ取られてメデューサの眼に射られてしまうのです。

メデューサというのは魔女的にいろいろなものに化けるのですが、いまは我々の科学文明に化けているのだと三島先生は仰っていたのです。これをヴァレリーも言っているということを、三島先生が詩の中から見つけ出したのだと言ってもいいでしょう。科学文明の正義、我々がいま当然として掲げている正義のことです。こういった中にメデューサが潜んでいる。「アポロンの巫女」や「若きパルク」という象徴詩のなかにそれらがすべて描かれている。だから『豊饒の海』という題名は、古代を愛することによって、我々がヒューマニズムや科学文明によって滅ぼされることから救われるという意味までもが含まれていたのです。

もちろんキーン氏に三島先生が、『豊饒の海』が「生命が存在しないカラカラの月という宇宙的虚無に豊かなる海のイメージを重ね合わせた」と答えていた通りなのですが、そこにはもっと深い二重性があって滅びと救いが同時にきているという象徴としての題名だったのです。どちらを選ぶかは人類のこれからの態度如何による。だから『豊饒の海』という一大文学を貫く思想は、より深く人間の文明の根幹に関わるものであり、人類の未来が救われるかどうかという予言的な内容までを含むものとなっているのです。

いまメデューサの神話に戻って、メデューサと敵対し、いまにも呪いをかけられる状態から、メデューサを愛し、認め合う時代に入ることが重要だという話をしました。それが、つまりは霊性文明ということに他ならないのです。だからこの文学論を超えて、『豊饒の海』というのは人類文明の未来論にまで発展する話となったのです。『豊饒の海』という題名とその内容に込められている月のロマンティシズムを、我々人類が中枢に据えることで、いまの人類がもっと新しい世界に出発していくことができるということを表わしているのです。メデューサの呪いを愛へと変容させるためには、月の本質に人類は向かわなければならない。物理的な意味ではなく、精神を月に向けて、魂のロマンティシズムを取り戻すのです。

最後の審判へ

ペルセウスに殺されたとき、メデューサの血から翼をもつ馬ペガサスが生まれたということは先にも述べました。この象徴の文学的援用をなした先生に私はまた驚くのです。復讐の女神がまず一度殺されることによって、ペガサスが生まれるというのは、メデューサから翼をもつ希望が生まれたという意味なのです。羽根の生えた人類の希望です。つまり新しい農業文明を呪うことによって、その新しい文明に憑(と)りついたメデューサがさらに科学文明を操り、我々の文明を滅ぼすところまで人類はきてしまった。しかし、そのメデューサを愛することによって、逆に新たに人類は真の復活の希望を得るということまで、先生と一緒に神話を繙(ひもと)いていったのです。だからこそ、縄文文明、月の神話、霊力を表わす言葉としての「豊饒の海」が、人類の真の希望を生むのです。ペガサスに乗ったペルセウスが岩場に捉えられたアンドロメダ姫を見つけて助けますが、これは驚くべき予言的な神話です。

現代物理学で証明されているようにアンドロメダ銀河と天の川銀河が将来合体することが分かっている。我々人類はその合体圧力の真っ只中にいま存在しているのです。これは宗教家などが「最後の審判」とか「かの来たりつつあるもの」などと表現する未来へ向かっての大きな動きです。それが神話の中に壮大な物語としてすでに象徴的に描かれている。だから、この神話の総決算となるのが『豊饒の海』という文学に込められた三島先生の予言的願いなのです。

三島先生はこの神話に表わされた通りの人類の未来を予感して、『豊饒の海』を執筆されていたのです。神話の壮大な物語としてのアンドロメダとの合体エネルギーの圧力によって、誕生するであろう新しい人類までを見据え、本の題名をつけられたと仰った。三島先生のギリシャ神話に対する理解は計り知れないものがあったので、それと分からないように神話で描写されていることを、自分自身の文学の中にうまく盛り込まれようとしていたのだと思います。改めて私が今日、ギリシャ神話を紐解いて、これらの符号の合致を発見し当時の文学論の真髄を驚きとともに思い出しているのです。

そして先生はギリシャ神話に留まることなく、日本の霊性文明に向かう人類の姿として、仏教や日本民族の観点を摂り入れて壮大なスケールで『豊饒の海』を描こうとした。ギリシャ神話と日本神話の融合とも言えますし、アポロンとディオニソスの融合という見方もあります。もしくは、黙示録的な意味を先生は直観をもって、『豊饒の海』に入れられたのではないかと私は思うのです。黙示録というとキリスト教的な概念ですが、それを日本神話と日本的霊性、そして仏教的な輪廻転生と阿頼耶識の理論に収斂されていったように私には思えるのです。

つまり「最後の審判」に向かう人間の魂を日本的感性によって描き切ろうとしていたように感じる

のです。先生との文学論の端々に私はキリスト教的終末論の発想を見ていた。そしてその理論的組み立てを話し合っていた。だから先生ははっきりそうは仰らなかったのですが、私はやはり先生は終末論に対する救いの思想として『豊饒の海』という題名を考えられ、そして内容を構築していったのだろうと思っているのです。だから先生の言う輪廻転生と阿頼耶識の思想の中に、私は真の人類の救いがあると議論した当時を振り返り、強く思っているのです。

こうして黙示録的な意図を含めつつも、基本にはヴァレリーの予言詩やギリシャ神話があったと先生も認めておられましたが、より壮大なスケールで『豊饒の海』に出てくる輪廻転生や阿頼耶識を混合させて先生は表現されていったのです。だから輪廻転生とは、アンドロメダと天の川の合体にまで通じる、もしくは高まりつつあるその合体エネルギーを射程に入れた、未来の人類に向かう人類の死の跳躍つまり先生の言う「ジャンプ」ということかもしれません。先生は時空を超えた物語を構築するために、輪廻転生をもって「ジャンプ」させたかったと私との文学論でも仰っていましたが、それはいま考えれば人類の「超越的進化」ということでしょう。そういう壮大な意味を含んだ題名が『豊饒の海』ということだったのです。ある種、人間のできる限界を超越しようとしたのが、三島先生の文学だったのだと思います。だからこそ、新しい神話として、永遠の文学として、三島文学がいまの世に残ったわけです。

農業文明から生まれた権力や国家は、一貫して我々一人ひとりの人間の真の心を打ち砕こうとしてきたのが、現代にいたるまでの流れと歴史です。そういうことが「アポロンの巫女」と「若きパルク」で謳い上げられている。三島先生は、それを日本的感性によって、自分自身の思想と成して文学に表わそうとされていた。私は『葉隠』から出発していますが、結局のところ肉体や物質を否定した魂の純粋性を追求し、生きるよりも死を選ぶというのは、霊性文明と同じところを目指すものでしょう。武士道や騎士道が目指しているのは同じく魂であり、霊性なのです。

三島先生は文学者なので、『葉隠』を信奉しながらそれを文学にどう落とすかというときに、ギリシャ神話やヴァレリーの詩などからの着想が必要だったのでしょう。メデューサというのは悪いイメージを持たれるかもしれませんが、実は我々人類の初心の中にあった「何ものか」ということでしょう。だから我々が初心から離れたら、我々の初心の母でもあるメデューサが人類に復讐しようとするわけです。しかしどこに救いがあるかと言えば、我々が不毛性の中に「月の精霊」を見出す豊かな心を失わなければ、人類は復活できるのです。ヴァレリーの詩には、そういうものが謳われているということです。そういう一つの文明史全体を『豊饒の海』はすべて含んでいる。その題名の中に秘密が隠されているように、三島先生は輪廻転生と阿頼耶識という仏教理論を用いながら、人類の過去を本当に愛し、過去を摑みとれるようにして、本当の未来に向かって超越できるような文学を残されたのだと私は思っているのです。

我々はいま、本当に豊かさの本質について考えなければならない淵に立たされているのです。現代は、古代人の魂から睨みつけられているということに気づかなければなりません。そういう思想を、先生はヴァレリーの詩の中から汲み取られていた。そして、それを日本の伝統に移し変えて『豊饒の海』という作品を創造されたのです。題名の中に込められた秘密から、この作品のもつ無限の飛翔の可能性を感じるのは私だけではないでしょう。

太陽と鉄

さて、三島先生が、一九六八年まで連載された『太陽と鉄』という作品があります。まさに現代文明となる農業文明の太陽と鉄そして肉体の問題を描いた傑作です。この作品の終わり頃にも突然、蛇が出てきます。後年、富岡幸一郎氏と話したときに、富岡氏もこの突然出て来る蛇について疑問に思われたとのことでした。しかし、この蛇が出てきた後に、三島先生は軍用ジェット機「F一〇四戦闘機」に乗って天空にまで飛び立っていくフィナーレを迎える。これも先生自身がメデューサに変身して天空の超古代文明へ向かおうとしていることを暗示しているのではないでしょうか。その頃、三島先生は本当に人間の魂を救うための自己犠牲を考えておられたように思います。私は突然に出て来る蛇のイメージに、どうしても先生が持っていた「古代」の魂への憧れを感ずるのです。その蛇つまりメデューサの精神を担って、先生自ら人類の未来へと飛翔しようとしていたと──。

『太陽と鉄』は、ちょうど私たちが「アポロンの巫女」について話し始めた三ヶ月前に連載が終了しています。すべて思想的な連続性と方向性で繫がっていたことが後になって分かりました。二元論的な精神と肉体の問題もこの作品によって解決し、以後、『豊饒の海』の霊性的世界へ一挙に向かって行かれたように私は思っています。『太陽と鉄』を書き終えた頃に、先生から急に電話をいただいたことがあります。そのとき先生は、最も溌剌として別人のように明るい話し方でした。何かを吹っ切られたような印象でした。それから数ヶ月後、この章にあたる「アポロンの巫女」の文学論が交わされたのです。

私はあのときの感じを思い出し、先生は間違いなく何かを捨て、何ものかを得るために飛翔されたのだと思います。自分自身を古代へ移し替え、古代精神をもって、現代を斬ろうと決意されたと、益々思わずにはいられないのです。次に私と会ったときに、『豊饒の海』の題名の秘密をすべて話してくれたことも、何かそういうことと結び付いているように後年になって感じているのです。我々はいま、民主主義とヒューマニズムと科学に雁字搦め(がんじがらめ)にからめ取られています。これはもうメデューサの眼に射られているのだということで、我々はほどなく石化していく運命にあるのです。三島先生は随分前にそれを感じられていたので、『豊饒の海』で文学的な挑戦をしようとして天空に向かって飛翔されたのだと思っているのです。

果たして三島先生は自決事件という形をもって、自分自身の肉体を擲(なげう)って「最後の文学」を完遂させた。私はこれを「供儀(くぎ)」と考えているのです。「供儀」とは、フランスの哲学者ルネ・ジラールが専門的に分析している哲学主題ですが、ある種、三島先生は古代文明の儀式のように「供儀」として自らの肉体を神に捧げたかのように見えます。『太陽と鉄』における最後の飛翔も、『豊饒の海』に込められた人類的至極の夢も、すべて古代的供儀の上に築かれた人間文化なのです。先生はそれを身をもって自ら実行されたということに尽きるでしょう。『聖セバスチャンの殉教』をめぐっても触れましたが、悦楽(ユーフォリー)とまでも捉えられるほどに恍惚(こうこつ)たる表情で天に召された、あの聖人への三島先生の憧れは誠に深いものがありました。

しかしながら人類史は、あのキリストの磔刑(たっけい)*も、「三島由紀夫」の供儀もいまだにその真義を受けとめるに至っていません。自決事件をもって三島先生の文学は完成されたわけですが、死後五十五年経ったいま、改めてその意味を深く人類が理解し未来へ投影する必要があるのです。三島先生の供儀として捧げられた魂を改めて現行人類は考えるべきときにきている。科学文明はすでに我々を射殺(いころ)してしまっています。

最終の文学を遂げたことで、三島先生は神話化されたと言ってもいいでしょう。人類的な意味として、自ら犠牲となって命を捨て、日本文明だけでなく人類そのものの復活を企図されたのです。三島先生の自決は本当に崇高なものだったということを、先生と交わした文学論をこうして公に残すことで、その真意を伝える必要があると思うのです。少しでも人間のより良い未来を切り拓くための一助になればという切実な思いで、私はこの三島先生との思い出を綴っているのです。それが先生の恩に報いることの一つだと思うからです。

また、私も改めてギリシャ神話を読んだり、三島先生の表現したかったことを再考することによって、新たな意味が照射されてきているようにも思います。こうして記憶を引き出して纏めることで、全体としての「三島由紀夫」の思想が浮き彫りになってくる。先ほども少し触れましたが、三島文学はすでに神話であり、『聖書』の「ヨハネ黙示録」に近い価値を持っています。つまり、未来への予言が鏤(ちりば)められた文学だということです。特に『豊饒の海』は、文明の未来への道筋が描かれています。我々は単なる文学としての「三島由紀夫」研究ではなく、おのおの自身の運命、日本の運命、ひいては人類的運命として三島先生の遺志を真摯に受け止め、自らがいかに生くべきかを考え直さなければならないときが到来しているのです。そうでなければ人類は科学文明によって滅ぼされる段階にまできてしまっている。

日本神話もそうですが、神話はときに秩序だった物語でもなく、脈絡もなく、多く稚拙で意味不明とも思える出来事が描かれています。先ほどの悪の権化であるメデューサから希望の翼をもつペガサスが生まれるというのも、あまりに逆説的で一般のメデューサの悪のイメージがひっくり返る展開です。この神話の流れについては、私は現在読みかえしてみて初めて分かってきたのですが、一見、悪の存在のメデューサから希望の象徴であるペガサスが生まれることの真実が汲み取れるようになってきたのです。

しかし三島先生は、一九六九年の段階ですでに予言的に、そのようなことがすべて分かられていたのです。人間の代表であるペルセウスが、ペガサスに乗ってエチオピアまで飛んで行き岩に縛りつけられたアンドロメダ姫を助ける。これも完全な予言的な神話です。宇宙現象の真実をすでに古代人は神話として捉えていたということです。そして先生はその神話のメッセージを完全に受け取られていた。私は後にこの物語を理解したのですが、三島先生は完全にギリシャ神話を読みこなされていて、あの五十五年以上前の段階ですでにこの主題も含めて『豊饒の海』に入れ込んでいたのです。

もしいま三島先生と話したら、最新の宇宙物理学の知識を踏まえながら、きっとアンドロメダの神話の意味についても文学論となったに違いありません。これは私の想像ですが、三島先生はすでに五十五年前に、アンドロメダ銀河と我々の銀河との合体圧力が人類の魂を生み出し発展させてきたことを知っていたように思います。現在では、その圧力が本当に進化に作用を及ぼしていたことが証明されつつありますが、昔は想像もできなかった。先生はヴァレリーの詩を中心として、それを直観して『豊饒の海』を構想されたに違いありません。私はそれ以後の自分の研究によって、それを推測できるようにやっとなったのです。

ウロボロス的時間

さらに「アポロンの巫女」はディオニソスをも表わしているということを、三島先生と話したことについて触れたいと思います。第三章「ギリシャ的晴朗」のところでも繰り返しアポロンとディオニソスの交錯については話しましたが、この「アポロンの巫女」もディオニソスに支えられているということを三島先生が話しておられた。つまりディオニソスの苦悩と渇望だけが、アポロンの輝きを生むという人間生命のもつ根源的実存について先生と語り合ったのです。そこでディオニソスが「アポロンの巫女」の根底にあるのだということを先生が仰っていたのです。大きく捉えるとアポロンは地球であり、ディオニソスは月なのだという解釈が、三島先生の中心思想としてあられた。「地球は月に支えられて真の生命を得る」という、『豊饒の海』の題名にも込められた考え方と同じ思想で「アポロンの巫女」も書かれているという話になったのです。

続けて、「ヴァレリーは宇宙の暗黒と生命との拮抗を〈アポロンの巫女〉や〈若きパルク〉で謳い上げているのだ」と先生は言われていた。つまり負のエネルギーという暗黒の中から、我々の生命の輝きが生まれたのだと三島先生は仰ったのです。宇宙の真実というのは、暗黒の中から生命が生まれるということです。このヴァレリーの詩で語られようとしていることが、『豊饒の海』の中心課題ともなっていると言われていたのです。先生はヴァレリーの文学を西洋文明の頂点を表わす思想の一つと見ていた。先生はそのヴァレリーの描こうとしているものを、日本文化と日本神話の中から再創造されようとしているのだと私は感じたのです。また、「アポロンとディオニソスの回転による、人間生命の連続の不可思議を描きたいと思っている」とも仰った。ヴァレリーの表わしたものを日本的霊性に描き直したのが『豊饒の海』を支える思想的基盤ともなっていたと見ることもできるのです。

意外かもしれませんが、「アポロンの巫女」と「若きパルク」は、それを日本的霊性に落とせば輪廻転生と阿頼耶識の仏教思想に収斂できるような、生命のもつ本源的な「雄叫び」を表わすものでもあったのです。ヴァレリーの詩から先生は特に、人間の最も深い野蛮性と、そこから生まれる高貴性を見出していると仰っていました。先生の驚くべき思索力に私は驚きを隠せませんでしたが、『豊饒の海』は文学で成し得ることを超越した、予言者的な才から生み出された最大の文学だということは間違いありません。古代の野性の文明を日本的霊性で捉える。つまり縄文文明を現代に復活させるということになります。それを輪廻転生と阿頼耶識という理論で表現しようとした。

さらに三島先生は、「本当の豊饒はアポロンにあって、それは沙漠をさすらうディオニソスの叫びによって支えられているのだ。私はこの作品の中で、輪廻転生に現われるその人間生命の本質を語りたいと思っている」と仰いました。『豊饒の海』の題名の意味も、本当はディオニソスに支えられたアポロンにあるのだということです。「我々人間の本質は、月の荒涼の中に存在している」つまり「地球が石化されないために、石化の見本となって死んでくれた月に見守られて我々の存在はあるのだ」そう先生は続けて結論を言われた。「だから、地球上の我々の人生はその影に過ぎない」と仰っていた。そして「月の沙漠のロマンの中に秘められた豊かさが本当の豊饒の海であって、その逆説として我々人間は表面的には豊かな地球に住んでいるということの本質に気づかなければならない」と言葉を続けられたのです。それが『豊饒の海』で描こうとしている人間の魂の本質なのだということを語られたのです。

「アポロンの巫女」の議論を交わしたのは、三島先生がちょうど『豊饒の海』第二巻を書き終えられ、第三巻『暁の寺』を書いておられる最中だったと思います。仏教思想の輪廻転生の中に我々の生命の本質はあるが、『豊饒の海』では肉体的な徴、つまり小さな黒子(ほくろ)によって輪廻転生を表わした。しかし、真の輪廻転生は「存在」と魂の問題であり、我々の人生は「存在」と魂の輪廻転生の「影」に過ぎないということを描いたと、前述のごとく語られたのです。第一巻から完結の第四巻に至るまでの先生の考えは、本質は「魂の伝承」であり、存在論としては「未来の人間からのメッセージ」なのだということです。

三島先生の考えにおいて重要なのは、輪廻転生は直線的に一方向に流れるだけの時間ではなく、逆方向の未来からくるメッセージとしての作用があるということです。地球の未来の姿を暗示するために、前もって死んだ姿(これは科学的にもそうなのです)としての月の沙漠から、我々に対して流れ込んでくる時間、という意味です。地球の次の姿は月の沙漠のようになると、月は我々に知らせている。その意味が真に分かれば地球を救うことができる、と。直線で流れる時間というのは先生に言わせればアポロンだとされ、輪廻転生はアポロンの時間だけではなく、逆方向の未来からも逆流してくるディオニソスの時間も含むということです。ディオニソス*は、蛇で表わされるように、過去と未来が混ざりながらうねり来る時間、錬金術のウロボロスという蛇がしっぽを噛んで円となる象徴で表わされる永遠の時間のごとく、一筋縄でいかない時間の流れ方を象徴しています。

このウロボロスの蛇とは、錬金術において我と我が尾を食らい、交合し、孕(はら)ませ、殺し、再生させるものの象徴として、スイスの心理学者グスターフ・ユングが取り挙げています。それはつまり、人間の生命に宿る原始的豊饒を表わす記号でもあったわけです。このイメージが、ギリシャ神話では、ヘルメスとアフロディテの間に生まれた男女両性をもつ息子ヘルマフロディトス*として描かれるようになる。いずれも、男と女、太陽と月、精神と自然など、対立する二要素を持ちながら、同時に対立物を合一させる象徴とも言われています。すなわち、一方では死をもたらす毒、息や眼光で人を殺したといわれるギリシャ神話の怪獣バジリスクにして蠍(さそり)*であり、他方では万能薬、かつ救済者でもある。毒をもちながら薬ともなる救済をもたらす蛇族は、先に挙げたメデューサの血からペガサスが生まれたことと同じ意味を表わすものと言ってもいいでしょう。

三島先生が仰るように、時間は、瞬間的には未来がジャンプして来るのでしょうが、右に述べた通り、ウロボロス的な時間の流れは決して一方向でも一定点でもない。つまり、過去と未来を行き来し、永遠流転の円環の中を流れる時間とも言えるのです。このように我々の未来は、直線的時間を流れてゆくのではない。それは円環的な流れであり、そのゆえにこそ、我々の未来を救う真の知恵は超古代文明の中に潜んでいると言いうるのです。

三島先生は、このことを文学に仕立て上げようと苦労しておられた。そして私はそれを見続けていました。三島先生は輪廻転生の時間的本質について、「輪廻転生とは、自分の未来を見据える人間に訪れる宇宙の真の恩寵である。つまり、宇宙の喘(あえ)ぎが生む涙のしずくと言えるのではないか、その涙こそが月なのだ」と引き続き仰られた言葉が忘れられません。この「涙」という言葉は葉隠からきています。自分の未来を見据える人には、涙が贈り物として降り下るのです。三島先生は「その涙を〈アポロンの巫女〉のあの件(くだり)(冒頭の詩句)の中に特に見出した」と仰いました。「その魂の在り方を日本の歴史に落とし込む意図で、『豊饒の海』という文学へと益々、展開させていくつもりだ」と言われたのです。

未来からの転生

本書で何度か触れましたが、私は、三島先生が絶望の淵にいると感じ続けていました。先生はすでに未来に行っていて、そこから現在を見ておられた。初めてお会いした一九六六年七月頃にすでに絶望を感じておられましたが、私とのこの対話が重ねられていた一九六八年九月から十月にかけての時点では絶望はさらに進んで、もう現世には生きておられなかった。すでに未来に住んでいて、そこから現代社会を見据えていたがために、絶望の中をなお生き続けることができたと言えるのではないでしょうか。文学の中でこそ、時間を巻き戻しながら、いまの世を忍んで生きていた。何とかいまの世を救おうと、人類の救済を視野に入れて執筆しておられたに違いありません。対話を交わしながら私は強くそう思ったのでした。

そこで私は、文学論としても『豊饒の海』はメデューサの呪いから解かれた世界への船出となるのではないかということを感じたと、そう三島先生に伝えたのです。『豊饒の海』は、これからそういう世界に船出していくのではないかと伝えた。メデューサの呪いから解かれた世界に目を開くための文学になるのではないか。その人間の心こそが、時間を超越する真の歴史的事実つまり霊性的文明の世界となるのではないかと申し上げたのです。人間の心はすべての時間を共有するものだということです。私は輪廻転生で表わされる三島先生の文学の中に、物質社会を超越する人間の価値を見出していました。まだ『豊饒の海』が完結していないときに三島先生と話し合っているのですが、きっとそのような文学的価値をもつ作品になるのではないかと予感していたのです。

すると三島先生は私に答えてこう仰ったのです。「私の輪廻転生の思想は、未来から現代を見据えることなのだ。それが現世では受け入れられぬ荒唐無稽なことと捉えられることは分かっているので、敢えて歴史的時間軸に作品を合わせたのだ」と。さらに、「作品の中では、歴史的時間軸を使わなければ文学として破綻するのでそうしたけれども、本当は科学的、歴史的に見れば荒唐無稽となるような、つまり未来から現代に来るような輪廻転生の思想を根本として描きたかったのだ」。そしてまた、『豊饒の海』は完結後、未来から現在そして過去を見ることによって初めて理解されるような作品になるだろう」とも結論づけられたのです。この時点では『奔馬』までが完成されていた。そして第三巻『暁の寺』の執筆が完成する頃だと思います。その時点で、先生は未来から現在、そして過去を見ることによって理解されるだろうと、完成後の作品がどう理解されるかについてすでに語っておられたのです。

こうした時間の交錯にも、三島先生の魂の、悪戯とまでは言いませんが、何か企図を私は感じているのです。いま私が五十五年を経てこのように当時の話を書くことも、三島先生には分かっていたように私には思える。先生は生前、自分の作品は五十年から百年くらい経って、初めて新たに理解されるのではないかと仰っていました。それは単なる憶測ではなくして、先生の本当の「予言」だったのではないかと思うのです。先生には確実に予言者性がありました。未来を幻視する能力を持っておられたことは、誰でも対話すれば分かったことでしょう。

私自身も先生の死後五十五年も経って、このような本を書くことに大変な不可思議を感じています。これは先生が五十年後の世界に、私という人間を使って、自分の本当の意図を伝えようとしているようにさえ感じられます。そうでなければ、一高校生にすぎない私にあれほどまでに文学の奥義を語って下さることはありえなかったでしょう。仮にもし先生の作品を真に現代の「新しい神話」と成すために私の人生が使われたとしたならば、私にとってもこれ以上の名誉はありません。

三島先生は、「未来社会は縄文文明的な霊性文明になるだろう」と仰っておられた。つまり超古代文明のときに生きていた人間の姿が未来社会だと思っているということです。この逆説が分かれば、自分の輪廻転生論は理解できるだろうと言われていたのです。そしてこの対話をしている相手の私については、「君の中に未来から来た人間を感じている。君は、これから真の未来へ船出すると思う。それは、君がすでに未来を知っているからだ。だからこそ、君との文学論は血湧き肉躍るのだ」とまで仰って下さったのです。こう言われて勇気づけられない若者はいないでしょう。もちろん私にこんなことまで仰って下さったのは、先生が気を遣って下さったのだとは思いますが、私の方も先生との文学論を通じて未来を見据える覚悟ができたのもこのときだったのです。

元々、月の魔力を見つめて、文学を読み込んできました。しかし、自分の人生そのものをもって未来に生き月の沙漠の生命的悲哀の中に魂を突入させるということは、三島先生との対話が醸成してくれた決意だったと思います。つまりは葉隠に生きるということが、月から発せられる真のロマンティシズムに生きることと同義だと分かったのです。葉隠を生命的に深く落とし込むことができたのは「月の沙漠」への憧れを語り合ったこの文学論に大いに拠るのです。

反対に、いまの世では真のロマンティシズムが失われ、葉隠精神が失われていることも、自分の中でいかに明白となったか計り知れません。三島先生と対話できたことがどれだけ私にとって大きな勇気となったことでしょうか。この対話を交わした頃、先生は死を決していたことは間違いないと思います。だからこそ、私のような若者に、未来へ向かうメッセージを残されたように思えるのです。先ほども少し書きましたが、私が先生と出会ったのは、未来へ向かって先生の「誠」という真心を残すためだったとも思います。再度申しますが、その光栄は何にも替え難いものだと、この文章を書きながら尽々と思い続けているのです。

そういうこともあって、三島先生はこれからを生きる私に期待をもって下さり、未来の人間であることを強調して下さったのだと思います。三島先生は文学論の最後に、「君は人類にとっての、本当の未来を創り上げていく人間に見える」と仰って下さったことがあった。その言葉は、私が今日こんにちに至るまでの人生を支え、今後、人類の未来のために自分の持てる力のすべてを投げ出そうと思っていることの原因ともなっている言葉なのです。私は三島先生と青春の真っ只中で文学論を交わし、先生から未来についても何ものかを託されたように感じているのです。私が日本の未来を背負うという覚悟にまでさせられたのは、三島先生の言葉の力によるものでしょう。いま現在、私が自分のできる範囲で事業や美術品蒐集・保存、執筆講演活動を通じて、未来の日本に向けて少しでも命を投げだそうとしている原動力はすべて、三島先生との対話に帰結するのです。

三島先生の憂いは、「人間は野心を胸に、月を自分の所有物とするだろう」ということでした。そして「月が人間を創り育てたことを忘れた人類は滅びるだろう」という言葉を発せられたのです。だからこそ「滅び去るか未来を切り拓くかを分ける最後の希望を、『豊饒の海』の文学を完結させることで繋ぎたいのだ」と仰っていた。最後の希望を『豊饒の海』に賭けたいのだとそう言われました。『豊饒の海』は、深い希望として縄文から未来の人間に至るまでの「真の人間の物語」にしようとされたのです。そして、この題名自体に込められた深い意味を、つまり輪廻転生の真の意義を見据えることが、人類を救うことになる唯一の道となるのではないかと、私も強く思うのです。

事実、私自身もここ近年になって縄文文明回帰については、以前にも増して頻繁に語るようになっています。世界が滅亡に向かえば向かうほど、警鐘を鳴らす意味で縄文文明については語っても語り過ぎることはないと考えています。しかし、この縄文の話も元を辿れば、三島先生と高校生のときに交わした文学論に行き着くのです。高校生のときに現在の私を創り上げたすべての思想や哲学そして文学の基礎が、三島先生との出会いによって形成されたと言っても過言ではありません。月の荒涼こそが、我々に真の豊かさとは何かを教えてくれるのです。そのロマンティシズムと月のもつ冷たさの中に、我々人類の還るべき故郷が示されている。月の沙漠の荒涼の中にロマンティシズムを育んだ人類は、それを未来へ向かう出発点としなければならないのです。

第五章

憧れに死す

生と死の狭間で

いつも『葉隠』があった

三島先生と私の間にあった最大の共感は、『葉隠』を死ぬほどに愛するということでした。これについては、繰り返し述べてきた通りです。終始、私たちの対話のなかには、葉隠の思想が潜んでいた。その一番の本質であり核心となるのが、「憧れに死す」という生き方と死に様に尽きるのです。すなわち、自己の生命の本源に向かって、いかに生きいかに死するかという思想です。「憧れ」というのは到達不能なものを目指して生きることであり、人間が未来にも存続できるかどうか、民族の運命とも関わるほど重要な概念なのです。

人間も民族も同じですが、真にその生命が生きるかどうかを分けるのが、この憧れをもって生きるか否かに懸かっているのです。また、この到達不能な憧れと葉隠の思想が密接に結びついていることを知らなければなりません。先生と私の対話は、この強烈な信仰でもある葉隠の生き方を、実人生とあらゆる文学の中に見出し、実践のための理論を地固めしていくためだったようにも、いま振り返って思えるのです。意識的か無意識的かは措いて、ごく自然にいつでも対話の中心に必ず上ってきたのが「憧れ」だった。

出会ったときに、三島先生にとってはその最晩年に当たる四年間が始まったのです。それからの時間は、まっしぐらに死に向かう先生と、青春の真っ只中で苦悩する私という、立場を全く異にする二人が、強烈な勢いで『葉隠』に対する志向を、より尖鋭な形で噴出していった時期に当たります。先生は、葉隠の信条によって最後まで突き進むための裏打ちというのでしょうか、行動のための言語化を必要とされておられた時期だったように思います。実際、人生で一冊だけ本を選べと言われれば間違いなく『葉隠』を選ぶと仰るくらい、先生は信念として同書を中心に置いておられた。私はといえば、葉隠の本質が何かについて、自分なりに小学校五年生のときに纏めた「葉隠十戒」によって、その本質を死にもの狂いで摑もうとしていました。中学生も終わりの頃には、すでに葉隠の本質についてより深く自分なりに摑んでいたように思います。

しかし、まだ思春期であったため、私は葉隠を観念的にしか把握していなかった。その実践を模索していた時期に、三島先生のような社会の第一線で一流の文学者として活躍しておられる方と対話する機会を与えられたことは、実に僥倖（ぎょうこう）としか言いようがありません。先生がいかに葉隠を実践し、自らの生き方に据えておられるのかを伺って私は徐々に開眼させられていったのです。実際に自分の人生を振り返って、三島先生との対話の中で纏まった「言語化」に基づいて、いまもなお私の社会活動などが決定づけられ、あらゆる点で先生の魂に支配されていることをひしひしと感ぜずにはいられないのです。

さて、先生と私との間で共感が最も強かったのは、葉隠の真髄が「憧れ」以外にはないという一点であることはすでに述べました。「憧れ」がすべてであり、逆に言えば「憧れ」がなければ、それは葉隠ではないということです。『葉隠』には生き方においても死に様においても、真の人間として死に切るための思想が記されています。最初から最後まで「憧れ」に貫かれ、その「憧れ」が何たるものかが凝縮された書物なのです。さまざまな武士の生きた事例が紐解かれ、一見、脈絡や秩序の見えないような形で綴られている。そこには個々の武士道に貫かれた「憧れ」の実例が収められ、決して固定された概念で縛るようなものではない。いわゆる道徳的な規範が書かれているわけではない。躍動する武士道の生命、生きた憧れそのものの描写とも言えましょう。葉隠を手本に生きるということは、「憧れに生き、憧れに死する」ことなのです。ただし、その答えはない。ここでは、個々人が自分の生き方の中で武士道を、つまり「憧れ」をいかに貫くのかということが問われているのです。

この躍動する「憧れ」を先生と私は共通して、葉隠の本質として強く摑んでいました。三島先生の言葉で印象深く、いまでも思い出さない日がない一語があります。「葉隠とは憧れの精髄である」という言葉です。その言葉を発した時の先生から受けた魂の震動を、今でも感じ続けているのです。まさに私たちは、文学論を介して、二人の間にある「憧れの精髄」を探ったのだと思います。だからこそ、葉隠的な「憧れ」が、いかに文学作品に現われているのかということが、いつでも話題の中心となった。

こうして私たちの議論は、いつでも葉隠に収斂していったのです。文体がどうだとか、フランス文学やドイツ文学の小説の流派は何だとか、誰それが日本文学の何々グループに属しているといった対話は一つもありませんでした。言い換えれば、憧れが表現されていない私小説や軽やかなエッセイ、趣味趣向の作品は、私たちの話題には一切、上らなかったのです。いずれも葉隠の憧れを投射したときに浮かび上がる、人間の本質というものが表わされた文学だけが、私たちの文学論として捉えられていたと言えます。先生自身も、自作の中で葉隠的でないものについては、もう何の興味も持っておられないという状態だった。先生にとって葉隠以外の自己は、もはや自己ですらないという状況だった。私にはそれが確実に感じられたのでした。

三島先生は自由討議を好んでおられましたが、それ自体、葉隠的生き方が示す、真の自由への生命活動を重んじておられたからに違いありません。まさに文学論においては、決して定義づけたり、固定的に話すということはなかった。むしろ一つのことをあらゆる角度から捉えつつも、「憧れ」の本質とは何かといったことを中心に話しておられた。前述のごとく、議論が纏まらなければ中途半端に終わらせることはなく、気が済むまで先生と私は談じ続け、気がつけば夜更けということもありました。簡単には捉え難い憧れの本質を語ることが多かったために、文学論の場そのものが結論も解釈も到達不能となって、限り無く広がっていったのです。

当時もいまもですが、私の話し方は割と断定的口調で、はっきりとしていて、たとえ間違っていたとしても自分が考え抜いて納得したことであれば、真正面から意見を述べていました。当然、父親や学校の先生からは嫌われ者となる一因でした。いま振り返れば恥ずかしいほど物事の多面性に気づかずに、一つの考えに固執していたこともあったと思います。しかし、三島先生は、たとえ自分と意見がまったく異なろうが、断定的な話し方であろうが、極めて繊細な思いやりでこちらが話しづらくなるようには決してされなかった。私はそのような人間だったのですが、それを先生は本当に大きな懐で包み込んでくれました。

思わず先生は私につられて、ときたま断定口調で話されたこともあったのですが、そのようなときには、自分自身の言葉を恥じるかのように、必ず何とも言えない「はにかみ」の表情を浮かべられたのです。その自然で高貴な「恥じらい」が、自分のような若者から見ても実に清冽で男らしい魅力に見えました。先生は自分の主張が強すぎたとき、若者の前でも自己を恥じていたのです。その情景が忘れられません。このような優しさこそが、おこがましくも私が先生と文学論を交わすことのできた大きな理由であったと、年月を経るごとに私の中で強く認識されてきたのです。

こういう日常の瞬間に、人となりはすべて現われます。対話で話した内容も重要ですが、こうした先生の何気ない日常のしぐさや、相手を思う話しぶりからも、真の葉隠的な武士のダンディズムを感じたものです。こんにちの私の思想も活動も事業も何もかもが、三島先生と接したあの四年間に形成されたということに、いまでは限りない誇りを感じているのです。

死がなければ生はない

また、『葉隠』の大きな考え方として「人間は生だけによって生きるものではない」というものがあります。三島先生はこれを文学の根幹に据えたと仰るほど、葉隠から学んだことの中で最重要視されていました。自分はこの思想で自らの文学の軸心を立てたのだと仰っていました。「人間は生だけによって生きるものではない」、すなわち「人間は死によっても生きるのだ」との逆説は、確かに、かなり初期の作品『仮面の告白』にもすでに見られるように思います。最初に世に認められた作品からして、すでに葉隠の生き方が根本にあるのです。『仮面の告白』は、通常、個人的な思春期の悩みを綴った作品のように取られがちですが、その心臓部は全く異なると私は考えています。それは人生の悲劇への予感であり、運命そのものへと向かう「生の陶酔」に対する強い憧れを秘めた、まさに「告白」の始まりと言えましょう。

三島文学は作品ごとに葉隠の生き方が体現され、その現われ方は作品ごとに異なります。葉隠を愛する者としての私は、その表現の角度に巨大な天才性を感じ、「死によって生きる文学」として執筆されたのだと感じていたのです。三島先生は幼時からロゴスが先にあるような方でした。つまり言葉が先にあって、現実や肉体は後から付いてくるという生き方だった。そして言葉の到達点として、「死を踏まえた言葉でなければ真に生きた言葉とはならない」という境地に達せられていたのです。

いわゆる自然主義のような、現実を現実のままに描くリアリズムとは一線を画していたのです。現実のままを描こうとしても、現実は描けない。その真実を先生は深く分かっていた。それについては、よくフランスのジョルジュ・バタイユの作品を引き合いに出して語られることがありました。つまり死の中にあってこそ生きる生（せい）があるということを力説しておられたのです。そして、それによってこそ、真の聖性や人間のもつ野生（エロティシズム）の生命的な震動に触れることができるということを、バタイユを例に取りながら語っていたのです。バタイユを語るときは、むしろ現実の先にある憧れを描くためにこそ現実がある、というような真の現実主義について語られることが多かった。いわば、このような憧れを描いた作品を通じての現実の増殖作用の中に、三島文学の真の魅力の一つがあるのです。ここから交わした対話が、聖性、崇高性についての私の思索を深めるきっかけとなり、バタイユ研究はもちろんのこと、『聖なるもの』を書いたドイツの哲学者ルドルフ・オットー＊研究の端緒ともなったのです。

さらに生死の問題として、三島先生は、戦争前後の体験から、『葉隠』を援用しながら「物が二つに分かれることの不幸」という言葉をよく仰っていました。これは戦中の世代特有の意識と言えるのかもしれません。青春期の真っ只中が戦争であり、終戦時にちょうど二十歳を迎えている。いわば青春を真っ二つに引き裂かれたとも言えるほど、戦争が与えた精神的な影響が最も激しい世代でしょう。戦前と戦後には、信じられていたことは逆転し、国家の中心思想は崩れたどころか全く逆になってしまった。何もかもが百八十度ひっくり返されてしまったわけです。それが青春の真っ只中で起こったのです。

戦争中は、多くの人々が亡くなり、死はいつでも身近なものとしてあった。いつ死んでもおかしくない中、誰しもが死を覚悟して生きていた。現実的な不幸の渦中にあるときは、物は二つに分断されていない。つまり生死共存の感覚だったと先生は仰っていた。そしてそこには真の生命的な高揚感と人間としての充実感や幸福感があった。しかし、終戦とともに、死という緊張の日常が取り去られた上に、精神的支柱としての国の歴史や文化までが根こそぎ覆されてしまった。感受性の極めて尖鋭な、天才肌の青年であった二十歳の三島先生が経験した戦前、戦後の「分断」には、想像を絶するものがあったでしょう。

「日本人は、終戦以後、あらゆる意味で引き裂かれ分断し、死んだ生を生きるようになったのではないか」と先生は私に向かって言われたのです。つまり虚ろな生、死を見つめない生、生きるためだけの生しかなくなった。戦後の闇市や爆発的な庶民の生命力は、生き延びるための生命力であって、却って死を忘れてただ生きることにのみ集中しているだけだった。『金閣寺』に表わされた、娼婦が米兵に命令された主人公によって踏みつけられるシーンは、戦後の地を這うような無法でみじめな生命力という生き物の本性が、実に象徴的に描かれています。『金閣寺』の主人公はその生命力を憎んだことでしょう。そして戦後は、そのみじめな生を礼賛するために、人間存在から魂を抜き去り、肉体と魂の「分断」を謀った。魂のない肉体には「みじめさ」はないということになった。その悲しみを、先生は文学を通して愬え続けられました。

例えば『英霊の声』で先生は、「などてすめろぎは人となりたまいし」という叫びをこの世に残そうとした。天皇陛下のために死のうと思っていた人たちが、あれは全部間違っていたと、天皇はただの人間だったとされてしまった解決不能の苦悩です。私は実は神ではないのだ、とは聞くに堪えない言葉だった。戦争中にはすでに若い仲間たちの多くが天皇のために死んでいる。こういう苦悩が、いつも三島先生の文学の中には横たわっていたのです。そしてその先生の苦悩こそが、いつでも先生と私の文学論の中枢を貫いていた問題だったのです。三島先生との文学論と言えば、いつでも生死の問題と結びつくもので、文学を楽しんで話すような愛好会とはまったく違っていました。三島先生も私も真剣そのものでした。意気投合した文学の解釈は、いつでも生と死の深淵という葉隠の死生観に支えられていたのです。

三島先生は戦後も「変節」を嫌い、常に新たに生まれ変わりながらも、自分の中枢を貫く信念に忠実に生きることを決めておられた。自分自身の中枢を保つこと自体が、最大の生命的雄叫びであり、生命的反抗であり、それを文学を通して表現されていたのです。生と死が密接に結びついており、死がなければ生はないという信念です。つまり生死は表裏一体となって分かれてはいない。これが「三島由紀夫」の葉隠的な死生観と言うことに尽きるでしょう。死ぬのは、真に生きるためだということです。すなわち、「人間が真に生きるためには、死ななければならないときもあるのだ」と先生は私に度々言われていたのです。

ハイデッガーとモンテーニュ

生死の問題として、先生と私の間の対話はさらに、ドイツの哲学者マルティン・ハイデッガー*の時間論を通じて深まっていきました。「生きるとは、死の中を生き切ることに他ならない」と、三島先生は説き続けた。それはハイデッガーが『存在と時間』の中で述べた「人間とは、死に向かって生きる存在である」という言葉から発展させた思索であると教えられました。『葉隠』はヨーロッパの哲学思想によって途轍もなく深められ、「自分の生命に突き刺さってくる」と先生は言われていた。ハイデッガー自身、両つの世界大戦を生き抜いた教養人なので、死生観と時間感覚の上からも先生の考えと近かったのでしょう。

それは、死はもとより、暴力、国家権力、全体主義、迫害、人間疎外といった現代社会のあらゆる問題の凝縮、噴出した状況を生き抜いたことに等しいのです。ハイデッガー自身、ナチスドイツとの関係においては糾弾さるべき立場ともなりました。いずれの立場であったにせよ、戦争体験が尖鋭な感覚をもつ知識人たちにいかに大きな影響を与えたかということです。すなわち生死の狭間で「苦悩の哲学」ともいうべき本質が浮かび上がり、『葉隠』に近い思想が生み出されていったのです。

私は当時、ハイデッガーに関しては『形而上学とは何か』とその解説書一冊しか読んでいなかった。しかし、「死から生まれた現存在」というその感覚は摑んでいたので、かろうじて三島先生による葉隠とハイデッガーの比較論についていけたのです。さすがに先生は精通しておられ、『存在と時間』の哲学について紐解いて下さったものです。すなわち、分断されない時間、死に向かって滅びゆくその持続する時間といったことを教えていただいたのです。死に向かって持続する時間という概念で、すなわち時間と存在の相関関係を深く捉えられようとしておられたのだと思います。何が起きようとも、人間には人間独自の時間がある。先生は、ハイデッガーによる時間論を自身の葉隠思想に援用して、戦後の分断による魂の苦悩をやわらげようとなされていたかのようでした。

ハイデッガーもそうですが、先生はモンテーニュ*の『随想録』に書かれている「哲学とは、死を学ぶことである」との思想を非常に大事にされ、多くの言葉を暗誦されていました。先生は、ハイデッガーとモンテーニュの中に、特に葉隠と重なる考え方を多く見出していたようなのです。この他、先生が挙げられたモンテーニュの言葉で私の中でいまでも響き続けているのは、「死をあらかじめ考えることは自由を求めることである」という言葉です。この言葉を引用して先生はにっこりと笑い、続けて私に向かい「死を文学的に語り合える者は君以外にいない」と言われたのです。この衝撃的な言葉と共に、モンテーニュは深く私の中に打ち込まれたのです。

ハイデッガー、モンテーニュとともに、三島先生から薦められた書物が私の愛読書の多くを占めるに至りました。ハイデッガー哲学の注釈を書いた田辺元（はじめ）や、ハイデッガーに影響を受けた哲学者の三木清*にも、生涯に亘って私淑するようになったのです。特に田辺元からは、後に私の思想の根幹を支える哲学的基礎を与えられました。つまり日本哲学から生まれた真の人類的な文明論である「種の論理」から発展した作品群です。このような重大な哲学と出会えたのも、元をただせば三島先生とのハイデッガーとモンテーニュをめぐる文学論だったのです。そして、それらの多くの書物からも、私は憧れの本質を教えられることとなっていったのです。

先生は戦前、戦後の分断による痛み、西洋思想の二元論的な考えの限界を強く感じ、生命の根源的問題について東西を横断しながら思索し探求していたのです。ハイデッガーの『存在と時間』は西洋哲学ですが、根底には生死一如的な時間の流れ方も捉えられている。だからこそ私たちの文学論の中で取り挙げられたのです。三島先生は日本人としての根源を強く意識しながら、非常に深い部分まで中国的な陰陽二元論も理解され、西洋哲学も知らないことはないほど渉猟（しょうりょう）されていた。そして、物事が分かれてしまうことの悲劇については、いつでも葉隠を通じて三島先生は深く考え続けておられたのです。存在の中心から引き裂かれる魂の咆哮（ほうこう）であり、精神の悶（もだ）えとも言えるものでしょう。

まさに三島先生と過ごした時間も、非常に特殊というか、「別の時間」の流れ方をしているようにいつも感じられました。たとえ電話の一時間であっても、まるで永遠の時の流れを共有しているような錯覚に襲われたのです。五、六時間もの議論を交わしても一瞬で過ぎ去ったかのような、何にも代えがたい時を共有させていただいたように思います。

作品表現としての葉隠

さて、先ほど挙げた二つの生死に関する『葉隠』の言葉を基に、先生と私は具体的にそれを三島文学と対照させて考えていったのです。すなわち三島先生の死生観の道程を、文学から辿ったのです。まず、先生の若い頃の作品に『青の時代』があります。これは、現役東大生の社長による闇金融事件の犯罪で検挙された「光クラブ事件」という事実に取材して書かれました。アプレゲールとも呼ばれた反抗的な生き方の行き着く先としての、戦後間もない若者の虚脱感と不条理な心理を中心に描かれています。その特殊な時代精神を普遍的な悲劇として物語化し、アフォリズムの際立つ作品に仕立て上げられたのが『青の時代』と言えるでしょう。三島先生は、まだ小説として練れていない段階で着手してしまった『青の時代』の帰結を失敗と認めつつも、それを自分の青春と重ね、愛着あるものだったと世間に発表しています。

私との対話では、『青の時代』は「分裂することによる不幸」を根源的に表わした小説だと仰っていました。すなわち「知性と欲望」の分裂である、と。知の極みとも言える東大法科の、最後には自殺した学生による犯罪が題材なのですが、この作品では、その主人公が根源的に生きることを拒絶している設定が物語の主となっている。つまりは葉隠の「人は生(せい)だけによって生きるものではない」をある種、世間的な形で体現しているものと見ることができる。

しかし知と欲望が完全に分裂してしまったことによる虚無の、闇の欲望の中に吸い込まれてしまった主人公に対して、先生は激しい同情と憐憫(れんびん)を感ずると言われていたのです。そして「何がどうであれ、やはり人間は美しい憧れの挫折による死の他に本当の価値はない」と仰っていた。作品としての出来よりも、この小説から先生は、人間の魂は崇高を目指すもの以外、真に納得のいく生き方は描けないということを自ら感じとっておられたのです。私はリアリズム的な観点からこの作品を好んでいましたが、先生にとってリアリズムは納得のいくものではなかったようです。

『禁色』についても三島先生と私は続けて話し合っていきました。この小説の主人公は女性に裏切られ続けた老作家で、この人物もある種、生きることそのものを拒絶している。彼は、生きることに何の意味も見出していない。「生きることは、ある意味で死んでいることと何も変わらないということを〈芸術的に表現〉しようとした作品ではありませんか」と私は先生に申しました。つまり、私には同じ死でも本当に生きようとする者の死でなければ、死の崇高な価値は得られないことの逆説を小説化したのではないかと思えたからです。

この老作家の中には、すでに生きることの中に死ぬことが含まれている。それは生のごまかしのために用意された死なのではないか。生命の象徴とも言える女性からは再三裏切られ、もはや生きる気力も枯れた老残の身で、美青年と結託して女性に復讐しようとする無意味さ、そこには生と死の狭間の無気力で卑怯な諦念さえも感じられると、私は先生に伝えさせてもらったのです。同じ死でも、ここには「人は生だけによって生きるものではない」ことの逆説的心理が表われている。それをより芸術的に表現した作品だと、私は『禁色』を捉えていたのです。

すると三島先生は、「この主人公を通じて私は動物的な生命と芸術的な魂の分裂が不幸をもたらしていることを表わしたかったのだ」と返答されたのです。野性と芸術の葛藤、生命と芸術の分裂による悲劇でしょうか。そして「何よりもこの主人公には生死に関する〈覚悟〉が前もって無い。そのことがこの悲劇の原因とも言えよう」と仰った。主人公のような芸術家の人間性と、そういった人間の生み出す芸術の「非人間性」にも大きな分裂があると考えておられたようです。続けて先生は、「この小説では〈感受性〉の問題も描きたかった」と仰っていました。ここから、芸術家のもつ二重性というか、人間性を否定せざるを得ない芸術家の感受性が、いかに複雑な葛藤をもたらし、それが人生と芸術に現われるか、ということを先生と私は語り合ったのです。特にこの『禁色』では、芸術家自身の内部にある分裂と、芸術作品と芸術家の魂との間にある分裂と、分裂の方向性が極めて精緻に描かれた作品と言えるでしょう。

さらに先生が『禁色』について、芸術家に足りないものは「血みどろの中から立ち上がって生きる力強さなのではないか。それが無ければ人間にとっては死さえもごまかしでしかなくなってしまうのだ」と言われたことが思い出されます。この小説は、既存社会のもつ枠組みを外した意味でも大きな波紋を呼びました。かつ、この作品は、芸術家から見れば、却って既存の体制のような「分裂していないかに見える」「正しい」世界のおかしさ、その非人間性がたくみに見え隠れしているということも私たちは話し合いました。そのとき、先生はこう言われたのです。「真の芸術は、社会の中で真剣に生き切ろうとする者だけに最後の輝きとして与えられるだろう」と。そして「芸術のためにする芸術は、結局のところ、人間性の破壊に終わるのだ」と。「苦しみながら分裂を受け入れて、人間は生きなければならない」とも先生は言われたのです。

『禁色』に続いて、それとは全く対照的な作品が文学論に挙がったのです。それが『美しい星』でした。これは私の最も好きな三島作品であり、また日本最大の予言文学の一つと私が思っているものでもあったのです。「宇宙人」にロマンを託した、これは大変なスケールの物語です。分裂の不幸を確かにこの作品も表わしているが、ここに表わされた不幸は、魂の本質すなわち魂は宇宙に属するということと、地上に属する肉体の間に生ずる分裂の不幸なのです。これら二つの要素がいかに共存し、いかに分裂していくのか。その相克を、涙なくして誰が読むことができましょう。

そして、最終的には宇宙の真実に生きるのか、地上の腐敗の中を見て見ぬふりをして生きるのか、そしてどちらの生き方を取るのかが、それぞれの人間に問われているのです。『美しい星』の主人公は、自分たちを宇宙人だと思っている大杉重一郎*とその家族です。この大杉家の人たちが、地球人たちに対して色々と異なる考え方を言うわけです。そして挫折を重ねていくのです。しかしいくら挫折しても、この一家の人々はその純粋性を最後まで失うことはなかった。ついには現世における魂と肉体の分裂を超越して、大杉一家は永遠に向かう憧れとしての、宇宙へと、実際には死へと向かって行動する。

このラストシーンの、信念が創り上げた想像の空飛ぶ円盤に向かって、お互いをかばい合いながら走り寄る大杉一家の姿は、まさに宇宙へ向かう憧れがすべて凝縮されている。これ以上に美しい情景を私は他に見たことがありません。この小説のもつ隠喩としては、未来からのメッセージであり、人間の未来的な心の憧れの本当の在り方を表わしていると、三島先生と私は話し合ったのでした。魂と肉体の分裂の不幸を乗り越える、三島先生の覚悟が、この文学を歴史に刻みつけたのです。「人間の肉体でそこに到達できなくても、どうしてそこへ到達できないはずがあろうか」と最後に刻印した先生の覚悟こそが、未来へ向かって一石を投じることになると私は信じているのです。後に『美しい星』に現われた「憧れ」については詳述します。

そして『朱雀家の滅亡』によく現わされている「人間は生(せい)だけによって生きるのではない」という葉隠の思想についても三島先生と話し合ったのです。この葉隠の言葉こそが、先生のもつ憧れの中枢を支えていたのです。この『朱雀家の滅亡』というのは、人間は肉体を持っているがゆえに弱い、しかしその弱い肉体をもった人間が、本当の信念に挑戦するにはどうすれば良いのかを描いた戯曲だと言えます。先生は『朱雀家の滅亡』の問題とは、人間がもつ「信念への挑戦」という風に述べておられた。信念に挑戦するということは、自己の魂だけにしかできない所業だという意味です。現世に実在する物質や肉体には、それは困難なことなのです。

だからこそ信念を貫く人間は、現世的には頼りなくまた弱く見える場合も多い。それをどう文学的に描くかの問題が『朱雀家の滅亡』の最大の眼目となるだろう。そのような内容を語り合ったのです。魂を乗せる器としての肉体というのは非常に脆く弱い。それは動物の掟に縛られているからです。人間は非常に動物的な本能に翻弄され易い存在であることが、この戯曲の中心の一つだと先生は言われた。そういう弱い人間が、どのようにして自己の魂に殉じた生き方をすることができるのかという方法を、『朱雀家の滅亡』で先生は模索していたのです。「『朱雀家の滅亡』は、戦前の日本の最も美しい遺産を表わした作品のように思う」と私は先生に伝えました。

先生は『朱雀家の滅亡』で描かれた憧れについて、「そのために、自分の命を投げ出しても良いと思う信念の対象が、何よりも人間にとって大切なものとなるだろう」と仰っていました。しかしながら、「その憧れを表わすに当たっては勇ましいやり方は駄目なのだ」と言われ、続けて「むしろいい加減に見えるほどの、明らかに分かりにくい方法で、真に魂に殉ずる方法を描かなければならない」と仰ったのです。なぜなら、それこそが実行可能な現世的方法だからだと言われました。つまり自己の弱さを踏まえた上で、人間は覚悟を決めなければならないということなのです。

だからこそ、一見、弱くも見えるやり方で、徐々に魂に殉じていく表現が良いのだということでした。それでいて、「覚悟」はとっくにできていることが重要な要件となるだろう。勇ましく、分かりやすい形は、「評価されてしまう」ことが多い。しかし、真の忠義や魂に殉ずるというのは、人からは見えにくく、報われることのないものが真実なのだと話し合ったのです。そして「評価されてしまえば、人間の信念は簡単に雲散霧消してしまうものなのだ」と締め括るように先生は力説されていたのです。

『春の雪』と自己存在

最後に『豊饒の海』の第一巻、『春の雪』についても、「憧れに死す」という観点から、葉隠的なものがどう現われているかについて話し合いました。先生の言葉をそのまま伝えると、『『春の雪』は自分自身への挑戦だった」ということです。それは自己の生命の本源を見つめた作品であるという意味でした。「命がけで自己の本源と向き合えば、それだけで人間のすべて、文明のすべてと向き合うことになる」。それを描きたかったのだと仰っていたのです。だからこそ、本当の自分に挑戦した人にしか、『春の雪』の真の生命的価値そして文学的価値は分からないとまで断言されていました。先生は、自分というものが、核心の部分と、自分ではない部分から成り立っていると捉えておられた。誰しも自分ではない自分というものを必ず持っている。その自分ではない自分と共に生きている自分が、真の自己存在とどう折り合いをつけて調整して生きていくのか、という究極の主題を扱った作品であるということです。

つまり『春の雪』は終末論的文学作品であって、三島先生自身の存在論でもあり、また非在論でもあったのです。先生の内面でも分裂の不幸が起きていたわけですが、その分裂の不幸をいかなる方法で人間は止めることができるのか。また、分裂の不幸を止めるには、分裂の不幸の真っ只中に突入していくのが一つの大きな方法としてあるのではないか。こういう考え方と方法論の検証と挑戦のためにも、『春の雪』という作品は三島先生自身に突きつけられた大きな課題となる作品だったそうです。先生自身が根底から自己を見つめ直す必要があったと、あらゆる技巧や虚飾や文学的な意図をすべて超えた、まさに「憧れに死する」ための作品だったのだと言われていたのです。事実、『春の雪』は『豊饒の海』の第一巻ということですが、先生はここで人生が終わっても良いと思われていたように私には思えていたのです。

さて、いままで文学の各論的な葉隠解釈を述べてきましたが、ここまで先生と私の間で文学論が発展したのも、文学に対する理解がほとんど同じ土台の上に乗っていたからと言えましょう。『葉隠』の中でも先生が重要視している項目と、私が「十戒」としている項目の中には異なるものもありますが、それは立場と役割の違いがあったためであって、大部分では「ずれ」は無かったと言えます。そうでなければ、先生と私ほどかけ隔てられた者同士が長時間、何回にも亘って議論を交わすなど、到底不可能だったでしょう。ひとえに、いつでも葉隠が二人の間に強固な掛け橋として存在してくれていたからに他なりません。文学の解釈一つにせよ、先ほどの『春の雪』で先生が成そうとしていたことを考えると、すべてが生と死の問題、自己の生き方の問題であったわけです。だからこそ同じ葉隠の憧れという方向を向いていた私たちにとっては、文学を超えた真の強い絆のようなものが生まれていたと思うのです。この現世で生きて出会い、そして死に向かう時間を共にする。そういった感覚で互いに思うところを余すことなく話し合ったのだといまでは考えています。

また、葉隠から得たもう一つの幸福として、「魂と肉体が合一したときの純然たる自分を〈自分〉と認識できる、つまり統一的生命体としての〈自分〉を認識できる幸福だ」という風に三島先生は仰っていた。これは、多分、生と死は全く同じだと捉えることによって得られる幸福なのではないでしょうか。つまり「人間は生だけによって生きるものではない」という葉隠思想を表わすには、死の幸福を摑まなければならない。先生は持続して様々な問題を抽出しながら、生と死が同じであり、死が真の幸福を与えることをこの後、益々描こうとしていたのです。三島先生は文学作品を通じてその生き方を体現しようとしていた一方で、本当の肉体的な死にまでも向かう葉隠の実行の段階に入っておられた。この頃の先生にとっては、その死までを確実に遂行するためにも、あらゆる角度から自分自身の文学者としての芸術と直面する必要があったに違いありません。自分の作品に葉隠的な生き方がどう表われているのかを確認する必要があったように、私には思えるのです。

三島先生は、よく「文武両道」ということを言われていましたが、元々は作家であり芸術家なのです。極めて高い知性を持つ先生としては、一回性の行動を勢いで遂行するよりも、文学者としてあらゆる角度から行動に対する納得性を持ちたかったのではないでしょうか。昔の武士ならば言葉も要らず、何も理屈なしに切腹したのかもしれませんが、三島先生は作家としての自分自身の運命を嫌というほど知っていたのです。作家としての自分の歴史的使命を強く自覚されていたことは、私の目にもはっきりと映っていました。しかも近代人として生を享けた以上は、科学的な根拠というか、自己分析というと語弊があるかもしれませんが、冷静な意識として自己を極限まで認識しておかれたかったように思います。行動するにも、文学者として納得して行動したかったのではないかとも、いまになって思うのです。

話は少し変わりますが、三島先生は太宰治*をあまり好まれなかったことは有名でした。ときに同族憎悪などと言う評論家が多く見受けられましたので、ここでその間違いにも少し触れておきたいと思います。三島先生は本当に生真面目で、一つひとつの問題を疎かにされない性格でした。原稿や創作ノートに至るまで、あらゆるものを完全に把握しておられた。ある種、太宰は不真面目で放埓と言いますか、三島先生とは正反対の性格の持ち主だったと言えましょう。だからこそ、いままで自分が築いてきた文学がいかなるものだったか、また、どの程度まで他人に伝わる形で意図が表現できたのか、先生は私との文学論を通じて検証されていたようにも思えるのです。

過去の決算をしながら、最後に自分が向かう方向性、最後の作品で表わすべき内容を纏めておられたのではないかと私は強く思うのです。「これから書きたい文学がある。それは最大の文学になるだろう」と度々言われていた。『豊饒の海』はもちろんですが、それ以降も創作に対する大いなる希望を抱かれているように見えたのです。三島先生が、意見を自分の中で文学的に纏めるという意味は、死へ向かう覚悟がより固まるという意味だったのだと、いまになって思います。私の感覚では、先生は『豊饒の海』の先にある文学について、大いなる構想を持っておられたように思いました。いまから考えれば、それが霊性文明的な作品であることが想像できますので、私としては先生の死は、いまでも納得できないほどの精神的な痛手となっているのです。

しかし、現実のこの時点では、『豊饒の海』も実現が危うい状態にあったということはすでに述べました。『豊饒の海』全四巻の計画は構想しておられたのですが、ぐっと纏めるためには現世の文学界や世間にあまりにも絶望しておられた。これ以上文学を書いても、もういまの日本人は駄目なのではないかとまで仰っていたのです。私と話しているうちに『奔馬』を続けて書き、最後まで『豊饒の海』を書き上げる覚悟ができたと言われたこともありました。この時点では私には分かりませんでしたが、自分の文学を最後の作品まできっちりと仕上げていく計画が練られたのだと、いまとなって涙とともにその心を慮るばかりです。いずれにしても、先生の心が希望と絶望の間を揺れ動いていた何年間かであったことは間違いないでしょう。図らずも、私は先生の死に加担していたのかもしれないと、複雑な思いをいままで引きずってきました。この最晩年の会話を纏めることで少しでも三島先生への追悼の意を表わせたらと祈りつつ禿筆(とくひつ)をふるうのみです。

憧れの変容

このようにして文学論が各作品に対して展開されていったのですが、議論の終わりに三島先生が、我々が話し合った作品は「憧れの変容」を示しているのだとつけ加えられたのです。そして、そのときにゲーテのメタモルフォーゼ(変容)という形態変化の新しい科学的見方を教えて下さいました。変容という、まさに生命現象が関係しながら移り変わる物質の変化の妙に私は強く惹かれたのです。その変容が、先生の文学の発展を支えている考え方なのだと知らされた喜びは大きいものがありました。憧れの形が「生きたまま」どう文学の中に異なる形で表われているかということです。

『青の時代』と『禁色』は分裂の不幸が強く全面に出た作品で、どちらかと言えば「憧れ」を追うための前提となる人間側の問題が扱われていた。各主人公の特徴が非常に強く、その分裂を描くのに分かりやすい作品でした。しかし、いずれの作品においても、人は生（せい）だけによって生きるものではないが故に、憧れを追い求めるのだということが、色々な形で作品に描かれているのです。しかし、重要なことは憧れを追ったからといって、現世での幸福は得られない。むしろ不幸や挫折を呼び込むだけのことに過ぎないということなのです。

続けて、三島先生の仰った「憧れの変容」として各作品を見直すと、『美しい星』は未来からのメッセージであり、人間の本来的な憧れの形そして未来の憧れの在り方を描写している。人間の本当の魂、初心、憧れがどこにあるのかを思い起こさせる小説です。私自身も憧れを仰ぎ見て七十四年を生きてきたわけですが、その情熱を絶やさぬためにも常に人間の初心というものを考えて生きてきたのです。その生き方は私の場合すでに高校生のこの時点でもそうだったのです。だからこそ穢れのない初心、純粋な初心がよく表わされているこの『美しい星』が、三島文学の中でも最も好きな作品であり続けているのでしょう。「人類の持っている真の憧れとは何かを、いまの時代の地球上で表わしたのが『美しい星』なのだ」と先生も仰っていた。「SF仕立てにしたのは、真の憧れはもうこの地上には無いということを表わすためだった」とつけ加えられたのを忘れることができません。

そして『朱雀家の滅亡』は、戦前の日本の最も美しい憧れという遺産を扱っていると話し合った。滅び去った後に、真の憧れを日本民族の遺産として残すということなので、すでにこの戦前にあった憧れというのは現世に存在しないのです。しかし、自分の命を投げだしても良いと思う対象が真の憧れであることは変わりません。形が変われども、憧れがいかに人間を形成しているのかを各作品で有機、的、な変容として描きたかったと先生は言われていたのです。そして、『朱雀家の滅亡』はすでに滅び去った憧れという我々の故郷を主題にしているのだということで、最も本来的な文学になっていると話し合ったのです。

最後に「憧れ」について、『豊饒の海』の第一巻『春の雪』の中で、どうその変容が表現されたかに話が及びました。前にも触れましたが、先生が自分の生命とは何か、真に生きるとは何かということの、現、世、的、な、帰、結、点、を求めようとした作品だと話されていたのです。だから『春の雪』の主人公は歪んだ、敗北した形で終わるのですが、あの真の意味としては、主人公はのた打ち回って辿り着く本、当、の、憧、れの中に死んだのだということを表わしたかったのです。つまり「偉大なる敗北」です。先ほども述べた、憧れに生きるということは、現世でのぼろぼろの敗北を意味することもあるわけです。

しかし、三島先生は『春の雪』に関しては、最高の憧れを表わすことができたと仰っていた。これは前にも書いたように「本当の自分に挑戦した者にしか、〈春の雪〉に描かれた生命的価値は分からないだろう」とも続けられたのです。葉隠は憧れを追う思想だからこそ、三島先生の作品はそのすべてが葉隠の変容とも言えるのかもしれません。さまざまな作品が話に上りましたが、結局、葉隠で述べられた人間生命のもつ深淵が生み出す真の「憧れ」に向かうことが描かれているのです。先生は若い頃からずっと分裂の不幸を生きていたために、自己を統合したいという気持ちも強かったようです。文学作品をこうして再考することで、先生は「自分自身を振り返るようだ」とも仰っておられました。

特に憧れに向かっているとき、人は自分ではない自分になる。自分を超えた自分というのでしょうか。自分でも把握できない謎の自、分、で、す。この謎こそが、人間生命の「変容」の本体ともなっているのではないでしょうか。この謎が最も色濃く表わされたのが『豊饒の海』の第一巻『春の雪』であり、その後も輪廻転生を繰り返して謎が謎のままに継承されていく。つまり私たちが現世で自分だと思って、人間の性格だと思って分析しているものを遥かに超えたものが人間だということです。すなわち人間は謎なのだということが一番大きな課題として残っていくわけです。

それを三島先生は最後の文学となった『豊饒の海』で、その大いなる謎を描く挑戦をなされた。謎がどう受け継がれていくのかということを、律儀に真面目に三島先生は追求したのです。自分の限界をも超えて、最後の文学で謎の根源的実在を表わそうとされたと言えましょう。その態度は、『豊饒の海』以前の作品も同じで、日本社会や歴史、天皇制などの問題もすべて文学的に把握して伝えたかったのでしょう。しかし、自分の文学がどういう意味があって、どう捉えられているのか、客観的にはなかなか把握できない。三島先生自身も謎を描いているわけで、自分でも気づかない本質が作品の中に表わされているのです。ある種の自己変容が、作品の中で起こっているとも言えましょう。

もう一つ葉隠の「憧れ」が表現された重要な作品としてつけ加えたいものがあります。特に憧れの変容ということに関して、私が最も深いものを摑むことができたと思っている作品となっています。『海と夕焼』と題した短編ですが、「憧れ」に生きる人間に生ずる心理を最も葉隠的に描写した作品として突出しています。そして、その変容に「憧れ」の真髄のすべてが注ぎ込まれていると言ってもいいでしょう。

作品の舞台は十三世紀の鎌倉建長寺ですが、同寺の寺男として生きる安里（アンリ）*という老フランス人が主人公です。安里は子供の頃、フランス南部の故郷でキリストのお告げを直接に聞いたのです。召命を受けた安里は、すぐに子供十字軍に志願して聖地エルサレム奪還のためマルセイユ港に向かう。そこで希い祈るのですが、いつまでも地中海が二つに割れるという奇跡は起こらない。お告げによれば、海が二つに割れ、自分は歩いて聖地に向かうことができるはずだったのです。その後、奴隷商人に騙されて身を売られ、エジプトから転々とし、最後にインドで大覚禅師*と出会い救われることによって、同師の下僕となり日本にまで渡り、建長寺で数奇な人生を過ごすのです。

私にとって、この『海と夕焼』ほど感動した作品は少なかった。安里は大覚禅師の下僕として長い一生を鎌倉で終えたのですが、死ぬ日まで、あの奇跡がなぜ起こらなかったのかだけを不思議に思う生涯を送ったのです。奇跡を疑うのではない。なぜ起こらないかを考え続けるのです。私はこの安里の魂こそが、真の憧れを抱ける者の真の姿だと思いました。絶対に変わらぬ憧れとは、変容を続ける憧れなのです。そして、その変容を支えるものは、絶対に動かぬ信ずるものの存在であり、何よりも祈り続けるその不動の信念にあるのです。

私はこの史実から起こされた物語を読んで、憧れの真の変容を学んだと思っているのです。それを先生に私は伝えました。中一の頃から、安里は私の最大の心の友となったことを語り続けました。先生は「君の憧れは、多分、もう死ぬ日まで動くことはないだろう」と言われ、続いて「辛い生涯が君を待ち受けていることが私には分かる」と仰ったのです。私は「困難などは、私にはどうでもいいことです」と言い、続けて「それよりも、憧れが大きくなるだけの人生を築きたいのです」と先生に言ったのです。すると先生は「君の葉隠は、将来、空前の思想に発展するに違いない」と言われ、続けて「君の葉隠が変容によって崇高に至るまで成長するための文学を、私は必ず将来、君のために書くだろう」と仰られたのです。

私は先生の発せられた言葉に感動し、その意味を深く洞察することができませんでした。現在になって言えることは、先生の言葉は真に成就したということに他なりません。安里の奇跡を信ずる力は、我々近代人の遠く及ぶところではありません。しかし私は安里の如く生きたいのです。先生の言われたことは、この世に奇跡をもたらすに等しいことばかりでした。そして、その奇跡は必ず起こるのです。私は死ぬまでそう信じ続けることを、この執筆とともに自分に確認し続けているのです。

『美しい星』に向かう

葉隠の思想に基づく文学論において、『美しい星』については再三にわたって先生と深く話し合いました。葉隠的な生き方を完遂するために、特に重要な作品として私たちの中で中心に位置づけた作品だったからです。この章でもすでに触れましたが、重複を恐れずに『美しい星』の中に表わされた憧れについての、先生との議論を再び取り挙げたいと思います。この作品では、肉体が行けなくても魂だけで到達できる場所が、人間生命にとっての憧れの場所なのだと説かれている。そしてそれを貧しさと苦しみの中から追い求めなければならないことを表わしたのだと先生は言われていた。

すなわちそれは「聖性」とも言い換えられると仰ったのです。人間の「聖性」が、生命の煌めきと共に描かれている。しかし、その聖性というのは、貧しさと苦しみの中から追い求めなければならないものなのだ、ということを先生と話し合いました。人間が憧れを求める生き方を「聖性」という言葉で、『美しい星』の中に書かれておられた。この聖性に至るにはあらゆる辛苦をものともしないということを『美しい星』は表わしていますが、これはまさに葉隠の思想でもあります。

三島先生も、「憧れが葉隠の中心思想であって、その憧れというものを最も自分として書き切ったのは『美しい星』だった」と仰っていたのです。人間のもつ憧れというものを、地球上で最も分かりやすい形で表現した作品だと言えます。さらに先生は「憧れのために死ぬことだけが、我々の生命の目的なのだ。私は、それを人間文化の中に展開することが文学の最大の役目だと思っている」と語られました。これに一番成功したのが比較的中期においては『美しい星』で、また、それを踏まえていまは新たに『豊饒の海』で方法を変えて表現しようと試みていると続けられました。

　また集大成となるような「最終文学」を書きたいのだと幾度か仰っていたのですが、もちろん私は『豊饒の海』以降にライフワークとされる主題が見つかったのだと思っていたわけです。これがついには、自分の肉体を擲って時代を斬り裂くことが、「三島由紀夫」の最終文学だったということに後になって気づかされたのです。先生は最初から「憧れのために死す」ことだけが我々の生命の目的であり、それだけが文学の最大の役目だと仰っていた。だからこそ、三島先生の自決事件が先生の「最終文学」だったに違いないと私の中で結論づけることになったのです。

『美しい星』についての議論は続いたのですが、具体的な内容のことでは微に入り細に入りと、果てしのない時間が過ぎたのです。先生は「魂のために命を投げ捨てることができる生き物こそが人間なのだ」と言われ、続けて「私はそのことだけを自分の文学に書き残したいと思って生きてきた」と重い口調で仰っていた。では、この世の中で魂のために肉体を投げ捨てる生き方を、どうやって実現して行くのかということを先生に問うた。そのときに先生が、「それは、『美しい星』の中にも私が書いているのだ」と言われたのです。

　私はそれが究極の形で現われたのがあのラストシーンであり、これほど美しい終わり方は世界文学の最高峰なのではないかと先生に愬（うった）えました。このことは、文学論において再三にわたって私は先生に伝えていたのです。私は「先生の真意として、本当の憧れとは必ず実現する生命的真実なのだということをラストシーンにすべて集約されたのではないか」と伝え続けたのです。先生はこれを聞いて、「君の葉隠は本物になるだろう。十七、八歳の年で憧れの生命的真実を断言できる人は他にいない。君との文学論は勇気が湧いてくる」と言って下さったのです。この言葉は文字通り、私にも勇気を与えてくれるものとなって、私の生涯を支配しています。だからこそ私は十代のときの自分と、いまの自分のもつ信念の一貫性を何よりも重んじているのです。三島先生が再三に亘って、自分自身の「変節」を何よりも嫌ったように、私自身も青春に決めた生き方を生涯に亘って貫こうと固く決意したのです。

憧れに向かうには、あらゆる艱難辛苦、貧しさと苦しみを超えなければならないことは、すでに先生と幾度も話しました。私はまだ十代だったのでいかなる人生の荒波が待ち受けているか、この時点では分からなかった。しかし、その後の人生において、自分なりに艱難辛苦と思えることも幾度も起きましたが、いつでも先生の言葉が甦ってきて、信念を曲げるようなことは決してすまいと言い聞かせていたのです。「憧れとは必ず実現する生命的真実である」と三島文学から感じた私の心はいまでも変わりません。いまでも『美しい星』が最も好きな作品の一つであり、後年になって初めて登壇した「第五十回憂国忌」でも『美しい星』についての思い出を多くの方々に自分なりに伝えたのです。つまり、この作品が何か先生と私を結んでいる大きな作品であるように感じているということです。それは先生が「最も葉隠的な」作品であると評したことからも、二人に共通する深い部分の憧れがそのまま描かれているからに違いありません。

また、私の生涯を貫く座右銘ともなった「人間の肉体でそこに到達できなくても、どうしてそこへ到達できないはずがあろうか」という言葉は、まさに『美しい星』の最後に書かれています。これは

『豊饒の海』にも通底している考え方で、さらには自決事件という三島先生の最後の姿にもこの言葉が重なって来るのです。『美しい星』の最後は円盤に向かって走りながら宇宙へ旅立とうとするシーンなわけですが、この生命の煌めきが光るアポロン的な終わり方と、三島先生の血の海の中に亡くなる自決のディオニソス的な結末も両者ともに全く同じものなのです。

最も美しいものは、最も残酷でもある。三島先生の最後は、聖性に到達するための究極の美しい死だったとも言えるのです。真にアポロン的なものは、ディオニソス的なものに支えられているのです。憧れに到達するために命を擲（なげう）った切腹は、最も美しい死に方だった。三島先生は、葉隠のように生き葉隠のように死んだのです。私たちが語り合った葉隠は、高貴と野蛮の合体こそが真の武士道であるということに結論づけられていたのです。先生の人生と文学はまさにそれに尽きるでしょう。

孤独なる忠義

そして、葉隠を中心とした文学論に必ず出て来るのが『朱雀家の滅亡』ですが、それはやはり武士道や葉隠の精髄を非常によく表わしているからだと思います。このときは『朱雀家の滅亡』のもつ「受け身の忠義の崇高さ」というものが、人類の最大の遺産ではないかという話になったのです。この作品は、戦前の憧れという遺産を描いたものだと語り合った点は少し前に述べました。しかし戦前の日本を超えて、人類的な最大の遺産であるという風に話は発展してきたのです。人類がもつ憧れの最高形態というのが、「受け身の孤独なる忠義」なのだと話し合い、私たち二人はかなり気焔を上げていたのです。

また、すでに書いた事柄ではあるのですが、私はリルケの書いた『ロダン』の中にある崇高を見上げる言葉が、『朱雀家の滅亡』の美学を表わす最も近い言葉なのではないかと先生に伝えたのでした。すなわち「遠くから見られ得るもの」です。この美の極致、崇高の極致を表わすリルケの表現こそが朱雀経隆の生き方であり生命であるように思ったからです。先生はこの言葉を喜んで下さったのですが、そもそもリルケを先生は非常に好まれていた。私もリルケが好きで、ことあるごとに引用していたのですが、このとき、先生は、リルケによってご自分の亡くなられた妹の美津子*さんのことを深く思い出して語られていたのです。先生は大変に妹さんと仲が良かったのですが、妹さんは十七歳のときに勤労動員のときに飲んだ水がもとで腸チフスにかかって亡くなられてしまった。それが先生の心に深い影を落とした死であったことを、目頭に光るものを滲ませながら話されたのです。美津子さんはリルケをよく読まれていたそうです。この妹さんの生前の息吹と相まって、先生はリルケには特別の思いを抱いていて、リルケの話が出るといつも妹の顔が思い浮かぶと仰っていました。

さて、リルケの言葉の「遠くから見られ得るもの」を、三島先生は『朱雀家の滅亡』において日本独自の概念、すなわち「受け身の孤独なる忠義」に転換して書かれたように思いますと、私は申し上げました。これに対して先生は、それは縄文以来の生活に根差した、真の日本人の本当の姿なのだと返答して下さいました。「受け身であることこそが、日本文明の中を一貫して流れている、最も美しい日本人の生命の発露の仕方なのだ」と。私はまた、「『ドゥイノの悲歌』の第一歌に表わされた〈美は恐るべきものの始まりに他ならない〉との言葉が、『ロダン』での言葉とはまた別の角度から『朱雀家の滅亡』の崇高さを言い表わしてはいないでしょうか」とつけ加えました。これには先生はすごく驚かれて、崇高さという意味でこのリルケの晩年に紡がれた悲歌を引き合いに出してくれたのは格別に勇気が湧くと仰られたのです。

美が本来、恐ろしいものであることは、三島文学において、すでに『金閣寺』で主人公がその重みを受け止められずに挫折していく姿をもって描かれていました。しかし、同じ美に対する態度でも、朱雀経隆の生き方は全く違うのです。経隆は「孤独なる忠義」に生きることを決意します。『朱雀家の滅亡』は、一見、滅亡する華族を描いた負の作品に見えますが、実はそうではなく、「とうの昔に死ぬ決意をしていた」真の忠義に生きる爽々しい主人公の姿を描いたものなのです。この作品について三島先生は「狂気としての孤忠であり、又、滅びとしての忠節」を表わしたと仰っていますが、恐ろしいもののために忠義を誓うには、確かにある種の狂気が必要であると私たちは語り合いました。これこそ、まさに葉隠の「死に狂い」である、と。つまり、狂気の中に真の生命的幸福が潜んでいるという葉隠の真実を語り合ったのです。そういう意味では、『金閣寺』の主人公は真の狂気には至っていなかったとも──。

先ほどのリルケの「美は恐るべきものの始まりに他ならない」は、日本で言えば、「義」と一体の「美」と言えましょうか。精神的には日本の義は「忠義」ということです。同じくリルケが美の崇高さを恐るべきものとするのは、そのために命を擲つ覚悟が必要とされるからです。そのような美は、英国の哲学者エドマンド・バーク*の言う「崇高」の定義と同じものだと私は感じています。崇高とは、「何か重々しく、恐ろしくて、暗くそして怖いもの」とバークは言っていた。つまり、義と一体の美こそが崇高に他ならない。そもそも表面的に美しいものや綺麗なものは芸術ではない。文学も同じで、三島先生は、日本人の忠義の心を奮い立たせるためにも、義に裏打ちされた美を追求したのです。

三島先生は、『行動学入門』で書いておられますが、先生にとって「よい文学」とは「人間は救われないということを丹念にしつこく教えてくれる」もので、「一番おそろしい崖っぷちへ連れていってくれて、そこで置きざりにしてくれる」文学であると定義しています。ここに美の本質がすべて表わされていると言ってもいいでしょう。真の文学は、『朱雀家の滅亡』で表わされたような、報われもせず、分かってもらえることもない「孤独なる忠義」の崖っぷちに立つ必要があるのです。

また、『朱雀家の滅亡』の経隆は、想いを遂げられることのない究極の「忍ぶ恋」を結晶化している人物だということでも話し合った。いみじくも三島先生の自決事件の少し前に、文芸評論家の日沼倫太郎が三島先生の「忠義」を「恋闕（れんけつ）の形而上学」と述べたような生き方がこの戯曲にはあるのです。それこそを、真の忠義と日沼も考えたのでしょう。「恋闕」とは、報われることのない、生涯想い続けて死ぬような恋心ということです。この崇高の極致を表わすのが、朱雀経隆の生き方なのです。リルケの言う「遠くから見られ得るもの」と「美は恐るべきものの始まりに他ならない」なのです。先生はこの二つの表現を気に入って下さり、「二つとも実に美しい表現だ。この犬死の生き方、相手に分かってもらうことのない忠義が、人間の築き上げた最も美しい文化を表現しているといえよう」と仰ったのです。

それに対して私はこう応じました。「先生がそれを文学的に表現なさったのは、葉隠的な運命を愛する心があるからだと思います。運命への愛の成せる業だからこそ朱雀経隆は、一個の人間としてのみならず、日本文化の体現者そのものに成れたのではないでしょうか。そしてそれは先生の憧れそのものに違いないと思います」と自己の意見を述べたのです。この「運命への愛」（アモール・ファーティー）とは後年に分かったことですが、マルクス・アウレリウスの言葉で、後にフリードリッヒ・ニーチェが自らの哲学に引用して有名になった概念です。それをフランスの哲学者モーリス・パンゲ*

が日本の武士道を表わす言葉として用いた。パンゲは切腹を中心とする武士の、自己の生命に対する完全な独立自尊と自己責任の生き方と死に方を、自分のもつ運命を本当に愛していなければできない生き方だということで、この「運命への愛」という哲学概念を武士道に当てはめたのです。私はすでに、それを感じていたということです。先生と私は最初の出会いの頃、「不条理」の文学論を交わしていましたが、そのときにも『朱雀家の滅亡』が取り挙げられたことを思い起こして同じ思想を、また違う角度から話し合ったのです。

つまり、不条理の最も美しいこの世の現出が「憧れ」なのだという議論に花が咲き、憧れ即不条理ということで議論を深めていきました。先生は『朱雀家の滅亡』が再度、話題に上がったことを喜ばれ、葉隠的な文学観の発露として自作を深く見つめ直せたと仰られたのです。作品のもつ意味を反芻して考えておられました。肉体を持つ人間が現世に生きる以上、不条理は避けられない。その中で憧れに生きると決めたときに、永遠に報われることのない戦いへと人間は投げ出されるのです。大なり小なり、人間である以上は、精神と肉体の、すなわち生と死の狭間にある苦しみを超越しなければ憧れには到達できないのです。だからこそ現世で不条理が生じているのならば、それは却って憧れに生きようとしていることの証左に他ならないのです。憧れを捨てれば、この世はそれなりに住み易いところとなるでしょう。人生の巨大な不条理は、我々の魂が求める憧れが生み出しているものとも言えるのです。

運命への愛

三島先生には葉隠的な「運命への愛」があるからこそ、朱雀経隆が日本文化の体現者となれたのだと私は意見を述べました。そして、それは先生の憧れそのものだと述べたときに、先生は「確かに『朱雀家の滅亡』は自らの憧れを表わそうとしたのだ」と答えられました。この朱雀経隆の憧れが自分自身の憧れだと仰ったのです。先ほど述べた「孤独なる忠義」です。先生は「孤忠」を民族の歴史に捧げたいと思っておられ、近くそれを表わす大作を完成させたいと言われ、『豊饒の海』を引き合いに出されていました。そしてその大作の後に、私の人生最大の文学を成し遂げたいということを仰っていた。

つまり『朱雀家の滅亡』は『豊饒の海』とその後の文学の序章的な意味もかなりあったのではないかと思います。先生自身も『豊饒の海』に繋がっていく思想的な流れについて仰っていましたし、『朱雀家の滅亡』がその幕開け的な役割もあるということでお聞きしていました。これは証言としてかなり重要なものとして思い起こされます。このことは、先生が自分の「孤独なる忠義」を歴史に捧げることを決意していたということなのです。誰からも理解されず、報われることのない、大変な戦いへと向かっていたことが、対話からも非常に伝わってきたのです。

当時はもちろん文学においての挑戦としてしか私は捉えていませんが、何か非常に強く深い決意を持たれていることを私は感じたのです。しかし、決して何かを匂わすようなことは無かった。「三島由紀夫」と言う人の完璧な計画性と準備、そして自身の人生を完全に創り上げようとした徹底性には驚くばかりです。『豊饒の海』の後に人生最大の文学を完遂させようとしているという意味深い言葉を仰っていましたが、私には何を具体的に書こうとされているか、どういう計画かまでは計り知れなかったのです。

ただ、二人で話した内容に基づいて、新たに飛躍した葉隠的文学が読めるのだろうと、私は期待で胸が高まっていたのです。そして私はこの時点で「孤独なる忠義」というものが「ただ独りで生き、ただ独りで死ぬ」考えに基づいて成され、さらには人類最大の憧れの現出であると結論づけたのです。つまり人類の過去から未来までを包含する、人間生命の崇高性の現出ということです。それは三島文学を通じて学ぶことのできた憧れを体現するための方法論でもあるのです。

また、この「運命への愛」の描き方こそを、ギリシャ悲劇のエウリピデスの『ヘラクレス』を参考にされたと先生は仰っていたのです。しかし、一般的に言われた『ヘラクレス』の演劇的要素はあまり『朱雀家の滅亡』に援用してはいないとのことでした。「運命論」だけが重要なのであって、それ以外のモチーフは公には文芸評論家などが『ヘラクレス』との関連性などを考察していても作品自体で表わしたかったこととは一線を画している、と仰っていたのです。そして、「『朱雀家の滅亡』の完成形としての最終文学を構想しているのだ」と言われ、続けて「その最終文学となるものは、ギリシャ悲劇、日本神話を中心としつつも、葉隠と陽明学の要素を究極的に表わした文学となるだろう」と仰っていたのです。

つまり死を引き寄せる真の文学だとのことでした。これを自分自身の最終文学としたいとこの時点で話されていたのです。『朱雀家の滅亡』から『豊饒の海』そして最終文学へと繋がっていくのだと、お聞きしたのです。私が「運命への愛」と言う言葉を使ったので、ギリシャ悲劇についての話題も出ましたが、ギリシャ神話や日本神話などの古代の魂だけが分かる「運命の舞踏」を三島先生は文学の中で繰り広げているのだという言い方をされていました。

先生は「真の人間のロマンティシズムを完全な形で描きたいのだ」と、熱のこもった様子で断言されていました。私がそこで同じ熱をもって、「何か僕も分かるような気がします」と返したら、「君は未来に生きている超古代人だから当たり前だ」と仰って笑っておられたのが忘れられません。こう仰って朗らかに笑い声を立てて一連の文学論を終えたわけです。まるで時空を超えて話し合っているような感覚でした。

このことはとても不可思議な符号があるのですが、後に私は作家の五味康祐氏*とも交流を持ち、その折に私のことを「日本原人」とあだ名をつけておられたのです。三島先生からも超古代人と言われて何か自分のもつ古さというか根源的な性質を捉えていただけたようで、とても嬉しい思い出として残っています。このお二人が共通して仰っていたことは、私が古代を愛しそこに住んでいるということと、だからこそ、そのまま未来を摑むことのできる人間なのだということでした。この言葉は、以後、私が人生の問題点にぶつかる度に、私の道筋を示してくれることとなったのです。

文学論が中心ではあったのですが、葉隠を主題とした話だったので、私の「葉隠十戒」の言葉も三島先生が取り挙げられました。この「葉隠十戒」は先生との最初の出会いのときにお渡ししたのです。ここで改めて全文入れておきたいと思います。

第一戒　武士道といふは、死ぬ事と見附けたり。
第二戒　二つ二つの場にて、早く死ぬほうに片付くばかりなり。
第三戒　図に当たらぬは犬死などといふ事は、上方風（かみがたふう）の打ち上（あ）がりたる武道なるべし。

第四戒　毎朝毎夕（まいちょうまいゆう）、改めては死に改めては死ぬ。
第五戒　恋の至極（しごく）は、忍ぶ恋と見立て申し候。
第六戒　一生忍んで、思ひ死にする事こそ恋の本意なれ。
第七戒　本気にては大業（たいぎょう）はならず、気違（きちが）ひになりて死に狂ひするまでなり。
第八戒　不仕合（ふしあ）わせの時、草臥（くたぶ）るる者は益（やく）に立たざるなり。
第九戒　必死の観念、一日仕切（しきり）なるべし。
第十戒　同じ人間が、誰に劣り申すべきや。

三島先生は中でも第十戒として挙げた最後の「同じ人間が、誰に劣り申すべきや」に惹きつけられたと仰ったのです。この言葉に関しては、三島先生も前から葉隠の中でも最も本質的な精髄として捉えておられたようで、私がこの言葉を選んだことに感心して下さった。「この第十戒を締め括りに持ってきたのを知って、君が必ず葉隠を実行する人間になるだろうと感じた」と、私に感想を伝えて下さったのです。また、「この言葉を選ぶ人は少ないだろうが、それは本気で葉隠を実行しようとしなければ選べない言葉だからだ」と続けて仰った。三島先生も自分自身が葉隠を実践するに当たり、一番この言葉が重要だということを感じておられたのです。

先ほどからの文学論で、憧れに向かう生き方には「孤独なる忠義」が絶対的に必要となることは話してきましたが、それを断行する際の心持として第十戒の「同じ人間が、誰に劣り申すべきや」が無ければできないのだということです。単なる武士道好きとか懐古趣味とかそういう表面的なことでは、葉隠の思想は実行できない。つまり自己の生命の中に潜んでいる真の崇高性に目覚めなければ、絶対に憧れに向かうことはできないのです。それを三島先生は嫌と言うほど実感されていた。
「葉隠を実践するには勇ましい言葉は必要ではないのだ」と先生は続けて仰いました。この点は『朱雀家の滅亡』の「孤独なる忠義」とも重なってきますが、男らしく、勇ましく実践するのが武士道ではないのです。受け身だとしても、最後までやり遂げる覚悟というものは、誰からも理解もされず、分かりやすくも、格好良くもない。耐え続けるロマンティシズムというものが、武士道には一番重要となってくるのです。つまり自分自身の「運命への愛」です。これは行動した人にしか分からない。たった一回の行動に至るまでの、全人生の行程とも言えるかもしれません。すなわち、死という一回性の憧れに死するためには、全人生を耐え続ける必要がある。生きて行動することも大事ですが、耐えて最後の死を迎えるための修養が大切ということでしょう。死のための心持の問題は多く『葉隠』に描かれているように思います。

憧れに向かうための真のロマンティシズムに生きるには、いかなる人間にも劣らないと自負し、自分だけを信じて貫くしかないのです。それは「運命への愛」と言い換えることができると先ほど言いました。武士道というのは、実は男らしいものでも、刀を振り回すものでも、戦い抜くものでもない。もちろんそういう側面もあるかもしれませんが、外面には決して現われない「誠」に支えられた根底をもって、孤独なる忠義に生きることが武士道なのです。だからこそ三島先生は、この第十戒を初めて見たときに、私の中の「誠」を感じて下さったのです。そして私がきっと葉隠を断行できる人間になるだろうということを直観されたと言って下さいました。もしかしたら最初の出会いで、この「葉隠十戒」を渡していなければ、三島先生もそこまで私に興味を持って下さったかは分かりません。それほど、「葉隠十戒」を三島先生は評価して下さった。本当は報われてはならないということを重々分かっていながらも、やはり三島先生から認められたことは嬉しかった。若気の至りではあるのですが、本当に嬉々として好き放題に文学論を先生にぶつけることができたのです。

この第十戒の言葉「同じ人間が、誰に劣り申すべきや」は、先生自身がいま執筆されている『豊饒の海』を支える真の思想かもしれないと先生は仰って、人間の憧れに向かうひたむきな姿を描き切りたいと、私を真っすぐに見つめて仰ったのです。「この言葉が葉隠の中でも重要だと気づく人は少ない」、そう先生は何度にもわたって言われていたのです。それは『葉隠』を歴史文献として、死して固定されたものとして読むなら、自分が実践して生かす必要には駆られない。一方で、葉隠の根底にある真の憧れに気づき、それを体現する人生へ向かおうと決意した人は、一つの大きな思想として葉隠から「自己を本当に立てる言葉」を摑まなければ、現世のあらゆる圧力や無理解や不幸に負けてしまうのです。だからこそ、「同じ人間が、誰に劣り申すべきや」の精神で、自分だけが成し得る武士道を実践する気概が必要となるのです。

この言葉は大口を叩いているように見えるかもしれませんが、自負ということが武士道では非常に重要になってくるように思います。『豊饒の海』を続けて書くに当たって、三島先生がこの第十戒の言葉を心に収めて下さったことが、何より自分の人生にとって無二の出来事となったのです。私はその後、『豊饒の海』が全巻刊行された時分は、三島先生の死という大きな穴が心に空いた状態だったのですが、三島先生の言葉を思い出しながら、『豊饒の海』を読み耽り、武士道を断行することの極限について考え抜くようになりました。命を賭しての先生の行動には、第十戒の言葉が根底にあるように思えてならないのです。『朱雀家の滅亡』で描いた文学を、先生は実人生でも行なわれた。最後まで貫かれた先生の生き方をいまこそ一人ひとりが「同じ人間が、誰に劣り申すべきや」の精神で、捉え直すときに来ているように思います。一人の武士として散った「三島由紀夫」に劣り申すべきや、と自問しつつ、私も今日こんにちまでの命を生きてきたのです。

第六章

恋闕の詩情

王陽明逍遥

ベートーヴェン病

三島先生との思い出の中でも、私が青春時代の記憶とともにいつでも格別なものとして振り返る体験があります。私は「ベートーヴェン病」と呼ばれる思春期独特の懊悩（おうのう）に取り憑かれていた時期があったのです。ベートーヴェン病とは、ベートーヴェンの音楽の到達不能な深遠さと重厚さ、また自己確立の悩みとが相まって、「個」の苦悩に大きく苛（さいな）まれて起こる病です。この偉大な音楽が、自我の卑小を思い知らせてくれることによるのです。つまり、いかに「個」が小さいかを如実に知らされる。そこから抜け出て、国家のこと、社会のこと、他者のことを悩める人間へと育っていけるかどうか。そして同じ頃に抱えていた初恋の悩みについて、三島先生に相談したときの思い出です。私は葉隠のことしか眼中になかった、かなり特殊な人間でしたが、ちょうど三島先生と対話を交わしていた高校生の頃は、青年らしい悩みにも徐々に苛まれていたのです。

あれは高校二年生の夏休みのことでした。私はすでに十八歳になっていました。夏の休暇を過ごすために、母の知人が経営する八ヶ岳の山荘を訪れたときのことです。三島先生との最初の出会いから数えて、すでに山荘で過ごす夏も三回目となっていました。夏の再会の日、三島先生は、世間と隔絶された高原でゆったりと、そしてお忍びで休暇を過ごす安心感もあってか、真に寛（くつろ）いだ表情で眩しいほどの笑顔を湛えておられました。先生はすでに大作家でしたが、十代の私から見ても途轍もなく気さくで話しやすい方だったのです。

樹々の美しく緑の覚めるような夏、白い太陽光線が私たちを照らし、風を切って馬を駆る喜びに浸る情景を思い浮かべていました。また、焔（ほむら）のごとく燃える先生と交わす文学の議論の日々が待っていると思うと、私の心は高鳴るばかりでした。しかしそれと同時に、胸の奥は締めつけられるような重いものに支配され、どうにもならない状態にもあったと言えるのでした。当時、青春の真っ只中の私はあり余るほどの生命力で読書や音楽、あらゆる芸術を貪欲に吸収していたのですが、ある頃から突然に、理解できないほどの苦しみを経験します。ベートーヴェンの音楽の深遠に呑み込まれたのです。

私は「葉隠十戒」を纏めた小学校五年のときから、すでにベートーヴェンの音楽に取り憑かれていました。小六くらいからは、毎日、タンノイのスピーカーの前に正座し、父のおさがりの紺絣（こんがすり）を着て、擦り切れた剣道着の袴をはき、わきに木刀を置いて第五「運命」などを聴いていました。よそ目には多分、恐怖を覚えるほどに真剣そのものだったでしょう。ずっと後年、作家の五味康祐氏とも交流する機会に恵まれた際、私の聴き方は日本人として当然の態度だと言われ、「日本原人」という綽名（あだな）を頂戴したことは前にも書きました。日本人がベートーヴェンを好きなのは、そこに武士道を感じるからだという意味のことを五味氏から聞かされました。最ものめり込んだのが高校時代で、特に交響曲第五番の「運命」はほとんど毎日聴いて、三枚のＬＰレコードを擦り切れさせて台無しにしていました。

第五はブルーノ・ワルター*指揮、コロンビア交響楽団の演奏を最も好んでいましたが、それだけでは飽き足らず、楽譜を入手して楽理的にも研究するようになり、明けても暮れてもベートーヴェンの音楽のことばかり考えていたのです。時間ができればいつでもベートーヴェンの音楽を聴き、音楽学にはまり込み、あり余っているはずの活力も徐々にすり減っていきました。私がなぜこれほどまでの状態になってしまったのか当時は分からなかったのですが、いま振り返ってみれば、硬直的で魂の自由と躍動を失うほどに凝り固まった「ベートーヴェン音楽」の受け止め方をしていたように思います。

つまりベートーヴェンを通して西洋文明との対決に臨む覚悟でスピーカーを睨みつけながら、毎日音楽を正座して聴き、その後は楽譜を舐めるように研究していたわけです。まったく休み無しに、です。ある種の狂気に取り憑かれていたとしか言いようがありません。第五、第九はもちろんのこと、ベートーヴェンの最晩年に作曲された弦楽四重奏の非常な深遠さにも、全身全霊で打ち震えていたのです。そして、魂の自由と躍動そして平衡感覚を喪失していった。ベートーヴェンの音楽がもつ巨大な「重力」を、私は全く無防備のまま全面的に生命の奥深くにまで打ち込んでしまったと言ってもいいでしょう。私の体当たりは砕け散りつつあった。私は自己の青春が滅びていく実感を、体の奥深くに感じていたのです。

それに加えて、この時期のしばらく前から私は初恋を経験し、ベートーヴェンにも増して理解できない苦しみを与えられていました。相手は、毎日私が立教高校に通う電車だった東武東上線の池袋駅のプラットフォームで見かける、高校生の女生徒でした。高校一年の初めから、週に二度か三度、朝の電車に乗り合わせるだけの仲で、まったく話しかけることもできません。話しかけたい言葉を、家からメモして持っていくのですが、本人を目の前にすると金縛りにあったように言葉がまったく出ない。メモ用紙を出したり仕舞ったり、ついに紙束は二十センチくらいの厚みにもなってしまったのです。まさにベートーヴェン病と恋煩いの板挟みで、高校二年生の夏休みに、もし三島先生にお会いしていなければ、たぶん自分は精神崩壊していたとしか言いようがありません。胃腸を壊し、体重も一年で十キロは減ってしまっていた。そのようなときに、山荘で三島先生と邂逅（かいこう）したのです。

先生は、再会の折、さすがに、すぐさま私の様子がおかしいと気づいておられました。何かあったのかと、何度も水を向けて話しやすいようにして下さったのですが、最初のうちは私も自分の悩み事で先生を煩わせるなど申し訳ないと思い、なかなか本音を言えずにいました。ところが、ある瞬間に先生が、自分自身の思春期の失恋談と文学に凝り過ぎた失敗談を披露して下さったことから、一挙に私の心はほぐれて滔々と悩み事を打ち明けてしまったのです。いま振り返れば、先生の洞察力にはほとほと感じ入るばかりです。相手の悩みを正確に見抜き、自分自身の似た失敗談を語る知性と人格に、本当に私は助けられたとしか言えません。

　そのようなわけで、私は、ベートーヴェンの聴き過ぎで自分がおかしくなってしまっていると告白しました。恋愛についてはさすがに気が引けて、この時点ではまだ黙ったままでした。すると先生は、すかさずこう言われたのです。「ベートーヴェンは、真摯に生きようとする日本人なら誰でも通過しなければならない道なのだ。誰もが、乗り越えなければならない壁と言ってもいいだろう」と。こう聴いた瞬間に私はその言葉だけで不思議なくらい、ベートーヴェンの呪縛から魂が解放され始めていくのを感じたものです。先生が言われた「誰もが……」という言葉に、私の誇りが、何か反応を起こしたのです。慰められなかったのが良かった。これと似た言葉を後に五味康祐氏からも伺って、やはり戦前の秀才、知識人、作家など、気概ある人たちはみなベートーヴェンの苦悩を感じたのかと思うと勇気づけられたのでした。何か、戦前の教養人と近いところに自分がいるように感じられたと言っていいでしょう。この章では、三島先生との関わりで、私が青春の苦悩から抜け出していった経緯を、書いてみたいと思っているのです。

　周りからは気が狂ったのではないかと心配され、父などはまったく私の行動を解せず、レコードが何枚も擦り切れていくことにただただ怒り心頭の様子でした。立教の同級生なども、弊衣破帽（へいいはぼう）に高下駄のいでたちで憔悴しきった様子の私を避けて、道で目を合わせない連中も多かった。小学校五年生から徐々に重なった内的な堆積物が、途方もない重みとなって私を押しつぶさんとしていたのでした。それだけに、三島先生が即座に放たれた言葉に、羽根の生えたような心持といったらありませんでした。私が日本一の教養人だと信じている三島先生が、私の悩みを「誰もが経験するもの」と断じたことが、心に深く突き刺さった。それは取りも直さず、先生が私を自分と同じ側の人間だと認めて下さったということに他ならないからです。

苦しむための音楽

さらに三島先生は、「日本人は特にベートーヴェンを愛することによって、何か日本人らしさを確立していくように私は思っている」と仰ったのです。だから、「ベートーヴェンは理解しようと思ってはならない。自分の魂に語り掛けてくる未来からの使者と思わなければならない。未来の自分がいまの自分に語りかけてくるのだ」と言われました。目の覚めるようなベートーヴェン解釈でした。自分がこれほどまでに懊悩（おうのう）を重ね、その音楽をどうしても理解できなかった理由が、先生の言葉を介してすっと入ってきたのです。未踏の世界からのメッセージということは、現在の自分がいかなる存在かを考えるための大きな一つの「謎」として突きつけられるという意味です。私はそのとき、過去の自分が崩れることによって立ち上がる、新しい自己と対面するのを強く感じたのです。

後年、私が好きになったスペインの神秘思想家、十字架の聖ヨハネ*の言った、「お前の知らぬものに到達するために、お前の知らぬ道を行かねばならぬ」という言葉と出会ったときその言葉が、あのときの三島先生の言葉と自分の中でぴったり一致するのを感じ、感動したことをいまでもはっきりと覚えています。私の中に深く打ち込まれた三島先生の言葉は、その後もずっと物事を考える際に思い出し、また、書物の上で感動を覚える言葉に出会ったときには、何か三島先生と語ったことがいつでも土台として在るような気がしてならないのです。この十字架の聖ヨハネの言葉もそうだったということです。

こうして振り返って対話を纏めていくと、三島先生亡きあとに出会った言葉や書物もほとんどが、先生と話した言葉を違った表現で表わしたものや、先生に薦められた書物に関連しているものだったり、深い影響があることを改めて知るきっかけとなっています。もしかしたら、いまは先生が未来におられて、そこから私にメッセージを送っておられるのではないか、とまで感じるほどです。未来に向かうということは、現在の自己の何たるかを超えた自己にならなければ、見えてこないものがあるということです。

続けて三島先生はこういう言葉をかけて下さいました。「だからこそ、未来が勇気を生むこともあり、魂を打ちのめすこともあるのだ。陰と陽、プラスとマイナスは、すべての両輪である」。そして「君はいま、自己の未来を確立しようとしているのだ。そのままでいい。苦しみ続けろ。そうすれば君の道は自ずから拓ける」と。つまり全くやり方を変える必要も、苦しみそのものに悩む必要もないと、苦しいならそのまま苦しみ続ければ良いのだと仰ったのです。

私はそれまでベートーヴェンを聴き過ぎて心が呪縛されていたのですが、先生の言葉によって急速にそれが解けていったのでした。思い起こせば自分は苦しみから逃げようとしていたのだと思い至ったのです。このとき、心底、私が感銘を受けたのは、安易な励ましや答えを投げかけるのではなく、自分自身で苦しみと向き合い、自分自身の道を行くように暗に示して下さったことです。社交辞令は別として、三島先生は個人的な関係となると特に誉め言葉はなかなかに仰らない方でした。

だから、他人のことを良く評して述べる場合には、これは当人には伝えてはいけない、と念を押されるほど気遣いをされておられました。他人に対する誉め言葉や良い言葉というのは、ややもすると自分が好かれたいと思われてしまうから、よほど気をつけておられたのです。この三島先生の真摯な人柄に私は本当に感じ入ってしまった。学生時分はまだ社会をよく知らないこともあり、自分の悩みや懊悩で一杯になっていましたが、三島先生の対応から非常に人間関係の機微というか、繊細な心遣いをかいま見ることができたのです。

ここで先生が安易に私を励まさなかったのも、先生自身がベートーヴェンで苦しみ、その音楽と向き合っていたからだと知ることにもなりました。戦前、旧制中高生時代に特に、ベートーヴェンの最晩年の弦楽四重奏にはまり込んでしまった時期があったそうです。先生の特に好まれたのは、弦楽四重奏の第十四番、第十五番だった。第十四番では、完全なるその芸術性と直面して、自己の才能の無さに打ちのめされ、第十五番では、プルースト*と同じくその天上的美しさに打たれ、文学という芸術の限界を感じたとのことです。そして苦悩のすえ、自分独自の文学を築き上げる原動力にそれを変えることができた、と。

先生は、ベートーヴェンの弦楽四重奏の深遠さに苦しみ、自己が分裂しそうになったとすら仰っていました。そう聞いて私は、先生の思春期の秘密をかいま見たように思いました。この芸術を確立する上で苦しみ、泥沼化する戦争に苦しむ祖国を憂える気持ちと、自己の苦悩とを重ねて、この音楽を聴いていたようなのです。弦楽四重奏は先生の心を抉り続け、苦しみを与え続けた。しかし、その力によって、逆に芸術に対する懊悩や祖国への思いを乗り越え、その苦しみを自己の文学へと昇華し、それによって救われたと言われたのです。

だから私に対しては、苦しみ続けている限り大丈夫だと教えて下さった。それは実体験からの真の言葉だったのです。先生自身もベートーヴェンの音楽の苦しみを乗り越えて、逃げようとしなかったからこそ、敗戦の祖国も乗り越えることができたのです。崩れ去っていく祖国を目の当たりにしながら、ベートーヴェンの音楽と共に苦しんだのだと、私の苦しみに共感しながら体験を話して下さったのです。最終的には三島先生はすべての苦しみを文学に昇華し、音楽を捨てるところまで到達した。だからこそ私も苦しみ続けることによって、「何が自分であるのか」ということを、未来の自分が語りかけてくれるのだと仰ったのです。自己がどうなっていくのかという自己確立の青年期の悩みがベートーヴェンを介して、自分にとってのより大きな何ものかと繋がるようになると言われたのです。

当時の私は、まだ何が自分であるか全く分からず、葉隠で生きると決めた以外は未知の沙漠の中に放り込まれたような状態でした。とはいえ、何か自分というものが到達できない「憧れ」に向かうのだろうということが、三島先生の言葉から一筋の光として差し込んできたように感じたのです。後年になって私は、フランスの哲学者、ミシェル・セール*の『人類再生』という本の中で「私を殺すものが、私を強化しているのである」という言葉と出会います。まさにこの言葉のようにベートーヴェンの懊悩によって命をすり減らしていた経験が、その後の人生を創り上げてくれたと感じています。

私も含めて、当時の文学青年は、ドストエフスキー*を読んで懊悩し自殺する人もいたのです。それくらい芸術が実人生に与える影響が大きかった。私自身、このようにベートーヴェンの音楽によって一歩間違えばどこに行っていたか分からなかった。近年、三島研究で名高い富岡幸一郎氏との対話で、氏も高校生のときに埴谷雄高*の『死霊』を読んで衝撃を受け、しばらく高校へ行けなくなったとの実体験を伺いました。私も自分の青春体験を思い出し、深い感慨に耽(ふけ)りました。往時、若き日の芸術体験はかくも人格形成に大きな影響を及ぼしたということで、私はこの危機を三島先生の器量によって幸いにも乗り越えられたということなのです。

王陽明を吟じる

続けて三島先生は「君に一つの詩を献じたい」と仰った。高校二年生の夏に教えていただいたこの詩は、我が生涯の座右銘として宝物ともなったのです。先生は「それは私の愛する王陽明*の詩で、私はこの詩によって〈青春の苦悩〉を最終的に乗り越えてきたのだ。これは家族も知らない私だけの秘密だったのだけれど、君に吟じてあげたい」と続けながら、メモ用紙に書きつけて下さったのです。それはあの王陽明の「偶感」という詩でした。二十歳になったばかりの三島先生が祖国の敗北と妹さんの死という大きな二つの喪失を経験し、最も辛い時期を過ごしつつあったとき、この詩によって乗り越えられたと教えて下さったのです。

そしてその翌日、一緒に馬の遠乗りをした際に、山並みに向かってこの詩を吟じて下さったのです。真っ青な空に、白く柔らかい雲がたゆたい、遠くを走る山塊はあくまでも青く澄み切っていました。その清冽の力に圧倒され、我が心は原始の息吹を取り戻しつつあった。そのとき、傍らで朗々と詩吟が立ち昇ってきたのです。先生の乗った白馬は、まるで雲の一つのように空に溶け込み、その高く悲しく美しい声の響きによって私の苦悩が、青空の中に吸い込まれていくような感覚を味わったのです。

偶感

人間白日醒猶睡
老子山中睡却醒
醒睡両非還両是
渓雲漠漠水冷冷

人間は白日に醒むるも猶睡るがごとし
老子は山中に睡るも、却って醒めたり
醒睡両つながらに非、還両つながらに是
渓雲漠漠たり水冷冷たり

そのとき、甲斐・信濃の山は青く輝き野の緑は途轍もなく美しかった。その青さは、何度語っても語り尽くせぬ深遠を私の思い出に刻印しているのです。その日、その場所で先生と一緒に馬を駆って遠乗りを楽しんだこと自体が、私の中に自分自身の神話となって残っているのです。八ヶ岳や北アルプスの山並の頂きに向かって高い声で朗々と謳い上げたときの三島先生の謳い方に、非常に清冽な心を感じ、陽明の詩が私の魂の深奥にまで響き渡った。大きな話になってしまいますが、このとき、宇宙の生命にまで繋がるような実存とは何かが体内に入ってきたような感覚だった。私はこの詩によって、生命の実存が体内に充満するのを感じ、私の命を育むものの偉大さと触れ合ったのです。

さて、先ほども少し触れましたが、人知れず先生が悩んでいた大きな出来事の一つが妹さんの死でした。終戦後すぐのことでした。時折、親しい人に言うことはあっても、非常な苦悩だったこと、その苦悩を王陽明の詩で乗り越えたということは誰にも言っていなかったようです。君にだけ教えると言って、山並みに向かって朗々と吟じて下さったのです。自然の中で聞く王陽明の詩が三島先生の声と相まって、ベートーヴェンと初恋で疲労困憊した私の心を包み込んでくれたのでした。先生の目には涙が滲んでいるようにも見えました。先生はそのとき、妹さんと共に馬を駆っていたに違いありません。

そして先生は王陽明の秘密を語り出しました。陽明学の本質中の本質として先生が捉えたものを教えて下さった。陽明学の根本である「知行合一（ちぎょうごういつ）」はあまりにも有名ですが、先生は王陽明のこの詩が全思想を集約していて、生命の神秘までも湛えて、私たちの深い部分にまで陽明学を打ち込むものだと仰ったのです。先生自身が、この詩と出会うことによって、青春の苦悩を苦悩するままに悩み続ければいいのだと悟ったということでした。青春の苦悩は苦悩するがままにすれば、乗り越えられるのだと、苦悩は苦悩のままでいいと言って下さったのです。

さらに、「青春は、苦悩しない人間よりも苦悩する人間の方が尊いのだ」とお聞きして、私の中で何か大きなものが氷解していきました。苦しみを味わうことのできる大きな余白が生まれたように思います。先ほども言った、私の命を育むものの偉大さの一端を感じ、自然の中で王陽明の詩とともに私という存在を溶け込ませてくれたような感覚でした。何か分からない大きな謎と一体化する。小さな自分の枠組みで理解できることに固執せず、より大きな存在に目を向けることができるようになった気がしたのでした。

これ以降、私は音楽にせよ文学にせよ、「分からぬがよろしい」という思想を立て、その中で味わうことができるようになったのです。この高二の夏に行なわれた三島先生との対話は、それ以後の私の人生に決定的な影響を与えたと言ってもいいでしょう。私の人生において、苦悩というものの意味が変わったのです。苦悩を苦悩のままに生き続けるという人生観が、この夏に確立した。自己の人生のすべてを抱き締め、そして味わいながら生きる。私は人生を分かろうとすることから、自己の運命を味わう姿勢を確立していったのです。苦悩がそのまま精神的な発展に転換することができるということを、この夏に先生から学ばせていただいた。真の意味で、自己に起因する青春の苦悩から解放される方向が見え、文学や芸術そして音楽をそのままに楽しむことができるようになったのです。

雲は大きく、水は冷たい

王陽明の詩について三島先生と私が話し合った内容について、さらに詳しく書いてみたいと思います。陽明学と言えば「知行合一（ちぎょうごういつ）」という言葉が有名です。葉隠的生き方を目指していた三島先生も私も、「人間は生（せい）だけによって生きるものではない」ということと、「物が二つに分かれる不幸」について度々話してきましたが、「知行合一」はまさに、この二つの考え方を結びつけ、物が一つにまとまる幸福を表わす思想とも言えましょう。この「知行合一」は、真の憧れに生きるための論理を築くためにも、必ず必要となる考え方なのです。

知って行なわないのは、未だ知らざることと同じということです。知性と行動の両者が揃って初めて、人間にとっての真の英知が生まれると説かれている。これは従来の朱子学でいう広く知をきわめてからでなければ実践できないという「先知合行」の思想に抗するものでした。三島先生が死に至る数年前から、特にこの陽明学に没入しておられたのも、この「知行合一」を命懸けで実践されようとしていたからだと思います。知性だけで陽明学を学んでも、生き方つまり行動には決して反映されない。

三島先生は若き苦悩の日々に、王陽明の詩を読んで心底から陽明学の真髄を把握され、その生き方を摑まれたのです。陽明は多くの詩を残していますが、その思想の核心はすべて詩の中に表わされていると伺いました。ここに挙げた詩のように一見、思想的に見えない句から陽明学の精髄を先生は摑んでおられた。そして陽明の詩魂とともに、先生は私の中に「誠」を感じて下さった。つまり私の内にある日本的な「誠」を、それが「知行合一」から来るものだと捉えられ、わざわざ「至誠」という書を認(したた)めて下さったのです。

私は他にも何枚か書を三島先生からいただいています。夏の山荘のときの思い出を書いていただいた「真夏」や「夏日烈烈」に始まり、東京の私の家に来て下さったときには「憂国」や「魂」という書もいただき、我が生涯の宝物としています。これらの書には先生と私の熱き想いが込められているのです。三島先生の書の魅力は圧倒的なものがあり、今日なお、私の会社の社長室や応接間に飾られ、見る人の心に日本の精神を伝えてやみません。「憂国忌」を長年主催されてこられた国際政治評論家であり作家の宮崎正弘氏は、お見えになるたびごとに、三島先生の書の魅力に惹きつけられ、その心の清冽さを讃えておられます。

さて、少し話がずれましたが、ここでまた王陽明に戻り、その詩「偶感」を見ていきたいと思います。まず、起句、「人間は白日(はくじつ)に醒(さ)むるも猶睡(なおねむ)るがごとし」についてです。人間は、醒めているように見えても、その魂が宇宙と繋がっていなければ、眠っているも同然との意味です。しかし、魂と宇宙が繋がるには命懸けの生き方が必要となる。自分の軸をもち、維持すること自体が命懸けとなるのです。多くの人は眠っている状態にあり、真には生きていない。それを認識できるかどうか、人生はひとえにそれにかかっている。

次に承句です。「老子は山中に睡るも、却って醒めたり」。逆に、往古の老子*のように魂が宇宙と直結した人は、山中で眠るがごとく見えても、実はこの世の現実のすべてが分かっている。人間にはこの二つの生き方がある。このことを十九世紀になって書いたのが、ニーチェで、その『ツァラツストラかく語りき』では、どちらかというと反キリスト教的な思想から捉えられています。また、この老子思想は、ニーチェのみならずショーペンハウアー*にも多大な影響を与え、近代を生み出す基盤となる思想ともなっています。中国哲学としては、すでに紀元前において老子によって言い表わされた思想であり、十五世紀から十六世紀にかけて王陽明によって発展させられたのです。

転句の「醒睡両つながらに非、還両つながらに是」に移ります。醒めていても睡っていてもどちらも非であり、また是である。つまり寝ていようが覚めていようが、どちらでも良い。「形」などは人間の生き方には全く関係ない。人間の価値はその魂だけにしかないことを表わしています。逆に、宇宙と合一する魂の軸があれば、どちらでも良く、それが無ければどちらも駄目だということになる。先ほども書きましたが、自分の生き方となる魂の軸が無ければ、あらゆる事象を見ても感じても、何も見ず、何も感じていないのと同然だということです。しかし自分に魂の軸があれば、見ても見なくても、感じても感じていなくても物事はどちらでも良く、その真意はどのような状態にいても分かるのです。

最後の結句、「渓雲漠漠たり水冷冷たり」です。二人で見上げていた空にも雲が流れていました。陽明の歌う雲は途轍もなく大きく、また無限なのです。底が無いほど大きく、高さが無いほどに無限なのです。そして水はあくまでも冷たく清らかである。この結句によって三島先生は王陽明の哲学の要諦を会得できたと仰っていた。この結句にいわば陽明の魂の状態がすべて表われている。この結句によって、詩のすべてが躍動を始めるのです。これは人間として悩み抜いた人にしか書けない詩です。

生命と自然の本質に還るには、人間存在としての悩みを悩み抜くしかない。この詩を摑み取ることによって、三島先生も戦中・戦後の悩み、愛する妹さんの死などを乗り越えられたのです。先にも触れたごとく、すべての苦しみを文学に昇華する力を得たと仰っていました。そして最晩年に当たる四年間、私とちょうど対話を交わしていた頃には、陽明学に没入し、知行合一そして文武両道の実践の道を激しく歩まれていたのです。

こうして三島先生の心によって、王陽明の魂がぐっと私のなかに入ってきました。この詩を先生に吟じてもらい、逃げずに苦悩を抱える一生こそが素晴らしいのだと納得したのです。夏の日の太陽と空、雲と樹々に囲まれ、この詩を高らかに謳い上げた三島先生の、生来の文学的な感覚を直接に与えていただいた。また、三島先生の精妙な人間関係の取り方も含め、何か神秘的というか宇宙や大自然と一体となった人間の心の機微や細やかさに感じ入ったのです。だからこそ逃げないで苦しみ続けることを静かに、そして強く決意させていただけたとも言えます。先生の説明によって、この陽明の詩を受け止めてからすぐに気づいたのは、葉隠の生き方の哲学化だということです。だから「知行合一」という陽明学の本体は、葉隠と両輪を組むことができる思想だとも言えましょう。それに気づいたときの喜びは、いまでも忘れないほど大きなものがありました。

三島先生を詠む

心に刻まれたあの日の情景を後年になって、歌に詠みました。三島先生を歌ったものは幾首もありますが、そのうち、先生との八ヶ岳での馬の遠乗りの思い出の数首を先生のあの日の霊魂に捧げたのです。先生があの日、高らかな声で王陽明を吟じて下さったことへの恩返しと、私の心からの想いは歌でしか表現することができないように思い、私はこの青春の思い出を歌ったのです。この場を借りてそれを披露することをお許し願います。この日の情景は、私の筆力の及ぶところではなく、歌を以ってしか表現できないのです。

かねて私は三島先生から歌を詠むようにと勧められていましたが、出会いから三十余年も経て、五十代になってから実践に至りました。この三島先生との思い出を本書に纏めつつあるときに、同時進行で三島先生への献詠を含む千四百首余りの自詠歌集を、一冊に纏めて、歌集「未生(みしょう)」と題して出版する途上にあります。それも全く偶然に、です。何か人生の不思議を感じずにはいられません。私は三島先生の霊魂に向かって、これらの歌を作ったのです。まずは遠乗りのときの思い出です。

甲斐ケ峯(かひがね)を　見つめ語らふ　いにしへの
夢は雲居(ゐ)に　乗りて渡らふ

三島先生と私は八ヶ岳の高原で乗馬を共にして語り合いました。そして、夜は山荘の人たちと一緒に三島先生を囲んで歌を歌い、飲み食いかつ談じ合ったのです。ここでは三島文学を含め、あらゆる文学を通して壮大な夢が語られ、そして芸術と日本の将来の在り方が議論されていました。ピアノやギターを囲み、音楽と共に語った夢は長く私の人生を支配することとなったのです。

八ヶ岳の高原を囲む山並みには、多くの雲がかかり、それは日によって複雑に表情を変えていました。雲というのは形が有るようで無い、無いようで有る。絶えず動きながらも天空から私たちを見つめ、私たちの心を引き寄せてくれる存在です。死者も雲にいるのではないかと私には思われるのでした。そして先生は雲に向かって何事かを何度も叫んでいたのです。それは私の知らぬ人たちの名前でした。その叫びの中に、私は先生が乗り越えてこられた、人生の涙を感じたことを強く覚えているのです。三島先生と遠乗りをしたときは、いつでも雲が私たちを見つめていたのです。私たちは青空の下、生命のもつ熱量とともに人生を語り合っていたと言ってもいいでしょう。

白妙(しろたへ)の　雲厳(おごそ)かに　流れ行(ゆ)く
遥(はろ)かな峰に　思ひこそ馳(は)すれ

このときベートーヴェンの苦悩と初恋の悩みが青春の証として、そのまま哲学的な魂に徐々に移行していったことが、流れゆく雲とともに思い出されます。三島先生によって、苦悩したままの人生を受け入れることができた。解決が見つかったわけではなく、その後の人生も苦悩し続けるということを受け入れ、王陽明の詩の響きとともに体の深部に覚悟が入ったのです。高原の空はあくまでも広く、山並はあくまでも青かった。先生の乗る白馬と、私の駆る栗毛と、それぞれの嘶(いなな)きもまた苦悩の真髄を私に知らしめてくれるようでした。ともに文学を語り、そしてどれほど遠くを見ることができるかを競い合ったのです。

その後の人生を、音楽も哲学も人生論も、苦悩する人生を味わうのが死ぬまで続くということ、そしてその勇気を、私は三島先生からいただきました。そのときの心を示す歌を挙げます。

歌ひける　夢とこしへの　憧れを
　我が骨肉に　鎮め癒さむ

いま私が話した、苦悩をそのまま自分の体内に入れて苦しみながら人生を送ることが、葉隠的な崇高に向かう人生となるのだということを、三島先生に改めて教えていただいたのです。私は自分の夢つまり憧れを先生に語っていました。それは、地位も金も命もいらぬが、葉隠の魂に生き、それだけのために死ぬ人間になりたいという夢です。それを実現するための苦悩の道を避けてはいけないことが、自らの生命に王陽明の詩を通して入ったのです。先生の高く澄んだ、朗らかな声とともに、苦悩をアポロン的な明るさで捉えられるようになった。その問答によって、私は自己の生を救われた。三島先生は命の恩人でもあるのです。

　こうして私は憧れに生きる人生に向かうことができるようになった。高校生の時点で、私は憧れに生きたいという意志を固めていたと言えましょう。いかなる艱難辛苦も乗り越えて憧れに向かうことを、ベートーヴェンの苦悩と初恋の懊悩が身をもって教えてくれたのです。しかし乗り越える覚悟は、三島先生の言葉がなければできなかったでしょう。そして、先生と私は、馬を並べて山並に向かって走り続けたのです。

馬竝めて　歌ひし夢も　とこしへに
　涯てをも知らず　響き続かふ

空を見ながら、どれだけ遠くまで馬を駆ることができるかを競い合いました。まさにこの競いながら馬を駆っていたときに、ついにどうにもならぬ初恋の悩みまでも告白したのでした。三島先生の言葉だけではなく、このときの情景をも、和歌の魂だけがよく甦らせるように思います。

馬を並べて果てしない天空に向かって、二人で歌を歌った。馬を並めて走るときには、なぜか声を合わせて歌いたくなったのです。『人を恋ふる歌』、『惜別の歌』、『一高寮歌』などを、声を張り上げて——。先生は私の『人を恋ふる歌』をいたく気に入って下さり、その多くの曲番を合唱しました。

そして、「戦後の若者で、これを歌う者に初めて会った。この与謝野鉄幹の歌は明治のロマンティシズムの結晶を歌っていると言っていい。私は何か、いま、日本精神の永遠性を感じている」と言われ、私の肩を何度も叩かれ喜んで下さったのです。このとき、初恋の苦悩は私の中で一つの新しい憧れへと変換されていったのを覚えています。そして先生と語り合った芸術論や文学論は、いまでも歌声とともに私の脳裏に焼きついているのです。馬を休めたとき、私たちはまた文学を語りました。私はヘルマン・ヘッセの『デーミアン』と『郷愁』を、先生はレーモン・ラディゲの『ドルジェル伯の舞踏会』と『詩』を。そして再び馬を駆るのです。

馬に乗った三島先生は、「三島由紀夫」であることを捨てていたように見えました。世間の知る「三島由紀夫」でも、私の知る「三島由紀夫」でもなかった。馬を駆るときの先生は普段とはまったく違う表情で、何の衒いもない美しさを湛えておられた。その有名な美学すら剝ぎ取られたかのように見えたのです。そうだからこそ、先生のもつ真の人間味に新たに気づかされるものがありました。

それは先生の真の優しさの一つとも言えるものでした。私は、初めて、先生が馬の鞭を持っていないことに気づいたのです。馬を責めて駆るために、手の平を開いて柔らかく叩くだけでした。決して強く叩くことはなかったのです。私は乗馬で鞭を使わない人を初めて見て、このとき、先生の大きく深い人間力を感ずるとともに、周りを見る余裕が生まれた自分にも気づかされたのです。私は何か、この優しさは、戦前の日本の上流階級のもつ優しさだと思ったのです。それは先生の短編『遠乗会』から見えてくるものでした。あの小説は戦前の伝統をひく「パレス乗馬クラブ」がモデルだと思われますが、あの小説に出てくる登場人物たちも信じられないくらい馬を労わる人々でした。私はそのクラブの出身者と何度も乗馬を共にすることがあったのですが、多くの方々が、馬との愛の交流の程度が全く違っていたのです。私は先生の乗馬の中に、戦前の「良き日本」をかいま見たと思ってもいるのです。

後に三島先生が自決事件を起こしたときに、作家の石原慎太郎氏*は、自衛隊総監室に立てこもった状況を撮影した写真を見た感想をエッセイに綴っています。そのとき、「写し出された三島氏は初めて気負わず、何の無理も感じさせず、騒がしくも見えない。そして雄々しくもあり、(三島)氏が願っていたように初めて美しくもある」と。つまり何の虚飾もない姿が最期に捉えられていたと書いています。この姿が八ヶ岳の自然の中で、馬を駆るときに表われていた先生の真の姿のように思えるのです。

馬を駆るときの三島先生は、ひたすらその行為と一体となっていた様子でした。まさに肉体と精神が一致した平明な、静けさの中にある圧倒的な強さを感じさせられたのです。私の知る先生の姿は、石原氏が写真で見たその最期の姿に限りなく近いのです。まさに先生は静かでいて雄々しく、そして朗らかで美しさえもあった。それはきっと、先生の「青春」そのものではなかったのでしょうか。そしてもう一つ、目にも鮮やかに浮かぶ思い出があるのです。それを歌と化しました。その歌を挙げます。

とこしへに　向かひ叫びて　拳立て
　青き山並　目指し駆けるも

これは遠く青い山並に向かって、二人で拳を立てながら叫び、息の続く限り馬で走った思い出です。手をぐんと伸ばして雄叫びを上げ、馬を駆ったのですが、三島先生は実に上手に、まるで騎兵のように馬を乗りこなしておられました。先生が、二人で山に向かって「騎兵突撃をしようじゃないか」と仰ったのがきっかけでした。本当に楽しく、一気に悩みも吹き飛んだのです。いま思えば、これもまた、先生の相手に気づかせない優しさが、この爽々しいひとときを創り出して下さっていたように思います。そして疲れれば、先生と私は野原に寝そべって、人生や芸術の話に花を咲かせるのでした。

久方の　天を仰ぎて　草枕
　旅路の果てを　汝れは見にけむ

こうして雄叫びを上げながら馬を駆り、くたくたになって草原に横たわるとき、三島先生は自分自身の人生に秘められた話も語って下さったのでした。妹さんの話や音楽について話して下さった。そして、戦中戦後の悲しみ、王陽明の詩を学ぶことで多くの苦しみを乗り越えたことを静かに話して下さったのです。それに異性についても忌憚なく話して下さった。初恋の悩みを抱える私に向かって、男女の違いなども、ざっくばらんに語って下さった。女性のもつ愛の深さ、その途轍もない力には男性は到底かなわないと仰っていた。究極は母性となるのかもしれませんが、その理屈抜きの愛し方には驚くべきものがあると。

そして三島先生は私の初恋については「君は話しかけることのできない人だ。君の恋はいわゆる〈純粋な恋〉だから、それは〈謎〉のまま終わるだろう」と言われたのです。「しかしその謎が君の中に巨大な〈沈黙〉を生み出すだろう」と続けられ、「その〈沈黙〉が君の人生を創り上げる原動力となるのだ」と言って下さったのです。さらにこう言われました。このとき「君は、初恋の人に話しかけられないことによって、その人が君のベアトリーチェ*になるのだ」と言われ、「それによって、君自身の『神曲』が生まれるだろう」と、生涯を貫く言葉を私にかけて下さったのでした。

そして先生は恋愛について語り出したのです。「人間は純愛によって、人生の勇気を得ることができる」ということを仰っていた。「純愛だけが、魂に憧れの力を与えることができるのだ」。さらに、「恋は数ではない。その純度の深さによって、その人の人生を決定する力ともなる」と。

そして先生は、ダンテ*の『新生』の最初のページの言葉を、私に贈って下さいました。「新しい生(せい)が、ここに始まる」というダンテの新しい出発を示す言葉です。この日に私は何かが立ち上がったのです。つまり新しい生(いのち)の復活です。先生は他にアンドレ・ジッド*の『地の糧』を薦めて下さり、私はこの本によって恋と希望そして何よりも情熱の本質を学んだのです。

こうして話はやむことなく、何時間も過ぎ、二人で見上げる空は変わらずに果てしなく青く広がっていました。なぜか、このとき私は三島先生が遠くに行ってしまうような、そのような感覚を得たのです。馬に乗っているときもそうでしたが、どこか異邦人というか、この世ならぬ生(せい)を生きておられるように見えたものです。アンドレ・マルローが晩年に達した、あの「非時間の世界」（ランタンポレル［l'intemporel］）とでもいうものでしょうか。悠久の時とも言えるかもしれません。大自然の中で、際立って三島先生のもつ生命的時間の大きさ、豊かさが伝わってきたのです。

私たちの経験した時間は、人間としての時間を忘れさせたように思えるのです。それがそのまま先生の外見や様子にも現われていたように見えました。だからこそ、この世の生の終末をふと感じるような、一抹の悲しみのようなものが私には見えたのです。野原に寝転がっていると、私や世間の知る「三島由紀夫」は完全に姿を消していた。そこには本名の平岡公威（ひらおかきみたけ）でもない、もう一人の誰かが存在しているように、ふと、私には感じられました。それが前にも書いた歴史を創るべき「誰でもない者」なのかどうかはよく分かりません。ただ、人間として限りなく清らかで美しい何ものかであったことだけは、確かな記憶として私の中に残っているのです。

果たし得ていない約束

このように私は三島先生に導かれ、「知行合一」の思想や恋愛観を自分なりに摑むことによって、後にスペインの哲学者ミゲール・デ・ウナムーノ*の『生の悲劇的感情』、そしてドイツの哲学者エルンスト・ブロッホ*の『希望の原理』との出会いを果たすことになります。これらの出会いは大学一年生のときに起こりましたが、ウナムーノには愛のために苦しみ続けるのが人生だと教えられ、加えて愛は苦しむために存在すると打ち込まれたのです。そしてブロッホは、真の絶望から生まれる真の希望を哲学的に立たしめているものです。このウナムーノとブロッホの哲学に心の底から私が共感できたのも、高校二年生のときの陽明学の「知行合一」の思想を先生から教えていただいた体験によっています。後年、私が大学で生涯を決する多くの文学や哲学と出会えたのも、葉隠や陽明学を体得できるように助けて下さった三島先生の存在にすべてを負っていると言えるのです。

実は、私は、三島先生の自決事件の数ヶ月前から、いま述べたウナムーノとブロッホの翻訳を生原稿のまま夢中で読んでいて、七月七日の産経新聞に掲載された「果たし得ていない約束」を読み落としてしまっていました。あれほど重大な遺書とも言える文を——。当時、私は二大哲学書ばかり明けても暮れても読んでいたために気づかなかったのです。先生と最後に電話で話したのは五月、それ以降は先生からの連絡を待つようにと言われていたのです。そういえば、川端康成氏*とも三島先生は事件のだいぶ前から距離を置き始めていますが、決してノーベル賞の問題などで疎遠にしていたわけではないと思います。先生は、その性格上、計画していた自決事件によって知人関係を中心に社会的に迷惑がかからないように、最大の注意を払っておられたのではないでしょうか。私も、事件のちょうど半年前の最後の電話で、連絡を待つようにと、静かながら意志を感じる口調で言われたのです。

おそらく作品の執筆の山場か、忙しい時期に入られるのだろうと思い、自分なりに次に三島先生にお会いするときには、もっと深く文学論を交わせるようにと思っていました。先生とも会えないので、究極の生の哲学と希望に関する大著、『生の悲劇的感情』と『希望の原理』に挑戦していたわけです。まさに寝食を忘れて読み耽っていたと言ってもいいでしょう。当時、私は立教大学の学生で、研究室などで特にキリスト教関係の文献は刊行を待たずして翻訳稿を読むことができました。教授から薦められて、人間性を失いつつある現代において「人間の人間たる謂われ」をよく表わした、西洋哲学の最も重大と思われる二冊を読んでいたのです。次に三島先生にお会いしたときに、こんな哲学書があったと発見の喜びをもって話し合うのを楽しみにしていました。

そういうわけで私は三島先生の「果たし得ていない約束」が産経新聞に掲載されていたことに気づかず、自決事件の後になって、いわば遺書とも言えるこの記事が取り沙汰されて初めて読むことになったのです。遅ればせながら、私はこれを読んで本当に天を仰いで叫び、そして慟哭の涙を一日中流し続けたのです。このような先生の遺書とも思える文を見落としていた自分への怒りと、先生の苦悩の魂の赤裸々な姿を知って、私は本当に震え悲しんだと言っていいでしょう。ここには、先生のすべてが入っています。そして先生の悲しみはそのまま、日本民族の悲しみと重なり、またこの国の未来を予言する黙示録ともなっているのです。長文ですが、重要なところをすべて引用したいと思います。涙なくして読めるものではありません。そして、読めば読むほど今日こんにちそのすべてが当たっていると思えるほど、三島先生の予言者性に改めて驚くのです。

果たし得ていない約束（抜粋）　三島由紀夫

「私の中の二十五年間を考えると、その空虚に今さらびっくりする。私はほとんど〈生きた〉とはいえない。鼻をつまみながら通りすぎたのだ。二十五年前に私が憎んだものは、多少形を変えはしたが、今もあいかわらずしぶとく生き永らえている。生き永らえているどころか、おどろくべき繁殖力で日本中に完全に浸透してしまった。それは戦後民主主義とそこから生ずる偽善というおそるべきバチルス（つきまとって害するもの）である。こんな偽善と詐術は、アメリカの占領と共に終わるだろう、と考えていた私はずいぶん甘かった。おどろくべきことには、日本人は自ら進んで、それを自分の体質とすることを選んだのである。政治も、経済も、社会も、文化ですら。……それよりも気にかかるのは、私が果たして「約束」を果たしてきたか、ということである。否定により、批判により、私は何事かを約束してきた筈だ。政治家ではないから実際的利益を与えて約束を果たすわけではないが、政治家の与えうるよりも、もっともっと大きな、もっともっと重要な約束を、私はまだ果たしていないという思いに日夜責められるのである。その約束を果たすためなら文学なんかどうでもいい、という考えが時折頭をかすめる。これも「男の意地」であろうが、それほど否定してきた戦後民主主義の時代二十五年間、否定しながらそこから利益を得、のうのうと暮らしてきたということは、私の久しい心の傷になっている。……

……二十五年間に希望を一つ一つ失って、もはや行き着く先が見えてしまったような今日では、その幾多の希望がいかに空疎で、いかに俗悪で、しかも希望に要したエネルギーがいかに厖大(ぼうだい)であったかに唖然とする。これだけのエネルギーを絶望に使っていたら、もう少しどうにかなっていたのではないか。

私はこれからの日本に大して希望をつなぐことができない。このまま行ったら「日本」はなくなってしまうのではないかという感を日ましに深くする。日本はなくなって、その代わりに、無機的な、からっぽな、ニュートラルな、中間色の、富裕な、抜目がない、或る経済的大国が極東の一角に残るのであろう。それでもいいと思っている人たちと、私は口をきく気にもなれなくなっているのである」

こういうことを書かれていた三島先生の心情を考えると、私はいまだに読み落とした自分を恥じるのです。しかし、読んでいたとしても、あの自決事件の顛末までは想像だにできなかったことでしょう。私自身、先生からつきつけられた遺書を自分なりに受け止めることができたのだろうかと、私自身の「果たし得ていない約束」をしてしまったように思うのです。このような苦悩の中を、先生は真っしぐらに突き進んであの日までを生き切ったのです。

この遺書によって、本当に不思議なことに、ウナムーノとブロッホの哲学の疑問点が私の中ですべて氷解するという奇跡までが起こったのです。先生の意志は、死してなお、私の精神の形成を助けて下さったのです。この遺書は私にとって、葉隠の総仕上げの意味を持っていたのです。私の中では、葉隠の血が躍動し、そして葉隠の魂によって人間の未来を幻視するような黙示録ともなっているのです。私は自分の人生において、苦悩の中を生き抜くという本当の決意が固まったと言えましょう。私はこの遺書によって、戦後最大の予言者と対話をさせていただいていたのだと尽々と分かったのです。

『ジャン・クリストフ』を読む

こうして私は苦悩を厭わぬ人生を歩むことを決意し、また「果たし得ていない約束」を生きることを心に秘めて生きてきたのです。今日こんにちに至るまで、苦悩を自分の人生の中心に据え、人間成長の原動力にしていくことを常として年を経てきました。いまでも王陽明の詩を吟じていただいた、あの日のことが甦ってきます。夜には山荘での食事も終わり、ゆったりした時間が流れていました。三島先生と私は応接間の椅子に座って、昼間の余韻に浸りながら会話が始まったのです。この日の最後に先生はロマン・ロラン*の『ジャン・クリストフ』という長編小説を私に薦めて下さったのです。

振り返れば三島先生は本当に親切な方だったと思います。昼間にも随分と時間を割いたうえ、夜にはまた、青春文学として読むべき書物を思いつき、私にわざわざ伝えて下さったのです。「君はいま青春の苦悩の真っ只中にいるのだから」と言われ、「ロマン・ロランの『ジャン・クリストフ』を読むといい。これは人生の指南書だ。クリストフのもつ希望*を見ていてはいけない。クリストフの苦しみを見るのだ。どう苦しむか。それを共に体験することだ」と私に向かって言われた。この言葉に、私はなんとも言えない慰めと真実性を感じました。

続いて先生は私の目をじっと見据えて、こう言われました。「苦しみの渦中にあるときは、自分だけがあらゆる苦しみを体験しているかのように深刻に捉えてしまうものだ。そう錯覚するのが若者というものなのだ。この自分だけの悩みから抜け出て他者と出会い、他者の苦悩を知ることで大人になっていくのだ」と。確かに、いまから思えば、思春期の一年というのは大人になったときの五年から十年分くらいに、悩みも情感も凝縮されていました。その最初の苦悩の仲間となる、若いクリストフがいかに苦しんでいるのか早く読みたいと気が急いてやまなかったことを覚えています。三島先生に薦められたときから、クリストフが頭を離れなくなったのです。山を下りてすぐに私は『ジャン・クリストフ』を買い求めました。そしてそれは私の一生の文学の宝物の一つとなったのです。

フランスの作家アンドレ・モーロワの言葉だったと思いますが、「青春時代に『ジャン・クリストフ』を読んだか読んでいないかは、会えばすぐ分かる」と言っていました。同書が青春に与える影響はそれほどまでに甚大なのです。この『ジャン・クリストフ』の話を聞いても改めて私が実感したことは、苦しみは苦しみに突入することによって血となり肉となり、その苦しみから抜け出すことができるのだということです。苦悩がそのまま魂の糧となり、行動の原動力となるのだということが、三島先生との山荘での対話から深く入ったのです。だからこそ先生は私に、もっと人生を切り拓くための苦しみに浸るためにも、『ジャン・クリストフ』を薦められたのかもしれません。

こうして私は、『ジャン・クリストフ』に惚れ込んだと同時に、陽明学を猛烈に勉強し始めました。王陽明の多くの哲学詩をその魂の精髄として摑みながら、知の部分は『伝習録』などで学問的に補っていきました。「知行合一」は三島先生と話し合ったことを中心に、それ以外には「心即理」「致良知」といった陽明学の中心思想をさらに深めていったのです。このとき私が実感として得たのは、詩が先で学問は後ということです。文学書や哲学書、そしてその他の書物にしても、書かれたものの精髄は詩魂（ポエジー）であって、文章から伝わってくる人物の魂そのものなのです。王陽明の「偶感」にしても、この詩は陽明の魂の状態を描いたものなのです。魂的な捉え方をすれば、すべてが詩となってくる。どれほど観念や知性をもって、つまり頭で学問を勉強しても駄目で、その大本となる魂を摑まなければ人間の器には入ってきません。

この魂的な捉え方をしたときに、私は王陽明の「偶感」と共通するものを西脇順三郎の「宝石の眠り」から感じ取っていたのです。「永遠の　果てしない野に　夢みる　睡蓮よ　現在に　めざめるな　宝石の限りない　眠りのように」という詩です。夏の山荘以来しばらくしてから、東京の目白で三島先生にお会いしたときに、二つの詩は共通しているように思いますと伝えたところ、大変共感して下さった。先生は、この二つの詩魂は確かに全く同様のように思うと言われた上で、こう言われたのです。「陽明は地上の憧れを語り、西脇は天上の憧れを語っている。この二つの詩を愛するということは、人間の魂の両輪が整えられたということに等しい」と。そして陽明の詩論と西脇のそれを二人で語り合ったのですが、瞬間的に先生が二つの詩魂の共通性と表現の違いを述べられたのが、あまりに鮮やかで、いまさらながら私は先生の計り知れない知性に驚嘆せずにはいられませんでした。しかし、結局のところ詩魂も、地上的な経験と結びつかない限りは、実人生での実践は望めません。

西脇順三郎の詩は元々好きだったのですが、この日を境にその魂と肉体が一致したような感覚を持つことができたと思っています。魂と肉体、天上と地上が、生きていく上での両輪として揃ったということです。以後、私の運命は回り出したように思います。運命の歯車とよく譬えられますが、本当に運命というのは車輪のように、一度動き出したら止まらないものなのです。しかし、精神と肉体の両輪ができあがらないと回り出さない。私はベートーヴェンの苦悩によって、生涯を支える魂と肉体の両輪を整えるべき詩の精髄との出会いを果たしたのだと思います。ベートーヴェンの「運命」にしても、あの曲はベートーヴェンが死ぬほどの苦しみを肉体的にも感じているときに生まれたものなのです。

苦しみの中から、ベートーヴェンは魂の糧を一つひとつ紡ぎ出していった。天上の力を借りながら、地上の苦悩を芸術へと昇華していったに違いありません。そのベートーヴェンの苦悩する魂の力こそが、あの偉大な「運命」を創造したのです。その「運命」により、後世に生きるこの私にも、ベートーヴェンは生きる力を与えてくれたのだと思います。そう考えると、本当に芸術が人間に及ぼす力の偉大さに驚かされるばかりです。こうしてベートーヴェンの音楽から始まった私の苦悩は、西脇順三郎の天上の憧れと王陽明の地上の憧れが一体化したときに、いままで先生と語り合った青春の苦悩についての話が私の深奥に入り昇華されていったのです。いわば苦悩を立体化させ、あらゆる角度から捉え切ったときに初めて、自分の運命の車輪を回転させていくことに苦を覚えなくなったような感覚です。つまり一人の大人としての生き方に近づいて、人生を歩み出したように自分では思えるのです。

陽明学と三島文学

三島先生は王陽明の「偶感」についてさらに「陽明は自己の存在を滅却することによって、最も激しい生き方を会得している。それを最もよく表わす詩なのだ」と仰っていました。そしてこの詩の精神を地上で展開した人物を文学で描きたいと思っているとのことで、これからの自分の文学で実現したいと言われていたのです。いままでも陽明的な思想は文学のなかで体現されていたとのことでした。過去の作品では『英霊の声』、『美しい星』そして『潮騒』がこれに当たると。現実的に自己を滅却した状態を描いたのが『英霊の声』であり、魂のロマンを描き切ったのが『美しい星』です。『潮騒』は陽明の魂の状態を、恋愛と自然で表わしたらどうなるかということで書いたのだと仰っていました。そして、出版予定の『豊饒の海』第二巻『奔馬』が挙げられるだろうとも言われたのです。『奔馬』では、陽明が紙幅に顕われ、行間に隠れることなく暴れ回ることになるとつけ加えられました。いずれも先生が文学で描こうとしているのは「人間生命のもつ真の幸福とは何か」ということだと続けられました。

なかでも『潮騒』は、私の初恋の悩みを聞いて下さった時宜(じぎ)でもあり、深い秘密にまで触れた話にまでなった。これは初期の頃の作品ですが、一見、陽明学とは関係ないように見えます。しかし、私は陽明の詩によって三島先生が妹さんの死を乗り越えたということから、この『潮騒』にも何か妹さんへの追想の思いもあったのではないかと感じたのです。もちろん兄妹ですから男女の恋愛感情ではありません。しかし、昔の時代にはほとんどが異性とは接触の無いなか、三島先生ももちろんあまり女性とは親しく接することはなかった。

特に先生は祖母の夏子さんから溺愛され、思春期に差しかかる頃まで、家族とも離れて暮らしていた。十二歳になって初めて妹や弟と暮らし始めたそうですから、やはり初めて接する同年代の異性となると妹さんくらいしかなかったと伺いました。しかも、妹さんはとても明るく利発で、平岡家の中では太陽のような存在だったそうです。三島先生にはない性質を湛えた妹さんを、先生は心より可愛がっておられた。そういう話をお聞きして『潮騒』を読むと、そこに表われる恋愛感情はほとんど男女というものではなく、切ないほどに澄んだ関係性として描かれている。『潮騒』には、妹さんへの思いが埋葬されていたようにも見えるのです。三島先生は旧制中学から旧制高校にかけて恋愛も経験したと仰っておられた。この初恋の人とは口を利くようにもなって、お茶をしたり家に遊びに来たりなどするようになったようです。もちろんプラトニック・ラブですが、それでも妹さんが寂しそうで非常に悲しがったようです。その様子を見ていることができずに、三島先生はその初恋を諦めたのだと仰っていました。

そして妹さんの死に当たっては、三島先生は極限にまで憔悴し切って、下手をすると自分の命を絶つことまで考えかねないほどになっておられたそうです。そういう苦しみを王陽明の詩で乗り越えられたと仰っていた。妹さんとの間には淡い恋愛感情にまでいかない、純粋で非常に美しい思いが満ち溢れていた。それだけに妹さんの喪失に三島先生の心に深く影を落としていたのです。この経験が後の文学の根底にはあるように思うとまで先生は仰っていました。初恋の失恋ではないですが、永遠に手の届かない人となってしまった妹さんに対する思いは、到達不能の「憧れ」の何たるかまでを摑む実体験となったと仰っていたのです。

この思いは、『美しい星』に引き継がれているように私には思えるのです。恋愛を突き抜けた、真の恋つまり本物の「憧れ」に繋がっているに相違ないと思えるのです。『美しい星』の、あの宇宙に対する純粋な思いは、いかなる恋愛をも凌駕するものです。あの憧れ、あれを描いた先生の魂は、現世の域を大きく出ているのです。あれは永遠との直結です。死者と繋がる「何ものか」を持つ者にしか、絶対に描き得ぬ憧れと言ってもいいでしょう。私は妹さんの死とそれを乗り越えさせた陽明の詩の力が、『潮騒』を生み、そして『美しい星』を経ることによって先生の「今」を創っているように感じているのです。

『潮騒』のような初期の作品から、『美しい星』や『英霊の声』、そして『奔馬』など、後期の作品に至るまで、三島先生の「憧れ」への想いは一貫しています。それぞれの作品で新たな切り口や描き方を追求され、常に先生は自分自身の文学に関しては満足されることはなかった。SF小説を描くために実際にUFOを見に行かれたり、研究会にも参加されたり、奇態と思われることも文学のためにひたすら感性の網を張り巡らしておられたのです。いずれの試行錯誤も究極のところは「人間生命のもつ真の幸福とは何か」を描きたかったのだと仰っていました。

真の幸福とは「命よりも大切なもののために生きる」ということです。これはまさに葉隠思想です。逆説とも思えるかもしれませんが、死を見つめることで真の生命、真の幸福が生まれてくる。三島先生は身近な最愛の妹さんを亡くした苦しみを『潮騒』に昇華し、戦争で失った若い同級生や仲間たちを『英霊の声』で弔い、人類的な「憧れ」へと到達するために地上での幸福を捨て去った家族を『美しい星』で描いた。命よりも大切なものを描くために三島先生は文学を書き続けてきたと私は思います。そして、その真の幸福を最もよく表わす思想が、先生の中では葉隠であり陽明学でした。

美の極点に向かって

この葉隠と陽明学の思想については、私はいつも原始キリスト教と一心同体のものではないかと捉えてきました。先生にそれを伝え、ポーランドの作家ヘンリク・シェンキェヴィチ*の『クォ・ヴァディス』の話をしたのです。紀元一世紀のローマ帝国ネロ*皇帝の時代の、キリスト教に対する迫害が最も激しかった時代の物語です。使徒ペテロは迫害を逃れようとローマを発ったが、アッピア街道に顕現したキリストの霊体に遭って自分が迫害を逃れてきたことを恥じ、ローマに戻って逆さ磔に架かった話が、この小説には書かれています。

この『クォ・ヴァディス』を三島先生に紹介させていただき、先生はそれがきっかけで読んで下さった。その後、感想を伺ったところ、あれほど感動した本は少ないと言われたのです。葉隠とも陽明学ともまったく同一の思想と思うとさえ言われていた。そして私が同書を小学校三年のときに読んだと知ってびっくりされていました。ただ、読んだだけではなく、その中心思想が葉隠と一緒だと摑んだことは、知性ではあり得ない。それは私の魂そのものが葉隠と原始キリスト教の魂を求めていることの動かない証左だと言って下さったのです。つまり、「それは、魂同士の共振であり共時性だろう」と仰られたのです。このことによって、「君の魂が、生来、葉隠とキリスト教を求めていることがよく分かった」とつけ加えられたのです。そして最後に、『クォ・ヴァディス』のお陰で、原始キリスト教がいかなるものかを、より深く知ったように思う」と言われたのでした。

ここから、「人間生命のもつ真の幸福とは何か」を最もロマンチックに表わしたのが、西脇順三郎の「宝石の眠り」だろうという前述の話題に戻ったのです。その詩は十九世紀末ヴィクトリア朝の美学者ウォルター・ペイター*の美学を元にしているのではないかと先生は語られました。ペイターは『ルネサンス』という著作で知られていますが、その美学は「美の極点」を目指している。西脇はそういう生き方に連なっていたので、「宝石の眠り」という静かな憧れを表わす詩が書けたのではないかと仰ったのです。西脇とペイターの符号について、先生は非常に強い結び付きを感じておられたのです。

なぜか先生は、この夏の日の議論の終わりに、しんみりとした表情で過去を思い出されている様子でした。先生ご自身の青春、妹さんの話、戦後の苦悩について語り尽くして、自分自身の文学にいかにそれを表現してきたかを振り返り、様々な思いが去来されていたのかもしれません。「失われたこどもを乗り越え、さらなる創造へと向かわねばならない」と急に仰ったのです。そして私の顔に息がかかるほどに近づきながら私に向かって「執行君、君の未来は拓かれている。きっと君は大変な苦悩を経験するに違いない。そのときは、今日のこの文学論を思い出してほしい。そうすれば君の人生は君だけの独立自尊のものとなるだろう」と告げて下さったのです。

先生の「美の極点」を目指す生き方は、どこに向かって行くのか、そのとき遠くを見つめる表情をしておられました。このようなわけで、私に対して苦悩は苦悩のままに生きるのがいいと言って下さったあの日の思い出は、先生の予言通り、いつでも私の中心にあって葉隠的信念の道を踏み外さないように見守ってくれているのです。今日まで、私は葉隠のみを信ずる道を何とか貫き通してきたつもりでいます。先生亡き後の五十五年間を、そのように生きられたこと自体が、先生の深い恩によるものと自覚しない日は一日もありません。私には先生の思い出そのものが、私自身の一つの「美の極点」であったように思われるのです。

続けて三島先生は「乗馬を一日中ともにした人間はこの世に君しかいない。また、私は人の前で詩を吟じたことはないので、君は唯一私の詩吟をこの世で聞いた人間になった。そして私が、葉隠とともに最も精神的な支えにしている陽明学の最も美しい詩を君に捧げたのだ」と言って下さったのです。先生は一日という長い時間は、誰とも乗馬をしたことはなかったようです。先に馬に乗っているときの先生の印象を書きましたが、先生は乗馬をしているときはひたすら遠いところに向かって行くようで、「三島由紀夫」という仮面を外されていたように思います。普段は一人で秘密裡に遠乗りに出かけ、自己を取り戻し、心新たに世間と、文学と戦っておられたとも仰っていました。誰かと遠乗りをするというのはめったにないことだったのです。また、詩を先生が吟じて下さったのも、私の未来に向かっての、これ以上ない「はなむけ」でもあったのではないかと思います。いまでも、陽明学の中でも最も美しく、最も先生の人生に刻まれた詩を私に捧げてくれた恩を噛み締めているのです。

先生が私にロマン・ロランの『ジャン・クリストフ』を薦めて下さったことは先に書きました。この一日の終わりに再び「ロマン・ロランの『ジャン・クリストフ』を座右の書としてくれれば、君は人生の荒波をすべて超えていく人間になれるだろう」と先生は私を勇気づけて下さった。そして「いつでも今日の思い出を大切にしてほしい、美しい思い出だけが自分自身の真の人生を築き上げるのだ」という言葉をかけて下さったのです。こうして、熱く、凝縮された夏の日々は、私にとっていまでも涙なくして思い出せない日々となったのです。また、三島先生は陽明学についても親しんでほしいということも強調されていました。なぜならそれは、葉隠魂を理論的に支えてくれるからだと言われた。

「陽明学を学べば、君は歴史の中に多くの友人を得ることになる。それらの友人と人生を共にするのがいい」と仰られ、「私は陽明学を学んで、大塩平八郎*という友人を得ている。私はこの友人と共に将来何事かを成したいと考えているのだ」と続けられたのでした。そして次の文学論を楽しみにしている、また大いに話そうではないかと、はにかんだ笑顔を残して山荘を去って行かれたのでした。先生との別れ際には、再会の希望が残されていると私はいつでも思っていました。しかし、このときはどこかへ行ってしまわれるような先生の後ろ姿に、何か私の想像の及ばない世界へと向かわれているとしか言えない、一抹の不安を感じていたのも確かなことでした。

第七章

反文学への道

虚無の創造

反文学への挑戦

いま、私は三島先生との過去を振り返り、いくつもの思いが去来しています。こうして先生と話した記憶を辿り、言葉として改めて書き起こすと、実に三島先生の人間としての大きさが伝わってきます。後から見れば、これほどに時間を割いて下さったことが申し訳なく、またありがたく思い出されます。そしていかに三島先生との対話によって私の人生が形成されたかがよく分かるのです。三島先生を追悼しながら、自分の深奥に確かに存在する「三島由紀夫」とはいかなるものかを辿っているとも言えます。私自身、還暦を過ぎてから物を書く運命が与えられたのですが、七十四歳の今日こんにちに向かって、三島先生についての文学論の思い出を纏めるように道が敷かれていたように思っています。

三島先生はよく「私の文学や行動に関しては、五十年か百年先に誰かが分かってくれるかもしれない。私は文学というものは今日を生きるのと百年後を生きるのとの狭間を行き来しているようなものだと思う」と仰っていました。ちょうど、あれから五十年を過ぎてから私が「憂国忌」で先生との思い出を語らせていただいたのも、いま、三島先生の思い出を「生誕百年」に合わせて書かせていただいているのも、何とも言えない時間軸の符号であり、私にとっては大きな運命として「事件」にも等しい機会となっているのです。

さて、この時間軸の流れの中で、三島先生も私も共通して戦後の日本社会に対して非常に複雑な思いを抱いていました。もちろん私は戦後人ですから、三島先生のように国家の危機も、緊張感ある愛国心も、生死の隣り合う日常も経験していません。しかし、先生と私を繋いでいた葉隠の思想は、戦前戦後という現代の狭い時間軸ではなく、日本の歴史を貫き、未来をもつんざくものだということを、幾度にもわたって話し合ったのです。確実に、日本は滅びに向かっている。しかし、葉隠の「憧れ」に向かうことだけが日本と日本人を救うのではないかという結論は、三島先生と私の間で揺らぐことがなかったのです。だからこそ、あらゆる角度で葉隠の「憧れ」について話し合うことができた。そして先生は、葉隠をいかに文学の中に展開するかを理論的に構築する必要に駆られていたように思います。先生と私は、文学論を通じて真の希望を紡いでいたのかもしれません。

そのような日々の中で、一九六九年の春のこと、三島先生から目白の我が家に来たいとの電話を突然にいただいたのです。戦後生まれの若者である私と、何事か重要な文学上の考え方について話し合いたいとのことでした。翌日の午前十時に目白駅で待ち合わせました。その日、駅まで迎えに行き、先生と共に家まで二人で文学の話をしながら歩いたことを懐かしく思い出します。家に着くまでの間、先生は、最新作の戯曲でもうすぐ出版され、また舞台の上演も予定している『癩王(らいおう)のテラス』について楽しく話し続けられ、私はまだその作品については知らなかったので、興味津々、聞くことに集中していました。

発表前の作品について先生が自分の考えを具体的に他者に述べるという、信じられぬことが起こったのです。何か、何ものにも替え難い嬉しさが心の底から込み上げてきたことを、昨日のように鮮明に覚えているのです。先生は「自分は、『癩王のテラス』を構想することによって、自分の中に長らく温めてきた〈青春の不滅〉というものをこの世に問うことができたと思っている」と言われ、続けて「その青春の持続を可能とする真の自己否定を描き切ったように思っている」と仰られたのです。

ついで先生は、まだ発表されていない『癩王のテラス』について、その発想源と思われるものについて吐露して下さったのです。これはもちろん、先生が以前から研究している輪廻転生の大きな流れに組み込まれるものですが、『癩王のテラス』として独自の作品になった謂われを話して下さった。それは、以前、私との人生論の話のときに遡るものでした。かつて私は、私自身の葉隠的な生き方として、インドの古典『バガヴァッド・ギーター』にある「私は火であり、供物(くぶつ)である」という思想に一番感応していると申し上げたことがあったのです。そのときの対話が、『癩王のテラス』を生み出す原動力となったと述懐されたのです。この火と供物が輪廻転生をこの世に顕現させる力となった。その葉隠的精神とインド的生命観が合一し、この作品が生み出されたと言われました。

私は先生との対話を思い起こし、先生との文学的交流がこのように結実されたのかと、深い喜びを感じずにはいられませんでした。先生は「君とのあのときの対話によって、一つの作品を生み出すことができた。特にあのときの〈供物〉という言葉は私にとって衝撃だったのだ。〈供物〉は実に素晴らしい考え方だった」と言われたのです。そして、しばらくして「私は文学で表わせぬものを表わしたいとずっと考え続けてきた。それがいま、自分の中で固まりつつあるのだ。今日は、ゆっくりとこのことを話し合いたいと思ってやってきたんだ」と言われたのです。駅から十五分の時間で自宅に着いたのですが、それまでになされた先生との対話は、永遠の時間としてまた私の中に刻印されています。また、東京で見た先生の姿としては、そのとき以上に楽しく明るい姿を見たことがありませんでした。

さて、先生がわざわざ我が家にまで来て話したいと仰っていたのは、「反文学への道」という表題にもなっている考え方だったのです。三島先生は我が家に着くなり、「私は〈反文学の思想〉を通じて文学をも、現実をも超えた新しい未来文学の領域を確立し、それを押し進めたいと思っている」と仰ったのです。少し急きこんで話し始められる様子でした。先生は周囲の人からはなかなか理解されず、これまで文学上にその思想を展開させてみたが、まったく芳しくなかった。そのため、その後の先生の文学上の試みの方向性について確かめる必要に駆られておられたようなのです。そのようなことを、私と話し合いたいと言われたのです。

そして、隠された真実の姿を文学に映し出したときに、いままでの文学では成し得なかった方法で文学にすることに挑戦したかった。しかし、それには自己の中に「虚無」を創り出さなければならず、それは文学的には信じられないほど骨の折れる作業だったと仰られた。過去には『沈める滝』や『鏡子の家』で試験的に行なったが、それでは不充分だった。その方法を詰めたい。それは「〈虚無から見た実在〉とも言い換えられるものになるだろう」と先生は続けられたのです。

簡単に要約すれば、重厚なことを描きたいときには、等質量の分だけ反対に軽薄に描くということなのです。黒いものを描くのに白いもので描き切るという離れ技ともなるのだと先生は続けて言われたのです。つきつめれば、文学が文学ではなくなってしまう恐れがある挑戦になるだろうと先生は仰って、しばらく沈黙して考えておられたのでした。しばしの後、先生は決意を新たにするように、目の前の現実を、それとは違うもう一つの現実で描くことによって、現実を超えた未来の予言と黙示録ともなるようなものを表わしたい、と一気に語られたのです。

実像を構築していると思っているものが実は虚像であるという意味で、「虚無の創造」と先生は呼ばれていました。この手法に本当に成功すれば、文学が文学を打ち壊して、何かもっと人間の生命に突入してくるのではないかという夢を先生はもっておられるようでした。このようなものを、先生は反文学の思想と捉えられ、それを益々、進展させる決意を述べられたのです。そして先生は、その出発を重厚なものを軽く描くところから成功させたいのだと仰られました。

なぜ初めに「軽さ」が必要になるのかと言えば、いま自分の描きたいものが、重く暗い生命的な希望を捨て去った後に残る、「何ものか」を追求しようとしているからだということです。従来の小説で表わされていた、人間ドラマや存在を押しつぶそうとするような懊悩、生と死の苦しみなどを、そのまま描くのではないということなのです。時代や人物の中にある現実を描くのではなく、その「実存」を描きたいということです。実存は現実の裏側にある。それを表現するために反文学という一種の虚無の創造によって、そこに到達しようとする試みかと、私には思えました。このように生命的希望を剥ぎ取って実存を追求するやり方は、イタリアの彫刻家ジャコメッティ*の創作に近いかもしれません。ジャコメッティは、実存を求めるあまり、人の肉体を削り取り、感情も剥ぎ取り、本当の実存の姿を表わすために、ついには一本の線という細い彫刻像へと人間の姿を変えてしまった。表現の手段は異なるものの、ジャコメッティも、従来の彫刻ではない、まったく正統的な彫刻的価値をもたない像、つまり反彫刻を成し遂げたのでした。

このような実存的アプローチを、三島先生は「反文学」という象徴的な言葉を用いて表現しました。これは三島先生独特の「表面」の捉え方によるもので、内面はすべて表面に現われるという考え方に基づいているのです。虚と実が表裏一体となっていることを最もよく表わす方法が、反文学を形成する虚無の創造なのでしょう。美しいものはそのまま汚いものと同質であり、醜い内臓が美しい外形を支えているということが真実なのです。我々は、虚無の創造を通して虚と実の間を行き交う生き物と言えるのではないでしょうか。特に我々戦後人の軽薄さや虚無性は、反文学的な虚無の創造を通して初めて、その「実像」もしくは「実体」と成り得るのだということを先生は仰っていたのです。

軽薄を超えて

では、この「反文学」とは、実際のところ文学ではどう現われるのでしょうか。三島先生はこう仰っていました。「意味のないものに意味をつける表現として、それは映し出される」または「重厚なものは軽薄に支えられる」、そして「幸福は、苦労の中にしかないのだ」ということなのです。これは、現世的な発想をもっている限り成し遂げられない方法と言ってもいいでしょう。下手をすれば、それは表現の破壊に終わりかねない危険を孕んでいる。なぜなら現世で評価される手法で、人間社会のいわゆる理想やドラマ、小説らしい小説を書くことは、すでに三島先生の時代までにあらゆる人が嫌と言うほど行なっており、三島先生自身も同じ轍を踏むことはしたくないと仰ったのです。

過去の遺産としても、あらゆる文学形態がすでに残されているわけです。いわば人間存在に価値を置く時代の小説です。しかも、かつての人間像は、いまの「人間」と比して、すでにそれ自身がドラマを湛えていた。例えば神という存在があった時代や、何か信じるもののあった時代の人間は圧倒的な力を持っていたに違いありません。そのような時代は、人間であることの価値はまだ重くあったのです。しかし三島先生の生きた戦後は、もはや軽薄にしか生きられない人間が主として存在している。これは人間というよりも時代精神の問題なのですが、時代の変化によって個々人の価値が軽薄さを帯びるようになったのです。

いみじくもチェコの作家ミラン・クンデラが[*]一九八四年に発表した『存在の耐えられない軽さ』という作品の中で、「もし永劫回帰が最大の重荷であるとすれば、われわれの人生はその状況下で、素晴らしい軽さとしてあらわれうる」と書いたごとくに存在するのが現代の人間でしょう。これこそが三島先生の言う虚無を実像と思い込む「反文学的考え方」だと考えられるのですが、先生はそれをすでに一九六九年の段階で深く考え、実験的には一九五九年に『鏡子の家』で世に問うておられたのです。クンデラも、虚像と実像の狭間に生き、小説様式そのものを問題提起した作家ですが、彼よりも随分前に、三島先生はこの虚無の創造について『鏡子の家』の主題として実験的に扱っていたのです。例えば、軽薄な時代に重厚な人間を描こうとすると、それは逆に嘘になるのではないでしょうか。

三島先生は、このような軽薄性について嫌悪を抱きながらも、嫌悪を超えてあるがままに描き、あるがままに意味を付す必要性を感ずると仰っていました。先生自身としては戦後の軽薄さに耐えうるはずのない鋭敏で繊細な神経をもち、究極の理想である葉隠的憧れに生きることを標榜している。しかし、だからといって戦後の若者の生き方を否定し、時代精神を否定するばかりでは何もならない。その意味で、作家として時代に生きる運命をあるがままに受け入れた作品が『鏡子の家』であり、それは時代を表わし、用いながらもそれを超えようとする挑戦を先生は実現したかったのではないでしょうか。

先生はいわば虚像と実像の狭間に生き、小説様式そのものに対して問題提起をされたのです。しかし『鏡子の家』は「反文学」の試みとしてはあまりに時代的に早すぎた。不評を買ったのです。しかし、不評に傷つきながらも先生は、諦めずに練ってきたものを展開しようとし、それを「反文学の思想」と呼び、文学上の理論武装をすべく私の家に来られたというわけなのです。「〈反文学〉に挑戦するには、自らも〈虚無〉に徹しなければならなかった」と先生は言われました。しかし、元々先生は時代に同化して生きていなかったからこそ、逆説的に成し得た創作だったとも言えます。

ここから、実効性のある虚無、創造力をもたらす虚無、つまり虚無の創造ということについて三島先生は語られたのです。後に分かったことですが、これは『豊饒の海』が提起した「大虚無」に他ならなかったのです。そもそも虚無には、積極的な創造的な虚無と、崩れ去っていくただの虚無の二つの虚無があるのです。目的や生産性、効率、実質などという考え方は、戦後社会においては「経済大国」へ向かうための方便にしか過ぎなかった。ゆえに、戦後社会においては「実」を求めれば求めるほど物質中心の考え方となってしまう。戦後の若者たちの中には、一神教への改宗のごとく精神主義から物質主義に転向できた人間もいれば、虚脱に陥った人間もいたのです。

三島先生は『青の時代』でも戦後の若者を描きましたが、あの罪を犯した主人公の青年も、大いなる「虚無」に支配された一人でした。結末は世にいう「不幸」ということで、この小説に描かれた若者は、虚無に生きたという点では、『鏡子の家』に登場する若者たちと同様といえます。しかし、『青の時代』よりも『鏡子の家』のほうが時代的に、一層「存在の軽薄さ」に拍車がかかっています。そこには犯罪という反動的行動へ向かうことすらしない、虚無のなれの果ての若者たちの姿があったのです。彼らは彼らなりにみな時代精神に抗して生きようとしている。しかし、物質主義を虚無化したときに現われるものは一体何であるのか。物質的観点から見れば、あたかも無意味で無目的に見えてしまう反時代的「憧れ」を、彼らもまた自己の人生に投影しようとしていたに違いありません。私が『青の時代』を初めて読んだのは中学生の頃でしたが、そこに現われる虚無をすでに節々から感じていました。

当時、私は埴谷雄高（はにやゆたか）の小説も非常に好んでおり、中学生の同じ時期に読み始めていました。埴谷の場合は完全な形而上学小説を構築しており、現実社会がそのまま現われることはありません。完全に宇宙と自己とを直結させ、想像を駆使し幻想も入り混じえながら小説化していくことができた。虚無を虚無として描き切った世界と言えましょう。すなわち、地上と肉体を描かない小説です。しかし、三島先生の場合は、現実社会を主題とする作品が多く、自身の作家としての社会的役割ということも考慮に入れられていた。つまり、肉体や地上の問題を見ないわけにはいかなかった。元々、先生が東大法学部卒のエリート官僚だったことも、その社会性をもった創作目的に大きく寄与したことと思います。だから、先生の文学的苦心は、その社会性にあったとも言えましょう。もちろん先生はそのこともよくご存じで、それを打ち壊す目的で、長年に亘って少しずつ実験的に進めてきた文学形式が自己の培った虚無の創造から生み出される「反文学への道」だったと仰っていたのです。

創造的虚無へ

さて、この現実に横たわる虚無性を表現するために、時代に応じて三島先生の作品中では切り口が変わっていったように思います。もちろん根底に流れているのは『葉隠』の「憧れ」ですが、憧れに向かう表現はいかようにでも変容できる。つまり、「三島由紀夫」という人間が厳として存在したまま、この世を映す文学作品という反映物は無限に変容させることができるのです。先生は敗戦期の大きな喪失を経験し、何度か「戦後の人生はすべて余生に過ぎない」とまで仰っていました。二十歳にしてもはやこの世にいない感覚で生きておられた。そこから官僚となって俗世間に塗(まみ)れもしたのですが、先生にとってもはやいかなる活動も、最初から死んだ人間として行なっていたような感覚だったと聞かされていたのです。

だからこそ、大学生活も官僚生活も苦とは思われなかった。どちらかと言えば芸術に対する苦悩だけが、この世と先生を繋いでいたと言えるかもしれません。そして、先生自身は、作品についても一種の「排泄物」と考えておられたようです。繰り返される創造行為の虚しさをも含んだ言葉ですが、つまりはそこで創造行為をいったん終わらせることで、自己の生命が次へ飛躍できるという意味もあったのです。実人生において、先生は、生命的希望をすべて捨て去った状態にあったように見えました。

先生は、実人生と作品の乖離の問題をいつも考えておられた。精神と肉体の乖離の問題とも言い換えられますが、「物が二つに分かれる不幸」を生きるのではなく、「物が一つとなる幸福」を追求していたということです。だからこそ虚無を描くならば、先生の実人生そのものが虚無でなければならない。いずれの作品に現われる虚無も先生の生き方そのものから生み出されたと言えるのです。「戦後においては、虚無が本体なのだから実像は却って虚偽になる」とも仰っていた。反文学そして虚無の創造というのは、先生が実像では生きられない、その苦痛の中から生み出された思想と言ってもいいでしょう。そのことによって、先生はその虚無の創造をドイツの哲学者マックス・シュティルナー*の言う「創造的虚無」へと昇華して、先生自身の独自の生き方を徐々に生み出していったということが分かったのです。そのとき、私に、シュティルナーの『唯一者とその所有』という著作を薦めて下さった。

ここから、私との対話において三島先生は、先生がいかに「自我」を虚無化して独自の虚無の創造、つまりシュティルナーの言う「創造的虚無」を創り上げていったかという話になったのです。この哲学者は唯一者（デア・アインツィーゲ）と呼ばれる、いかなる人間的共通性にも解消し得ない「私」という自我を表わす概念を生み出した。私という存在が所有できるもの、消費できるものがすべてであるとした思想です。究極の自己責任という意味での「唯一者」とも言えましょう。

この思想は単なるエゴイズムや利己主義として捉えられ、誤解を招いた歴史もありますが、シュティルナーが最も言いたかったのはそれ自身が意味をもつ「創造的虚無」ということだったと、三島先生は私に教えて下さったのです。つまり、三島先生の創作において現われた「虚無」とは、単なるニヒリズムに陥って、何もしなくなってしまう虚無ではない。あくまで自己が「死」によって規定される有限なる主体であることは認めつつも、自らの力だけで自己を定立し、さらにその虚無を留まることなく超克していく可能性を信じている虚無なのです。それを創造的虚無とシュティルナーは名づけた。その創造的虚無なるものを三島先生は反文学のための虚無の創造に用いられていた。そしてそれは、そのまま、『葉隠』の武士道の本源と言うべきものと近いということに、私はすぐに気づいたのでした。

これは、すなわち、無限の「自己創造」に他なりません。与えられた生に常住することなく、絶えず自己超克していく「自我」であり、それこそが「創造的虚無」なのです。仏教的な諦念とは異なる、もっと創造的で積極的な概念です。虚無に陥るのではなく、虚無を自己の生命の中に打ち立てる。私はこの思想に瞬時にして葉隠を感じたことにより、三島先生の虚無の真意を理解することができたのです。ここで、私はこのシュティルナーの哲学を知ることで三島文学の「虚無」を自分なりに理解できるようになった。それまでニヒリズムの虚無とも捉えることもあった三島文学に表わされた若者像が、むしろ人間存在の本質を生きているということがさらに浮かび上がってきたのです。

ここで肝要なのは、三島先生が仰っていたことですが、決して現世に期待も希望も持ってはならないという点です。仏教的「諦念」にさらされる恐れもありますが、いずれ人間は死ぬということを、そしてこの生物学的な人生そのものには人間としての意味が少ないのだということをどれだけ深く認識できるかで、その後の「創造的虚無」を生きられるか否かが決定づけられる。つまり、いささかでも現世に希望や夢があれば、その文学や芸術は現世に属しているということです。宇宙と直結した魂によってのみ、現世を描くことが初めて可能となるのです。

いつでも三島先生はシュティルナーの言う「自我」をご自分で定立したいと考えてきたと仰っていました。この哲学者が「私の事柄を、無の上に、私はすえた」と述べた究極の「自我」です。何も無いところに私を据えるわけです。これは葉隠にも通じることで、「ただ独りで生き、ただ独りで死ぬ」生き方でしょう。この世の評価も生も捨てるということです。こうして、三島先生と私は創造的虚無を生きる「唯一者」についての対話を交わしていたように思います。

深い意味で「唯一者」となったときに、あのホメロスの『オデュッセイア』に歌われた「誰でもないもの」（ウーテイス）となることができるとも言い換えられます。すなわち、存在そのものの創造と破壊そして再創造の無限回転のなかに入っていくということです。すると固定していたはずの自我が、究極的には「誰でもないもの」となるのです。埴谷雄高が『死霊』の中で言っていたあの「虚体」に近いものではないでしょうか。このような生き方は、軸が無いように見えて、一本の強い軸によって宇宙と繋がっているのです。だからこそ、埴谷雄高と三島由紀夫の文学は一見異なるようには見えて、実は存在論としては同じ領域からの創造行為を重ねていることが分かるのです。

私が『青の時代』や『鏡子の家』を読んでいる頃、同時に私は埴谷雄高も読んでいたことはすでに触れました。三島先生がシュティルナーに思想的影響を受けたのと同様、埴谷雄高の『死霊』も、シュティルナーの「唯一者」をもとに独自の小説として書かれたものだったそうなのです。思想のもつ霊的な共時性として同じ時期に呼び寄せられた不思議を感じずにはいられないのです。三島先生は長年考え続けてきた悩みを、ついにここで「反文学」として世に問うことを決められました。それに基づいて「いま執筆中の『豊饒の海』も、多分後半は、霊性的世界へと突入するだろう」と言われ、続けて「そうすれば、終わりが終わりでない反文学が誕生することになるだろう」と結ばれたのです。

世評を超えて

さらに先生との話の中でよく出る言葉で「死の跳躍」(サルト・モルターレ)があります。いままでも度々触れてきました。元々は明治維新を目の当たりにしたドイツの医師ベルツ博士が述べた言葉ですが、このドイツ人医師を驚愕させるほどの革命的な動きを日本は維新時代にとっていた。それが空前絶後に危険な変革であることを、博士が「もし失敗すれば首の骨を折りかねないほどの〈死の跳躍〉だ」と評したものです。もちろんこの言葉は歴史の内実を表わしてはいるものの、人間個人としてもそれくらいの変革を行なう必要があると三島先生はその話を引き合いに出され度々仰っていた。特に先生のような芸術家にとって、一つひとつの作品を生み出すことは、「死の跳躍」にも等しい命懸けの挑戦なわけです。それは傍から見れば、理解不能な跳躍だと捉えられ、この世での作家生命を断たれるのではないかという不安まで飛び出るものかもしれません。

しかし、三島先生はあくまで現世と一線を画した深い虚無を生きていた。「反文学」の始まりの一つと先生自身で言われていた『鏡子の家』は、果たして評論家たちからは散々な酷評だった。まだ三島先生が三十代の頃です。先生の中で世評を捨てていたとしても、一層、絶望感が募ったことは確かな事実でした。その小説で目指した「反文学」はつまり、既存の文学に対するアンチテーゼということです。三島先生は私に、創造の意図とその結果は一致していたと冷静に話されていたものの、早すぎたために世間の無理解と誤解が想像以上に大きく、完全にこの時点で文学への希望は根こぎにされて、却って爽々しいほどだったと仰っていたのです。

三島先生を「三島由紀夫」たらしめた、作家、創造者としての希望は、先生も持っておられたことでしょう。戦後は自分にとっては余生だとは言いつつも、国家喪失から日本が立ち直るためにも、作家として先生はそこに存在意義を見出そうとされていた。特に官僚を辞めて三十歳くらいまでの若いうちは、名声や地位、小説家としてのやりがいを感じていないわけではなかったと述懐されていました。だからこそ雑多な評論家たちに対してもインタビューに応じ、説明責任を果たし、評価は評価として受けとめていたのです。

こうして先生は、『鏡子の家』の発表後くらいから、特に既存の文学に対して完全に絶望し切る状態へと少しずつ陥っていかれました。一九六六年の私との対話が始まる少し前から、シュティルナーの哲学を通じて、ニヒリズム的な虚無を乗り越え、真の虚無を描く必要性を感じられていったように思います。『鏡子の家』は、反文学という先生の中の新しい試みによって、いったんいままでの文学形態をも葬り去るつもりで書いた渾身の作として先生は捉えておられた。自身を創造的に虚無化することで、実在の在り方を融通無碍に描くことができ、様式も文体も最高の作品に仕上げられた。この作品によって、先生は、戦後の新しい「反文学」という一つの大きな到達点に至ったと考えておられた。実在の在り方の新しい表現です。ここから、ご自分の中で戦後を一括りにまとめ上げ、新しい自己の出発点とされたのです。

先生は、「自分が創造的虚無の本体となって新しい文学を描く方法を確立することにより、この世の実在が以前よりもっと、手に取るように分かるようになった」と言われていました。先生は、なお、創造的虚無としての虚像性、小説としての虚構性を表わす作家として、英訳で読まれたアルゼンチンの幻想作家ホルヘ・ルイス・ボルヘス*や、奇抜な幻想文学を書いた泉鏡花などの物語を高く評価しておられたのです。そのように仰られていたことを思い出します。そして先生は「言語芸術においては夢と現実が全く同じものに成り得る」と言われ、続けて「そこに創造的虚無の作用が媒介するだけで、言語空間は軽薄の中の深淵、かつ幻想の中の真実を創り上げることができるのだ」と言われたのです。そしてそれを徹底的に押し進める決意を語っておられたのです。

『沈める滝』に始まる

さらに虚無から見た社会の在り方を描いた作品としては、『鏡子の家』のほかには『沈める滝』が初期の傑作と思われたので、私は三島先生にそのように述べ、そこからその作中人物や物語の意味について対話を重ねました。『沈める滝』と『鏡子の家』とは、同じ虚無を表わしていても個人のもつ自我の虚無か、社会や時代のもつ虚無かの切り口の違いがあるのではないかと、比較しながら分析したのです。『沈める滝』は美貌と知性を兼ね備えた、何不自由ない青年が主人公ですが、彼は恋愛を虚妄としてしか捉えられず、決して愛を信じてはいない。その人生そのものが虚構性の強い、人工的なもので、まるで現実を生きていないかのようです。

虚妄の花を咲かせるのが文学の仕事であるとすれば、三島先生はその法則に則って作品ごとの人工美を生み出したことは、文芸評論家の村松剛氏*も指摘するところです。しかし、泉鏡花や埴谷雄高といった作家以上に、三島先生は形と実在に重きを置いていたのは確かなことだと思われます。『沈める滝』の舞台構築も非常に現実を踏まえ、現世の舞台装置としての描写を完璧なものとしているところが「三島由紀夫」の天才性なのです。

その『沈める滝』の完成形として『鏡子の家』が生み出されたのではないかと、私は先生に伝えました。『沈める滝』においては、文学の人工美の花はまだ完全な「反文学」の領域にまでは行っていない。虚構性と現実性の狭間にあって、いまだ苦しみ続けている。しかし、『鏡子の家』では、自我から社会までの問題として、より無名性の強い主人公たちを設定することによって、完全に「反文学」の領域に立つことができたのではないか、と忌憚なく申し上げました。

さらに創造的虚無は、最後の作品である『豊饒の海』へも展開されていくのですが、そこでは社会や時代を超えて、日本や文明、神話といった、よりスケールの大きな領域へと向かうべく先生は自己超克していきました。創造的虚無は、阿頼耶識や輪廻転生という仏教思想のなかに溶け入ることで「大虚無」となるのです。この飛躍的な虚無の展開には実に驚かされるものがあります。まさに「死の跳躍」でしょう。「反文学への道」と先生の名づけた視点によって自己を創造的に虚無化していったときの「反文学」は、いくらでも大きなスケールで世界を映し込めるという証左なのではないでしょうか。

三島先生は、いかにも『沈める滝』においては、「反文学」の前駆的な試みを行なったと認められ、私の指摘によってなおも対話は展開していきました。戦後的な軽薄さを映し切る試金石となったのは『沈める滝』であって、次に『鏡子の家』で虚無的なものを描く作品としての一つの完成形を見たように思うと振り返られたのです。この作品で初めて「実験的人生」という考え方が先生の中に出てきたのだそうです。つまり自分を見失った人間が送る人生は、すべて実験となる。本当の人生を生きていない、そこには虚の人生しかない。この主人公は、完全に戦前の価値観や生き方をもたない青年、すなわち神話と天皇を失った、人生というものをただ遊び切る人間の一つの典型として描かれているのです。「だからこそ、ここには文学ではない文学が描かれているのだ」と先生は仰っていたのです。

そういう人間の送る人生は実験的なものとならざるを得ない。つまりいつでも本気ではないのです。何をやっても人工的で、即物的で、感受性というものが無機的に反応する。まるで、七十年後の現代に生きる我々の典型としての主人公とも言えますが、『鏡子の家』と比してより自我や個人の問題を追求した作品です。だからこそ、『鏡子の家』に描かれるオムニバス的な物語性よりは、小説として没入しやすい小説となっているのではないでしょうか。そして、この主人公は、感情というものよりも、石や鉄といった即物的なものにしか関心がないのです。自分自身の人生をも即物的に捉え、自分の勤めるダム現場の建築物ができあがっていく技術と創造に陶酔する。三島先生は、この小説で人間というものを完全に非人間化するために、先生自身の気質や感受性を放棄したと仰っていました。

戦後の若者にある種の同化をするために、先生は自分の「人間性」をいったん破棄する必要があった。戦前の信条を引きずっていては真の「戦後文学」は打ち立てられない。私は、このように自己を徹底的に虚無化していく三島先生の創作態度には、本当に感銘を受けたのです。なぜなら、葉隠信奉者として、痛いほど先生の気持ちが伝わってきたからです。本来は葉隠的な憧れに生きるロマン主義的気質を強くもつ先生が、戦後という時代の変貌に合わせて自己を変革された。これらの作品によって三島先生は、戦後の精神と青年というものを描き切ったと仰っていました。後の『美しい星』や

『英霊の声』といった作品において精神を純化させるためには、最も必要な「死の跳躍」だったのです。この戦後的な自我の問題を解決しなければならなかったことに対する苦悩こそが、その当時の先生と私との対話の主流の一つを占めていたことが振り返って思い出されるのです。

自分が戦後まで生き延びた以上は、戦後の軽薄さとその中で生きる青年たちに対する責任がある。だからこそ、戦後の青年を描き切ることで、世間がこれからの若者の変貌を認識するに違いない、と先生は思われた。『沈める滝』や『鏡子の家』というのは、内容が虚像であるので、その中に読み手は時代を生きる自己の現実を見るわけです。時代を謳歌する者にとってはつまらない作品とも評価される。しかし、葉隠の生き方が根底にあると、その軽薄さの中に隠された深淵に気づくのです。私は完全に先生のもつ反文学の考え方に共鳴し、自己批判、自己反映のための重大な思想だと伝えたので、先生は何かしきりと安堵の表情を浮かべておられました。そこに至るまでの先生の不安たるやいかばかりか、といまになって思うのです。

人間の心の絆が切断されつつある社会そのものを描き出したかったと仰る先生に応えて、私は、そのためのあらゆる工夫が、『鏡子の家』や『沈める滝』には成されているということを申し上げました。縄文から続く日本の家族主義や心の絆を、再び取り戻すための前駆的社会を描いているのではないかと見たからです。一度、崩れ去って、軽薄な社会に成り下がったことによって、日本の魂が失われた。しかし、その実情を描くことで、失ったということを認識さえすれば、再び価値を取り戻すことができるのです。だからこそ三島先生は自らを犠牲にしてまで、戦後の青年に溶け込もうと努力し、作品に戦後的虚無を落とし込んだのだと思います。ただし、時代的に早すぎたということは先生も認めるところでした。

男性性と女性性

反文学と言うことには気づきませんでしたが、私は元々、『鏡子の家』を名作だと思っていたので、いよいよ先生にこの思いを意見として述べました。すでに三島先生との最初の出会いでスサノヲ神話に関する意見を述べていたのですが、『鏡子の家』は、そのスサノヲ的なもの、つまり男性性と、反スサノヲ的なもの、つまり女性性が、非常によく表わされた作品のように思うということを述べたのです。主人公の友永鏡子*という資産家の女性を巡って、ボクサーとサラリーマン、俳優と画家の四人の青年、それぞれの運命が展開されていく物語です。舞台は主に、鏡子の家でそれぞれがそれぞれの運命に関して語り合い、議論し合う。そして男性性と女性性が登場人物の内面に描かれていくのです。しかしこの男性的なものを、一見すると『鏡子の家』から読み取ることは困難です。

問題は、登場人物たちの内面と時代精神との相関関係にこの文学の「反文学性」が存在しているということなのです。時代は、日本歴史上かつてないほど「反スサノヲ」という女性的となった時代を舞台としています。あの折口信夫が戦後社会を「日本の国　つひにはかなし　すさのをの　昔語りも子らに信なし」と嘆いた未曾有の時代。そのような時代を生きる青年の魂を先生は表わそうとした。その中の「男性的なもの」を描こうとしたのです。この時代に壮烈な男性性が現出すれば、それこそ本当の「虚無」とならざるを得ない。軽薄な男性性こそが、戦後の日本社会にとって「真実」の男性性だった。その塩梅を、先生は文学となしたのです。

ある意味で、言葉は少し悪いですが、文学的に価値の低い精神の集まりを文学となそうとした。そうした表現形式を、先生は「反文学」とされたのではないかと私は伝えたのです。そして、そのような軽薄な生き方を深淵な精神と錯覚する認識の中にこそ、本当の戦後があったのではないかということを話し合ったのです。このような世の文学化こそが真の「創造的虚無」の成せる業であると私は解釈したのです。私の反文学の理解に、先生は深く頷いて応えて下さったのです。

また、この鏡子という主人公は、「実は三島先生自身の投影ではありませんか」と問いかけると、「そうだ」と答えられました。先生は、ご自分を虚無化したときに、女性的なるものの方が何事かを受け身で映し出す設定として描きやすかった。つまり「誰でもないもの」です。それが「反文学的」となるのではないでしょうか。例えば月は、女性と結びつけられることが多いが、それは太陽の裏面を表わす役割があります。つまり女性性です。既存の枠組みを外す意味でも、主人公が女性であることによって、またそこに三島先生ご自身を重ねていることによっても、この作品はより分かりにくくなっていると言えましょう。あくまで男性的イメージの自分を三島先生は社会に打ち出していたからです。

そのように、『鏡子の家』の深層について私は先生に、自分なりの意見を伝えたのでした。『鏡子の家』の主人公は自己の中に時代を映すことによって、誰にも憚ることなく「虚無」となることができる。その虚無の自己が、時代の中で創造的な虚無を否応なく行なっていく物語がこの作品と言えましょう。男性的原理が全く失われた時代は、女性化の時代と言えます。受け身が正義となり、実体ではなく映された像が「本物」となっていくのです。それは良くも悪くも女性化の時代を招き、男性性なき女性性という泥沼へと進展していくこととなるでしょう。このようにして虚構の「男性的」なものが、戦後の軽薄な時代に生きる若者たちによって表現されているのではないかと私は述べたのです。戦後とは、軽薄なものの中にこそ価値を見出そうとする時代なのです。女性性を男性性となす時代精神が確立していこうとしていると言えましょう。

カラマーゾフと鏡子

また、鏡子の設定が非常に重要であることを前提に、私はこの小説が十九世紀最大の文学とも言えるドストエフスキーの『カラマーゾフの兄弟』に匹敵する名作だと三島先生に伝えたのです。これには、三島先生も、「お世辞だとしても、それはちょっと」と困惑の体(てい)でした。私はもちろんお世辞を言うつもりはなく、なぜ『カラマーゾフの兄弟』と文学的価値が同価なのかということを文学論として展開させていきました。なぜなら『カラマーゾフの兄弟』も、その文学的価値は、元々、三島先生のいうところの「反文学」つまり「創造的虚無」によって描かれているものと見ていたからです。

ロシアを舞台に、好色で俗悪な地主フョードル・カラマーゾフ*の息子として生まれた三兄弟は、それぞれまったく異なる運命を背負っている。長男のドミートリイ*は直情的で放埒(ほうらつ)かつ貪欲な退役軍人。次男のイヴァン*は合理主義、冷酷とも思える無神論者で知識人。三男のアレクセイ*は純朴な心根の美男で信仰に生きる修道僧と、三者三様の生き方をしている。これらの人物たちは、革命に向かう十九世紀ロシアの真の「虚無」に冒された社会そのものに生きていたわけです。信仰と生死、愛憎、人間精神、人類的苦悩がすでに現実に渦巻いていた時代の物語です。

当時のロシア社会は途轍もなく暗く、人々には深い慟哭と信仰心があり、卑俗な世間も恐ろしいほどの哲学性・文学性に満ちていた。一人ひとりの登場人物は濃厚で、重層的で、人間の多面性を表わし切っているのです。例えば「愛」という観念は、各登場人物に起こる出来事のなかの行動において垣間見ることができる。悪人だからといって愛が無いわけではない。善人だからといって愛を体現しているわけではない。この複雑な人間ドラマを描いた作品もまた、ドストエフスキー自身が「大虚無」となってその社会を見つめていたからこそ生み出された一大小説だったのです。

こうしたドストエフスキーの魂と反文学的な魂は『鏡子の家』のそれに酷似していると私は述べたのです。ドストエフスキーもまた、革命社会という、旧社会が滅び去り、一から新しい社会を生み出さねばならない転換点に生きた天才でした。さらに、その巨大な生命力を巨視的視点から社会に投影させる方法へと発展させ、重厚な文学作品を生み出す力に変えていったのです。ドストエフスキーの揺れ動く「創造的虚無」は、実在を映し抜いているものの、それ自体は実在ではなく、革命の夢に呑み込まれていく「何ものか」でした。残るは、この世では虚像と呼ばれる「理想」のみであり、そのような真実は文学だけが捉えられるのではないかということを、私は三島先生に申し上げたのです。三島先生は何も言わずに、何度も強く頷かれ、私の肩を二度、強く叩かれたのです。私は先生の中で、何かが吹っ切られたような爽々しさを見出したことを強く覚えています。

『カラマーゾフの兄弟』は元々が形而上学的で重い社会を捉えたからこそ、深遠な作品と言われているわけですが、『鏡子の家』は全く同じ視点から「軽い社会」となってしまった戦後日本を捉えている。だから内容的には『カラマーゾフの兄弟』の対象とは比較にならないほど軽い対象を捉えざるを得ないのです。日本の歴史も武士道精神も何もかも根扱ぎにされた、お仕着せの民主主義を信奉する無気力で我がままな「自由」の社会です。三島先生は時代を時代のままに問題としても描き込みながら、しかし根底では大きな文明論に繋がる小説を描きたいと考えておられた。何らか大きな歴史の流れに繋がる作品を、個人主義となってしまった社会において、ただ独りで体現するしかないということを感じておられたと思います。軽い社会や時代を描きながらも、そこに真実の重みをいかに表わすかという、非常に困難な挑戦を三島先生は『鏡子の家』で行なっていたのです。

そして『鏡子の家』は、主人公や登場人物の間の結びつきが弱く、相互的働きかけが見られない点や、読者に対する訴求が弱い、ドラマ性がないなど様々な酷評を得ていました。しかし、これは戦後社会を軽薄なままに描いた三島先生の意図通りの結果とも言えます。現代の人間の孤独性というものは、「触れ合うことのない人間関係」の上に成り立っている。だからドラマは相互に起こらない。それぞれが「憧れ」と思われる何ものかを望んで挫折していく姿が、結局のところ、文壇には何を訴求したいのか分からないと裁断され、内容が空虚だと攻撃されてしまったのです。『金閣寺』や『禁色』は「美の追求」に絞ることによって小説として作品性の高いものと評価されたことに引き替え、創造的虚無によって立てられた「深淵な浮薄性」をもつ逆説の哲学は、現世的な小説の価値観としては捉えがたいものとなったのでしょう。ただし、三島先生はこういった反応をすべて予想していたものの、これらの酷評がさらに絶望感を深める一因となったこともまた確かなことでした。

だからこそ、私が『鏡子の家』に非常に感銘を受け、名作として『カラマーゾフの兄弟』にも比したことで、三島先生は深い安堵を感じられたようでした。私は、文壇の酷評について、この作品を低く見る人は作品中の過去と現在と未来の時間的浸潤が分からないからではないかと、先生に伝えました。普通の時間軸の中に現われる時代や社会を定点として『鏡子の家』を読む限り、その真価は分かりません。『鏡子の家』は、過去と現在が混沌として繋がり、未来までも予測する予言小説でもあるということを伝えたのです。

もはや見えぬ過去とまだ見えぬ未来を付加して描いていると感じられなければ、何の価値も結論もないように見えてしまう小説なのです。つまり、戦後日本というのは非常に軽い時代なので、戦後日本で重く見えるものは逆に軽く、軽く見えるものが逆に重いものなのだということを汲み取らないと『鏡子の家』の真価は分からない。登場する人物たちはみなある意味で軽いのですが、この軽い人たちが戦後的な重さを持っているのだということを、三島先生は捉えていたのです。

芸術の原点とは

我が家での三島先生との対話は、そのとき先生が「虚無の中には何もない。何もないが故にすべてのものがある」と仰ったことから、さらに虚無の投射するものについて、話は展開していきました。ラスコーの洞窟壁画のように、野生動物の生命体の中に潜む魂を色彩とフォルムを介して壁に投射したものが芸術の出発点であり、その姿は本物よりも生き生きとし、凄く生命的に見える。法隆寺の壁画なども同様ですが、人間の中に潜む「虚無」によって創造され、何ものか謎を映し込んで投射されたものの方が真実を表わしているのです。それが芸術の本質としての軸を立てる「創造的虚無」なのだろうと二人で話し合った。しかし、その虚無によって投射されたものは「本物」ではないのです。そこに人間の意志が加わった「創造的虚無」の働きかけが必要となって来るのでしょう。だから生命体や物、社会に潜む本当の命を見ることのできる人間が、何ものか謎を映し込んだ芸術作品を創り上げることができるのです。

ちょうどこの創造的虚無について語り合っているときに、ふと三島先生は我が家の応接間に架かっていた、マヤ文明の仮面に目を留められました。それは黄金と鉄の二重の炎によって彩られたマヤ文明の象徴ですが、先生はこれに非常な関心を示されたのです。先生はこの仮面を見上げながら、「いま私たちはこの仮面に見つめられている。私はこれを見ているのではなく、見られていることを感じているのだ。本物には〈精神〉が宿っている。本物の芸術がもつ魂をこれは示している」と仰って感心しておられたのです。私はすかさず「これは父の友人のメキシコ大統領が我が家に遊びに来られたときのおみやげの一つなので、かなりの作品であることには間違いないと思います」と説明して、誇らしく感じていました。すると先生は「そうだろうとも。この仮面には芸術の原点がある。私はこの原点についていま話しているつもりなのだ」と言われたのです。

そしてさらに「人間が何かを見るということは、その何かにそのまま見られていることになるのだ」と言われ、「そしてその見られているという感覚こそが創造的虚無という真実を映し出しているのだと思う」と続けられたのです。そういえば三島先生は、ナルシシズム的な意味で誤解されることも多く、鏡に映し出される自分自身の肉体を非常に意識しておられたことは確かです。それは、肉体そのものに固執すれば鏡像は単なる物体に見えるが、外面と内面が表裏一体だと考えるならば、鏡像が真実像となる。つまりはそれが人間の創り出す真実とも言える「創造的虚無」となると言われたのです。だからこそ三島先生は身近に鏡を置いて自分自身を見つめる習慣も敢えて続けていた。一つの美学でしょう。

三島先生は、自分自身の精神だけではなく肉体をも芸術作品として創り上げていったのではないでしょうか。まさにそれは英国の詩人T・S・エリオット*の言う「客観的相関物」のようなものです。エリオットのこの言葉はシェイクスピア*の演劇について評して言ったものですが、主人公とは異なる役割の登場人物や設定が、象徴的に主人公を表わすというものです。いみじくも『鏡子の家』の登場人物も、鏡子が主人公であっても実は登場人物の全員によって、鏡子という女性を中心に一つの若者像や時代精神を創り上げたと申せましょう。また三島先生も主人公の鏡子に仮託しながらも、決して一人の人間像にあえて固定させなかったのです。むしろ鏡子を介したさまざまな人間像を反射させたのでした。

また、このとき、ポール・ヴァレリーの『テスト氏』の話ともなりました。以前、三島先生から薦めていただき初めて読んだ本です。テスト氏もまたヴァレリーが自らを「唯一者」として虚無化した姿ではないかと話し合った。つまりテスト氏はヴァレリーの「創造的虚無」の産物であるということに話が落ち着いたのです。この短い小説の中に現われた対話はまさに主体と客体、自己と他者の関係性を表現したものだということで、三島先生と私の間で非常に共感したことが思い出されます。三島先生が鏡に自己を映し出す行為を内面的に行なえば、テスト氏とヴァレリー自身の対話のようなものとなると仰っていました。また、テスト氏を一つの対話型の自己投影とすると、『鏡子の家』は、多数の人物によって逆に一つの時代を浮かび上がらせようとしたものになると三島先生は言われていたのです。軽薄な人間たちによって浮かび上がる軽薄な時代ということです。最も辛い真実ということでしょう。

『太陽の季節』について

さて、ここで石原慎太郎の『太陽の季節』についても私は先生と話し合いました。これは『鏡子の家』と同時期の、高度経済成長期前の一九五〇年代初めの若者たちを描いた小説です。同書に描かれたのは、無軌道で反倫理的な生活を送る無知な若者であり、その人間像は解体されてしまっています。つまり「感情の物質化」という世界に陥ってしまった若者たちということです。『鏡子の家』で描かれた対象の、反対の一例として私は三島先生に同作を挙げました。当時の文壇で『太陽の季節』は、もちろん賛否両論が巻き起こったものの、結果としては文學会新人賞、芥川賞を受賞しています。

対して三島先生は、『太陽の季節』において、一つの価値の破壊が別の価値の肯定に終っている点を評価しつつも、古典的な恋愛小説や純粋な青春小説としてしか読めなかったことにむしろ驚いたと仰っていたのです。三島先生の『鏡子の家』は若者をそこまで物質として解体してはいません。また、小説としての構成や文体などの完成度が非常に高く、軽薄を軽薄だけにとどまらせない価値を描いている。つまり戦後の軽薄な時代と社会を描く描き方として、『太陽の季節』は分かりやすく、『鏡子の家』は分かりにくいということに尽きるでしょう。

この戦後の軽薄な時代を『鏡子の家』において、軽薄に映し出した三島先生の力量に、本当に私は感銘を受けていました。三島文学の中でも特に反文学的な小説としての完成度が素晴らしかったのです。内容がかなり軽薄に捉えられかねないので、三島先生は小説の美学的な様式に関しては通常の作品よりも非常に注意して、洗練された形に描いたということでした。一方『太陽の季節』は、学生の文章の域を出ていない上に、扱っている内容から、却って若さ特有の健全さもない文になってしまったことを、三島先生も残念に思っておられました。

文芸評論家の村松剛氏は、『沈める滝』の主人公が『太陽の季節』に影響を与えたのではないかと解説していますが、両者の決定的な違いは、小説としての完成度と主人公の美学に対する追求の度合いにあると言えましょう。同じ青年を描くにしても、三島先生が『沈める滝』で描いた青年像は一つの芸術作品としての命を得て、作品中に深淵が隠されています。三島作品は、表現の裏側に潜むこの深淵によって芸術化され、また、それゆえに分かりにくい点も多いと言えるのです。

三島先生が仰った通り、軽薄な社会や時代をありのままに描くことは本当に難しいのです。鏡子自体が「女性社会への移行」を先取りして描かれた主人公とも言えるため、男性の登場人物は軽く扱うように描写され、このあたりの文学的技術というのは大変なものがあります。また、それぞれの若者たちも当時の文壇の壮年期の人たちから見れば、よほど先取りした世界の群像だったので、なかなか共感を呼びにくかった点もありましょう。一方、『太陽の季節』は、共感は呼ばずとも、若い世代の破天荒な試みとして受け入れやすかったのは、内容が本当に軽かったからだと、私は三島先生に伝えました。

それに引き替え、『鏡子の家』には根底に横たわる謎のような存在、つまりシュティルナーの言うところの「創造的虚無」を思考しているために、文壇が簡単に批評したり、その時代にはまだ感受することのできない社会を先取りしたヴィジョンをも描き込んでいたからです。登場する若者同士に人間的繋がりが薄いのも、個々人がアトム化して、人間関係などが完全に分断されていく未来社会（つまり現代社会）を先取りして描いていたからなのです。

人間が分断され個人の繋がりを失い、機械の部品や歯車の一部になるような状態を個人のアトム化と言いますが、チャップリン*の「モダンタイムズ」中で人間が機械に主導されていた「人間疎外」の時代もとうに行き過ぎて、現代ではスーパー・コンピューターなどによって人間はもはや解体され切って、爽々しいほど機械に従属して生きているのです。いまの時代には生きていくために、ご近所さんも人間関係も必要ない。ただ電気に繋がれていることだけが、ライフラインの維持となっているのです。いまの方が『鏡子の家』に登場している若者たちの関係性はすんなり理解できるのではないでしょうか。関係があるようでいて、まったく関係がない。個々が孤独の上に生きている。

当時は先のこと過ぎて理解されていなかった作品が、逆にいま、五十年経って精彩を放っているような気がするのです。私はもちろん当時からその文学性、予言性の高さに驚いて、三島先生にその意見を言っていたわけですが、時代としてはいまようやく三島先生の小説に追いついてきているのかもしれません。時代的に反文学だった『鏡子の家』が、先生の死後五十五年して、出版から六十五年経って、却って真の純文学となっている。このように非常に予言的な要素が三島文学には含まれているため、当時の文壇には理解できなかったのではないかと感じます。五十年以上先の民主主義の成れの果てと、人間疎外と電脳化社会に向かう無機質性などが、すでに『鏡子の家』には潜んでいました。そう言えば二〇二三年、スペインにおいて三島文学の最新の翻訳本が出版されましたが、それが『鏡子の家』であったことも、何か時代の趨勢を感じざるを得ません。少なくとも私はそれを当時の時点で感じられたということを、いまでは少々誇りに思っています。

夏雄という希望

『鏡子の家』に始まる反文学論をめぐって、特に三島先生が引き合いに出されたのは、プルーストの『失われた時を求めて』でした。十九世紀末のベル・エポックと呼ばれた、パリが平和と繁栄を享受した時代に、ひたすら名前のない「私」という主人公が主観と客観を行き来しながら記憶を紡ぎ出していく一大長編小説です。結論もなく、何か大きなドラマがあるわけでもなく、かといって単に日常や風俗を描写しただけではなく、ベル・エポックという時代の中で生きている「私」というものの深層を投影しようとしている。「日頃の習慣や、交際や、悪癖」を超えた奥底に潜む自我を描いた手法が唯一無二だと、三島先生が非常に参考にされていた作品です。三島先生は「ベル・エポックの時代そのものが創造的虚無が創り上げた黄金時代だった。だから、プルーストの中の人物たちは、虚無の中でも、生き生きと暮らしているのだ」と言われたのです。私は「それでは、日本も早くその状態までいかなくてはならないということですか」と問いかけました。そのときの先生の答えが私は永遠に忘れられません。先生は「いや違う。日本はもっと正直で愚かに生きなければならない。だからこそ、日本の真のベル・エポックは、歴史上最も辛い時代を創り上げることになるだろう」と仰られたのです。そして、それを文学でどう表わすかという議論が二人の間で続けられたのです。

三島先生の反文学の思想、特にその始まりとしての『鏡子の家』で描かれた日常もすでに戦後の軽薄な時代精神が主流となった社会から生まれている。しかしその表面に現われる非ドラマ性、無意味性の根底には、無意志的に隠された「憧れ」があるのです。いずれも描写の方法や描いている対象が日常的に見えるために、深層にある心理や記憶、主観まで到達できるかは読み手に負う部分が大きい。プルーストは、「表層の自我」と「深層の自我」ということをはっきり異なる物として捉えているのです。自分の内部で自我を創造できるとしているところは、シュティルナーの言う創造的虚無から生まれる「唯一者」と通底しているのではないか、と三島先生と私は話し合った。つまりは先生も行なおうとしていた、無の上に「私」を創り出すことです。だからこそ三島先生はプルーストを参考にしたと仰っていたのです。

そして『鏡子の家』では、限り無く浅くなった自我の眼をもって、複数の登場人物の自我を挿入しつつ、広く社会や時代を捉えようとした。『鏡子の家』の文学的挑戦とその勇気に対して、私は全く先生に対する尊敬心をいやが上にも高めていったのです。戦後すぐの、日本人が最も魂を失った時代を舞台として、ベル・エポックの時代における「自我」に挑戦したプルーストや、革命に向かう重く暗い、激しく精神的な時代における「自我」を描こうとしたドストエフスキーに等しいような挑戦を先生は行なった。自我は、描かれる時代によってその「深度」が異なる代表的な人間描写と言えましょう。

　三島先生も戦後人の軽薄さを描かなければならなかったために、プルーストの手法を参考にしながら、深層の人間の憧れをいかに上手く表現するかに全精力を注いだのです。戦後の魂を失った青年たちの生き方に現われる「分かりにくい憧れ」です。しかし時代が軽薄なために、彼らもまた憧れを放棄し挫折していってしまうのです。なぜかと言えば、彼らもみな魂の厳しさから見れば、一番深い人間の在り方を諦めてしまった人たちだからです。その戦後人たちを描くには真の軽薄から生まれる真の深淵を見なければならない。陰極まって陽生ずではないですが、時代の軽薄のただ中にいる若者たちの中にこそ、軽薄ではない逆の深淵さも存在する可能性があるのです。先生はこの戦後を覆う「分かりにくい憧れ」が、日本の将来にとって最も危険な要素となるのではないかということを恐れていたのです。そして先生は「私は分かりやすい憧れを取り戻すための文学を、この世に残さなければならない義務があるのだ」と言われたのです。私は先生の文学者を超越した真の人物像をこのときに感じたのでした。

　三島先生と私を繋いでいた「葉隠思想」に関しても、すでに戦いが禁じられた平和な時代に武士道の本質に迫った反時代的書物だったわけです。葉隠自体、世間的な評判も悪く禁書として長く表面に現われない形で継承されてきた。つまり葉隠が表わされたときのような「憧れ」の隠然たる継承の役割を『鏡子の家』が果たしているという話にもなりました。だからこそ時代との分裂が激しく、その不幸は深い。逆説的な真の憧れを描き、憧れの中に挫折していく人間を描いたのです。三島先生も、『鏡子の家』は、「分裂の不幸を最も描き切った作品だ」と仰っておられた。先生は「人間の崇高が、時代精神によって蝕まれていく無意識の過程を描くことによって、戦後という時代の浮薄性を浮き彫りにしたかったのだ」と続けて私に言ったのです。

『鏡子の家』の若者たちが挫折してしまう理由は、中途半端な男性原理と女性原理を振り回すことによって未来を予測し考え過ぎているためです。まだこの時代の若者たちには中途半端な人間性がその非人間性の中に混在している。この中途半端な状態のまま、未来を予測したり不安を抱えたりしているのだと先生は仰っていた。ここで少し説明をつけ加えると、中途半端な男性原理と女性原理とは、男も女も国家も深く長い本当の文化に根差した生き方ができていないということを表わしています。そのような生き方には、神話の支えや文化の基礎がないから本当の人生をも真の未来をも予測することなどはできないということなのです。

それは、魂を喪失したニュートラルな人間たちを生み出すことになっていくのです。この未来を映し出した作品は、軽薄の深淵に踏み込んだわけですが、作品としてその試みに成功したと三島先生は言われていたのです。しかし、その深淵さに気づくか否かは読み手の側が持つ創造的虚無の量と質によっている。先生は『鏡子の家』は読む者に自己自身の生き方を突きつけるのだということを言われていました。軽薄さしか見て取れないのなら、その読者が戦後の軽薄な社会にどっぷりと浸かっている。それは戦後の表層だけの生き方が良いと思い込んでいる人たちの物の見方なのです。

私は葉隠によって読み解いたために、『鏡子の家』にある真の深淵さに気づいたのだと自分では思っています。それは『葉隠』自体が、ある種の創造的虚無の上に立てられている思想だからかもしれません。創造のために自己を虚無の上に立てることこそが、シュティルナーの言う創造的虚無です。そして、『鏡子の家』をめぐってなおも論議が続く中で、ふと三島先生は私の人生を予言するようなことを仰ったのです。「私は『鏡子の家』で、鏡子に成り切った。創造的虚無に生きる一人の傍観者のような存在となって書いたつもりだ」と言われ、続けて「君は〈夏雄〉に近い存在だ。私は夏雄を深く愛している。彼は宇宙の混沌と虚無を見たのだ。宇宙がこの地上でどう展開されていくかを見た。これを見た者の生命は甦るのだ。そこには真の復活が訪れるだろう」と言われたのです。山形夏雄*とは『鏡子の家』に登場する四人の青年のうちの一人で、才能と純粋性をあわせもつ日本画家として描かれています。

先生は夏雄だけが「無」から「実」を受け取っていく人間であると仰って、私の人生はこの夏雄のようになるだろうとまで表現して下さったのです。確かに、私自身、この小説中で夏雄に最も共感していたように思います。四人の若者の描き方が絶妙な均衡によって保たれているがゆえに、夏雄だけが際立っているわけではありません。しかし、彼だけが破滅から立ち直ってその後の人生を歩んでいくのです。続けて三島先生は、激励の意味か、こうつけ足されました。「君の人生はこの夏雄のようになる。それは君が決して叶えられぬ夢に生きているからだ。その理想が君を永遠に導いていくに違いない」と。このときの先生の言葉が、その後の私の人生を立てたことは確かなことです。人生の荒波を乗り越え、現在の自己の信念に従う事業と著述活動、そして美術活動を支えているのは、すべて先生からいただいた身に余る言葉の力によるものと、日々感じているのです。

戦後社会から未来へ

『鏡子の家』の文学論の終わりに、同じ戦後を描いた作品でも埴谷雄高の『死霊』は、戦前の暗さを引き継いでいてドストエフスキー的に見えるという話になりました。読めば分かりますが、『死霊』はドストエフスキーそのもののように感じるほど重みのある文学なのです。そう見える理由は、戦前の軍国主義の暗さと、埴谷雄高自身が共産主義の地下活動家だったことに起因するのです。埴谷は実際に共産主義の地下運動をやっていて投獄され、確かに十九世紀のロシア社会と似た経験をもつ作家と言えましょう。それによってドストエフスキー的な暗さや重みを埴谷は自身の文学の中で体現できた。

私は、中学生のときに『鏡子の家』を読むにあたって、同時進行的に埴谷雄高を読んで、両者の明暗の対比によって『鏡子の家』に横たわる逆説的な深淵に気づくことができたのです。両者は異なるようでいて、似たものを表わしていると言ってもいい。三島先生は、戦後社会の軽さの中に自己が没入することによって、その軽さの中に潜む深淵と触れ合い、埴谷雄高は戦前の軍国主義の暗さを極端に誇張することによって、戦後の軽薄なる虚無を浮かび上がらせました。どちらも共通に、自己が創造的虚無という「反文学」と成り切って時代と社会を描き切ったと言えましょう。

ドストエフスキーを彷彿させる『死霊』には衝撃を受けたものですが、逆に軽いものを軽いものに成り切って深淵を描く文学がいかに困難か、『鏡子の家』から読み取れたわけです。『死霊』は戦前からの軍国主義と共産主義を引きずっていると先に述べました。つまり戦前を引きずっている戦後人の魂の奥底を描くための作品となっているのです。逆に三島先生の『沈める滝』や『鏡子の家』は魂を捨てた人間たちを描いている。埴谷は戦後という社会を魂的に描き直すことを、宇宙や生命的な視点から試みた。三島先生は、戦後という社会を未来像も含めてあるがまま描いた。埴谷が残っている過去の魂を記憶する意味で独断的な「唯一者」となった反面、三島先生は社会との関わりを持ちながら自分自身の美学を貫いた「唯一者」となったのではないでしょうか。どちらもが、戦後日本の「反文学」の先兵であり、そこに潜む創造的虚無を表わそうとしていることを、三島先生と私は夜の更けるのも忘れて話し続けたのです。

夜も深まってから、戦後が一体何であるのかということを話し合ったのですが、先にも触れたあの折口信夫が戦後すぐに憲法ができたときに謳った「日本の国　つひにはかなし　すさのをの　昔語りも　子らに信なし」の歌の通りではないかということで、改めて共感し合った。戦後の本当の姿というのは、まさにこの歌の通り神話の魂を失った姿そのものなのだと話したのです。先生は文学作品ごとに自我を埋葬し創造的虚無を確立したからこそ、戦後の本当の姿も捉えることができた。ひいては本当に最期の「死の跳躍」という「反文学」の到達点において、ご自分の命を擲つこともできた。しかも、その最期の自決事件に至るまで最大限、先生は『豊饒の海』を完結させるという作家としての責任を果たしておられた。後年になって、私は先生がこのような「反文学」という革命的な生き方に挑戦され続けていたことこそが、日本の戦後社会と戦後人の生き方をそのまま「大文学」へと仕立て上げた原動力ではなかったかと思うようになったのです。私は先生との対話で、戦後の日本社会において「大文学」を書き上げることが、いかに困難を極めた事柄であるかを痛感したのです。

この日の最後に先生と私は、これからの日本と世界の行く末についても語り合いました。人間は、無限経済成長と電脳化社会に移行するために、限りない「軽さ」に向かうだろうということで二人は共感したのでした。「我々は限り無く魂を失い、そして肉体をも衰退させていくに違いない」と先生は言われました。だからこそ、「私は、日本の武士道と西洋の騎士道の中に人間の生存の本質を見ているのだ」とつけ加えられた。それから私に向かってこう言われたのです。「君は未来の人間だと前に言ったことがある。それは君が葉隠に生きる古い人間だからなのだ。君のような人間だけが、未来を創ることができる。私は、ハクスリー*とオーウェル*の小説の本質からもそれを断言することができる。こうして君と一日中、十時間以上にも及んで話せたことは、私にとって未来を摑み取る決意の裏打ちともなった。本当に有難う」と。人類と日本の未来論がついに、私の未来になってしまったことに私は面映ゆくなり、また文学論に話題を戻しました。先生はこれを受けて、非常に高揚した様子で、またもや反文学を取り上げ、そして言われたのでした。「だからこそ、今後の社会は文学が廃れ、反文学が真の文学として人間の魂の中心に立つことになるだろう。私は反文学として初期から試作を重ね、いま『豊饒の海』とその先の作品において頂点を望みたいと思っている」という未来を語られたのです。

三島先生が『鏡子の家』の執筆中、オルダス・ハクスリーの『すばらしい新世界』を読んでいたと仰ったことも思い出されます。これは偶然とは思えないとして、先生はこう言われたのです。「ハクスリーの『すばらしい新世界』は反ユートピア、反未来社会を描いている。機械文明の発達によって人間性を失なっていく社会の姿を諧謔と皮肉な文体で書いた〈ディストピア〉文学である」と。先生はその未来論の深度に感動され、続いてジョージ・オーウェルの『一九八四年』を読まれたのです。そしてその「リアル」の力に心底から感動したと言われたのです。従来の文学の枠を打ち砕いた、これら二大文学を知るに及んで、先生は、時しも執筆を開始し『鏡子の家』を皮切りに反文学という未来を現実に近づける手法を研究し始めたのでした。

『鏡子の家』はSF小説ではありませんが、手法としてはハクスリーの描き方も参照されたようです。反文学を実現するための物語の展開方法という点で、『すばらしい新世界』は構成と細部が秀逸だと仰っていました。この小説は逆説的に描かれた社会として完全に未来小説の態をとっていますが、三島先生の場合は未来に振り過ぎずに社会との交感の可能性を残しつつ未来を示唆しています。先生が、社会と繋がった形の文学を維持したのは、人間の心の絆や縄文にまで繋がる家族主義が切断されつつある現世に、ふたたびそれらを取り戻したいという目的があったからなのでしょう。具体的すぎる社会小説の方が手法としても、描き方としても深淵なものを入れ込むのに苦労するのだと何度も言われていたのです。現実が関係するかしないかは、小説を構築するにあたってかなり大きく影響するのです。

三島先生は、自己変革という意味での内部革命を起こした上で、一つひとつの作品を社会的な意味を込めて構築していかれました。社会、読者を明確に意識し、だからこそ、社会に一石を投ずるべく、壮絶な最期にまで至る「死の跳躍」を成し遂げられた。何より三島先生は、真面目に軽いものを理解し、その深淵を描くために、自身を軽い存在とすることができた。だからこそ、私のような若者ともこれほどの対話の時間を取って下さったと思うと、涙なくして思い出せません。三島先生の透明性が、「反文学への道」という一日中を費やした対話として思い出とともに浮かんでくるのです。こうして、十時間以上に及んで語り合った長い一日が終わったのです。

第八章

人類の終末

文学における終末論

終末論が始まる

さまざまなことを先生とは話し合ってきましたが、本章では特に、三島先生がその自決事件に向かって秒読みの段階に入られた最後の一年に話した内容を書いてみたいと思います。最後の一年というのは、私にとっても高校生から大学生となる節目の年で、いよいよ大人となる年齢に差し掛かり、先生と話した文学論をもとに自分自身で人生を切り拓かねばならない、と改めて心を決める時期に当たっていたのです。主に一九六九年から一九七〇年のことになりますが、私はその頃、十九歳から二十歳を迎えようとしていました。この最後の一年は、なぜか先生との間でも人類的な問題というか、終末論的な話題が中心となったのです。もちろん、それまで話してきた主題の延長線上ではあったのですが、人類の終末が迫っていることを何か三島先生も私も切に感じていて、これからをどう生きるべきか、どう行動すべきか、ということをより強く固める必要があった。

私個人の人生としても、国家の危機、人類の危機をどう受け止めていくべきかを真剣に考えていた時期だったのです。社会の動きと個人の動きとが連動していたと言ってもいいでしょう。自ずと、終末論から自分の生き方の方向性が話題の中心となったのです。また「アポロンの巫女」の章で取り挙げた、月に人類が到達してしまったことも、人類の精神文化の衰退を予兆させる大きな危機感を醸成していました。ちょうどアポロ十一号の月面着陸が先生との最後の一年のうちに起きたのです。こういう出来事と相まって、人類の終焉についての話が多くなっていきました。先生も私も、この頃からいよいよ人類は終末の過程に入ったことを実感していたからでしょう。私は歴史の研究が好きでしたが、その根本には人類の行く末に対する不安があったことは否めません。私は早くから、人類の未来を祈る気持ちが強かったのです。

このような切迫した危機とともに、大人として現実に対処しながら『葉隠』の憧れを遂行するためにも、より一層、具体的に未来へ向かっての使命を明確化していく必要性を感じていたのです。三島先生は予言者的な鋭敏な感性をもたれた方でした。だから、先生自身の運命の最終局面はもちろん底辺にありつつも、文学論の主題として私の必要にも応じて下さったように思います。もしかすると、三島先生自身も最後の行動へ向かうためにも、私たちの議論において終末論を明らめる必要があったのではないかと、私は勝手に推測しているのです。先生は自分自身の終焉に向かう役目について、また私についてはこれからの出発の使命を明確にしなければならないと考えていたのではないでしょうか。いま振り返れば、最後の一年のうちに各々の中で未来の行動を彫琢するためのいわば塑像を創り上げていたのではないかとも私には思えるのです。

葉隠と同じくらいの頻度で終末論の話が三島先生と私の間では出たのです。人間の生き方に大きく関わるこの二つの主題が、最終的に三島先生と私の出会いの意味を解き明かす、重要なものだったのではないかと後年になって私は思うのです。つまり葉隠と終末論が表裏一体となっていたのではないかと強く感じているということです。葉隠は個人の生き方であり死に方でもあるのですが、終末論というのは人類的な文明の生き方であり、また終わり方ということなのです。大きくは似た内容を述べているのですが、終末論という大きな流れを理解しないことには、個々人の葉隠的な生き方も本当には体現できないのではないかと私は考えていたのです。この考え方について、三島先生も私も全く同じだったことを強く記憶しています。

だからこそ、三島先生との話題のなかで、この二つの主題について話すことが最も多く、また、最後の一年において最も深く話し合ったことが、いま浮き彫りになってきたように思います。葉隠に生きる者は、必ず人類の歴史の中に最も深く突入するのです。人類の生まれた謂われ、そして死にいく原因を究明することが、取りも直さず、自己の死生観を人間的に立てるための根拠ともなるからに他なりません。人類の根源、そして生命の根底を知ることが、葉隠を立たしめるのです。そして人類の終末と人間生命の目的こそが、葉隠を貫徹する力を私たちに与えてくれるのです。先生と私は、知らず知らずに、そのような文明の深奥に向かっていたような気がするのです。葉隠を愛することによって、人類と人間個人の出発と終焉について、文学という人類文化の精華を通して語り合っていたように私には思えるのです。

『邪宗門』の文学論

さて、最終段階の終末論に至る前に、最初の出会いで非常に印象に残る話があったので、予め触れておきたいと思います。その内容がまた、最後の年の文学論をも飾ることになるのです。そもそも初めて三島先生に出会ったのは一九六六年の夏、三島先生が四十一歳、私が十六歳のときだということはすでに述べました。八ヶ岳の山荘で夏の休暇を過ごしたときに、急激に三島先生と親しくなったのは、何においても『葉隠』が二人の絆を結んでくれたからでした。しかもこのとき、先生と私の読んでいた文学もかなり共通しており、ほとんどの興味対象がすでに重なっていたのです。葉隠の生き方を求める者は、武士道的な死生観つまり人類的・文明的な死生観の現われている文学にどうしても魅かれるのだということを、先生と私の間で改めて認識したのです。

あまりにも合致が多く、最後は苦笑に終わるほど何から何まで文学の趣味、傾向が似ていました。私たちは人類の文明を愛し、その過去に涙を流し、その分だけ未来を憂いていたに違いありません。そのような気持ちの中から哲学や文学の好みが生まれてくるのです。先生と私が話したのは、文学だけでなく哲学・歴史・政治などの広い分野で共感し合う作品ばかりだったのです。どう考えても「打ち合わせ」があったのかと思えるくらいの符号でした。しかし、二人に共通していたのは、葉隠を本当に死ぬほど愛していたということに尽きるのです。私はこの一事を見ても、後になって人間のもつ信念の偉大さに思い至ったのです。

最初の出会いの頃、高橋和巳の『邪宗門』が「朝日ジャーナル」に二年間に亘り連載されていたのですが、先生と出会う一、二ヶ月前くらいに連載がちょうど終わったところだったのです。私は毎週欠かさず読んでいましたし、三島先生も全部読まれていました。一大長編が完結して間もなくの熱冷めやらぬうちにさっそく『邪宗門』を取り挙げたことが、先生との文学論の始まりとして強く印象に残っています。『邪宗門』は、明治時代に勃興したある宗教団体の興隆と弾圧による滅亡を描いた一大長編小説です。根底には死と滅びの美学に貫かれた終末論的な思想が表わされている。だから三島先生も私もこの頃、連載と同時に食い入るように読んでいた。この小説のモデルとなったのは「大本教団」と言われていますが、終末論的な教えで急激に信者を獲得したために、政府が危険視し幹部が不敬罪などで幾度も投獄され、特高の徹底的な弾圧により滅亡の危機に至らしめられたのです。

しかし、この小説は、単に現実の宗教・社会問題を扱ったのではなく、宗教発祥の根源的意味を問うた作品となっていたのです。すなわち、あらゆる宗教は、その発生の最初の段階において、すでに既存の社会体制を覆し、それに抗する「邪宗」となる本質を孕んでいることを考察している。その発生段階での、「世直し」の思想が既存の社会体制に妥協しない場合に、どうなるかを実験的に描いた壮大な思想小説なのです。ある種の革命思想です。著者の高橋和巳自身も特定の宗教教団を描く意図はなく、自分自身の分身として、自分の中の「邪宗」を裁くための作品と考えていると述べています。

宗教の本体を成している原初のエネルギーをも描いたこの作品は、スサノヲの文学論とも繋がってきてかなり先生と詳しく話し合ったのです。実は、創造の力とはすべてが神話的には「スサノヲ」の力なのです。その荒ぶる力によって、世は浄化され新たな文明・文化が出発できるということを話し合いました。スサノヲの力こそが「革命」であり「世直し」となるのです。その根源的力を人間が恐れるのは仕方のないことなのかもしれません。しかし、その力なくしては、また新しい価値が生まれてこないことも確かでしょう。

要は、その時期が、我々にとっての最大の問題点となるのではないでしょうか。新しい宗教が発祥する段階というのは、すでに現状の世界に軋みが出てきて終末を迎える臨界点に達しているときと言えましょう。そういう意味でも、三島先生と私が懸念する日本の行く末、そして世界の終末に対して何か一筋の光というか、「邪宗」ともなろう我々の『葉隠』を信奉していくのに必要な文学の筆頭として高橋の『邪宗門』を語り合ったのです。

何より葉隠的生き方として共感したのは、小説中に現われた「生者が死者よりも無条件にすぐれているわけではない」という言葉です。世直しにせよ、革命にせよ、本質的にそれらの思想に命を懸けられるか否かが問われているものです。生者が絶対的な価値を持っているのが、物質文明と無限経済成長思想の特徴なのです。これに対して、人間の根源的文化は、死者をある意味では生者以上に大切にし、また敬っている。それが人間文化の特色だった。宗教しかり武士道しかりです。しかし、宗教の問題は「命がけ」が「救い」のためにあるということでしょう。私は宗教の堕落をそこに見ているのです。武士道のように、ただ死ぬことの本質を見つめなければ私は文化の本質は分からないと思っているのです。

高橋和巳は京都大学で吉川幸次郎*の元で中国文学を学び、若くして作家として文壇にデビュー、異彩を放っていましたが、三島先生の死の一年後に三十九歳という若い年齢で病没してしまいます。三島先生は非常に高橋和巳の才能を高く評価しており、その作品を愛読されておられましたが、高橋が短命となることを何か予感されていたことは先の章でも書きました。ある種、高橋も一九六六年の時点で、世の終末的な状態を感知していたのだと思います。三島先生もいよいよ最終局面に向かっていることを切迫して感じていた時期です。自分自身の死への決意を固めるべく『英霊の声』を執筆している頃に、ちょうど『邪宗門』を読まれていた。そして、先生と私はこの『邪宗門』によって、人類における宗教の崩壊を確信したのだと思います。宗教を超越した「新しい生き方」を創造しない限り人類の未来はないと思い知ったのではないでしょうか。もう、人類は救われるために復活することはないのです。もっと崇高な復活へ向かわなければ、人類の未来はない。私たちはそういうことを話し合っていたのです。

さらに我々の間で人類の終末についての話が進んでいきますが、『邪宗門』の中の予言的な言葉に先生と私は注目していたのです。すなわち「六終局」と呼ばれるものです。それは、この世の終わりを予言したもので、『邪宗門』で作られた言葉ではなく、この小説のモデルとなった大本教の教祖が唱えた、終末へ向かう艱難辛苦を捉えた究極的な六つの段階です。

最後の一人に到る最後の殉難
最後の愛による最後の石弾戦
最後の悲哀を産む最後の舞踏
最後の快楽に滅びる最後の飲酒
最後の廃墟となる最後の火の玉
　そして、宇宙一切を許す最後の始祖

　これは大予言を意味しているのですが、三島先生と私の間ではそれぞれが何を表わしているのかということを中心に話し合い、最終的には個人の魂と社会の魂は共存できるのかという問題に集約されていきました。要するに、人間の生、個人の魂は、社会という複数の人間の集まった共同幻想論的な魂と共存できるのかどうかということです。

　これは京都大学の哲学者、田辺元の「類・種・個」という『種の論理』からくる思想にも繋がってくるかもしれません。類は理想を、種は民族を、個は一人ひとりの人間を表わしています。そして理想・民族・個人というのは互いに反発しあうエネルギーによって成り立ち合っているのです。私たちの文学論では、この反発し合うエネルギーを、神話的な表現として「荒ぶる魂」つまり「スサノヲ原理」と呼んでいたのです。そして「個」の力がなければ、「種」も「類」も生まれない。もちろん、それぞれにそう言えるわけです。この拮抗する闘争エネルギーによって生まれた存在が、なぜ集団となると腐敗が生じてくるのか。もしくは固定化されて老化してしまうのか。特に魂的なものが個からいかに集団に受け渡されるのか。もしくは受け渡されないのか。これらの問題を三島先生と解明すべく一行一行を文学的に照射して考えていったのです。

話すうちに三島先生は、「人間は最後には、魂の存在だけを問われるようになるだろう」と私を見つめながら言われたのです。私はこの先生の言葉に大変感激してずっと心に刻んでいたのですが、後年になって似た言葉に出会うのです。すなわち、新プラトン主義の創始者のプロチノスの言った「偉大にして最後なる戦いが、人間の魂を待ち受けている」というものです。このプロチノスの言葉との出会いは、三島先生との話から相当、後のことになりますが、果たして私の一生を支配するほどの座右銘となったのです。先生と私は六終局を一つずつ見ていきますが、大きくはプロチノスの言葉にその精髄が表わされているように思います。三島先生は『邪宗門』は全体として、人間の魂の価値が宇宙から問われていることを表わしている文学だと仰っていました。それが「六終局」の中で、人間に対する一つひとつの試練として象徴的に予言されているのです。

私は「葉隠思想をもつ者はみな終末論の文学を生み出す土台をもっているのではないでしょうか」と先生に投げかけました。三島先生の文学にも終末論が表わされているものが多い。もちろんそれらの文学は、葉隠的な死生観が無ければ生まれない文学だということを先生に申し上げたのです。三島先生は「その通りだ」と仰って、「私も終末論を文学にしたいという願いはずっと持ち続けているし、これから書く文学においても挑戦したいのだ」と続けられました。「生涯を賭けて最後に終末論的で、葉隠思想の未来に基づいた文学を世の中に残すことが、自分の決意なのだ」と強く仰られていた。当時までに書かれた三島文学で言えば、終末論的な意図をより多く表わしたのは『金閣寺』『美しい星』『朱雀家の滅亡』だとしておられました。それらの中で「人間の魂が裁かれる戦いが、人間の最期を決するということを言いたかったのだ」と仰っていた。

すなわち『金閣寺』は人間の魂の敗北を、『美しい星』は人間の魂の勝利を、そして『朱雀家の滅亡』では魂の深い願いを描いている。世間の評価は置いておいて、魂的に見たときの各文学の意味するところを先生と二人で話し合ったのです。先生から『金閣寺』や『美しい星』そして『朱雀家の滅亡』の意味をお聞きして私は非常に共感し、さらに三島文学の中で自分が最も好きな作品が『美しい星』だという話になりました。すると三島先生は「『美しい星』を読み解くには人間の魂の力が特にいるのだ。魂があらゆるものに勝利して、最後に永遠の命と繋がっていく。その魂の勝利へ向かう生命の歴史を描いたつもりだからだ」と仰った。そして、「君が好きなのも納得できる。葉隠的生き方の中でも、特に〈忍ぶ恋〉の憧れを作品として最も純粋な形で体現したのが『美しい星』なのだから」と続けて言われたのです。十代の私がその作品に魅力を感じたことに、何より三島先生が心を動かされていたようでした。

先生が仰るには、私の意見を聞くと、自分の作品に表わされた思想が未来から見られているような気がするということでした。私は『金閣寺』や『美しい星』そして『朱雀家の滅亡』についても「六終局」の観点から見て、どういう意味があるかなどを語ったのですが、先生は「葉隠の思想なくしてそれらを読み解くことはできない。私の作品が正当に評価されるのは、葉隠の生き方を自分自身がしている人が読んでくれたときだけだ。君はその一人になってくれた。終末論の深い意味を捉え、未来から見なければ分からないような文学論を打ち立ててくれたことに、改めて希望が湧いてきた」と言って下さったのです。これから六終局の各論と三島文学の関係性については書いていきますが、葉隠と終末論が密接に結びついていたがために、両者を読み解くヒントを得ることができたのです。「『葉隠』を愛する者同士は、必ず終末論に行き着くのだ」ということを、先生は何度も仰ったのでした。

六終局のはじまり

さて、六終局の各論に入っていきたいと思います。冒頭にも記しましたが、「最後の一人に到る最後の殉難、最後の愛による最後の石弾戦、最後の悲哀を産む最後の舞踏、最後の快楽に滅びる最後の飲酒、最後の廃墟となる最後の火の玉、そして、宇宙一切を許す最後の始祖」という大予言です。世界は滅びに向かって六終局の試練のときを迎える終末の様子を描いています。高橋和巳が『邪宗門』で描きたかったことがすべて、この「六終局」に纏められているので、三島先生との文学論の中心となったわけです。

私は自分自身が葉隠の生き方を信条に据えるために、小学校五年のときに「葉隠十戒」（巻末全文掲載三八六、三八七頁）というものを纏めたことは何度も触れました。偶然ですが、何かこの「葉隠十戒」が「六終局」と対になるような感覚を覚えたのです。三島先生に「葉隠十戒」を手渡したのは最初の出会いのときですが、このときに「六終局」について語り合ったというのも不思議な符号として覚えています。つまり、「葉隠」と「終末」がいつも一緒にある、絶望の中の究極の希望として葉隠を捉えたのかもしれません。しかし、この希望に至るまでには、絶望の何たるかを知らなければならないのです。終末を迎えそれを生き切らない限り、またはそれを死に切らない限り、新しい創造は発現しない。だからこそ、終末論の理解こそが、葉隠の実効的人生を支えるに違いないと、先生と私は直観的に感じていたように思います。六終局の文学論を、最初の出会いのときに話したのも必然だったのかもしれません。もちろん、その後も「六終局」については、最後の一年間に特に何度も語り合ったのでした。

それでは最初の言葉です。「最後の一人に至る最後の殉難」です。これがどういう意味なのかという点で私の言った意見は、三島文学で言えば『沈める滝』に込められた戦後初めての願いなのではないかということです。つまり『沈める滝』で象徴されるような「実験的人生」を表わしているのではないかということです。急速な人間疎外の進行と、人間のアトム化を経て終末は近づいてきます。その間に、自分の人生を捧げるべき「何ものか」を次々に失っていくということになるでしょう。

良い意味でも悪い意味でも、自分の人生が実験材料として投げ出され、自分自身ではなくなる世が到来するということです。そういう人間の生き方が、この「最後の一人に至る最後の殉難」なのではないかと思ったのです。『沈める滝』の主人公は、無感動で過不足ない人生を生きている美青年ですが、人工的な恋愛を構築しようと自らの人生をゲーム感覚で試している。自分の人生を実験的人生となして遊んでいるのかもしれませんが、人生自体を虚無化したがゆえに却って創造的虚無の真の「憧れ」を手に入れる可能性を残すことにもなるのではないかという考え方です。

また、『沈める滝』のほかには『午後の曳航』が同じく、実験的人生を描いた作品だと捉えたのですが、こちらは青年ではなく少年の視点で描かれた「英雄」の死、父性なるものへの挑戦という主題で、大人の生を見つめる態度は、生そのものを実験の対象として客観視しているかのようです。どちらにしても、これら二作品に見られるように、我々の社会は終末に向かって「自分の人生」という二つと無いものを、まるで複製された人間を目指すような「コピーデータ」化して行く時代へ突入したということに尽きるでしょう。これらの三島文学が六終局の一番目で表わされていることに繫がると伝えたのです。

実験的人生というのは、本当に良く出れば「自我」の無い崇高な人生ともなる場合があるのです。現代はその崇高に行き着く鍛錬の放棄によって、最も悪い終末的結末を迎えようとしているとしか言えません。歴史的に見れば、キリスト教の聖パウロ*なども ある意味で「実験的人生」に当たります。キリスト教を築き上げるために、自分の人生を投げ出した、まさにその最たる例です。パウロも、死ぬほどの鍛錬と苦悩によって人生を最高の実験へと昇華したのです。宗教家なので一見、現代の『沈める滝』や『午後の曳航』の主人公とは相いれないように思えますが、個々の結果は異なれど同じ生き方から生まれた行動と言えるでしょう。苦悩を捨てることによって、現代人は終末へ向かうことがこの六終局から良く分かると話し合った。

実験的人生は、人類の終末を予感させるものですが、苦悩と鍛錬によって過去には崇高なものともなり得たのです。この苦悩を、現代で行なった文学上の奇跡が、ポール・ヴァレリーの『テスト氏』ではないでしょうか。「創造的虚無」の話題でも触れましたが、この「テスト氏」はその名の表わす通り、実験的な人生を生きようとした主人公です。既成の社会の概念などに囚われずに、穢れのない目でテスト氏は自己存在の奥底と現実社会を捉えている。思索の深淵にまで下りて独自の生を生き、社会との関わりにおいてだけではなく、ひたすら自らの身体に苦悩と苦痛を与え真実を記憶させるのです。まさに人間として実験的な人生を生きているのがテスト氏です。その生き方は凡人にもある種の感動さえ与えます。しかし、現実や既存社会には恐ろしく冷酷な態度を取ることもあるのがテスト氏です。

ただ独りの思考を得るには、万人の理解を排除する必要があるのです。だからこそ六終局の「最後の一人」となるとも言えましょう。テスト氏は、途轍もない努力と苦悩で、終末論を乗り越え超越する代表的な「個性」となっているのです。テスト氏の人生に対する愛は深い。テスト氏は自分の人生を愛しているからこそ、自分の人生をまた捨てることができるのではないかと、私は三島先生に伝えたのです。

次の言葉になりますが「最後の愛による最後の肉弾戦」とあります。この意味について三島先生と話し合ったときに、ここで言い表わしたいのは「軽薄の深淵」ではないかということです。三島作品で言うと『鏡子の家』がそれに当たるのではないかと私は捉えたのです。後は、戯曲『わが友ヒットラー』も挙げました。この作品については、先生との文学論の終わりの一九六九年頃に、六終局との関連で挙げた作品になります。つまり、この言葉の内容というのは、「すべてのものが奪われた後に、人間に残されているあらゆる力を以って人生というものに戦いを挑む」という意味ではないかと私は解釈したのです。『鏡子の家』は、虚無的に見える若者たちが主人公ですが、彼らなりの方法で社会にはびこる物質文明主導の生き方に抗した憧れに向かっている。過去の清算と言う意味も含めて人物を抽象化し、関係性を解体した上で、さらに残る何ものかによって「憧れ」と「時代精神」の歪みを追求した作品だったのです。描写としては若者たちはニュートラルで無目的に見えますが、決してそうではない。前の章でも詳しく扱いましたが、登場人物の中の一人の青年画家、夏雄が虚から実を手にして生きていく人物として残されたことにも、最後の希望がまだ残されているのです。

『わが友ヒットラー』は戯曲ですが、アドルフ・ヒットラー*が起こした大規模な粛清事件であるレーム事件を題材とした作品です。ヒットラーが、より多くの支持者を得るための中道的イメージを打ち出す政治的思惑の下、盟友でもあった突撃隊隊長で極右のレーム*を始め、今後の党の発展を妨げるであろう党内外の多くの人々を裁判無しに殺害した事件です。この戯曲では三島先生は、粛清される側のレームの方に日本的心情を仮託し、ヒットラーとの友情をあくまで信じようとする人物として描いています。この愛憎の渦巻く最後の舞台をレーム事件にとった三島先生の描写は、非常に分かりやすく「最後の肉弾戦」の雰囲気を伝えているように思うと私は先生に伝えたのです。つまり、ヒットラーとレームの間には真の友情があったのです。それがあったからこそ、他人から見ればヒットラーの裏切りが起こったように見える。しかし、この事件の本質には二人の友情（つまり愛）があることによって、起こされた闘争だったわけです。その深奥の捉え方を私は先生のもつ終末論的な物の見方と思っていたのです。

先生も非常にこの意見に共感されて、他の文学で言えばドストエフスキーの『カラマーゾフの兄弟』や『悪霊』そしてトーマス・マンの『魔の山』などが、その「最後の戦いに挑む」人間像を深く描いた作品となっているだろうと話されていました。まさにそれらはヨーロッパ文明が滅びていくときの、最後のヨーロッパ人たちの赤裸々なあがきを描いているのです。そういったものが六終局の「最後の愛による最後の肉弾戦」なのではないかと話し合った。『カラマーゾフの兄弟』は『鏡子の家』の比較文学論でも引き合いに出しましたが、十九世紀末の革命に向かうロシア社会のあらゆる人間的問題が噴出した状況を描いている。一人ひとりの人間が濃く、強く、肉弾的に存在していた時代です。

また『魔の山』の舞台は二十世紀初頭の第一次世界大戦に向かう直前のスイスのサナトリウムです。主人公はハンス・カストルプ*という青年で気管支の病気の治療・療養のためサナトリウムに入るのです。そこでヨーロッパの小宇宙を表わすような人物たちと出会い、彼らとの対話を通して、死、病気、愛、合理主義、芸術、文化、政治などの深層を思索していく。そして七年を越してカストルプが山を下りたとき、戦争へ向かうヨーロッパの現実が目の前に広がっていたのです。この議論で、『魔の山』の主人公であるハンス・カストルプについて三島先生が言われた言葉は、その後、私の人生を支配する思想ともなっていったのです。先生はカストルプについて、「ヨーロッパの最良の教養と触れ合い成長したカストルプが、山を下りたときに第一次大戦が起きたのだ」と言われ、続けて「つまりヨーロッパの愛をカストルプが大きく吸収し終えたときに、ヨーロッパ文明の最後を示す大戦が始まった。愛が終末の戦いを引き起こすことを、私はこの『魔の山』に見ている」と仰ったのです。この愛の本質は、いまでも終末を考える私を支配しているのです。

舞と快楽を超えて

さて次の言葉は「最後の悲哀を産む最後の舞踏」です。私はこの言葉からいつも思い出す言葉があります。保田與重郎の「偉大なる敗北」です。私は「最後の悲哀を産む最後の舞踏」というのは、理想が現世によって敗北していく姿を表わしていると解釈していたからです。三島文学で言えば、戦後社会の軽薄な時代の中の理想と敗北を描くという意味ではまずは『青の時代』を挙げました。以前にも真の憧れを表わしている文学として『青の時代』は取り挙げましたが、戦後まもなくのアプレゲールと呼ばれる、既成の道徳・規範に囚われない若者たちの時代精神を背景に、主人公の青年は闇金融の世界で犯罪に手を染めるに至ります。既存社会に対する反抗ということもあるでしょう。そしてラストシーンでは主人公の自殺が仄(ほの)めかされています。

私はこの小説の結末にまさに「最後の舞踏」そのものを感じたのです。理想が敗北していくときに、最も美しい舞踏が舞われることが表わされているように思ったのです。この作品はまだ三島先生が若く、青春の問題を通り過ぎるにはいまだ同時代的なものを保っているときの作品です。そういう意味では先生は却って青春が描き切れなかったとされて、不十分でその挑戦が失敗に終わったようにも思うと仰っていた。しかし、作品自体の試みもまた「偉大なる敗北」となったところに、私は最後の舞踏を感じているのです。

また、ラストシーンでこの華麗なる最後の舞踏が究極の形で表わされているのが『美しい星』でしょう。この作品は現世においては「偉大なる敗北」かもしれませんが、人間が純粋精神を目指すことで魂の勝利を得た輝かしい結末を描いているのです。登場人物の大杉一家は現世を捨てて、別の星へと向かって天空を飛翔していくのです。三島先生は秀れた人々の美しい最後を、六終局にある「舞踏」として表わし、そこに限りない人間の悲哀を描き切っていると言えましょう。先生は私の意見に深く頷かれ議論は果てしなく続いたのです。

三島先生は六終局の三つ目の予言から想起する作品として、アルベール・カミュの文学で特に『カリギュラ』を挙げていました。ローマ帝国の皇帝カリギュラは残虐にも多くの人を殺し、放埓な生活を送った暴君として非常に世評が悪いのですが、カリギュラの人生は本当の悲哀を生むための最後の舞踏なのではないかと仰っていた。すなわち、「現世では手に入らないものを望んだ男の、最後の荒れ狂う生命の発露だったのではないか」と言われたのです。カリギュラが暴君に変化したのは、病気に冒されて臨死体験して以降だとも言われています。死を見た男が、現世で見たものに対しては、何もかも満たされず、もの足りなく感じたのではないでしょうか。

そしてもう一つ先生が挙げられていたのが、オスカー・ワイルドの『サロメ』です。まさに最後の舞踏そのもののイメージでしょう。サロメ*も手に入らないものを手に入れようとして、「七つのヴェールの踊り」を舞うのです。手に入れたのは洗礼者ヨハネ*のもはや死して動かない唇でした。『サロメ』の文学は世紀末のヨーロッパに生まれた耽美、退廃文学の代表とも言えますが、まさに作者のオスカー・ワイルドは十九世紀末ヴィクトリア朝時代に生を享けた反抗児だったのです。しかし、先生は「その舞は華麗で限りなく美しい。そこに限りない悲哀と、終末へ向かう舞踏を感じている」と仰っていたのです。

次は「最後の快楽に滅びる最後の飲酒」です。これは一つのタブーへの挑戦と捉えられると私は先生に伝えました。さらに私がこの言葉に対応する文学として『金閣寺』と『禁色』を挙げたところ、先生はそれをすでに了解されたような表情を示して下さった。「快楽」というと単に肉欲的に聞こえるかもしれませんが、要は「陶酔」と言い換えられるものです。三島文学に現われる美への陶酔、その死へのダンディズムという快楽に溺れることが、この世を超えていく鍵となる。飲酒というのも、この世に在りながらにして別の世界への感覚を開く行為を表わしているのでしょう。宗教儀式やシャーマニズムなどの祭祀にも使われるものでもあり、洋の東西を問わず聖と俗の狭間を交感させる働きがある。

これは非常に難しい主題ともなりますが、タブーが聖と俗の間に一線を引いている。三島先生は聖と俗の問題を追求したバタイユなども非常によく研究しておられ、タブーを超えたときに現われ出る陶酔の世界が聖なるものと密接に関わっていることを、文学にも表わしていたのです。『金閣寺』においては「炎上」という破壊行為によって、主人公は自己の生命の最も深いものとやっと対峙することができたのです。また、『禁色』においては、やはり「男色」という当時としてはこの世で最も恥ずべき秘密による生命の躍動が、この主人公の快楽の飲酒となるものだったと先生と私は話し合ったのです。

そして、三島先生が、「最後の快楽に滅びる最後の飲酒」として引き合いに出された作品は、埴谷雄高の『死霊』でした。『死霊』の巻頭言には「悪意と深淵の間に彷徨いつつ／宇宙のごとく／私語する死霊達」とありますが、先生はバタイユの「聖俗」の問題と同様、境界線の問題を非常に意識されておられました。三島先生の場合は、社会小説が多かったのでより具体的に表現しながら、それと分からないように抽象化、形而上化する文才に秀でておられた。抽象と具象の狭間をいかに描くかというときに、「陶酔」つまり物事がはっきりと輪郭線を取らない状態で描くことが重要だと仰っていました。

埴谷雄高はもちろん形而上学小説なので輪郭線を取らないことも多く、自由に描ける部分もあるのかもしれませんが、逆に現実の枠組みで表現できない部分は、擬態語や擬音語などの独自の言語を生み出さざるを得なかったのではないでしょうか。これも現世の言語と別世界の言語の境界を越境していたのではないかという点で、陶酔が必要だったのではないかと、先生は仰っていたのです。この『死霊』に関する文学論はもっと先生と深めようということで、とば口に立ったくらいの話しかできませんでした。六終局との関係としては「境界」の問題として『死霊』の話が出ていたのです。先生が人類の終末論ということに関して、『死霊』を重要視していたということを伝えるためにここにつけ加えたのです。

最後の始祖に向かって

　そして第五の予言です。「最後の廃墟となる最後の火の玉」という表現ですが、「火の玉」を現実的に原爆や水爆などと捉える人が多いのですが、私はそういう意味ではないと思っています。三島先生にも伝えましたが、魂のことではないかと捉えたのです。つまり最後の審判に臨む、我々人間に与えられた、それこそ最後の戦いということではないでしょうか。永遠へ向かう魂の戦いということだと私は思っていた。そして永遠へ向かうための三島文学が『朱雀家の滅亡』であり『英霊の声』だとして先生との文学論に挙げたのです。

　この二作品は一九六六年、六七年に書かれたもので、ちょうど先生と出会った頃に完成していた作品でもあり、三島先生の最後に向かう時期の考えを最もよく表わしていたと、後に振り返って気づいたのです。時間軸としては先生と私が会っているときの同時進行的な作品ともなっていたのです。この第五の予言の段階にまで来ると、すでに社会や肉体の問題を超越して魂と精神だけの問題になってきています。それ以前は、まだ社会に一石投じる、人間存在の深遠を辿る、そういった現世との繋がりが残っていました。そのために引き合いに出した文学も、いわゆる純文学や社会小説となっていた。しかしこの五番目まで来ると、純粋精神や魂の問題だけとなり、三島文学では先生の決意表明的な意味合いをもつ作品となってくるのです。

　一方で三島先生は、この「最後の廃墟となる最後の火の玉」に当たる文学としては、意外なことにサマセット・モーム*の『月と六ペンス』を挙げられたのです。しかし私はこの文学を三島先生が挙げられた気持ちが非常によく分かるのです。『月と六ペンス』は画家のゴーギャン*がモデルとなった小説とも言われていますが、元株式仲買人の画家は妻子や生活など現世をすべて捨ててパリへ向かい、ついにはタヒチ島へと出奔してしまう。そして大作を描き続けるのですが、最後は癩(らい)病に冒されながら、制作途上にあった大作品群を燃やしてしまうのです。これも現世を捨て「月」に象徴的に表わされた芸術を選んだ人間の純粋な精神を描いている。原始の火の玉に戻った魂が現世の所業すべてを燃やし尽くすのも、この世の未完性をよく表わしているように思います。

この『月と六ペンス』は、偶然にも私の父の愛読書であり、その影響もあって私は小学生の頃にすでに読んでいた作品だった。私はここにおいて、先生の運命と自分の運命の何か相似的なものを勝手に思い、自分なりの幸福感を味わったことを覚えているのです。どちらにしても『月と六ペンス』が話題に上ることによって、私たちはこの第五の予言が、人間の終末に実行される、私たちの魂の戦いであることを確認し合ったのです。

最後の予言にいよいよ移りますが、「そして、宇宙一切を許す最後の始祖」とあります。先生に私が挙げた作品は『潮騒』と戯曲の『サド侯爵夫人』でした。『潮騒』では宇宙一切を許した世界として、宇宙的な輪廻転生が描かれているのです。つまり、永遠と合一した生活と人生の中で、同じ生が永遠回帰のように繰り返される宇宙的真実性の荘厳ということに尽きるでしょう。もちろん後から見れば『豊饒の海』の最終文学にそれが完全な小説の形として現出したのですが、その前に『潮騒』の中で、明快な表現として日本の古代と未来の世界が構築されていたのです。その「宇宙一切を許す最後の始祖」を最初に描いた作品として、『潮騒』を挙げたのです。初江と新治があたかもアダム*とイブ*のような、人類最古の恋愛と発祥の秘密を湛えて、発祥時には小さくあった国に生きている姿は、まさに日本の原初の様子を描いているようだと私は言ったのです。この純愛の二人は、存在そのものが、許しを表わす生命だったということに尽きるでしょう。

また『サド侯爵夫人』は先述の『わが友ヒットラー』と対比して考察されることの多い戯曲となりますが、悪徳の象徴であるサド侯爵*という人物の夫人*が見せる愛の思念が描かれています。貞節を守り続けてきた夫人が、投獄されていたサドが老年になって出獄すると、離縁するという謎の決断をするのです。その謎の決断に迫る作品と言えましょう。この夫人の決断について結論を先に言えば、夫人のもつ実に崇高で深い愛だと私は思うのです。これは愛の本質を問う最も文学的にも深遠な問いかけとなるものでしょう。私はこの作品に触れたとき、すぐに比較した大文学がありました。それはアンドレ・ジッドの『狭き門』です。ここに描かれた純愛こそを、私は高校生の時点で、世界最高のものであると思っていたのです。その『狭き門』の主人公アリサ*は、ジェローム*との相思相愛の恋を断念して修道院へ入る。そのとき、アリサはジェロームに「人間は幸福になるために生まれてきたのではない」という、私にとって生涯忘れ得ぬ言葉を発したのです。

死ぬほどの恋を捨てて、アリサは真の愛へと旅立った。それは真の愛を知った人間だからこそできたことだと私は思うのです。本当の愛が、人間を超えた真実の愛を生み出したのです。それは本当の愛が成し得た、真実の愛の獲得だと私には思えるのです。このアリサの言葉と同じ「魂」がサド侯爵夫人の魂に違いありません。夫人は真実の愛という永遠の愛へ向かって飛翔したのです。日常を捨て非日常へ向かった。私の『サド侯爵夫人』に対する解釈はそのようなものでした。これを私は先生にぶつけたのです。

最後の始祖とはこの『サド侯爵夫人』が到達した愛を実践するものであり、それが本当にできたとき、宇宙の中で、「人間」が本当に屹立（きつりつ）するのだと先生に伝えたのです。先生は、深く頷き、私との文学論は自分にとって、創造の源泉の一つになると仰って下さった。そして侯爵夫人の本当の愛こそが、人間の魂として輪廻転生するのだという話になったのです。永遠回帰に向かう真の愛を表わすことが、輪廻転生の真実と言えるのではないかと議論は沸騰したのです。

三島事件と六終局

これらは文学作品との関連で話した内容ですが、実は、私は三島先生の自決事件こそが六終局の最後の予言を表わしたと考えています。もちろん後年になって、先生が亡くなったあとに私が考えついたことですが、三島先生はあの事件によって宇宙一切を許す最後の始祖ともなったのではないでしょうか。つまり、本当の人間の「神話」です。現世での生命は断たれてしまいましたが、あの事件によって宇宙的な輪廻転生の始原として「三島由紀夫」の魂は昇華され、そして永遠となったように思うのです。私はこの最期の自決事件を三島文学の「最終文学」として捉えています。先生と私は、自決事件のちょうど一年前くらいに六終局の第六の最終予言の議論をしているのです。その実感が、私の中には強く残っている。その記憶が、先生はあの事件によって、魂の戦いの最後を飾ったと思えてならないのです。あの魂の戦いの奥底に潜む真実が、人類のこれからの魂の戦いを導いてくれる「神話」だと確信しているのです。まさに先生は六終局を自己の人生で実行されたということに尽きるでしょう。

そして先生は続けて、宇宙一切を許す最後の始祖は、永遠回帰つまり真の輪廻転生の思想を表わしたという話から、六終局の最後の始祖に相当する文学は、『ヨハネ黙示録』とゲーテの『ファウスト』

ではないかと仰ったのです。前者は文学というよりは聖書の予言の書そのものですが、まさにそれに値するほどの内容が六終局の最後の言葉に表わされているのではないかということなのです。聖書は人類史の伝承的記述と予言的記述とを両方含んだ一大文学です。つまり、この黙示録は間違いなく人類の最後の始祖が「何か」を示している。そして『ファウスト』は、特にその第二部において人類の最も深い存在理由と、それを無くしたときの人類の終末を表わしているのではないかと仰った。永遠回帰による輪廻転生の秘密こそが、愛の不滅性を示す人間存在の真実を表わしているのではないかという議論になっていったのです。

また、マルセル・プルーストの『失われた時を求めて』も同じ考えに基づいて書かれたものだとされていました。日本の輪廻転生ではありませんが、自我の深層へと限りなく没入したプルーストの文学は、一人の個人が人類の始祖とも思う想念を魂の奥底に抱いたときの、始祖として受け渡すべき普遍的な「記憶」について特に表現しているのです。

六終局の思想は六つで一つとなるものですが、『邪宗門』の中では六終局を広めようとした教団は滅びに向かいます。なぜなら、個で追求すべき魂の問題を、宗教教団、社会の世直しといった「正」のエネルギーの方向へと向けてしまったからです。本来、宗教は「負」のエネルギー、つまり現世では体現できない「魂」であるはずなのに、それを「正」のエネルギーという物質化された現世の力に当てはめようとした。すなわち、それによって腐敗と自己崩壊への道を歩むことになったのです。三島先生は、「この『邪宗門』について、この世とあの世の〈生き方〉の違いを最も分かりやすく描いた名作だと思う。私はここに正のエネルギーと負のエネルギーの現世における実践のための知恵を学んだように思う」と仰っていたのです。

六終局の各々の項目を考察した後、全体として人類はどう滅びていくのかということを、先生は推察しておられました。すなわち「我々はいわゆる〈素晴らしいもの〉によって滅びるのだということが、六終局には予言されているように思う。つまり生命第一のヒューマニズムや人権第一の民主主義、そして合理一辺倒の科学文明による人間性の喪失によって滅びるのではないか」と先生は確信をもって言われていたのです。先生が六終局の文学論の終わりに仰ったこの言葉が何よりも強く印象に残っています。

高橋和巳の『邪宗門』を通じた終末論の話としては、六終局を根本として各文学作品にそれを落とし込んでいくことができた。六終局の一つずつを文学に紐づける試みを始めたのは私でしたが、先生は、それ以上に大きな視点から他の大文学を結びつけて下さったのと同時に、我々の未来の滅びの姿を予告されたのです。特に「最後の始祖」で考察した文学は人類にとっても警告の文学と言えるものばかりです。いよいよ人類の終末、世界の終局が近づいたことを、この文学論を話すにつれ如実に感じることとなったのです。

安部公房の文学

さらに終末論を語り合う文学論において、三島先生は自分の文学を引き合いに出してもらうのは嬉しいものの、先生自身の意見としては、日本文学の中で終末論として最も秀れている文学者は安部公房*だと仰っておられたのです。私は三島文学からはすべて終末論的なものを感じていたので、ついついあらゆる角度から先生の作品を引き合いに出していました。しかし、安部公房が終末の文学に最もふさわしい位置にいる作家だろうということを、先生は強く仰っていたのです。安部文学との比較において先生は自身の作品を考えると非常に面白い議論になるのではないかと私にもちかけられたのです。先ほど六終局の最後の話のときに「素晴らしいものによって滅びる」ことを先生が感じておられると、終末論をきっかけに話されましたが、元々安部公房の作品を読んだときにそう思ったのだと仰ったのです。

まず、ヒューマニズムや民主主義という「絶対正義」によって滅びるのではないかということは、安部公房の『友達』という戯曲を読んで思われていた。『友達』は一人暮らしの男のアパートに九人家族が闖入してくる話で、笑顔で親切心を押しつけるこの家族によって主人公の男はついに生活から精神まで侵略を受けて崩壊していく。誰もが「人間同士の絆」が一番大切だと言うのですが、そもそも絆という善意であり最善のものを押しつけられることによって滅んでいく人間像が描かれているのです。つまり、それが「正しい」からこそ止めることができないまま滅ぼされていくという「現代社会の縮図」が、この作品に描かれていると先生は言われたのです。その表現の巧みさは、まさに芸術であると仰っていた。

そして先生は「それと近い観点から、人間が清らかなもの、素晴らしいものによって滅びるということを描いたのが私の作品では『朱雀家の滅亡』だった」と続けて仰ったのです。魂のもつ偉大なる敗北、人間にとって魂の純粋さ清らかさが最も大切であるということを、当然のこととして握りしめた人物の滅びが表わされている。魂のために命を投げ出し、滅びてゆく人間を描いたのです。そして『朱雀家の滅亡』は個人の滅びを、安部公房の『友達』は広範囲に社会の滅びを表わしていると仰っていたのです。

ヒューマニズムの問題は、高校生ながら私個人、当時から憂慮すべき問題の一つとして、その行き過ぎには危機感を感じていました。生命第一の考え方によって、人間は生まれたままで素晴らしい、幸福になる権利があるというような考え方は、先生も私も違和感しか覚えませんでした。私は戦後生まれでしたが、武士道が日本人の根底を絶対的に支えていると分かっていましたので、ヒューマニズムはまったく武士道とは相容れぬ思想であり、日本人の魂を滅ぼすだろうことを、先生との議論でも声高に主張していたのです。すでにヒューマニズムに対しては反対意見を言えない世の中となっていましたが、私は構わず周囲にも自分の信念や意見は述べていました。三島先生は、私のもつ社会や環境の圧力によっても意見を曲げず、自分で考え抜く姿勢を見て「君からは未来の脳を感ずる」と仰って下さったのです。

なぜ未来なのかは当時、意味がよく分からなかったのですが、いま振り返れば先生自身が未来を見ることのできる、ある種の予言者性をもつ方だったので、もしかすると先生の直観で捉えていた未来像と重なっていたのかもしれません。葉隠の共通点はもちろんですが、見ている先が同じ方向だったので話は次々に続いていったのだと思います。葉隠という日本文明の背骨である武士道を辿ることで、自ずと現在や未来が浮かび上がってきたのでしょう。

三島先生と私の向かう先は未来だったのです。未来への憂慮から安部公房の文学を語り合っていたのです。その中で、先ほどのヒューマニズムの問題も話し合った。最善を押しつけることによる「滅び」を話し合ったわけです。『友達』に表わされたように、最善はこうだという他人からの意見によって、それを受け入れているうちに滅びてしまう人間は、当時の日本社会の縮図そのものです。一人ひとりが正しいことを求めているうちに、共同体の原理が破壊し尽くされていく現状が表わされているのです。一人ひとりが自分のこととして受け止めて、笑ってもらえればよいという意図でこの戯曲を書いた安部公房は、読み手が現代社会の亀裂にごく自然に気づくことを願っていたに違いありません。

次に三島先生が挙げられたのは、安部公房の『砂の女』でした。この『砂の女』というのは、非日常の垂直を求めていた男が主人公ですが、砂のような日常にまみれてどんどん魂を失っていく過程が巧みに描かれていく話です。魂の要求を先延ばしにして、女と日常のもたらす肉体的な幸福を日々受け入れることになってしまった男の話です。つまり人間は日常的な幸福によって滅びるのだということを表わしているのです。肉体は安楽を求め、魂は崇高を求める。魂の存在である人間は、不幸を厭わぬ苦悩と呻吟を求めなければならない。肉体の幸福を摑むことによって魂は滅ぼされていくのです。日常生活の中に埋没していく人間を、砂という形のない不毛で日常的なものを象徴的に使って描かれた作品は、人間の本質と真の幸福との相関関係を読み手に悟らせるのです。砂の中に埋もれた家から逃げようとしていた主人公は、最後には「逃げる手立てはまた翌日にでも考えればいい」と、逃げる気まで失ってしまう。

蟻地獄のように日常にからめ捕られ、捉えられてしまった男を介して、現代社会の問題をあぶり出す安部の手腕は天才的です。そして三島先生はこの作品の中で、終末論としても決定的な言葉が冒頭に出てくるのだと仰った。すなわち「罰がなければ、逃げる楽しみもない」という言葉です。罰があったからこそ、いままで人類は文明を発展させることができた。しかし罰が無くなる社会に移行することによって人類は滅びるだろうということを、先生は『砂の女』の真意として受け取ったと仰っていました。「罰から逃げる楽しみ」というのは、言葉はおかしいかもしれませんが、この楽しみによって多くの人が人生の最大の価値を築き上げているのです。

人間は「最善」や「正しいこと」を打ち立てるのではなく、それらから逃げることによって自己固有の価値を打ち立てることができる。最善や正義は一般論にすぎないのです。つまり『砂の女』という作品は、日常生活に埋もれて見えなくなった、真の人間の価値を暗喩しているのです。そして文明社会の原理崩壊をも描いている。まさに終末論的文学として三島先生は、深く安部公房の作品を読んでいたのでした。この『砂の女』に対応する三島文学は、『午後の曳航』だと私は先生に言いました。非日常が日常に引き下げられてしまうことの悲劇が、この作品の中枢にあります。非日常を求めていた英雄的な男が日常的な父親となってしまう物語として描かれている。主人公の少年はついにはただの男となった英雄を「否定」するという作品です。非日常であるべきものが、日常に貶められれば、その存在意義を失っていくということです。その危機感を失えば、人間は滅びるのです。

未来小説――第四間氷期

さらに安部公房の文学で終末論的なものとして、話題に出たのが『第四間氷期』です。この『第四間氷期』という作品を安部文学の中でも、三島先生は最も高く評価し、深く読んだと仰っていました。『第四間氷期』の安部自身のあとがきにはこうあります。「日常の連続感は、未来を見た瞬間に、死ななければならないのである。未来を了解するためには、現実に生きるだけでは不充分なのだ。日常性というこのもっとも平凡な秩序にこそ、もっとも大きな罪があることを、はっきり自覚しなければならないのである」。この言葉そのものの世界を表わした『第四間氷期』の文学に、終末論的な意味で最も三島先生は開眼させられたと仰っていました。日本の未来文学を代表する作品で、最も魅力ある文学だと絶賛されていたのです。

その魅力は、安部の「人類の存在意義を見通す力」に裏打ちされている。だからこそ安部は日常性を糾弾したのです。いままで挙げた『友達』も『砂の女』も、現状の社会の行く末を描いた未来小説や予言文学として読めるものです。その安部公房の思想は、すでに『第四間氷期』において、非常に大きな規模で未来を捉え人類史的なものが描き抜かれていたことは間違いありません。先生と私の間で安部公房の文学論を進めるにあたり、『美しい星』との相似性に深く気づいたことが、非常に印象深く思い出されるのです。

この『第四間氷期』は未来に向かう文学ですが、何といっても最後に出てくる「水棲人間」が衝撃的だということで話し合った。未来には、人間が津波によって水の中で暮らす水棲人間になってしまうという結末を迎える。三島先生はこの結末に至る展開力の素晴らしさももちろんのこと、始まりの文章の描写は名文中の名文でこれ以上の文章はなかなかないと仰っていました。「死にたえた、五〇〇〇メートルの深海で、退化した獣毛のようにけばだち、穴だらけになった厚い泥の平原が、とつぜんめくれあがった。と見るまに、くだけちって、暗い雲にかわり、わきたって、透明な黒い壁を群がって流れるプランクトンの星々をかきけしていった……」と始まる文章です。先生は予言文学の始まりとして極めて高い領域を示す文だろうと仰っていました。私は『第四間氷期』の文学論を先生と深めるうちに、議論の中から『美しい星』との関連も多く見出していました。結びつけて両者を比較し、先生にも伝えたのです。細かな設定や具体性ということよりは、着想源として描きたかったものが『第四間氷期』と重なっているのではないかと思ったのです。

三島先生は確かに「『第四間氷期』から『美しい星』を書くための勇気をもらっていたのかもしれない」と仰っていました。私は何度も『美しい星』のラストシーンには感銘を受けたことを三島先生には伝えていましたが、この『第四間氷期』の最後も非常に素晴らしく、様々な文学の中でも最も印象に残るものの一つでした。そういう強い印象を最後のシーンで残した二大作品が、『美しい星』と『第四間氷期』だったのですが、その点でも両者のイメージは似ていたのです。実際に文学論が進んでいくと、三島先生は「かなり『第四間氷期』が潜在意識にあり、『美しい星』のラストシーンの描き方に影響したのかもしれない」と仰り、この連関に私は非常に感じ入るものがあったのです。

『第四間氷期』は、真の未来の一つの姿だということを三島先生は捉えられ、予言文学の中でも日本においては最も優れた作品だと評価されていました。また先ほども言ったように、そのラストシーンは極めて素晴らしい描写だと言っておられたのです。『第四間氷期』の最後というのは、水の中に暮らす水棲人間となった人間が、空気中に存在するものに憧れて、長い距離を泳ぎに泳いでやっと陸地に上がっていく姿が描かれているのです。なぜ陸地に上がりたかったかと言えば、人間の「涙」とは何か、それから爽々しい「風」とは何かということを味わってみたかったからです。旧人類の記憶がまだその水棲人間には残っていて、それを自分でも味わってみたいと思った水棲人間の子供が、最後に陸に上がって死んでいくのです。その描写を引用してみます。

「しかし、待望の風は吹いていた。とりわけ風が眼を洗い、それにこたえるように、何かが内側からにじみだしてくる。彼は満足した。どうやら、それが涙であり、地上病だったらしいと気づいたが……もう動く気はしなかった。そして間もなく、息絶えた」

『第四間氷期』のラストに現われる水棲人間は将来の人間の姿で、水の中に棲んでいるから涙は出ないわけです。また、風にあたると健やかだということの意味も、水に棲んでいるから分からない。まさに、あのアルチュール・ランボー*が「カシスの川」という詩に歌った「しかし、何と健やかなのだろう、風は」という世界です。過去の記憶の中にだけ風は健やかに吹き、人間は涙を流すということを覚えている。風とは涙とは一体何だろうということを、少年は考え続けて生きている。それを知るためにだけ陸に上がったのです。そして確かに健やかな風に吹かれ、内側から湧き出る涙が何であるのか分かったのです。しかし、その瞬間にその生命は死んでしまうのです。なんとロマンティックな描写なのでしょう。

　私は先生にこの情景の崇高性について熱を込めて伝えたのでした。三島先生が『第四間氷期』の始まりの文章に注目され、私は最後の文章に『美しい星』のラストシーンと同じく強烈に魅かれたのだと述べたのです。先生もまた『第四間氷期』の最後の描写には文学で到達可能な最も高い憧れの境地を見出しておられ、あのラストの高みを違った形で『美しい星』に表わしたかったのかもしれないと仰っていたのです。

　また、『第四間氷期』は三島文学の『金閣寺』に匹敵するのではないかと私は捉えていました。なぜかと言えば、一つの物事を見据えることから生まれる「死の跳躍」だけが、未来を摑む力を人間にもたらすということを描いた点で共通しているのではないかと考えたのです。『第四間氷期』では未来は、日常的連続性に対する有罪宣告から生まれるということが描かれている。つまり我々は未来に見つめられている。この問題は今日のような転換期にあっては特に重要な主題だと思い、安部公房が現在の中に乱入してきた未来の姿を「裁く者」として捉えていた点に私は注目したのです。日常の連続感は未来を見た瞬間に死ななければならない。未来を理解するためには、現実に生きるだけでは不十分なのだと安部は考えていた。日常性という平凡な秩序にこそ、最大の罪があることをはっきり自覚しなければならないと『第四間氷期』には書かれているのです。

未来は未来であること自体で、我々が現在生きている日常性から見れば、現在を否定するものとなり、したがって残酷なのです。残酷ではない未来というのはない。この残酷を乗り越えるために、人間はどうするかということを三島先生は考えていた。そして「この残酷なものを乗り越えるためには、人間は現在に死ななければならない」と仰っていたのです。先生は続けて、「以前、君の話していた西脇順三郎の〈宝石の眠り〉が、まさに残酷の超越にあたるだろう。この詩はそれに違いない」と言って下さったのです。

そして私は「その未来の残酷さというのを、一人の青年の心の中で描き切ろうとしたのが『金閣寺』なので、私は両者を結びつけて捉えたのです」と三島先生に投げかけました。来たる未来が残酷なことが、はっきりとした形で『金閣寺』には表現されていたからです。『金閣寺』の青年にとっては戦後の世界が残酷な未来として突きつけられる。だからこそ、終戦を機に、金閣寺との関係が決定的に変わってしまうのです。終戦の前までは、自分も死ぬかもしれない、金閣寺も灰燼に帰すかもしれないという両者に与えられた同じ境遇が強く主人公と金閣寺を結びつけていた。同じ不幸に向かう幸福です。しかし終戦によって、現在の両者の関係は残酷にも破壊されるという事実を、青年は無残に突きつけられたのです。

ひとしきり私たちは文学論を交わしたあと、「我々の文学論は、葉隠によって未来を乗り越えていると思う。だからその残酷なものを乗り越えて話し合うことができるのだ。なぜなら葉隠の生き方は現在に死に切る生き方だからなのだ」と三島先生は言って下さった。葉隠を死ぬほど愛する人間は、現在の社会、そして現在の瞬間に生きながら死んでいる人間なのだ、だから私たちは現在において未来を考えることができるのだと話し合った。「とにかく、現在の日常的連続感が、死で終わるものでなければ真の未来文学にはならないのだ」と三島先生は続けて仰いました。

三島文学で言えば、炎上というものを通して日常的連続感に死をもたらしたのが『金閣寺』、人類がもつロマンティシズムによって日常性に死をもたらしたのが『美しい星』、日常生活そのものが死をもたらしたのが『午後の曳航』だということで加えて話し合ったのでした。そして先生は「文学とは、日常を切り裂く降魔の剣なのだ。君は文学の中に自らの武士道を見出そうとしている。だから文学の中に潜む宝石を見出すことができるのだろう。私も自分の武士道として文学に臨もうと思っている。私たちの共感はそこから生まれているに違いない」と言われたのをいま思い出し、懐かしさが込み上げて来るのです。

最後の審判を

さらに話は安部公房のデビュー作『終りし道の標べに』に及び、初めから安部は未来を考えている作家だったのではないか、と二人で思索したのです。この『終りし道の標べに』は戦後まもなく安部が二十四歳のときに発表し、その後、果敢に文筆活動へと入っていく最初の作品となったものです。満州で虜囚（りょしゅう）となった男が綴った回想録という形で、著者いわく「非小説的」とも述べられた作品なのです。難解でありながら、安部自身の終戦による国家や故郷の喪失感が表わされた自伝的な要素も含んだものと言えるでしょう。この小説で非常に印象的なのが、「終わったところから始まった旅に終わりはない」という言葉です。ここに安部の以降の創作の主題となるすべてが表わされていると言っても過言ではありません。

「ここが終末論に向かう人間の第一の発想なのではないでしょうか」と私は先生に投げかけました。人類の終末を考える人は、「終わったところから始めた旅」に向かうのだと、だからこそ、それは終わりがない旅になるということを二人で話し合ったのです。そして三島先生は忘れ得ぬ言葉を言われたのです。「つまり、終末論を語るとは未来の残酷に立ち向かう勇気の問題なのだ。それが我々一人ひとりに突きつけられているということに他ならない」と激しい口調で述べていたのです。

次に安部の言葉で注目したのは、「墓の中の誕生のことを語らねばならない」というものです。我々人類に課された最も重要な使命は、この「墓の中の誕生」ではないかと私は捉えていたのです。強烈に私の心に残った安部公房のこれらの言葉によって、私は三島文学の未来性を摑み取るきっかけを得ていたということを先生に伝えたのです。そのような意味で安部公房には非常に親近感が湧くということを先生に話しました。先ほどの「終わったところから始まった旅」と「墓の中の誕生」という言葉は、終末論に行き着く人の言葉と言えましょう。

『砂の女』の文学論のときに注目した「罰が無ければ、逃げる楽しみもない」という件についても、まさにそういう時代に生きていた三島先生や安部公房にとっては、未来に向かって、人類的な正しいものを打ち立てなければならないという思いが強くあったのです。「本当の正しいものが無くなったときには、その正しいものを創り出さなければならない」と先生は言われ、続けて「その正しいものを超えていくということが、人間の個性や固有の人生を創り上げるのだ」と仰っていたのです。

罰が無くなっていく人間文明や人間社会の終焉に対して、始まりとなる文学を打ち立てねばならないと三島先生と安部公房は認識されていた。そもそもが我々人類は正しく生きることなどできないのです。しかし、ここで正しく生きられないからといって、正しいもの、罰のない社会をそのままとすれば、文明としては崩壊します。もちろん、我々は正しいものによって生きてはいませんが、「正しいものは必ずあるのだ」という前提で、罰を受けるような存在が人間の生命なのだということです。人間の生命は罰を受けるのが当然なのですが、その罰から逃げる逃げ方が、またそれぞれの固有の面白い人生を創り上げているのです。

正しいものはない。しかし、正しいものという幻想か規範かを持たずしては、民族も国家も社会も成り立たない。禁忌が無ければ、小さな民族ですら集団を組むことはできないのです。しかし、正しいものを創ったとして、それを振りかざして「最善」としたときに「最悪」に堕すということもまた事実なのです。我々はまさにいつでも素晴らしいものによって滅びるのです。だからこそ、人間本来の文明としては禁忌つまりタブーがなければだめなのです。タブーが多いほど、人類は文明的には優れている。戦後は天皇ですらタブーでは無くなった。天皇の「人間宣言」によって日本は歴史的な国家としての存続意義を失ったのです。戦後まもなくに、安部が書いた『終りし道の標べに』は禁忌を失い、夢もなくなった日本国家の終わりを、自身の人生と幻想的に重ねて表現した終末論の文学だったのです。

先にも述べましたが、「我々は素晴らしいものによって滅びるのだ」という考えが、三島先生との終末論の根本思想になりました。後年になって、私はよくこの思想を表わすものとして、ローマ帝国の伝承である「最善の堕落は最悪である」という思想を挙げています。六終局の文学論のときにも、この言葉に近しい考え方を三島先生とも話し合ったのです。我々は生命第一のヒューマニズム、民主主義、科学文明などの最善と言われる「社会の正義」によって滅びるのです。六終局の項目に戻ると、我々が生きるために必要なのは六つのうちの最初の五つの項目になります。すなわち、「最後の一人に到る最後の殉難、最後の愛による最後の石弾戦、最後の悲哀を産む最後の舞踏、最後の快楽に滅びる最後の飲酒、最後の廃墟となる最後の火の玉」です。そして最後の六つ目の項目である「そして、宇宙一切を許す最後の始祖」というのは、我々が滅びた後のことを表わしているのだと、三島先生も仰っていたのです。

すなわち安部公房の言う「終わったところから始めた旅」「墓の中の誕生」ということでしょう。だから我々は、絶対正義としてのヒューマニズムつまり人間礼讃を振りかざすことによって滅亡を迎えるだろうと話していたのです。これはつまりタブーを失うことと重なるのです。神はタブーとも言い換えることができます。神を失った人類の行く末が見えるのです。ニコライ・ベルジャーエフ*が『歴史の意味』の中で、いみじくもこのような状態を「我々は翼を失ったのだ」という言葉で表わしていたのです。人間がルネサンス以降、神を失うことによって、我々人間は翼を失ったのです。

この終末論のときには、まだ私はベルジャーエフを知らなかったのです。しかし、私の家の近所に住んでいて、私を小さい頃から可愛がって下さった作家の坪田譲治*さんに、この言葉と考え方を教えていただいたことがあったのです。そういうことで、この言葉を三島先生に伝えたら、先生はその言葉をご存知なかったのですが、非常に気に入られ、「我々には葉隠を愛する者同士の深い共感がある、だから葉隠が翼になっているのだ」という詩的な言葉を私に投げかけて下さったのです。続けて、「翼は西洋ではキリスト教とローマ法そして騎士道に違いないが、日本では天皇と神話そして武士道がそれに当たるだろう。それらが我々に翼を与えていたものに違いない」と言われたのです。しかし我々の時代にはスサノヲの神話も天皇も、戦後は特に武士道的な生き方もそのすべてが否定されている。翼を失った我々は、それに代わって人間の範疇で考えつく「素晴らしいもの」「最善のもの」であるヒューマニズムや科学文明を振り回し出したのです。そして、それによって滅ぼされる。

では、これからの真実がどこにあるかというと、この素晴らしいものの最善のものを鍛え直さなければならないということになったのです。そのためには新たな「正しいもの」を簡単に得てはならない。「その戦いと批判の中を生き残るものだけに、真実の輝きが与えられるだろう」と三島先生は仰っていました。後年に知ったあのプロチノスが言った「偉大にして最後なる戦いが、我々の魂を待ち受けている」というその言葉の通りになるでしょう。我々には最後の審判が待ち受けていると思われるのですが、ここで三島先生は「私の最後の文学は人類の生き残りをかけて書くつもりでいる」と仰ったのです。非常に意味の深い言葉でしたが、私はただ三島先生の今後の人生で書いていかれる一大作品を想像し、そのときは一筋の光が差したようにも感じたのです。

私は先生が最後の文学を人類の生き残りのために書かれるのを楽しみにしているのと同時に、すでに先生の書かれてきた終末論的な文学を非常に愛していることもそのときに伝えました。特に滅びた後までを描いていると思う作品をこのときに挙げたのです。終末論として描いたと私が捉えたのは、『美しい星』そして『金閣寺』でした。特に『美しい星』は正しさを振りかざす文明社会に、本当の意味で打ち勝った人間の最後を描いていて、私は心の底から共感するのだと先生に述べました。すなわち魂の永遠性の勝利を私は強く感じていたのです。一方で『金閣寺』というのは、文明の中に潜んでいる人間だけがもつ破滅性を描いているのではないかと伝えました。文明の中に潜む破滅性、文明に巣喰う汚れに負けた個人の滅びを描いているのが『金閣寺』だったのではないかと捉えたのです。

以前にも触れましたが、『美しい星』のラストシーンほど美しいものがない一方で、『金閣寺』ほど惨めなラストシーンはないだろうと伝えたら、先生は笑いながらとても面白い意見だと仰られ、その見方を大切にしてほしいと言われたのです。そして、その見方はそれぞれの文学作品に内在する本質から自ずと生まれた結論に違いないとまで言って下さったのです。

それから先生は、何度も話題に出た終末に向かう人類の様子をまとめて以下のように述べたのです。「我々は正義を振りかざして滅びる。我々は美しいものを追って滅びる。我々は、素晴らしいものによって滅びるのだ」と仰られた後に、「その滅びの形を私は一つひとつの文学作品に落とし込んできたつもりだ」と言われたのです。私は続けて、「つまり、いまの社会で言えば、民主主義とヒューマニズムそして科学文明によって滅びるということですね」と言ったのです。先生は「その通りだ」として「我々はもっと貧しく苦しく、そして野蛮にならなければならない」と答えられたのです。つまりそれは人間の聖性について語っているのだと私は考え、それは「人間のもつ聖性に向かわなければならないということですか」と問うたのです。すると先生は「その通りだ。それを私は『美しい星』でも描いたのだ。聖性に向かうためには、いまよりもっと貧しく苦しく野蛮になって、人間の魂を磨かなければならないのだ」と答えて下さったのです。

先生は続けて、「人間の魂は最後の審判に向かっている。魂の本当の戦いがこれから来る、そしてその戦いによって人類の最後が決せられるだろう」と仰ったのです。まさにプロチノスの「偉大にして最後なる戦いが、我々の魂を待ち受けている」ということが始まるのだと、後年になってこの情景を思い出して考えさせられるのです。そして三島先生は「文学によって最後の審判を描きたいと思っているのだ」とはっきりそう仰っていました。「最後の審判とは、魂の永久革命であり無限の呻吟ということになるだろう」と言われたのです。いま思えば、先生はこのとき絶対に、「新しい神話」を創り出せるような思想と行動が生み出す「真の最終文学」を考えられていたように私には思えるのです。

死の跳躍へ

最後に終末論の中で出てきた文学として、オルダス・ハクスリーの『すばらしい新世界』とジョージ・オーウェルの『一九八四年』について加えておきます。この二つの作品は、いま私の人生においても根本思想となっているのです。これらの作品を踏まえ、先生と交わした終末論によって「我々は幸福によって滅びるのだ」という結論を得たことが、何よりも大切な思い出となっているのです。この思想が強く描写されているのが外国文学ではハクスリーの『すばらしい新世界』とオーウェルの『一九八四年』だと話し合っていたのです。この二作品を例に挙げて先生が言われていたのは、「マスコミの本質は日常性の中に途轍もない価値を持たせることだ」ということでした。「マスコミに主導された我々の社会ひいては人類全体は、日常性を神にすることによって滅びるだろう」ということを先生は言われていた。これが特に描かれている作品がいま挙げた二作品なのです。

次に先生は、「未来には民主主義国家のあり方が人間のもつ人権を食い散らかすことになるだろう」と言われた。民主主義国家が最も人間の人権をないがしろにするだろうと言われていたのは、明らかに先生の予言者性から来る言葉だったと思います。これを先生が述べたのはいまからすでに五十五年以上前のことです。現代の民主主義国家がすでに多くの人間を家畜化し、ただひたすらに無限経済成長に向かって盲進していることは確かなこととなっています。すべてが人権と人々の幸福のためになされているのです。つまり我々は正しいこと、美しいことによって滅びようとしている。

あとは先生の意見として、『一九八四年』にビッグ・ブラザーという独裁者が出てきますが、それはその言葉の通り我々の兄弟や友達のことだと仰っていた。つまり我々の家族や近しい者、友だと思う者によって我々の魂は滅ぼされるのです。やはり家族愛などは絶対正義として振りかざすことができるものです。それによって結局、家族、近しい兄弟などの盲目的な「愛」によって人類は滅びの淵に立つのです。このオーウェルとハクスリーの文学論は、私が今日こんにちまで生きる上で、現代社会を絶えず別の視点から眺めることを可能にしてくれた、非常に重要な終末思想となったのです。私自身も自分の人生において、常に幸福や家族そしてヒューマニズムに関しては、最も注意して踏み外さないようにしてきた項目だと言えるのです。ここで三島先生が、終末論的な文学を書かれると決意表明された後に、つけ加えて話されたのがハクスリーとオーウェルの文学だったのですが、現実社会を生きるためにこれらは非常に私としても役に立った作品となったのです。

人類の終末を受けとめた後に、ではそこからどう生きるべきかという具体論になったとき、非常に注意すべき点をこのハクスリーとオーウェルが教えてくれたと思うのです。当時、私の人生は未知数でした。その後、仕事をするようになり、家族をもつかもしれない。いずれにせよ現代社会との繋がりにおいてどう生きるべきかが、最大の課題となることは間違いなかったわけです。先生との文学論は非常に思想的に私の考えを纏めるものでもありましたが、具体的な人生にとってもさまざまな文学の事例を見ていくことで、踏み間違えてはならない道ということを意識させてくれたのです。自分なりのタブーの確立を意識した年頃にあったのかもしれません。

先生と出会った頃の日本社会には、まだ少しだけ日本社会の残滓(ざんし)を感じさせる人間関係も、人間的な繫がりも生き方もあったのです。しかしすでに三島先生も私もそれが崩れ去ることを予感し、次の文明を築く方向に向けあらゆる問題を語り合って、実人生での生き方に適用できるよう考え抜いた時間ともなっていたのです。三島先生との四年に及ぶ対話は、最後の電話に至るまで終末論がその底辺を支えていました。話し合う度に、滅びに拍車がかかった日本社会の惨状を意識せざるを得なかったのです。しかし、いま振り返れば先にも触れたように、当時の方がまだしも我々人類の「愛」や「信」そして「義」は人間の中にわずかな残滓として残っていたことがはっきり分かるのです。

さて、私の三島先生に対する追悼の「手記」は終わりに近づいていますが、いま現代に生きる我々にとって「三島由紀夫」とはいかなる存在なのかを、真に問う時代が到来したと感じているのです。その存在と死が、いかなる意味を問いかけているのだろうか。改めて「三島由紀夫」が作家として一つひとつの作品に自分を埋葬し、死の跳躍をし続けただけでなく、行動する人間として、英雄として最後の自決事件にまで至った自己犠牲について考えるべきときが来ています。もはや人類はその人間性も社会も経済も文明も、あらゆる角度から崩壊し続けており、すでに救済の手立てはありません。滅びるのであれば、早く滅びた方が良いとすら私は思っています。

しかし、この滅び去らねばならない我々人類の虚無の上に、何かを打ち立てなければ、次の人間の生きる場所がないのです。その未来の人々の場所を創ることこそが、いまを生きる我々の責務に決まっているのです。私はそう信じていまの時代を生き抜いているのです。私としては最後の人間であった「三島由紀夫」の思いを受け継ぎ、自分なりに「最初の人間」となるべく、人生の最後の日まで戦うつもりでいます。これは私個人の問題ではなく、人類的問題であり、おのおのが最初の人間の一人としていまの世において立ち上がらなければなりません。我々一人ひとりが立ち上がる武器は、我々一人ひとりの魂そのものしかないのです。そして、魂を立たせるものは、人類発祥以来、人間が歌い上げてきた「文学」しかない。それを携えて、一人ひとりが命をかけて立ち上がらなければならないのです。

終章

その最後の言葉

最後の電話

この本を終えるにあたり、私はここで、三島先生の「最後の言葉」を伝えたいと思います。それは一九七〇年がいよいよ来て、最後の電話がその年の五月に、当時の私の目白の自宅にあったときにお聞きしたものです。事件の五ヶ月と少し前になります。四年間の交流の間、会ってからすぐに電話をいただいたことは一度もなかったのですが、そのときはお会いしてすぐに電話があったのです。そのような電話だったので、正直、すごく驚いたのですが、そのときはなぜだか全く分からなかった。そのいただいた電話で五十分から一時間くらい喋っていたのです。会話の内容は、先生の中心思想となっていることが特に多かったように記憶しています。多くのことを話し合ったあと、先生が電話を切る前に私に言い残された言葉があるのです。その言われた言葉をここで書きたいと思っているのです。

いま私は七十四歳なので、その言葉を聞いたのは五十五年前なのですが、三十年ぐらい私はその言葉から受けた衝撃を持ち続け、それはいまだに続いています。先生の言葉とさらにその後の事件から受けた衝撃で、ずっとその言葉の意味を考え続けてきたのです。対話を交わしていたときの先生の真意というか、真の先生の思想を自分なりに確信するために、五十歳前後くらいまでは、ずっと誰にも語ることができなかった。事件から三十年ぐらい経ってやっと、自分なりの考えを持って、先生の思想を私は語ることができるようになった。先生はこういう意味で語ったのだろうということが、自分なりには言えるようになったのです。そして、その言葉が三島先生の遺言の一つであると確信を持てるようにもなったということです。この終章で、私はその言葉について最後に書きたいと思っているのです。

ところで、私は昔からアンドレ・マルローの文学がもの凄く好きで、その文学の多くを読み込んでいました。だからマルローに関する文献は、もうほとんど総当たりで読んでいたと思います。ちょうど私が五十歳前後のとき、いまから二十年ぐらい前のことです。竹本忠雄氏が書いた『マルローとの対話』という本が出版されたのです。同書の中で、私が最も尊敬していたフランスの作家のマルローが、三島先生の自決事件について意見を述べていたことを、竹本氏が伝えてくれていたのです。私はそのマルローの言葉に出会って三島先生に抱いていた気持ちと、自決事件が日本国や日本民族に与える影響、そして今後の未来について私なりの確信が得られたのです。肚に落ちたというか、確信が持てるようになったのです。それによってやっと少しずつ人にも喋れるようになりました。

竹本氏が伝えて下さっているマルローの言葉とは、

「私は、三島事件は何ものかの終わりだったと思う。しかし、それがなければ始まりも不可能であるような終わりだった」

というものでした。要するに三島事件は何ものかの終わりだった、すべてのものの終わりだったのですが、それがなければ何も始まらないような終わりだったと言っているのです。つまり三島事件から「何ものか」また新しい時代が始まるだろうということにも繋がっている。ここにおいて私は非常に三島思想というか、そういうものが深く自分の肚に落ちたのです。それで三島先生について少し語れるようになったということに尽きるでしょう。

最後の電話で先生が遺された言葉を、私はもう五十年以上考えています。当時、私はちょうど十九歳の終わり頃、二十歳になる直前です。そのときに下さった電話の内容は私信ですので、本当は人に言うことではないと私は長らく思ってきたのです。しかし、いまなら自分なりに確信を持って一つの三島思想として後世に向かって伝えることができると考えるようになりました。それが先生の言葉を直接に聞いた者の義務と思うようになったからです。私なりに長く考えた末に、いまなら公にしてもいいだろうと思ってここに述べたいと思っているのです。

三島先生が私に言った言葉はこうなります。

「自分に何かあったときには、君と語り合ったあのカミュの『シジフォスの神話』の最後の言葉を思い起こしてほしい。それがいまの自分の本当の気持ちだ。つまり〈幸福なシジフォスを思い描かねばならぬ〉という、あの逆説的な結論のことだ」

一九七〇年五月に、先生は電話でこういうことを仰った。元々私もアルベール・カミュが好きで、先生も私の興味に合わせて下さって、カミュに関する議論はだいぶやりました。そのときに『シジフォスの神話』というカミュの代表作の話もしたのです。『シジフォスの神話』というのは、ギリシャ神話で、ヨーロッパでは不幸の象徴として捉えられている神話です。または、苦悩・苦痛を表わす代表的な神話として、ヨーロッパの文学者・哲学者が取り上げるものです。

その神話ではシジフォスという人物が神に反抗するわけです。神に反抗することによって、神の罰を受けます。それがどういう罰かというと、山の上に毎日毎日、重い石を下から上まで登らせていくのです。頂上に達すると、神がまたその石を下まで落としてしまう。そうやって落ちた石をまた登らせる。永劫未来これを繰り返す、という罰を神から与えられたのがシジフォスという人物だった。その人の神話を不幸、苦痛、苦悩を表わすものということで、ヨーロッパでは取り上げている。

それについてフランスの哲学者アルベール・カミュが『シジフォスの神話』という題名で哲学エッ

セイを書いているのです。そこにはヨーロッパで、苦悩や不幸そして不条理など、そういうものとして取り上げられている考え方や多くの言葉が書かれている。カミュは、この本の中で不幸や苦悩そして不条理を実存哲学的に考察しているのです。しかしカミュは、その本の最後に、

「幸福なシジフォスを思い描かねばならぬ」

という言葉を刻んで作品を終わらせている。これについて先生と私は、以前に、随分と三島文学も援用しながら、白熱した議論を展開させたことがあったのです。私は興奮し、先生の前であることも忘れて議論が沸騰し、卓を叩いて激高したことをいま恥ずかしく思い出しているのです。それを三島先生も覚えていたのだと思うのですが、その最後の電話の時点でのその言葉に、私は何か先生の突きつめたような高ぶる心を感じたのです。私には電話で「私に何かあっても、幸福なシジフォスを思い描かねばならぬ」という意味のことを、電話で言ってくれた。なぜそのようなことをいま言うのだろうかとは思ったのですが、そのときは私は何か変に感じはしたものの、一つの文学論として聞いてしまいました。多分、口角に泡を飛ばしたあの文学論の続きなのだろう、と思って聞いていたのです。しかし、三島事件が起こってからは、全く違う気持ちとなって、再び考え続けたのですが、お聞きした時点では不覚にも文学論として会話していたのです。

つまり先生が何を言いたかったかというと、その頃に三島先生は想像できないくらいの苦悩と不幸を背負われていたのではないかと思うのです。先生の文章や文学作品を読んでいれば、どうにもならぬ憤り、どうにもならぬ悲しみ、どうにもならぬ虚しさを抱えられていたことは行間からも分かる。それでも先生は亡くなる五ヶ月と、その少し前の約半年前に私にその電話をかけてこられた。一度、文学論で取り上げたカミュの「〈幸福なシジフォスを思い描かねばならぬ〉。それがいまの自分の本当

の気持ちだ」ということを言っておられたのです。きっと、その時点の先生は、それまでの文学では語り切れない苦悩と不条理を抱えていたのではないか。そういうことに、後年に至って私も気づいたのです。

私はこれを思い出す度に目頭が熱くなるのです。そのときの先生の語り口とか、声の出し方とかそういうものも全部記憶にあります。しかし、その記憶はいつでも震動し、何か言葉にできぬものが蠢いていたのです。目頭が熱くなって、なかなか語れなかった。私が先生と喋った最後の記憶なのです。それから、「またこちらから電話するので、それまでは連絡はいらないから」と言って電話を切られたので、私はそのときはもう大学に上がっていましたので、今後も先生とゆっくり文学論ができるだろうと思っていたら、あの事件が起きたわけです。

先ほど挙げたシジフォスの神話は、ヨーロッパでは有名な「絶望」を表わす代表的な神話でもあるのです。深い絶望だけが人間生命の真実だということを、哲学的にこのシジフォスの神話を使って語られることが多い。ところが、カミュだけが、その神話を取り挙げた哲学エッセイの中でも、最後に「幸福なシジフォスを思い描かねばならぬ」と書いた。あの神話の中に含まれている真実がそうだということをカミュは語っているのです。それを死の直前に私に電話で伝えられたのです。すでに死の決意は当然あったと思いますので、三島先生がそのときに言われたということから、私はどういう気持ちで先生があの事件を起こされたのかということを考え続けたわけです。先生の本心を考えるには、やはり『葉隠』の思想に還って考えなければならないと私は思っていました。こうして『葉隠』の観点から思考し続けたわけです。

先生はご自分で仰っていましたけれども、『葉隠』は自分にとって唯一の書物だと言われていた。

先生の著書『葉隠入門』にもそう書かれています。いま考えれば、三島事件を考え続けたことが、逆に私の葉隠的人生を築き上げる結果にもなったのです。私も小学校一年から『葉隠』を中心とした思想が好きで、そう生き、そう死にたいと思ってずっと生きていたのです。その『葉隠』は武士道に基づいた死の哲学ですが、絶望が生み出す真の希望を表わしていると、かねてから私は思っていたのです。先生もずっとそう思われていたとのことで、葉隠論が元々先生と私の議論を支えていたのです。死の覚悟がもたらす、真の生命燃焼について語り合ったということです。そういうことを先生と何回も話し合いました。死だけが真の希望をもたらすということを、です。そして、三島事件こそがその葉隠を私の奥深くに真に浸潤させたと言えるでしょう。

そこから、真の希望が紡ぎ出されてきたのです。真の希望というのは、口で説明するのは非常に困難です。普通に言われている希望とは、全然違うものなのです。武士道的なもの、または葉隠的なもの、それからカミュの『シジフォスの神話』的なものです。そのようなものから生まれる希望というのは、すごく切ないものです。生命が持つ悲しみであり、人間が持つ慟哭に近いものかもしれません。そういうものが生み出す、人間生命の煌めきとでも言うものでしょうか。そういうものだといまは思っています。

先生は、そのときそういうものを感じておられたのではないかと、いまは確信を持てるのです。だからそのカミュの、いまにして思えば、この「幸福なシジフォス」というのは、先生がもうどうにもならぬ慟哭、どうにもならぬ悲哀、そういうどうにもならぬものから、先生なりの生命の幸福なるものをすでに亡くなる半年前に導き出していたのではないかと感じているのです。私がいただいた最後の電話を公にするということは、その証明になるのではないかと私は思っているのです。

血で書く神話

私はその頃、三島先生が不幸と不条理のどん底から生まれる真の「幸福」を、新しい文学で描こうとしているのではないかと思っていた。それも想像を絶する「新しい文学」としてです。私はごく素直に、先生は当然文学者ですから、『豊饒の海』の次に向かう新たな創造に向かったのではないか、と思ったのです。私はその電話が終わってからもずっとその高なる期待とともに、ほどなくして私の中で真の幸福に係わるヨーロッパの新しい偉大な哲学との出会いを果たしていたのです。つまりミゲール・デ・ウナムーノとエルンスト・ブロッホとの出会いです。私は先生の新しい文学を、わくわくしながら待っていたに違いありません。きっと我々の想像を絶する新しい文学を書かれるのだろうと思っていた。その文学論を支えるためにも、新しい哲学を貪り読んでいたのです。そして、私は大学に通いながら、先生からの連絡を待っていたという状況だった。

そのときに考えたことをもう少し具体的に思い出しますと、先生が考えていた新しい文学というのは、いま述べてきたような、文学の常識を超えた文学ではないかと、私はそういう予感がひしひしとしていたのです。その新しい文学というのは、私はこの事件に至る半年の間、自分で勝手に思っていたことなのですが、その文学が何か先生の「新しい神話」になると思っていたのです。もう少し説明しますと、先生が次に生み出す文学作品は、全く新しい文学であり、その文学というのは、日本の将来を担う、日本の新しい神話になるのだということを考えていた。結果としてあのような事件が起きてしまったのですが、私自身の考えでは事件そのものが、先生が自分の血で購（あがな）った新しい、いままでに全くない文学なのだと捉えていたのです。その文学は、もちろん政治的な側面もありますが、もっと大きく捉えて日本の新しい神話を創られたのではないかといまでも思っています。

三島事件の本質は、そこにあったのではないかと思っているのです。最後の電話の二、三年前なのですが、先生が翻訳された文学の中で、ダヌンツィオの『聖セバスチャンの殉教』という戯曲があって、私はこの戯曲が好きで先生に文学論をぶつけたことがあったのです。この戯曲については、すでに何度か触れたので、覚えておられる方も多いと思います。そのとき、先生は色々と自分の考えを述べられたのですが、その先生が語られていたことの一つに、「自分にはできるかできないか分からないけれども、文学というのは神話に向かっていると思っている。自分も向かいたい」ということを発言なさっていた。事件が起きてからこの先生の言われた言葉が非常に私の中で重いものになってきたのです。

その発言に続けて、先生が好きな言葉として私に紹介してくれた言葉があるのです。それはジロラモ・サヴォナローラ*という、ルネサンス期のカトリック神父の言葉だったのですが、異端審問で火炙りになった人の言葉なのです。ルネサンスの人間革命の最先端を生きていた方です。サヴォナローラを先生は好きだったようで、この神父が語った言葉を私に教えてくれた。それが、あの『聖セバスチャンの殉教』の本質にある幸福なのだということを先生と語り合ったことがあるのです。その言葉は、「神が私たちのために定めてくれた死を死ぬことができるなら、私たちは幸福だと思わなければならない」というものです。こういうことを先生が事件の三年ぐらい前に、すでに対話の中で私に伝えていた。それは一つの葉隠的な運命論だと私は思うのです。だからそれから見ても、私は先生の最後の言葉「幸福なシジフォスを思い描かねばならぬ」というのは、本当に先生はあの事件を自分自身の中ではすでに、本当の「生命的幸福」として捉えていた、と断言できるのではないかと思っているということなのです。

元々そういう文学論を先生と交わしてきたので、先生の遺言めいたような言葉を聞いたときも、その当時は遺言などとは思いませんから、その文学的意味について深く考え、自分なりには悩んで考えていたのです。ですから、先生の事件が起きたときは、私は本当に驚いてしまって、生まれて初めて腰が抜けたという状態を体験したのです。しかし、なぜか魂の深いところでは、悲しくはなかった。先ほども少し述べましたが、先生は必ず新しい文学に向かっており、その新しい文学は日本の未来の神話に繋がっていくのだということを、私自身はすでに考えていたからです。

一つ違っていたのは、従来の私などが常識的に思っている新しい文学として、先生が革命的なものを生み出そうとされたのではなく、自分自身の血でその文学を描こうとしたという点なのです。その血で描いた文学が、そのまま新しい日本の神話になるということだった。現在は先生の死後五十五年が経ち、三島事件そのものが、もう新しい神話の段階に入ってきていると私は思っているのです。この神話はこれから益々増幅して、十年後、二十年後の将来、日本を精神的に覆う神話になると私は確信しています。その兆候はもうすでに出ているように思います。

そして事件後に私は、先生の「シジフォスの神話」の最後の言葉に至る言動を思い出しては考えることが多くなったのです。いままで示してきたように、先生との文学論の中では『葉隠』が一番多く、それが先生と私との共感性を高めていた。それは本書の全篇を貫く根本ともなっています。政治的側面よりも、先生の本当の魂、本当の心との、やはり文学を通して語り合ってきた関係にあったのです。私は、先生との魂の共感を大切にしたいと思ってずっと考えてきたのです。それも文学を通しての魂のあり方と言ってもいいでしょう。

葉隠思想は、戦後日本と最も激しく対立している思想だということは再三語ってきました。だからこそ、先生は戦後日本を、ただ涙の中に生きてこられたのだということを私は確信しているのです。涙の中を生きたということは、ヨーロッパ的に言えば「シジフォスの神話」の中を生きたということです。それは不条理の中枢、不合理の頂点、それから無限の苦行の中ということに尽きるでしょう。その苦行の中を先生は生きてこられたということなのです。これは間違いのないことだと私は思っています。ただ、先生が普通の人間と違うところは、どうしようもないほどの苦行と不幸の中から、本当の神話に至る生命的幸福を摑まれたということなのです。そして、あの事件を起こされたのだということを、私は確信できるようになった。絶望と苦行の中から、先生の最も尊いものが生まれたのだということです。

先生は『葉隠入門』にも同じことを書かれていました。その中で、自分の文学の母体は「死を生きることが真の生（せい）を生み出す」ということだと書かれています。それともう一つ先生が言われていた言葉は、「死を生きる文学というものが在ってもいいのではないか」ということです。いい意味で、死を生きる文学を生み出したい。それには『葉隠』を深く理解することが必要ですが、その理解を自分自身が深める一助になればということで、先生は自ら『葉隠入門』を書かれたということを仰っていたのです。つまり、先生は『葉隠入門』を書いている時期には、『葉隠』と並行して『シジフォスの神話』の文学論を通し、死と不幸こそが真の人間の魂の永遠性という幸福に至る道であることを実感されていたと思えるのです。そして、私との出会いの一年後に、三島先生の『葉隠入門』は世に出たのです。

私が三島事件について、先生が本当の幸福を摑み取ったと考えたのは、そのような経緯によって感じていたことと言ってもいいでしょう。それはあらゆる分裂から生命の合一へ向かう先生自身が、自分の血で購う新しい文学を生み出すことになったのです。それが新しい神話につながる。新しい神話を創造するような新しい文学、それを生み出すという決意が、三島事件のときには先生の魂の中にはあったと私は考えています。だから先生は、本当に日本人が信じることのできる神話を築くために、自らの命を投げ出したということなのです。

それはもちろん先生にとっての新しい文学であり、それはそのまま新しい日本の神話なのです。私はずっとそう思っています。もちろん日本の神話というと、天照大神ではないですが、そういった神々の神話も重要です。当然に従来からの日本神話は重要なのですが、私は三島文学と、それから何よりも三島先生が自らの命を投げ出したあの三島事件自体が、現代の日本の神話だと思っているのです。こういう尊い神話を持っている国は、ほとんどない。私は日本人として、これに対して幸福を感じなければならないと思っています。

私はやはり先生が最後に電話で仰った「幸福なシジフォスを思い描かねばならぬ」というのが、一番重要だと思い続けているのです。不幸の中心哲学の思想であり、神話でもあるシジフォスの神話の中から、幸福なものを得なければならぬということを、当時十九歳だった私にわざわざ電話までかけて下さったことのそれが真意だと思うのです。先生から見ればまだ若者の、あの当時十九歳だった私にわざわざ言い残して下さった。先生は、そういう真心というか、優しさを持っておられる方だということです。

先生との文学論の中心には、いつでも憂国思想が中心にあったのです。憂国が話に出ないことはなかった。そしてそれこそが、私に最も血湧き肉躍る生きた文学論を与えて下さったと言えるのです。

憂国思想を中心に先生は自分の文学についても語り、それから高橋和巳とか谷崎潤一郎、*川端康成、またトーマス・マン、アンドレ・マルロー、アルベール・カミュそしてレーモン・ラディゲなど、様々な人の文学を話したのですが、そのすべてについて憂国思想と結びついて話されていたのです。

言葉は正確ではないかもしれませんが、そのときに先生はいつでも文学にとって一番大切なものは何か、国家について大切なものは何かということを語られていました。その内容を言葉にすると、「神話と現世が、もう一度、一体とならなければならない」という意味のことを仰っていたのです。これはいままでに本書の中で何度も触れました。しかし、何度触れても、また何度でも言わなければならないほど先生があらゆる文学論の中で強調されていたことなのです。そして、最後の電話でも言われていたのです。これはお聞きするだけで圧倒的な思想なので、三島文学の文学論の中でも私はこの思想の中に先生の高貴性を最も感じていたことは間違いのないことと言っていいでしょう。

天孫降臨をいま

その思想を表わす先生のそのままの言葉が「天孫降臨を、もう一度、実現しなければならない」ということであることはもう何度か書きました。私はだから三島事件というのは、第二章「スサノヲの現成」でも詳しく書いた通り、新しい「天孫降臨」だという思いがあるのです。穿(うが)った見方ではないと思います。私は五十年以上に亘って考え続けて間違いなくそうだと思います。あの事件に新しい天孫降臨の神話なのです。私はそう思っています。ここで念のためにもう一度書きますが、先生が語る天孫降臨の意味というのは、もちろん神話もあるのですけれども、先生が解釈した神話の本質を語っておられたのです。それは、「精神が物質を完全に支配する」ということです。それが天と地が一体化する天孫降臨の真の意味なのだということをいつでも仰っていたのです。

元々、日本神話も高天原があって、地上に人間が住んでいて、高天原から神様が次々に降りてきた。神々がこの地上に来るというのはどういう意味かということです。この意味を先生が文学論の中で語っていたのです。それも本書の中で何度か出ていますが、ここでまた再度書いておきたいと思います。これは架空の物語などではなくて、「天」の思想なのです。天と呼ばれるもの、要するに天の国、高天原にある神の思いです。それが人間の心に降って来ることなのだということを言っている。それが天孫降臨の神話なのだ、と。

先生にそう言われて、私は世界中の神話を研究しながら、神話の本当の意味を理解する方向性ができたと自分では思っています。先生に紹介されたミルチア・エリアーデ*とクロード・レヴィ＝ストロースの神話学は、私の生涯を貫く愛読書となりました。この神話との出会いは、私にとっては人生で最も大きい精神革命の一つだったと思っています。私はこのことによって、精神の中に真の躍動を得ることができたと思っています。先生はこういう高邁というか高潔というか、本当に高い精神、魂から文学を書き、あの事件も起こされたということなのです。こういう思想を語るだけで、いかに深い絶望が先生を覆っていたか。また憂国、言葉にはできぬ絶望が先生を覆っていたかということを、私は感じていたということなのです。

事件が起きた後で思い起こせば、まさに先生の絶望というのは「シジフォス」の苦行だったということは、先ほど少し触れました。その絶望を乗り越えるために、もう一度、日本人の「創世記」を実現しなければならないと、先生は思ったに違いありません。先生はそれを天孫降臨と仰ったのです。

新しい人間の世の中を創るというか、そのくらいの気概が生まれていたのではないでしょうか。どうしてそう思ったかというと、私がちょうど大学に上がった時期の五月、三島先生から最後の電話をいただいたときですが、その時期に、ミゲール・デ・ウナムーノとエルンスト・ブロッホという私の生涯を貫く哲学者たちと書物の上で出会っていたからです。この経緯は第六章「恋闕の詩情」でも触れているのですが、ここで三島先生の「天孫降臨」の意味を深く理解するためにも、もう一度角度を変えて詳しく述べたいと思っています。

ウナムーノの『生の悲劇的感情』という一生涯を貫く思想になる文学と、ちょうど先生の電話の後すぐに出会ったのです。それも出版前の生の原稿で訳を読ませてもらっていた。そのときはまだ翻訳本がなく大学の教授から借りた原稿状態で読んだのです。先生の最後の言葉の意味を考えている時期と並行して、それを熟読吟味していたのです。それによって、シジフォス的な苦悩と幸福の本質を自分なりに深く掘り下げていた。

またドイツの哲学者でエルンスト・ブロッホという人がいる。当時ですから東ドイツの哲学者として覚えていますが、ブロッホの『希望の原理』という哲学書がある。これも私の生涯を貫く思想になっているのですが、これも大学のその時期に出会った。物凄い量の本なのですが、飲まず食わずで、夢中になって読んでいたのです。若かったからできたことです。『生の悲劇的感情』と同じで、出版前の生の原稿で読み込んでいました。同じ教授からお借りして、同時に二つの出版前の翻訳を読むというのも、何か因縁めいたものを感じます。

そのときに、ウナムーノの『生の悲劇的感情』の思想に支えられながら、私はブロッホの『希望の原理』によって、三島思想を支える由縁の一つとなる精神的な軸を与えられたのです。『希望の原理』

の最後には、「現実の創世記は初めにではなく終わりにある」とある。これは私の座右銘ともなる言葉です。つまり創世記というのは『聖書』に人類が発祥した時の物語だと出ているのですが、ブロッホはこれを間違いだというのです。本当に我々ホモ・サピエンス、我々人類が存続していきたいならば、これから新しい「創世記」を創らなければならないということを哲学的に言っているのです。これらの二つの書物を、同時に三島事件の少し前に熟読していたのです。このとき私は、ウナムーノによって愛の原理を教えられ、その愛を土台にした真の人類の未来の姿をブロッホの哲学によって確立しつつあったのです。

そしてそれらは、三島先生の思いと符号している。ウナムーノによって「真の愛は、苦悩の中にしかない」という思想に出会い、ブロッホによって、先ほど述べた「現実の創世記は初めにではなく終わりにある」と出会ったということなのです。これらの思想を土台として、本書執筆の動機ともなったマルローの言葉が、後年になって私に与えられた。「私は、三島事件は何ものかの終わりだったと思う。しかし、それがなければ始まりも不可能であるような終わりだった」というあの言葉です。ウナムーノとブロッホそしてマルローの表わす思想が、「三島由紀夫」の死と符号している、私はそう思ったのです。

あの事件に至る深い哲学的英知が先生の中にあればこそ、あの最後の電話で「幸福なシジフォスを思い描かねばならぬ」と私にも言い残してくれたのだと思います。私は文学から読み取ることが好きなので、三島先生の言葉も文学や哲学の角度から考え続けてきたのだと言えましょう。先生に電話をいただいてからあの事件までの五ヶ月ぐらいで、私は自分の人生を貫く二大哲学と出会って、それらを寝食を忘れるほどの思いで読んだのです。あれはもう読書経験でもあまりないほどの経験でした。

それらを読み終わった直後に、三島先生の事件と遭遇したのですから、本当に力が抜けた感じでした。絶対不幸の中から生まれる「何ものか」が神話につながる永遠の憧れなのだということを、先生は文学の中でも言っておられる。それが三島文学の中枢思想の一つともなっている。この絶対不幸の中から生まれるものの一つが、永遠の憧れなのです。ここに私は三島先生の真実と、その苦悩の人生を見ているのです。それはいま言った『生の悲劇的感情』も、『希望の原理』も、同じ原理によって成り立っていた思想だったことからも言えるのです。

私は先生と交わした対話そのものが、先生から受けた最大の「恩」だと思っているのです。私はちょうど二十歳でしたけれども、それから人生でいろいろなことがあった。私もかなり、激しい性格というか、生きるのが大変だったのですが、死のうと思ったことも何度かありました。そのような人生を送ってきたのですが、そのたびに私は先生の「幸福なシジフォスを思い描かねばならない」という言葉をいつも思い出して、どうしようもない不幸の中に本当の生命の灯があるのだということを思いながら、いつの間にか七十四歳にまでなってしまったという感じなのです。

精神と肉体そして国家と個人の分裂こそが、文学を以って先生が解決したかったことです。先生は精神と肉体の分裂こそが、現代日本にシジフォスの苦行をもたらしていると仰ったことがある。その転換を自分の血から生まれた真の文学でなしたい、と語っていたのです。私が電話の直後に、「新しい文学」を以って「新しい神話」に先生が向かったのだろうと思ったのは、こういうことを先生がいつも話されていたからなのです。血から生まれた真の文学によって精神と肉体の分裂を合一へと成し遂げたい、ということを仰っていた。まさか最後に、あのような事件に至るとは思いもよらなかったのですが、先生の思想とか人生観そして哲学というのは、私などが想像する遥かに上を行っていたということなのです。凡人には分からないということと言えましょう。

三島事件は先生が身を以って、現代日本の不幸に楔を打ち込んだということに尽きるわけです。そして、不幸、不条理の象徴となるシジフォスの神話を幸福だと思わなければならない、と先生が言い残してくれた。これは現代の物質至上主義に対する「コペルニクス的転回」だと思っているのです。先生が私に対して遺してくれた言葉というだけではなく、社会、歴史に先生が投げかけた起死回生の一撃だった、と。私が三島事件というのは、新しい天孫降臨であり、新しい日本の神話なのではないかと思っているのはそういうことからなのです。

決して穿った見方で述べているのではなく、先生が身を以って愬えたことが「新しい天孫降臨」だと思わなければ、日本の将来はないと思っているのです。そうでなければ、日本人が全員滅び去るまでは言っていませんが、この国から日本人らしい日本人はいなくなり、少なくとも日本列島とそこに住む人々が残るくらいでしょう。人間は残ると思いますが、やはり我々が「日本人」と呼ぶ一つの民族、民族の魂を持った人間たち、そういったものが無くなるのではないかと思っています。

幸福なシジフォスに至る考え方を生んだ先生の源泉となったのは、何度も言うように葉隠思想と日本神話で言えば天孫降臨の神話なのです。そしてこの天孫降臨の神話とシジフォスの神話というのは、つまり日本神話とギリシャ神話が、先生の中では一つのものになっていたということなのです。元々、先生は死と生が等しいという価値観を持っておられた。だから死ぬことによって、本当の幸福、つまり生命的幸福に至ったのではないかと思うのです。我々人間にとっての本当の幸福というのは、出世でも金でもない。本当の幸福というのは、自らの生命が感ずる幸福です。三島先生はあの事件によって「死と生の婚姻」を行なったという風に、私は捉えているのです。

これは先生と文学論で語った、先に挙げた『聖セバスチャンの殉教』とか、ああいう文学に対する先生の文学的思いを考えれば、そういう風に捉えられるということなのです。だから私の中ではあの事件に対して悲しみはなかったのです。もちろん激しい驚きはありましたが、反対に私は先生がどのような幸福を摑まれたのか、と考えたのです。私が三島事件について研究してきたのは、先生がどのような幸福を創られたのか、先生の創った幸福は日本にとってどのような意味があるのかを考え続けてきたのです。どう日本人の神話になっていくのかということを考えていたのです。

霊性文明へ向かって

いま、先生の死後五十五年が経ち、先生の死こそがこの日本に新しい神話を与えて下さったのだと私は述べてきました。その神話は、絶望や不幸を真の幸福に転換するものです。これは生命的神話ということです。我々の生命に眠っている神話の心を呼び覚ます。それによって本当の日本人らしい日本人になる、という幸福です。その幸福のために、先生は自らの血で購う文学を我々に遺されたのだと思っています。そしてこの最後の血で購われた「大文学」は神話となっていくのです。つまり「真の生命の幸福とは何か」という神話です。この生命の幸福というのは、言葉を変えれば、自分の人生の中に自分にしか分からない「聖なるもの」を持つことではないかと私は思っているのです。この「聖なるもの」を持っている人は、人生においてどのような不幸またどのような絶望があっても、その中からその人の本当の生命の幸福を摑むことができるのではないかと思うのです。少なくとも、私自身はそうでした。多分、多くの人がそうだと思います。

私は三島事件をずっと考え続け、先生の持っている本当の気持ち、本当の先生の生命的幸福は何かということを自分なりに摑んだと思っています。それは先生が、「聖なるもの」を求めてきたのだと確信するようになってきたからなのです。「聖なるもの」について、私が先生の作品の中でも一番好きな『美しい星』という文学の中に、先生自身が書かれている定義があるのです。本書にもすでに述べたことですが、もう一度最後に重ねて書きたいと思っています。なぜなら、その「聖なるもの」を求める生き方こそが、先生が文学論の中で絶えず言われていた「新しい霊性文明」へ向かう精神だからなのです。私は先生が求めた「生命の幸福」こそを、これから来たる霊性文明の本質だと感じているのです。『美しい星』というのは先生が事件の八年前に書かれた本です。その本の中で、先生が大杉重一郎という主人公の口を借りて、すでに聖性について語っている文章があるのです。これを私は好きで、いろいろな折に引用しています。それがすでに八年前の小説に載っている。

「愚かしさの中で、敗北の中で、苦痛の中で、惨めさの中で聖性を夢見ていた」と主人公の大杉重一郎が語っている。私はこれが先生の真の気持ちだと思うのです。先生は最後に自分の命を投げ出して、日本に新しい神話を与えられた。それがすでに『美しい星』に書いてあったのです。これが私は、人間にとっての真の希望だと捉えています。この希望だけが、我々人類にとっての真の霊性文明を招いてくれるのではないかと思っているのです。そして我々の目指すべき、真の霊性文明の本質的な生き方が展開されていくのです。つまり同書の最後を飾る「人間の肉体でそこに到達できなくても、どうしてそこへ到達できないはずがあろうか」という言葉です。このように先生は大杉重一郎の思いを借りて語っている。先生は本当に聖性を求めていた。その先生が求めていた聖性は、そのまま我々人類が目指すべき未来の「霊性文明」を志向していると言ってもいいのです。これが三島文学の中枢であり、三島文学を貫徹するものであり、そして先生が血で購われた最後の「大文学」に至るということに尽きるでしょう。

三島先生の言う真の幸福とは、現代人が幸福だと信ずるものの否定の上に成り立っているのです。三島先生は本当に大切なものは「聖なるもの」の中に存するということを仰っているのだと私は考えているのです。人間の生命にとって、本当に大切で、生命的な幸福を得られるものは、人間存在を支えている「聖なるもの」の中にある。そして、その「聖なるもの」こそが、先ほどから言っている未来の霊性文明の社会を招来するものとなるのです。しかし、現代社会、特に戦後の日本では、その「聖なるもの」こそが肉体大事の物質主義によって否定されてしまっている。だから、現代社会の中で「不幸」と「罪悪」そして「不条理」だと思い込まされているものの中にこそ、却って真の幸福が存在するのだと気づけと、先生は仰っているのです。

不幸のどん底の中で、それでも自分の生を幸福なのだと信じなければならぬ。そう先生は私に最後に伝え、そして多くの人たちへも伝えたかったに違いありません。それが「私に何かあっても、幸福なシジフォスを思い描かねばならぬ」と先生が仰った本質だったのだと思います。先生との文学論が沸々と甦って来るのです。先生の最後の言葉を五十年以上考え続け、私は先生が現代人に残したかった本当の精神をある程度摑んできたように思います。先生は文学論の終わりに、何度か同じことを私に言いました。それは「分裂と欲望のどん底へ向かう〈豊かな〉時代よりも、いかに貧しくそして苦しい時代であろうとも、真の憧れに向かう時代の方が、人間は〈幸福〉に決まっている。だからこそ、日本は一から出直さなければならないのだ」と。どん底から出直さなければならない。それが本当の我々の幸福なのだということです。つまり、それこそが幸福なシジフォスと言えるのではないでしょうか。そしてそれは、先生の思想によれば、葉隠と神話の合体にあるのです。不幸の象徴である「シジフォスの神話」は、ここに真の幸福へと変換されていくということに尽きましょう。

「シジフォスの神話」が、真に幸福なシジフォスに変換されるとき、我々人類は真の霊性文明を手に入れられるのだと私は思っています。あのマルローが五十年前に「二十一世紀は霊性の時代となるだろう。さもなくば、二十一世紀は存在しないだろう」と予言した、真の霊性文明ということです。霊性文明とは、人間の魂が物質を支配する世の中を言います。我々は、そうならなければ滅びるしかないのです。私はこのマルローの予言した霊性文明が、三島文学の思想によって成し遂げられると思っているのです。特に三島先生のもつ武士道的または騎士道的な精神と、「聖なるもの」を追い求める人間の生き方と死に方の中に、秘密があると考えています。その秘密を解き明かすことこそが、今後の我々の文明の行く末を決定することになると私は思っているのです。

さて最後になりました。私の三島文学の未来への思いを述べて終わりたいと思います。いまの日本だけでなくヨーロッパもそうですが、文学はほとんど廃れています。文学を云々する人はほとんどいません。ところが今でも三島文学だけは真に生きている。私は文学好きなのでいろいろな人に文学論をぶつけるのですが、谷崎潤一郎も、芥川龍之介*も、触れてもあまり響きません。アンドレ・マルローなどももうほとんど読む人がいません。しかし、三島由紀夫だけは全員が知っています。若い人でもその文学を読んでいる人も多い。読んでいない方でも、「三島由紀夫」のことを格好良いと言っています。私はそれが「三島由紀夫」が今に残した「新しい神話」だと思っているのです。「三島由紀夫」を格好良いという限り、日本民族は死なないと思っているのです。これが日本人のいまの深層のマグマを創り上げている。そういう胎動を、私はいま感じています。このマグマのようなうねりですが、これは先生がその血を以って書いた「最終文学」で、そのうねりの震源が創られている。その震源を創る生命的幸福が「幸福なシジフォス」の真の意味なのだと、私は信ずるようになったということです。自分がそう信ずることができるようになったので、私はこれを自分の信念として述べるために本書を書いたのです。いま、それを終えることができ、私の担った未来への使命の一つが、ここに達せられたという少しばかりの安堵感に浸っているところです。

おわりに

いま私は、この若き日の「対話」の思い出を書き終えたことで、何よりも肩の荷を下ろしている。「はじめに」でも触れたが、ついこの間まで、このような私的体験を公にするつもりは、私の中には全くなかった。それが三島先生の言行の記録として、このように公になったことに私は奇跡に近い感慨を抱いているのだ。それについては、三島先生の生誕百年の年を前に、私は先生の霊魂の働きすら強く感じていると言ってもいい。何か、三島先生の「大いなる力」によって、私はこの思い出の「手記」を書かされたと思っているのだ。

本書を書きながら、私はその力をひしひしと日々感じ続けていた。書いている最中、私は死ぬほどの集中力をもって、記憶を辿り続けていた。その結果、私は三島先生がもっていた最も「鋭い力」を新たに発見した思いが強いのだ。それこそが、先生のもつ「予言者性」であった。文学を通して、先生は日本の本源とそこから生まれる人間の未来を私に伝えてくれていたように思える。もしかしたら、若者だった私を通じて、先生は未来へのメッセージを残そうと思っていたのではないか。それが、今になって私に強く認識されるようになったと言えよう。

私は先生と交わした文学の議論を、後世に残さなければならないという思いで本書執筆を始めた。そしてその終わりに当たって、私は先生の予言の力の働きの一つとして、このような形として書かされたことを実感する結果となった。つまり、私の記憶の中にある先生との議論はすべて、先生が未来の社会に伝えようとしたことに違いないと今思っているということだ。先生は今から五十五年以上前に、半世紀以上先の社会に向かって、私という媒体を使いながら語りかけていたとしか思えないのだ。

私の記憶は深く、それは正確だと自分では断言できる。しかしその特別に深い記憶も、私は何か予言者としての先生の力によって与えられた一つの魔力のように思いながら本書を綴った。もう一度目を通したとき、死後五十五年を経た今の世に向かって、先生が生き返って語りかけているようにしか私には思えない。私の存在は、先生の声を今に伝えるメッセンジャーと化しているに違いないと感じている。

本書は、先生と私の間に交わされた私信であるが、その私信が時を経て、公に向かって愬（うった）えかける「何ものか」に変容したことを痛感する。本書を繙かれた方々は、この半世紀以上を経て放たれる「三島由紀夫」の雄叫びを、大作家の遺言に近い言葉として汲み取っていただけたならば幸いに思っている。

最後に、筑波大学名誉教授の竹本忠雄氏が本書に寄せて下さった熱いメッセージである「夏日烈烈」と、また大胆で未来的かつ秀逸な「解題」を執筆して下さった文芸批評家であり関東学院大学教授の富岡幸一郎氏に、この紙面を借りて深く御礼を申し上げる。また本書の上梓まで一貫して協力をして下さった実業之日本社 岩野裕一代表取締役社長、そしてすべての実務を下支えして下さった大串喜子氏に重ねて御礼を申し上げておく。

令和六年十一月二十五日
執行草舟

資料

葉隠十戒

第一戒

武士道といふは、死ぬ事と見附けたり。

第二戒

二つ二つの場にて、早く死ぬほうに片付くばかりなり。

第三戒

図に当たらぬは犬死などといふ事は、上方風(かみがたふう)の打ち上(あ)がりたる武道なるべし。

第四戒

毎朝毎夕(まいちょうまいゆう)、改めては死に改めては死ぬ。

第五戒

恋の至極(しごく)は、忍ぶ恋と見立て申し候。

第六戒

一生忍んで、思ひ死にする事こそ恋の本意なれ。

第七戒

本気にては大業はならず、気違ひになりて死に狂ひするまでなり。

第八戒

不仕合わせの時、草臥るる者は益に立たざるなり。

第九戒

必死の観念、一日仕切なるべし。

第十戒

同じ人間が、誰に劣り申すべきや。

執行草舟 選

贖罪　折口信夫（釈迢空）

序歌

すさのを我　こゝに生れて
はじめて　人とうまれて――
ひとり子と　生(お)ひ成(な)りにけり。
ちゝのみの　父のひとり子――
　ひとりのみあるが、すべなさ
天地(あめつち)は　いまだ物なし――
山川も　たゞに黙(もだ)して
　草も木も　鳥けだものも
生ひ出でぬはじめの時に、
　人とあることの　苦しさ――。

すさのをに　父はいませど、
　母なしにあるが　すべなき――。
母なしに　我(わ)を産(な)し出でし
　わが父ぞ、慨(うれた)かりける。
　いと憎き　父の老男(ひこぢ)よ。
母産(な)さば、斯く産すべしや――
胎(はら)なしに　生ひ出でし我
胞(え)なしに　やどりし我
天地(あめつち)の私生(わたくしばら)と
胎(はら)裂かで　現(あ)れ出でしはや――。
父の子の　片生(かたな)り　我は、
不具(かたは)なる命を享(う)けて、
　我(わ)が見る　世のこと〴〵
天の下　四方(よも)の物ども
　まがりつゝ　傾き立てり。

男なる父の　沁物(ひ)　凝りて
成り出でし　純男(もはらをとこ)と
あゝ満(た)れる面わもなしや——
　わが脚は　真直に踏まず、
　舟舵如(ふなかぢと)　横に折れたり——

父の身に居ること　百世(もゝよ)——。
　生(うま)れいでゝ、白髪生ひたり。
白髪なす髭も　垂れたり。
剣刀(ば)と　歯は生ひ並び、
　深々し　頬のうへの皺。

わがあぐる産声(うぶごゑ)を聞け。
老い凋れて　四方にとゞろく——。
わが息に触りぬるものは——
青山は枯れて　白(しら)みぬ。
大海はあせて　波なし。

我が力　物をほろぼす——
憤恚(いきどほろ)し　我が活(い)き力(ぢから)
わが父や　我を遁(のが)ろへ、
我や　わが父に憎まえ、
　追放(やら)はれぬ。海(わた)のたゞ中

わたつみの最中(もなか)に立ちて
我は見ぬ。わが周囲(もとほり)を——
我は見ぬ。露膚(あかはだ)われを——
我は見ぬ。わが現(うつ)し身(み)を——
　吠えおらぶ我が　足掻(あが)きを——

更に見ぬ。わが生みの子の
八千つゞき　八よろづ続き
　穢れゆく血しほの　沈殿(をどみ)——。
あはれ其(そ)を　あはれ其奴(そやつ)らを
予(あらかじ)め　亡しおかむ——。
物皆を　滅亡(つくし)の力　我に出(い)て来(こ)よ

著者注釈

※1［イコン］　ギリシャ正教会の聖像芸術。イエス・キリスト、聖母マリア、聖人、天使、聖書における重要な出来事やたとえ話、教会史上の出来事を画いた画像で平面的な表現が特徴。テンペラで描かれている作品が多く、その表現は古代的・直截的である。後に、この芸術をロシアの神秘思想家パーヴェル・フロレンスキーは、「逆遠近法」の芸術と名づけ、西欧の遠近法絵画と別物の芸術であることを提唱した。

※2［スサノヲ］　日本神話に登場する男神。荒ぶる神。『古事記』の記述によれば、神産みにおいて伊邪那岐命が黄泉の国から帰還し、筑紫の日向の橘の小戸の阿波岐原で禊を行った際、天照大神、月読命に次いで鼻を濯（すす）いだときに産まれた。産まれた三貴子のうち天照大御神は天（高天原）、月読命は夜の食国（よるのおすくに）を、須佐之男命には海原を治めるように定められた。スサノヲは多彩な性格を有している。母の国へ行きたいと言って泣き叫ぶ子供のような一面があるかと思えば、高天原では凶暴な一面を見せる。出雲へ降りると一転して英雄的な性格となる。日本神話において、実に野性的な神とされるが、この神の属性の中に、折口信夫は縄文的古代の魂を見ていたのである。

※3［アポロン］　ギリシャ神話で、光明・医術・音楽・予言をつかさどり、溌剌とした若く美しい神であり、人間の表の部分と明るさをあらわす神。ゼウスとレトの子で、女神アルテミスの双子の兄。デルフォイの神殿で下したという託宣は特に名高い。理知的で明るいギリシャ精神を代表する神とされる。イーリアスにおいてはギリシャ兵を次々と倒した。また「遠矢の神」であり、疫病の矢を放ち男を頓死させる神であるとともに病を払う治療神でもあり、神託を授ける予言の神としての側面も持つなど、付与された性格は多岐に渡る。ローマ神話では、アポロ。

※4［ディオニソス］　ギリシャ神話の豊饒と酒の神。その祭儀は、神との合一を求める陶酔状態をともなう。ディオニソスはアポロンと対置され、芸術の激情的、本能的な創作衝動を体現する。人間のもつ暗い裏側の部分をあらわす神。東方の宗教の主神で、特に熱狂的な女性信者を獲得していた。この信仰はその熱狂性か

ら、秩序を重んじる体制ににらまれていたが、民衆から徐々に受け入れられ、最終的にはディオニソスをギリシャの神々の列に加えることとなった。ギリシャ悲劇はディオニソスの祭儀から発生したという説もある。ローマ神話のバッカスに当たる。

※5〔メデューサ〕 ギリシャ神話に登場する怪物。ゴルゴーン三姉妹の一人である。目が合った者を石化させてしまうとされる。体は蛇体で頭髪は無数の細長い蛇で成り立ち、イノシシの歯、青銅の手、黄金の翼を持っている（腰に蛇をまいた姿や、イノシシの胴体と馬の下半身になった姿で描かれることもある）。海の神であるポセイドンの愛人であり、ポセイドンとの間に巨人クリューサーオール（「黄金の剣を持てる者」の意）をもうけた。メデューサは英雄ペルセウスによって首を切り落とされ、退治された。その死体の血から翼をもつ天馬ペガサスが生まれたと伝えられている。ポール・ヴァレリーは「アポロンの巫女」という詩の中に、このメデューサの存在理由を謳っているが、三島由紀夫は早くからそのことに気づいていた数少ない日本人の一人であった。

人名一覧

［あ］

会田雄次（あいだ・ゆうじ／1916-1997）
西洋史学者。京都大学人文科学研究所教授を経て、京都大学名誉教授。専門はイタリア・ルネサンス。保守派の論客として知られた。著書に、みずからの戦争体験を描いた『アーロン収容所』、その他に『ミケランジェロ』『ヨーロッパ・ヒューマニズムの限界』などがある。　147

アウレリウス〈マルクス〉（Marcus Aurelius／121-180）
古代ローマの皇帝。辺境諸民族との戦いに奔走する一方、ストア学派の哲学者としても知られ、哲人皇帝、五賢帝の最後。中国とも交流し、『後漢書』に〈大秦王安敦〉とある。著書『自省録』はこの時代の文学・哲学の最高峰と言われる。　059, 230

芥川龍之介（あくたがわ・りゅうのすけ／1892-1927）
作家。『羅生門』『河童』『或阿呆の一生』など、数々の有名作を発表したが、「ぼんやりとした不安」を理由に若くして服毒自殺。明治・大正日本の遭遇した「近代の苦悩」を象徴する人物の一人。また、長男の比呂志は新劇俳優、三男の也寸志は作曲家として知られる。　380

アダム
旧約聖書の『創世記』に記された、最初の人間（男性）とされる人物。天地創造の終わりにヤハウェによって創造された。イブとともに悪魔（サタン）に誘惑されて楽園にある禁断の木の実を食べ、楽園から追放される。　335

安部公房（あべ・こうぼう／1924-1993）
作家・劇作家。超現実的な作品を多数執筆し、人間存在の不安を描き出した。日本現代文学を代表する一人として広く海外でも読まれ、国際的な名声を博す。また、演劇グループ「安部公房スタジオ」を設立。代表作に『砂の女』『第四間氷期』『棒になった男』など。　339-344, 346-351

天忍日命（あめのおしひのみこと）
日本神話の神。天孫降臨の際、天津久米命（あまつくめのみこと）とともに武装し、瓊瓊杵尊（ににぎのみこと）を先導する役割を果たした。古代豪族の大伴氏の祖神。天地開闢の際、最初に生まれた三柱の神々の一人、高皇産霊尊（たかみむすひのみこと）の子という説も。　112

アリサ
フランスのノーベル文学賞受賞作家、アンドレ・ジッドの代表作『狭き門』の登場人物。主人公ジェロームの従姉。ジェロームと相思相愛の仲になるも、地上的な愛を拒み人知れず死んでゆく。死後、ジェロームに贈った遺書「アリサの日記」では、その心の葛藤を生々しく語っている。　336

アンドロメダ
ギリシャ神話に登場する、エチオピア王ケフェウスとカシオペイア王妃の一人娘。母が海の精ネレイスより美しい娘だと自慢したため、海神ポセイドンの怒りにふれる。アンドロメダは生贄として海岸の岩に縛られ、犠牲になりかかったが、勇者ペルセウスが救い、妻とした。のちにアンドロメダ座として星座となる。　170, 182, 183, 188

安里（アンリ）
三島由紀夫の短編小説『海と夕焼』の主人公。文久の鎌倉建長寺で寺男となった老フランス人のアンリ（安里）のこと。小説中では、子供の頃に体験した少年十字軍の話と日本に流れ着いた経緯を聾唖（ろうあ）の少年に海を眺めながら回想する。　222-224

飯沼勲（いいぬま・いさお）
三島由紀夫の『豊饒の海』四部作の中の第二部『奔馬』の主人公。國學院大學予科学生。剣道三段。第一部の主人公・松枝清顕の生まれ変わりとして、政治的行動を小説中で展開。物語の中で、満二十歳を目前に切腹する。　104

イエイツ〈W・B〉（William Butler Yeats／1865-1939）
アイルランドの詩人・劇作家。神秘的な美への憧憬を基調とした作風から出発。のちに現実を直視し、現代の矛盾や苦悩を象徴的に描いた詩作で名声を得た。アイルランド文芸復興にも尽力した。代表作に詩集

『塔』『螺旋階段』などがある。一九二三年、ノーベル文学賞を受賞。　053, 054

石原慎太郎（いしはら・しんたろう／1932-2022）
小説家、および政治家。俳優、石原裕次郎の兄。大学在学中に執筆した「太陽の季節」で芥川賞を受賞。「太陽族」は流行語となった。その後、政治家として環境庁長官、運輸大臣を歴任。一九九九年から東京都知事をつとめる。著書に『処刑の部屋』『亀裂』『化石の森』『弟』『天才』など多数。　259, 303

磯部浅一（いそべ・あさいち／1905-1937）
陸軍軍人。山口県出身。陸軍一等主計のときに、陸軍士官学校事件（クーデター未遂事件）により停職。その後も「粛軍に関する意見書」を配布するなど、統制派を攻撃したため免官。一九三六年、二・二六事件の首謀者として、決起将校と行動をともにする。軍法会議で死刑判決を受けて刑死。　064

イブ
旧約聖書の『創世記』に記された、最初の女性とされる人物。人類の始祖であるアダムの肋骨を一本取って、ヤハウェが創造したとされる。アダムとともに悪魔（サタン）に誘惑されて楽園にある禁断の木の実を食べ、楽園から追放される。　335

今西錦司（いまにし・きんじ／1902-1992）
文化人類学者。京都大学名誉教授、岐阜大学名誉教授。生物種の棲み分けの理論を提唱。日本の霊長類研究の創始者として知られる。また、独自の進化論を唱えた。登山家・探検家としても知られる。『生物の世界』『生物社会の論理』『人類の誕生』など著書多数。　147

ヴァレリー〈ポール〉（Paul Valery／1871-1945）
フランスの詩人・思想家。マラルメに師事し、人間精神の極限を独自の理論によって探究。長詩『若きパルク』を発表し、象徴主義の最後を飾る大詩人と評された。文学、哲学、政治など精妙な評論活動でも知られる。代表作に『ムッシュー・テスト』『精神の危機』『海辺の墓地』など。　162-166, 168-172, 177-180, 183, 184, 188-190, 303, 327

内村鑑三（うちむら・かんぞう／1861-1930）
キリスト教徒、思想家。高崎藩士の子として生まれ、札幌農学校卒業後、渡米。帰国後、第一高等中学校講師のとき「教育勅語」の礼拝をしなかったとして学校を追放された。著書に『代表的日本人』『基督信徒の慰め』等。のち『万朝報』の記者として足尾鉱毒事件を批判。日露開戦に際して非戦論を主張し、幸徳秋水らとともに退社。無教会主義を唱え、日本（Japan）とイエス（Jesus）の「二つのJ」に仕えることを念願とした。 105

ウナムーノ〈ミゲール・デ〉（Miguel de Unamuno／1864-1936）
スペインを代表する哲学者・詩人。魂の不滅性を説いて思想界に強い影響を与えた。九八年世代と呼ばれるスペインの憂国思想、国、国民のあり方を根底から問うた、実存主義的な哲学を打ち立てた。代表作に『生の悲劇的感情』、小説『霧』、神秘詩集『ベラスケスのキリスト』など。 262, 263, 266, 366, 373, 374

梅棹忠夫（うめさお・ただお／1920-2010）
民族学者・文化人類学者。京都大学理学部卒業。動物学を専攻していたが、今西錦司率いるモンゴルでのフィールドワークを経て、民族学・文化人類学の研究に転じる。国立民族学博物館の設立に尽力、初代館長となる。主な著書に、『知的生産の技術』『文明の生態史観』『情報の文明学』など。 147

ウロボロス
ギリシャ神話などで見られる、蛇が自分の尾を食べる形をしたシンボル。起源は古代エジプト文明にまでさかのぼる。永続性、循環性、無限性、あるいは死と再生、不老不死、宇宙の根源、全知全能など意味するものは広く、多くの文化、宗教で用いられてきた。 191, 192

エウリピデス（Euripides／BC485頃-BC406）
古代ギリシャの三大悲劇詩人の一人。神話の世界に人間的写実性を採り入れ、人間情緒に富んだ新しい悲劇を生み出した。情熱的で甘美なセリフの多い作品が特徴。代表作に『メディア』『トロイの女』『エレクトラ』『バッコスの信女』などがある。 060, 233

エリアーデ〈ミルチア〉（Mircea Eliade／1907-1986）
ルーマニアの宗教学者・文学者。イタリア、インドに留学。パリの高等学院で宗教学を講じる。シカゴ大学教授。作家として活動。第二次大戦中は外交官として各地をまわりながら研究生活を送った。膨大な学術書、論文等を残し、特に宗教研究の分野で著しい業績を残した。『永遠回帰の神話』『イメージとシンボル』等。　372

エリオット〈T・S〉（Thomas Stearns Eliot／1888-1965）
イギリスの詩人・批評家・劇作家。米国ハーバード大学卒業後、パリへ留学。ベルクソンの影響を受ける。長詩『荒地』や詩劇『寺院の殺人』によって、二十世紀前半の英語圏でもっとも重要な詩人の一人と評される。一九四八年にノーベル文学賞を受賞。　302

王陽明（おう・ようめい／1472-1528）
中国明代の哲学者・政治家。さまざまな官職を歴任、賊の反乱を治めるなどして軍事的、行政的に名声を得る。朱子学を修めるが、思索の末「知行合一」と「致良知」を提唱した。陽明学を創始し、実践哲学の道を開く。語録に『伝習録』がある。　248-257, 260, 266, 268-271

オーウェル〈ジョージ〉（George Orwell／1903-1950）
イギリスの作家・ジャーナリスト。イギリス植民地時代のインドに生まれる。現代文明の行く末を予言し、全体主義を風刺、批判した小説を執筆。スペイン内戦では共和国義勇軍として参加した。代表作に『一九八四年』『動物農場』『カタロニア讃歌』等。　313, 354, 355

大塩平八郎（おおしお・へいはちろう／1793-1837）
江戸時代の陽明学者。大坂町奉行所与力を経て、私塾・洗心洞で子弟の教育と著述にあたる。天保の大飢饉に際し、奉行所に救済を請うたが受け入れられず、蔵書を売って窮民を救った。翌年、農民を救うため大坂で兵を起こしたものの（大塩平八郎の乱）、敗れて自殺。著書に『洗心洞箚記』がある。　276

大杉重一郎（おおすぎ・じゅういちろう）
三島由紀夫の小説『美しい星』の主人公。五十二歳。埼玉県飯能市にて、妻と一男一女と暮らしている。定職には就いておらず、親の遺産で生活している。空飛ぶ円盤を見たことで、火星人としての自覚を持つ。　213, 378

オットー〈ルドルフ〉(Rudolf Otto／1839-1937)
ドイツの宗教哲学者。マールブルク大学教授。カント、フリースの研究を通じて、崇高性、宗教、聖性の問題を命題とし、古代インド神話学など広く宗教を考察、キリスト教教義のみに依拠しない宗教哲学を確立。代表作に『聖なるもの』等。宗教学、民俗学の研究で知られるミルチア・エリアーデにも影響を与えた。 205

大物主命(おおものぬしのみこと)
『古事記』での神武天皇の岳父、綏靖天皇の外祖父とされ、また三輪氏の祖神。奈良県桜井市の大神神社の祭神、大国主神の和魂をつかさどる。国作りに協力し、国譲りの後はもろもろの国津神を率いて宮廷を守護した。大和地方でもっとも土着性の強い国津神(くにつかみ)だが、岩窟に住む蛇体をもつとされる。 092

折口信夫(おりくち・しのぶ／1887-1953)
国文学者・民俗学者・歌人。國學院大學卒業。柳田國男の高弟として、国文学に民俗学的研究を導入した。短歌誌『アララギ』同人、のち北原白秋らと『日光』を創刊。歌人名は釈迢空。國學院大学、慶應義塾大学教授も務める。一九四八年、日本芸術院賞を受賞。著作に『古代研究』『死者の書』、歌集『海やまのあひだ』、詩集『古代感愛集』等。 082, 085-087, 091, 092, 094, 095, 103, 104, 118, 151, 296, 312

オルテガ〈イ・ガセット〉(José Ortega y Gasset／1883-1955)
スペインの哲学者。マドリード大学教授。内乱時代は亡命生活を送った。人間論、現代世界論を展開。時代を痛烈に批判した主著『大衆の反逆』は、大衆社会論の古典として後世にも影響を与えている。その他の著書に、『現代の課題』『ドン・キホーテをめぐる思索』等。 158

[か]

カストルプ〈ハンス〉
ドイツ出身のノーベル文学賞作家、トーマス・マンの長編教養小説『魔の山』に登場する主人公の青年。ハンブルクの商家に生まれ、造船の技術者になる。従兄のヨーアヒムを見舞うために、アルプスの山中にあるサナトリウム、ベルクホーフを訪れるが、自身も結核

に罹患し、長期滞在を余儀なくされる。　329, 330

カミュ〈アルベール〉(Albert Camus／1913-1960)
フランスの小説家・思想家・評論家・ジャーナリスト。第二次大戦中に発表した小説『異邦人』、エッセイ『シーシュポスの神話』などで「不条理」の哲学を打ち出して注目された。若くして交通事故により死去。その他の作品に『ペスト』、未完の『最初の人間』等。一九七五年、ノーベル文学賞を受賞。　037, 073-076, 331, 362-365, 371

カラマーゾフ〈アレクセイ〉
ロシアの文豪、フョードル・ドストエフスキーの最後の長編小説『カラマーゾフの兄弟』に登場する、カラマーゾフ三兄弟の三男。フョードルの後妻、ソフィアの子。愛称はアリョーシャ。本作品の主人公とされている。心優しく純真な修道僧で、誰からも好かれている。神の愛によって父と兄を和解させようとする。　298

カラマーゾフ〈イヴァン〉
ロシアの文豪、フョードル・ドストエフスキーの最後の長編小説『カラマーゾフの兄弟』に登場する、カラマーゾフ三兄弟の次男。フョードルの後妻、ソフィアの子。愛称はワーニャ。理科大を出たインテリで、冷徹な無神論者・合理主義者。父フョードルを深く嫌悪している。イワンが語る「大審問官」は、文学史的にとりわけ重要とされている。　298

カラマーゾフ〈ドミトリイ〉
ロシアの文豪、フョードル・ドストエフスキーの最後の長編小説『カラマーゾフの兄弟』に登場する、カラマーゾフ三兄弟の長男。フョードルの前妻、アデライーダの子。愛称はミーチャ。退役軍人で、直情的かつ暴力的な性格。父フョードルとはもっとも仲が悪く、美女グルーシェンカをめぐって争っている。　298

カラマーゾフ〈フョードル〉
ロシアの文豪、フョードル・ドストエフスキーの最後の長編小説『カラマーゾフの兄弟』に登場する、カラマーゾフ家の当主。カラマーゾフ三兄弟の父親。成り上がりの地主で、強欲で利己的、不道徳で好色な性格の持ち主。何者かによって屋敷で殺される。　298

カリギュラ（Caligula／12-41）
ローマ帝国第三代皇帝。本名は、ガイウス・ユリウス・カエサル・アウグストゥス・ゲルマニクス。ローマ帝国でもっとも敬愛されたリーダーの一人、名将ゲルマニクスの子として生まれる。当初は善政を敷いていたが、やがて独裁化を強め、国費の乱費や自己の神格化を要求するなど奇行が目立つようになる。最期は元老院と対立し、暗殺された。 076, 077, 331

川端康成（かわばた・やすなり／1899-1972）
小説家、文芸評論家。日本を代表する文学者であり、初めてのノーベル文学賞受賞者。東京帝国大学学生時代に菊池寛に認められ、横光利一らと共に同人誌『文藝時代』を創刊。西欧の前衛文学を採り入れた「新感覚派」の作家として注目される。詩情、幽玄、死や魔界といった独自の世界観を確立させ、日本の美意識、死生観を表現した。代表作に『伊豆の踊子』『雪国』『千羽鶴』『山の音』『古都』等。 263, 371

キーン〈ドナルド〉（Donald Keene／1922-2019）
日本文学研究者、文芸評論家。コロンビア大学名誉教授。日本文化研究の第一人者として、世界的に評価されている。安部公房、三島由紀夫など現代作家の作品を英訳、海外に紹介した。東日本大震災後、日本永住を決意して日本国籍を取得。著書に『百代の過客』『日本人の美意識』『日本文学の歴史（全十八巻）』など多数。 167, 180

キュクロプス
ギリシャ神話に登場する巨人族で、額に目が一つあるのが特徴。天空神ウラノスと大地母神ガイアの間に生まれた三兄弟、アルゲス（落雷）、ステロペス（雷光）、ブロンテス（雷鳴）を指す。野蛮で人を食べる一方、卓越した鍛冶技術を持ち、ゼウス、ポセイドン、ハデスらに武器を贈っている。 149

キリスト〈イエス〉（Jesus Christ／BC4頃-30頃）
キリスト教の始祖。現在のパレスチナのベツヘレムで誕生。ナザレで大工として働いた後、人々に教えを説き始めるが、やがて危険な存在と見なされ、十字架刑により処刑される。多くの教派においてキリストは神の子であり、人間を罪から救うために遣わされた救い主であるとされ、信仰の対象となっている。 186, 222, 273

久保新治（くぼ・しんじ）
三島由紀夫の長編小説「潮騒」の主人公。若くたくましい十八歳の青年で、伊勢湾に浮かぶ歌島（三重県鳥羽市）で漁師をしている。貧しい家に母と弟と暮らす三人家族。ある日浜で、島の有力者の娘で海女の宮田初江と出会い、恋に落ちる。　136, 137, 141, 335

クリストフ〈ジャン〉
フランスのノーベル賞作家、ロマン・ロランが、ソルボンヌ大学音楽史教授時代に執筆した大河小説『ジャン・クリストフ』の主人公。ドイツ・ライン河畔の貧しい音楽一家に生まれ、のちに作曲家として大成していく人物。ドイツの偉大な作曲家、ベートーヴェンをモデルにしていると言われている。　267

クンデラ〈ミラン〉（Milan Kundera／1929-2023）
チェコスロバキア（現在のチェコ共和国）生まれ。プラハの音楽芸術大学を卒業後、同大学で世界文学を教えながら詩、評論、戯曲、小説などを執筆。一九六八年の「プラハの春」で改革運動に参加したため、本国での作品発表を禁じられ、のちにフランスに亡命。おもな著書に『存在の耐えられない軽さ』『冗談』『不滅』等。　283, 284

ゲーテ〈ヨハン・ヴォルフガング・フォン〉（Johann Wolfgangvon Goethe／1749-1832）
ドイツの詩人・作家。二十五歳のとき、小説『若きウェルテルの悩み』で一躍名声を博し、詩、小説、戯曲などに数々の名作を生んだ。シラーとの交友を通じ、ドイツ古典主義を確立。自然科学の研究にも業績をあげた。政治家としても活躍。他の主著に、詩劇『ファウスト』、詩集『西東詩集』等。　054, 219, 337

ゲノン〈ルネ〉（René Guénon／1886-1951）
フランスの思想家。ソルボンヌ大学哲学修士。エゾテリズム研究の第一人者。インド、中国、イスラム等の聖典研究を通じて、東西に共通する唯一の原伝承と世界の中心点の存在、歴史の循環的展開等の確信を得て、存在と認識の普遍的構造を解明した。一九三〇年以来カイロに定住し、同地にて没。『世界の王』『十字の象徴体系』『東洋の形而上学』等。　108

ゴーギャン〈ポール〉（Paul Gauguin／1848-1903）
フランスの画家。ゴッホ、セザンヌらと並んで、ポスト印象派の代表として知られる。晩年はフランス領ポリネシア・タヒチに居を移し制作を行なう。代表作に「黄色いキリスト」「我々はどこから来たのか 我々は何者か 我々はどこへ行くのか」等。 334

五味康祐（ごみ・やすすけ／1921-1980）
小説家。保田與重郎に師事し、日本浪曼派の影響を受けた。『喪神』で芥川賞受賞。『柳生連也斎』で柴田錬三郎と並んで剣豪小説の第一線に立ち、流行作家となった。『柳生武芸帳』『色の道教えます』『一刀斎は背番号6』等著書多数。オーディオ、クラシック音楽、マージャン、占いなどにも通じ、趣味人として知られた。 234, 241, 243

【さ】

西行（さいぎょう／1118-1190）
平安末期から鎌倉初期の歌人・僧。俗名、佐藤義清。武家に生まれ、鳥羽院に北面の武士として仕えたが、二十三歳の若さで出家。吉野山の草庵に住み、全国を行脚して歌を詠んだ。『新古今和歌集』で最多歌数収録。六家集の一つ『山家集』で知られている。 175

サヴォナローラ〈ジロラモ〉（Girolamo Savonarola／1452-1498）
ルネサンス期イタリアのドミニコ会修道士、宗教指導者。メディチ家支配下のフィレンツェ社会を痛烈に批判した説教を行ない、市民の支持を得る。その後、フランスのイタリア侵入に乗じて、フィレンツェで神権政治を行なった。最期はローマ教皇と対立、火刑に処せられた。宗教改革の先駆者と言われている。 367

サド〈マルキ・ド〉（Marquis de Sade／1740-1814）
フランスの小説家、貴族。「マルキ」はフランス語で侯爵の意。本名はドナスィヤン・アルフォンス・フランソワ・ド・サド。青年時代から美貌と秀才で鳴らしたが、放蕩の限りを尽くしてスキャンダルを連発。生涯の大半を監獄と精神病院で過ごす。代表作に倒錯的小説『ジュスティーヌ』『悪徳の栄え』『ソドム百二十日』等。サディズムという言葉は、彼の名に由来する。 336

サド侯爵夫人
三島由紀夫の戯曲『サド侯爵夫人』の登場人物。フランスの小説家、マルキ・ド・サドの妻、ルネ・ペラジーがモデルとなっている。長く獄中にあったサドの出獄を待ち続け、かばい続けてきた貞淑な妻であったが、サドの釈放後、突如として離婚を決意する。 336

サロメ
新約聖書に伝わる、一世紀頃の古代パレスチナに実在したとされる女性。および、彼女をモデルにしたオスカー・ワイルドの戯曲『サロメ』の主人公。「ヘロディアの娘」と呼ばれることもある。継父である王から祝宴での舞踏の褒美として「好きなものを求めよ」と言われ、洗礼者ヨハネの首を求めたことで知られる。 332

シェイクスピア〈ウィリアム〉（William Shakespeare／1564-1616）
イギリスの劇作家・詩人。卓越した人間観察眼からなる内面の心理描写などから、イギリス文学の最高峰とされている。四大悲劇『ハムレット』『マクベス』『オセロ』『リア王』をはじめ、『ロミオとジュリエット』『ヴェニスの商人』『夏の夜の夢』『ジュリアス・シーザー』等多くの傑作を残した。 302

ジェローム
フランスのノーベル文学賞受賞作家、アンドレ・ジッドの代表作『狭き門』に登場する主人公。早くに父を亡くし、少年時代から夏を叔父のもとで過ごすが、そこで出会った従姉のアリサに恋心を抱く。その後、アリサを失ったジェロームは、アリサが遺した日記につづられた自分への熱い思いを胸に、一人生きていくことを決める。 336

シェンキェヴィチ〈ヘンリク〉（Henryk Sienkiewicz／1846-1916）
ポーランドの小説家。ワルシャワ大学卒業後、新聞社に入りアメリカ特派員を務める。帰国後、ポーランドの動乱時代を描いた歴史長編三部作『火と剣』『大洪水』『パン・ヴォウォディヨフスキ』を発表、作家としての名声を確立した。代表作に『クォ・ヴァディス』。一九〇五年、ノーベル文学賞受賞。 273

シジフォス
ギリシャ神話に登場するコリントスの王。シーシュポスとも表記される。ゼウスを欺いたため神々の怒りにふれ、地獄に落とされ、大きな岩を山頂まで押して運ぶという罰を受ける。岩は山頂に運び終えた瞬間、必ず転がり落ち、罰は永遠に繰り返されたという。アルベール・カミュの随筆『シーシュポスの神話』で知られる。　074, 362-365, 367, 370, 372-376, 379-381

ジッド〈アンドレ〉（André Gide／1869-1951）
フランスの小説家・批評家。早くからマラルメ、ヴァレリーと知り合い、象徴派風の作品を書くが、すぐ脱し、生命の歓喜、自由を追求した多くの小説を発表。アフリカへ渡り、フランス植民地支配のあり方に疑義を呈し、政治参加した。一九二四年、ノーベル文学賞受賞。代表作に『狭き門』『背徳者』『贋金づくり』などがある。　261, 336

島崎藤村（しまざき・とうそん／1872-1943）
詩人・小説家。学生時代に洗礼を受けるとともに文学への関心を強め、北村透谷らとともに雑誌『文学界』の創刊に参加。浪漫派詩人として『若菜集』を発表、のち散文に転じ『破戒』で自然主義の小説家としても大きな業績を残した。その他に『新生』『夜明け前』などがある。　090

ジャコメッティ〈アルベルト〉（Alberto Giacometti／1901-1966）
スイス生まれの彫刻家。ジュネーブの美術工芸学校で彫刻を学び、イタリア遊学後、パリでアントワーヌ・ブールデルに師事。シュルレアリスム運動に加わり、「午前4時の宮殿」などの彫刻作品を発表。その後、独特の細長い人体像に専念し、「男の顔」等、実存的作品で高く評価される。一九六二年、ヴェネツィア・ビエンナーレで大賞受賞。　282

十字架の聖ヨハネ（San Juan de La Cruz／1542-1591）
スペインのカトリック神秘思想家・詩人・聖人。アビラのテレサとともにカルメル会の改革に取り組んだ。その改革は周りから危険視され迫害されたが、活発な著述によってその思想を残した。キリスト教神秘思想を表現した著作で知られ、神と合一していく魂の過程を描いた『暗夜』や『カルメル山登攀』などの代表作がある。　244, 245

シュティルナー〈マックス〉（Max Stirner／1806-1856）
ドイツの哲学者。マルクス、エンゲルスの史的唯物論の源流にもなった青年ヘーゲル派（ヘーゲル左派）の代表的な一人とされる。徹底した個人主義を主張し、家族・社会・国家を否定する独特の無政府主義に到達した。主著に『唯一者とその所有』。　287-289, 291, 305, 307, 310

ショーペンハウアー〈アルトゥール〉（Arthur Schopenhauer／1788-1860）
ドイツの哲学者。ベルリン大学に入り、本格的な哲学研究を始める。カントの認識論に始まり、プラトンおよびインドのヴェーダ哲学の影響を受け、観念論・汎神論・厭世観を総合した「生の哲学」を説いた。その思想は、ニーチェの厭世思想にも大きな影響を与えている。主著に『意志と表象としての世界』。　253

神武天皇（じんむてんのう）
記紀で第一代の天皇。名は神日本磐余彦（かんやまとのいわれびこ）。日向を出て瀬戸内海を経て紀伊国に上陸。大和を平定し、橿原宮で即位。　081

杉山寧（すぎやま・やすし／1909-1993）
日本画家、日本芸術院会員。三島由紀夫の妻、平岡（杉山）瑤子の父。東京美術学校で松岡映丘に師事。理知的な構図と清新な画風で、戦後の日本画壇をリードした。代表作に「磯」「孔雀」「穹」など。一九七四年、文化勲章受章。　019

杉山瑤子（すぎやま・ようこ／1937-1995）
三島由紀夫の妻。日本画家、杉山寧の長女として生まれる。一九五八年、日本女子大学英文科在学中に三島由紀夫と見合いによって出会い、同年結婚。一男一女に恵まれる。未亡人となってからは、夫の書誌の編集や遺作の整理・保存、著作権保護に尽力。経団連襲撃事件の際には、犯人の元楯の会会員の説得にあたった。　019

朱雀経隆（すざく・つねたか）
三島由紀夫の戯曲『朱雀家の滅亡』に登場する主人公。琵琶の家元で、天皇に代々仕えてきた堂上華族（公家の家系）の名門、朱雀侯爵家の当主。元侍従。天皇の元学友でもある。海軍に志願した息子、経広を太平洋戦争で失う。　061-064, 228-230, 232

朱雀経広（すざく・つねひろ）
『朱雀家の滅亡』に登場する経隆の息子。学習院高等科

の生徒。父親を尊敬している。海軍に志願。危険な南の島に赴任し、戦死する。 061

鈴木大拙（すずき・だいせつ／1870-1966）
仏教学者。帝国大学に学び、鎌倉円覚寺の今北洪川（いまきた・こうせん）、釈宗演（しゃく・そうえん）に師事。一八九七年、渡米。『大乗起信論』の英訳、『大乗仏教概論』の英文出版を行なった。帰国後、学習院大学、大谷大学教授。仏教や禅思想を広く世界に紹介した。一九四九年、文化勲章受章。 140

世阿弥（ぜあみ／1363頃-1443頃）
室町前期の能役者、能作者。観阿弥の長男。足利義満の庇護を受け、能楽を大成した。『風姿花伝』『花鏡』等を残し、夢幻能形式を完成させた。 146

聖セバスチャン（Sebastianus／不明-288頃）
古代ローマのキリスト教の殉教者、聖人。セバスティアヌスとも。ディオクレティアヌス帝の近衛兵だったが、キリスト教徒であることがわかり、帝の迫害によって殉教した。絵画や彫刻などで、弓矢で射られて殉教する美しい若者の像としてよく描かれている。疫病に対する守護聖人とされる。 068, 070, 071

聖テレジア（Santa Teresa de Jesús／1515-1582）
スペインのアビラ生まれ。本名はテレサ・デ・アウマダ。「アビラのテレサ」とも。高い理想をもってカルメル会修道院に入るも、規律の緩さに失望。本来の会則に立ち返った「女子跣足カルメル会」を創立する。その後、いくつもの女子修道院を建て、当時の社会に大きな影響を及ぼし、カトリック教会改革の原動力ともなった。著書に『完徳への道』等。 071

聖パウロ（Paulos／BC5-67）
一世紀のキリスト教の使徒、聖人。小アジアのタルソス生まれの、ローマ市民権をもったユダヤ人。ユダヤ教徒としてキリスト教を迫害したが、のちに半生をキリスト教の伝道に捧げた。 327

聖ベルナール（Bernard de Clairvaux／1090-1153）
十二世紀のフランスの神学者。貴族の生まれ。聖公会とカトリック教会の聖人であり三十五人の教会博士の一人。クレルヴォーのベルナールとも呼ばれる。聖性と自己節制の厳しさ、そして説教師としての優れた資質によって教皇も助言を求めるほどであり、勃興期の熱が冷めていたシトー修道院を再興させた。また、説教によりラングドックの異端の影響を食い止め、彼の十字軍の勧誘演説によって多くの諸侯が十字軍に加わった。 176

洗礼者ヨハネ（John the Baptist／BC6～2-36頃）
『新約聖書』に登場する重要な宗教的人物。イエス・キリストの出現直前に、ユダヤの荒野で人々に終末の近いことを説教し、悔い改めよと説いた。ヨルダン川でイエスに授洗したと伝えられる。ヘロデ王の命で斬首された。 332

ソドマ（Sodoma／1477-1549）
盛期ルネサンスのイタリアの画家。本名はジョヴァンニ・アントニオ・バッツィ。初期にレオナルド・ダ・ヴィンチ、その後ラファエロの影響を受け、情緒的作風のシエナ派絵画を残した。主な作品に、「聖セバスティアヌスの殉教」「鞭打たれるキリスト」等。 070

［た］

大覚禅師（だいかくぜんじ／1213-1278）
臨済宗の僧・蘭渓道隆の諡。一二四六年に来日、宗風の臨済宗を広める。北条時頼の依頼で鎌倉建長寺の開山となった。弟子の育成に努め、規律が厳正に過ぎるとの批判も受けたが、禅の格式を正しく伝えるのに貢献した。 223

高橋和巳（たかはし・かずみ／1931-1971）
小説家、中国文学者。『悲の器』で河出書房文芸賞受賞。続けて『散華』『邪宗門』など現代社会における知識人のあり方を追究する長編を発表。吉川幸次郎門下の中国文学者としても知られ、京都大学助教授を務めたが、学園闘争で学生側に立ち辞職。若くして病没、埴谷雄高が葬儀委員長を務めた。 066, 067, 105, 320, 321, 371

高橋睦郎（たかはし・むつお／1937-）
詩人・歌人・俳人。福岡県生まれ。福岡教育大学教育学部在学中、処女詩集『ミノ・あたしの雄牛』を自費出版。以降、詩を中心に、短歌、俳句、小説、能、狂言、浄瑠璃、オペラなどあらゆる分野で活躍する。二〇二四年、

文化勲章受章。代表作に『王国の構造』『稽古飲食』『兎の庭』『旅の絵』など。　140

竹本忠雄（たけもと・ただお／1932-）
日仏両国間での文芸評論家。筑波大学名誉教授、コレージュ・ド・フランス元招喚教授。東西文明間の深層の対話を基軸に、多年、アンドレ・マルローの研究者・側近として活躍。上皇后美智子さまの和歌をフランス語に翻訳しパリで紹介。八十九歳で全八巻の大著『未知よりの薔薇』を発表。他に、『マルローとの対話』『宮本武蔵 超越のもののふ』等。　028, 111, 140, 361

武山信二（たけやま・しんじ）
三島由紀夫の長編小説『憂国』の主人公。近衛歩兵一聯隊勤務の中尉。二・二六事件にて仲間から蹶起に誘われなかった新婚の中尉が、叛乱軍とされた仲間を討伐せねばならなくなった立場に懊悩し、妻とともに自決する。　088

太宰治（だざい・おさむ／1909-1948）
小説家。井伏鱒二に師事。自虐的、反俗的な文体で人間の偽善を告発する作品を多数発表。戦後は無頼派文学の旗手として活躍するが、玉川上水で入水自殺した。代表作に『斜陽』『人間失格』『走れメロス』『津軽』等。　218

田辺元（たなべ・はじめ／1885-1962）
哲学者。西田幾多郎とともに京都学派を代表する思想家。京都大学名誉教授。数学ならびに物理学に終生関心強く、東北帝国大学理学部講師も務め、文理融合した独自の哲学を築く。著書に『最近の自然科学』『科学概論』『懺悔道としての哲学』等。　101, 209, 322

谷崎潤一郎（たにざき・じゅんいちろう／1886-1965）
小説家、劇作家。東京帝国大学在学中に、同人雑誌『新思潮』（第二次）を創刊。耽美主義的な作品『刺青』が高く評価され文壇に登場した。関東大震災後、関西に移住し、純日本的な美に指向を強め、伝統的な日本語の美しい文体を確立。代表作に『痴人の愛』『春琴抄』『細雪』『陰翳礼讃』等。　371, 380

ダヌンツィオ〈ガブリエル〉（Gabriele d'Annunzio／1863-1938）
イタリアの詩人・小説家・劇作家。耽美派の代表者で、官能性とモラルとの葛藤を英雄主義により克服しようとした。第一次大戦後、国家主義運動に参加。ファシズムの先駆と言える政治的活動を行なったことでも知られる。代表作に、詩集『アルチョーネ』、小説『快楽』『死の勝利』、戯曲『聖セバスチァンの殉教』等。 068, 070, 367

ダンテ〈アリギエリ〉(Dante Alighieri/1265-1321)
イタリア最大の詩人。不滅の古典『神曲』を著わして、ヨーロッパ中世の文学、哲学、神学、修辞学、および諸科学の伝統を総括し、古代ギリシャのホメロスとローマのウェルギリウスが築いた長編叙事詩の正統を継承し、ルネサンス文学の地平を切り開いた。『新生』『饗宴』等。 261

チャップリン〈チャールズ〉(Charles Chaplin/1889-1977)
イギリス出身の映画俳優、映画監督。「喜劇王」として世界的に知られている。渡米し映画界入りしてからは、『キッド』『黄金狂時代』『街の灯』『モダン・タイムス』などを発表。現代の機械文明や不正を風刺した傑作を多数残す。のちに共産主義思想を疑われ、米国から入国を拒否されたため、スイスに移り住んだ。 305

坪田譲治(つぼた・じょうじ/1890-1982)
小説家、児童文学者。小川未明に師事。『赤い鳥』に『河童の話』『善太と三平』等の童話を執筆。子どものありのままの姿や心を描き、子どもの世界と大人の世界を見事に交流させた独自の世界を創造した。後進の育成にも力を入れ、一九六三年に「びわの実学校」を創刊し、松谷みよ子やあまんきみこなど多くの児童文学作家を育てた。 351

テスト氏
フランスの詩人・批評家、ポール・ヴァレリーの唯一の小説集『ムッシュー・テスト』に登場する主人公。フルネームは、エドモン・テスト。中年の紳士で、株取引を仕事にしている。作者であるヴァレリーの分身とも言われている。 170, 303, 327, 328

道元(どうげん/1200-1253)
曹洞宗の開祖。比叡山で天台宗を修め、次いで栄西に禅を学ぶ。入宋し曹洞禅を修め、帰朝後、坐禅第一主義による厳格な宋風純粋禅を唱えた。公武の権力者と

の結びつきを避け、越前に永平寺を創建し、弟子の養成に専念した。著書に『正法眼蔵』『学道用心集』等。 082, 175

ドストエフスキー〈フョードル〉(Fyodor Dostoevsky／1821-1881)
ロシアの大作家。革命に向かうロシア社会における、人間の深部と葛藤、情念を描き出した。体制批判の結社に加わり、逮捕・流刑を体験。社会・人間の深淵をえぐる文学は、世界的に大きな影響を与えている。代表作に、『罪と罰』『白痴』『悪霊』『カラマーゾフの兄弟』等。 247, 298, 299, 308, 311, 329

富岡幸一郎(とみおか・こういちろう／1957-)
文芸評論家。関東学院大学教授、鎌倉文学館館長。中央大学文学部仏文科在学中に書いた評論「意識の暗室 埴谷雄高と三島由紀夫」で群像新人文学賞評論優秀作受賞。保守派論客として論壇を牽引し、雑誌『表現者』の編集長を務めた。クリスチャンとしても知られ、内村鑑三、カール・バルトの評伝を執筆。著書に『戦後文学のアルケオロジー』『内村鑑三 偉大なる罪人の生涯』『仮面の神学 三島由紀夫論』等。 028, 107, 130, 131, 185, 247

友永鏡子(ともなが・きょうこ)
三島由紀夫の小説『鏡子の家』に登場するヒロイン。三十歳で、名門資産家の令嬢。夫と別居し、八歳の娘と東京・信濃町の洋館で自由気ままに暮らしている。自宅に出入りする四人の青年、杉本清一郎、深井峻吉、舟木収、山形夏雄と交流を深めていく。 296-298, 303, 305, 310

【な】

中村伸郎(なかむら・のぶお／1908-1991)
俳優、演劇集団円代表。画家を志していたが、帝展で落選し、新劇俳優になる。三島由紀夫、岸田國士、別役実ら劇作家の作品に多く出演。代表作は『朱雀家の滅亡』『わが友ヒットラー』『壊れた風景』等。映画では小津安二郎作品の常連で『東京暮色』『早春』『秋日和』等。 061

中山仁（なかやま・じん／1942-2019）
俳優。文学座付属演劇研究所入所後、テレビドラマや舞台で活躍。一九六八年三島由紀夫主宰の劇団「浪曼劇場」創立に参加、七二年の解散まで所属した。その後、出演したテレビドラマ『サインはV』が大ヒットし、鬼コーチが自身の代名詞となった。『七人の刑事』『ウルトラマン』など様々なジャンルのドラマに出演した。　061

ニーチェ〈フリードリッヒ・ヴィルヘルム〉（Friedrich Wilhelm Nietzsche／1844-1900）
ドイツの哲学者。バーゼル大学の古典文献学の教授。強者の主人道徳を説き、神の死を宣言してニヒリズムの到来を告げ、『悲劇の誕生』『反時代的考察』を著わす。『ツアラトゥストラはかく語りき』『この人を見よ』で超人と永劫回帰思想を説き、生の哲学を打ち立て、実存哲学に大きく影響。　122, 124, 126, 127, 230, 253

西脇順三郎（にしわき・じゅんざぶろう／1894-1982）
詩人・英文学者。慶應義塾大学を卒業し、イギリスへ留学。帰国後は母校の文学部教授を務めた。シュルレアリスムを日本に紹介したことで知られ、昭和新詩運動を推進した。代表作に『旅人かへらず』『第三の神話』等。　127, 149, 151, 268, 269, 274, 347

瓊瓊杵尊（ににぎのみこと）
記紀神話にみえる天照大神の孫。「邇邇芸命」（『古事記』）とも書く。日本統治のために三種の神器を奉じて高天原から日向国高千穂峰に降臨した。木花之開耶姫（このはなさくやひめ）を娶り、火闌降命（ほそすりのみこと）、彦火火出見尊（ひこほほでみのみこと）らを生む。神武天皇は曾孫にあたるとされる。　085

ネロ（Nero Claudius Caesar／37-68）
ローマ皇帝。在位は五四〜六八年。初め哲学者セネカらの補佐によって善政を行なったが、のちに残忍な性格を表わし、義弟・母・皇后を次々に殺害。ローマ市大火の罪をキリスト教徒に負わせて大虐殺を行ない、反乱を招いて自殺した。暴君の代名詞ともなった。　273

ノア（noah）
旧約聖書の『創世記』に登場する人物。神が人類の罪深さを嘆き、大洪水によって地上のすべてを滅ぼすことを決めた際、神の心にかなう正しい人物であった。

箱舟をつくり、家族、そして多くの動物たちを乗せ大洪水からその命を救った。　112

【は】

バーク〈エドマンド〉（Edmund Burke／1729-1797）
イギリスの政治思想家、哲学者、政治家。ホイッグ党員。「保守思想の父」として知られる。ダブリンで裕福なアイルランド国教会信徒の家庭に生まれる。『崇高と美の観念の起源』で文壇に登場。まもなくイギリス庶民院下院議員となる。主著『フランス革命の省察』ではフランス革命を否定。保守主義のバイブルとされ、大きな影響を与えた。　229

ハイデッガー〈マルティン〉（Martin Heidegger／1889-1976）
ドイツの実存主義を代表する哲学者。フライブルク大学でフッサールに師事。のちに同大学教授、学長を歴任。主著『存在と時間』では現象学的な存在論を展開。現代思想全般に多大な影響を与えた。著書に『カントと形而上学の問題』『形而上学とは何か』『ニーチェ』等。　207-209

ハクスリー〈オルダス〉（Aldous Huxley／1894-1963）
イギリスの作家・批評家。十八歳で医学から文学に転向。風刺小説『クローム・イエロー』の執筆を機に小説家としての地位を確立。現代文明に対する懐疑や、不安に満ちた作品を多く執筆した。代表作に『すばらしい新世界』『道化踊り』『ガザに盲いて』などがある。
313-314, 354, 355

バジリスク
ヨーロッパの伝承上の生物。ギリシャ語で「小さな王」を意味する。一般的にヘビ、あるいはトカゲのような姿をしており、砂漠に住んでいるとされる。全身に猛毒があり、にらみつけるだけで相手を石化させることができる。ギリシャ神話では、英雄ペルセウスがメデューサを退治した際、その血から生まれたとされている。　192

バタイユ〈ジョルジュ〉（Georges Bataille／1897-1962）
フランスの思想家、作家。無神論の立場から、人間の至高のあり方を探究。のちのミシェル・フーコー、ジャック・デリダなど、ポスト構造主義の思想家に多大な影響を与えた。主著『内的体験』をはじめ、『呪われた部分』『エロティシズム』『文学と悪』『エロスの涙』等多数。　072, 205, 332, 333

埴谷雄高（はにや・ゆたか／1909-1997）
小説家・評論家。左翼運動で検挙されて収監。『近代文学』創刊に参加し、壮大な構想の観念小説『死霊』を連載。結核再発により中断、その後二十六年あけて『死霊』第五章を一九七五年に発表。日本文学大賞を受賞する。第六～九章を十四年かけて発表、未完となる。　247, 285, 289, 293, 311, 312, 333

パンゲ〈モーリス〉（Maurice Pinguet／1929-1991）
フランスの哲学者・文化人類学者・日本学者。自殺、文学、日本に焦点を当てた文化人類学の研究で知られる。ロラン・バルト、ミシェル・フーコーとの精神的交流を結ぶ。また、フランスの知識人に日本を紹介する役割を担った。パリ高等師範学校卒業後、パリ大学教授、東京大学教授、東京日仏学院院長を歴任。著書に『自死の日本史』『テクストとしての日本』など。　230, 231

ヒットラー〈アドルフ〉（Adolf Hitler／1889-1945）
ドイツの政治家。オーストリア生まれ。国民社会主義ドイツ労働者党（ナチス）の指導者として、独裁的な全体主義体制を確立。対外侵略を強行し、第二次世界大戦を引き起こしたが、ベルリン陥落直前に自ら命を絶った。戦時中にはユダヤ人などに対する組織的な大虐殺、ホロコーストを引き起こした。著書に『わが闘争』等。　328, 329

平岡美津子（ひらおか・みつこ／1928-1945）
三島由紀夫（本名・平岡公威）の妹。父・平岡梓（農商務官僚）と母・倭文重（漢学者・橋健三の次女）との間に誕生。聖心女子学院専門部在学中、腸チフスで病死。三島由紀夫へは多大な衝撃を与える死となった。三島の小説や戯曲には、妹をモデル、または投影させた作品が少なからず散見される。　228

藤原定家（ふじわらのていか／1162-1241）
藤原俊成の子。父の跡を継いで歌壇で活躍。『新古今和歌集』の撰者の一人として知られる。のちに『新勅撰和歌集』を撰し、『源氏物語』などの古典の校訂・研究者としてもすぐれた業績を残した。　074

プルースト〈マルセル〉(Marcel Proust/1871-1922)
フランスの作家。パリ大学入学後、社交界や文学サロンに出入り、短文集を出版、ラスキンを翻訳するなど文学的模索を続けた。母の死が転機となって大作『失われた時を求めて』を構想、死の数日前まで執筆を続けた。同作品は二十世紀の小説の新時代を開き、内外の作家に大きな影響を与えた。 246, 306-308, 338

フロイト〈ジークムント〉(Sigmund Freud/1856-1939)
オーストリアの精神科医。精神分析の創始者。初めて人間の心理生活としての無意識の力動的過程や構造を研究して、治療および深層心理学である精神分析を確立。精神医学・心理学・社会学・社会心理学・人類学・教育学などのほか、文芸にも多くの影響を及ぼした。著書に『夢判断』『精神分析入門』等。 176

プロチノス(Plotinos/205頃-270頃)
古代ローマ支配下のエジプトの哲学者。プラトンを模範として独自の哲学体系を築き、新プラトン学派を創始した。その思想はアウグスティヌスらを通じてキリスト教神学と結びつき、ヨーロッパ精神史に多大な影響を残している。主著は『エンネアデス』。 065, 323, 352, 353

ブロッホ〈エルンスト〉(Ernst Bloch/1885-1977)
ドイツの哲学者。ユダヤ教的終末論とマルクス主義を融合させた、独自の思想を展開。第一次世界大戦中、スイスに亡命。『ユートピアの精神』『希望の原理』を著わし、思想界に大きな影響を与えた。 262, 263, 266, 366, 373, 374

フロム〈エーリッヒ〉(Erich Fromm/1900-1980)
ドイツ生まれの精神分析学者、社会心理学者。フランクフルト学派の社会理論にフロイト理論を導入し、現代社会の心理的状況の分析に取り組む。いわゆる新フロイト派の創始者の一人。ナチスの弾圧をのがれてアメリカに亡命。著書に『自由からの逃走』『人間における自由』『愛するということ』等。 044-046, 154

フロレンスキー〈パーヴェル〉(Pavel Florensky/1882-1937)
ロシアの宗教思想家、ロシア正教会の司祭。モスクワ神学大学で神学・哲学教授を務める。ロシア革命後はロシア電化国家委員会の科学者となるが、司祭職の放棄を拒否したため逮捕され、流刑に処された。最期はシベリアの収容所で銃殺された。理系、芸術分野でも才能を発揮したことから、ロシアのレオナルド・ダ・ヴィンチとも呼ばれる。主著は『真理の柱石と証明』『逆遠近法の詩学』等。 069

ベアトリーチェ
中世末期のイタリアの大詩人、ダンテが『新生』『神曲』などで描き、終生の理想とした女性。『新生』では詩的霊感を受けた女性として思慕の対象となり、『神曲』ではダンテを煉獄から天国へ導く霊魂として描かれる。実在の人物だとする説と、キリスト教神学を象徴する存在とする説がある。 261

ペイター〈ウォルター〉(Walter Pater／1839-1894)
イギリスの評論家・小説家。オックスフォード大学卒業。唯美主義の立場に立つ評論『ルネサンス』により、近代印象批評・デカダンス的文芸思潮の先駆者となった。マルクス・アウレリウス帝時代のローマ帝国を舞台に、マリウスという人物の精神の遍歴を描いた教養小説『享楽主義者マリウス』も代表作。 274

ベートーヴェン〈ルートヴィヒ・ヴァン〉(Ludwig van Beethoven／1770-1827)
ドイツの作曲家。主にウィーンで活躍。ハイドン、モーツァルトから古典派様式を受け継ぎ、発展させて、独自の境地を開いた。ロマン派音楽の先駆。晩年は聴力を失いながらも、交響曲・協奏曲・ピアノソナタ・弦楽四重奏曲などに傑作を数多く残した。 089, 240-247, 249, 256, 257, 269

ペガサス
ギリシャ神話に登場する伝説の生物。鳥の翼を持ち、空を飛ぶことができる天馬とされる。海神ポセイドンとメデューサの子で、ゼウスのため雷霆の運び手として働く。また、英雄ベレロフォンの馬となり、怪物キマイラ退治やアマゾン族との戦いで活躍する。また、ひづめで地を蹴って多くの泉を噴出させた。ローマ時代には不死のシンボルとされた。 170, 181, 187, 188, 192

ヘッセ〈ヘルマン〉(Hermann Hesse／1877-1962)
ドイツの詩人・小説家。牧師の家に生まれ、神学校に進むが中退、詩人を志す。精神と自然の対立に葛藤する人間の内面を追求。高い精神性と東洋的神秘を融合させた作品でも知られる。代表作に『車輪の下』『デーミアン』『荒野の狼』等。　258

ヘラクレス
ギリシャ神話における最大の英雄。最高神ゼウスと、人妻アルクメネとの子。ゼウスの妻ヘラの妬みを受けて、幼い頃からさまざまな迫害を受けた。長じてアルゴス王エウリュステウスに仕え、ライオン・ヒドラ・怪鳥退治など、十二の難題を解決した。非業の死後、天上に迎えられて神になったとされる。　060

ベルジャーエフ〈ニコライ〉（Nikolay Aleksandrovich Berdyaev／1874-1948）
ロシアの神秘主義思想家。宗教的実存主義の立場から、精神の自由を基軸に宗教・歴史哲学を展開したが、ロシア革命後パリに亡命。共産党体制の経験からその思想を宗教として深く分析、批判。著書に『歴史の意味』『自己認識』『マルクス主義と宗教』等。　351

ペルセウス
ギリシャ神話に登場する英雄。最高神ゼウスとダナエーの子。神の血を引く半神で、神々から授かった武具を駆使し、怪物メドゥーサを退治する。みずから命を救ったエチオピア王女、アンドロメダと結婚。ヘレイオス、アルカイオス、ステネロス、メーストール、エーレクトリュオーン、ゴルゴポネーをもうけた。死後、ペルセウス座として星座になる。　170, 178, 181, 188

ベルツ〈エルヴィン・フォン〉（Erwin von Baelz／1849-1913）
ドイツの医学者。明治政府に招かれて来日。東京医学校（のちの東京大学医学部）の教師として、病理学、生理学、薬物学、内科学、産婦人科学、精神医学を担当する。公衆衛生の向上や伝染病の予防、脚気の研究、温泉療法の普及などにも貢献した。著書に『ベルツの日記』。　145, 290

ベルニーニ〈ジャン・ロレンツォ〉（Giovanni Lorenzo Bernini／1598-1680）
イタリアの彫刻家・建築家。バロック芸術の第一人者。代表作に、建築ではサン・ピエトロ大聖堂、バチカン宮殿、彫刻では「聖女テレジアの法悦」「アポロンとダ

フネ」「ダビデ像」等。フランス王ルイ十四世に招かれ、ルーブル宮殿の改築計画にも関わった。　071

ヘルマフロディトス
ギリシャ神話の男女両性をそなえた神。父ヘルメスと、母アプロディーテの間に生まれる。美少年だった彼は、水のニュンペー（精霊）のサルマキスに恋心を抱かれ、水浴びの最中に襲われ一つに合体、両性具有者となった。古くからさまざまな絵画、彫刻のモチーフとなっている。　191

ヘンリー〈パトリック〉（Patrick Henry／1736-1799）
アメリカ独立革命期の政治家。「自由か、然らずんば死を」の名言で知られる、バージニア議会での演説（Liberty Speech）で独立を主張、バージニア邦初代知事を務めた。アメリカ合衆国憲法の人民の基本的人権に関する権利章典制定に寄与。　044

ボードレール〈シャルル〉（Charles Baudelaire／1821-1867）
フランスの詩人・評論家。早くから文学に目覚め、二十代で美術評論家としての地位を確立。近代文明に対する批判とそこに生きる苦悩を詩集『悪の華』で表現し、フランス近代詩を確立。その影響はフランスのみならず世界各地に及んだ。代表作に『パリの憂鬱』等。　148

ホメロス（Homeros／不詳）
紀元前八世紀頃のギリシャの詩人であったとされる人物。古代ギリシャ最古・最大の叙事詩『イリアス』と『オデュッセイア』の作者とされる。生没年、生地、生涯などさまざまな伝承がある。　149, 150, 289

堀辰雄（ほり・たつお／1904-1953）
小説家。芥川龍之介、室生犀星に師事。『風立ちぬ』で作家としての地位を確立。フランス文学の心理主義と日本の古典文学の融合を試み、知性と抒情の合わせ持つ独特の文学を築き上げる。著書に『聖家族』『美しい村』等。　170

ボルヘス〈ホルヘ・ルイス〉（Jorge Luis Borges／1899-1986）
アルゼンチンの詩人・小説家。教養の高い裕福な家庭に生まれる。青年時代にスイス、スペインに滞在し、前衛思想に強く影響を受ける。帰国後、積極的な創作活動を開始し、幻想的作風で形而上学的テーマを追究した。著書に『ブエノスアイレスの熱狂』『伝奇集』等。
292

【ま】

松永璃津子（まつなが・りつこ）
三島由紀夫の戯曲『朱雀家の滅亡』にて、経広の恋人として登場する。女子学習院の生徒。経広が南の島へ赴任する前の出陣の晩餐で、経広と結婚したいと経隆に申し出る。 061

松本徹（まつもと・とおる／1933-）
文芸評論家。大阪市立大学文学部国語国文科卒業。産経新聞記者を経て、近畿大学教授、武蔵野大学教授を歴任。その後、三島由紀夫文学館（山梨県）二代目館長を務める。『徳田秋声全集』の編纂で菊池寛賞受賞。『季刊文科』『三島由紀夫研究』編集委員。 028

マルロー〈アンドレ〉（André Malraux／1901-1976）
フランスの作家・政治家。考古学者としてクメール文化遺跡の発掘調査に従事、また中国の革命運動に参加。それらの体験をもとに数々の小説を発表。スペイン内乱と第二次大戦での参戦経験も同じく作品となった。戦後はド・ゴール政権下で文化相を務めた。著書に『王道』『人間の条件』など。 028, 262, 361, 371, 374, 380

マン〈トーマス〉（Thomas Mann／1875-1955）
ドイツの小説家。ナチスに追われアメリカに亡命、のちスイスに移住。完成された文体で理想的人間像を描き、二十世紀を代表する文学者となる。精神と生の狭間の葛藤を描いた作品が多い。代表作に『魔の山』『ヴェニスに死す』『ブッデンブローク家の人々』等。一九二九年、ノーベル文学賞を受賞。 055, 329, 371

三木清（みき・きよし／1897-1945）
哲学者。京都帝国大学卒業後、ドイツへ留学。帰国後、法政大学文学部教授となり、同時に唯物史観を論じて論壇に登場した。その後、日本共産党への資金提供容疑で検挙され退職。戦時中、共産主義者の友人を匿ったことで再び投獄され、終戦直後に獄死した。著作に『人生論ノート』『唯物史観と現代の意識』『パスカルに於ける人間の研究』等。 209

宮崎正弘（みやざき・まさひろ／1946-）
国際政治評論家、作家。拓殖大学日本文化研究所客員教授。早稲田大学教育学部中退。雑誌『浪漫』企画室長を経て、貿易会社を経営。『もうひとつの資源戦争』で論壇デビュー。国際政治・経済の舞台裏を独自の情報で解析する評論やルポルタージュに定評があり、中国ウォッチャーとしても著書多数。三島由紀夫とも交友があり、「憂国忌」の主催者。 028, 252

宮田初江（みやた・はつえ）
三島由紀夫の小説「潮騒」に登場する、ヒロインの少女。伊勢湾に浮かぶ歌島（三重県鳥羽市）で海女をしている。島の有力者、宮田照吉の末娘で、志摩に養女に出されていたが、兄が死んだために実家に呼び戻された。漁師の青年、久保新治と出会い、恋に落ちる。
136, 137, 141, 335

村松英子（むらまつ・えいこ／1938-）
女優・詩人。慶應義塾大学大学院英文学科修了。実兄は文芸評論家の村松剛。文学座を経て、三島由紀夫に女優として育てられ、三島戯曲のほぼすべてを主演。第一回紀伊國屋演劇賞個人賞受賞。 028, 061

村松剛（むらまつ・たけし／1929-1994）
評論家・フランス文学者。東大卒。筑波大学名誉教授。文芸評論、社会評論を手がけ、行動する論客として知られた。一九七五年『死の日本文學史』で平林たい子賞、八七年『醒めた炎―木戸孝允』で菊池寛賞。『三島由紀夫―その生と死』『評伝アンドレ・マルロオ』等。
293, 304

ムルソー
アルベール・カミュの代表作『異邦人』に登場する主人公の青年。北アフリカ・アルジェリアの首都、アルジェに住むフランス人。アラビア人を拳銃で殺害し、裁判で死刑判決を受ける。殺人の動機について問われると「太陽のせい」と答えた。 074

メムリンク〈ハンス〉（Hans Memling／1430頃-1494）
ドイツ出身のフランドルの画家。ヤン・ファン・エイク、ロヒール・ファン・デル・ウェイデンに続く世代の、北方ルネサンスを代表する画家として知られる。宗教的な主題を、華麗な色彩と徹底した写実表現をもって描いた。代表作に「聖ヨハネ祭壇画」「聖カタリナの神秘の結婚」、聖遺物箱に描かれた「ウルスラの殉教」等。
070

モーム〈サマセット〉（Somerset Maugham／1874-1965）
イギリスの小説家・劇作家。平明な文体で物語性に富む作品を数多く発表し、広く大衆に受け入れられた。また医師の資格を持ち、第一次世界大戦では軍医・諜報部員として活躍。代表作に『人間の絆』『月と六ペンス』等。 334

モンテーニュ〈ミシェル・ド〉（Michel de Montaigne／1533-1592）
フランスの思想家・モラリスト。ボルドー高等法院評定官などを務めたのち、ボルドー市長。主著『エセー（随想録）』は柔軟な人間性、厳密な思考、ルネサンス人文主義の古典的教養に裏打ちされたモラリスト文学の最高傑作。宗教戦争のただ中で生まれたその寛容の精神、教育思想は後世への影響が大きい。 208, 209

【や】

保田與重郎（やすだ・よじゅうろう／1910-1981）
文芸評論家・歴史家・歌人。東京帝大在学中に同人誌『コギト』を創刊。のちに亀井勝一郎らと『日本浪漫派』を創刊し、同派を代表する論客として活動した。反近代主義的美意識を高唱し、当時の若者にも多く影響を与えた。著書に『萬葉集の精神』『日本の橋』など。
075, 088, 141, 330

山形夏雄（やまがた・なつお）
三島由紀夫の小説『鏡子の家』に登場する、才能と純粋性を合わせ持つ日本画家。名門の資産家の令嬢、鏡子の家に集まってくる四人の青年（杉本清一郎、深井峻吉、舟木収、山形夏雄）のうちの一人。 310, 328

ユング〈グスターフ・カール〉（Carl Gustav Jung／1875-1961）
スイスの精神科医・心理学者。バーゼル大学卒業後、フロイトと出会い、チューリヒにフロイト研究所を設立。やがて袂を分かち、分析心理学（ユング心理学）を創始した。無意識の底に人類に共通する集合的無意識が存在すると考え、この共通するイメージを「元型」と名づけた。著書に『人間と象徴』『変容の象徴』『タイプ論』等。　176, 191

与謝野鉄幹（よさの・てっかん／1873-1935）
歌人・詩人。本名は与謝野寛。落合直文に師事、浅香社に参加し、短歌革新運動を推進した。のち新詩社を創立し、機関誌『明星』を創刊。妻、晶子とともにロマン主義運動の中心的な役割を果たす。詩歌集『東西南北』『紫』、訳詩集『リラの花』、紀行文『五足の靴』等。　090, 258

吉川幸次郎（よしかわ・こうじろう／1904-1980）
中国文学者。京都大学名誉教授。狩野直喜、鈴木虎雄に師事。中国留学から帰国後、東方文化学院京都研究所所員を経て京都大学教授。日本の中国文学の普及に大きく貢献し、日本芸術院会員、文化功労者。著書に『元雑劇研究』『杜甫私記』『陶淵明伝』等。　321

［ら］

ラディゲ〈レーモン〉（Raymond Radiguet／1903-1923）
フランスの小説家・詩人。十四歳で詩作を始め、アンドレ・サルモン、ジャン・コクトーらと親交を結ぶ。人妻と少年の不倫の恋を描いた処女小説『肉体の悪魔』を十八歳で、心理小説の伝統を生かした代表作『ドルジェル伯の舞踏会』を二十歳で発表。早熟な神童的作家として名を馳せたが、腸チフスで夭折した。　125, 126, 165, 258, 371

ランケ〈レオポルド・フォン〉（Leopold von Ranke／1795-1886）
ドイツの歴史学者。ベルリン大学教授。厳密な実証主義に基づく科学的歴史学を確立した。学風は門弟リースを通じ、日本にも及ぶ。著書に『世界史』等。　138

ランボー〈アルチュール〉(Arthur Rimbaud／1854-1891)
フランス印象派の詩人。早熟な天才として、ユゴーや高踏派の影響を受け詩作を始める。数々の作品を発表するが、一八七五年以後は文学を捨てヨーロッパ、アフリカを放浪。象徴主義の詩人として、二十世紀文学に決定的な影響を与えた。代表作に『地獄の季節』『イリュミナシオン』等。　346

リースマン〈デビッド〉(David Riesman／1909-2002)
アメリカの社会学者。ハーバード大学教授。比較文化論、精神分析学、歴史学研究法、社会調査などを駆使し、社会学の観点から豊かな社会とそこに生きる人間像を映し出した。大衆社会における人間類型「他人指向型」を鮮明に描き出した著書『孤独な群衆』が有名、『個人主義の再検討』『何のための豊かさ』等。　154

リルケ〈ライナー・マリア〉(Rainer Maria Rilke／1875-1926)
オーストリアの詩人・作家。プラハ生まれ。二十世紀を代表する詩人の一人として有名。パリでロダンと交流。のち欧州諸国を遍歴しながら、生の深淵を詠った詩を数多く生み出した。代表作に『ドゥイノの悲歌』『マルテの手記』等。　051, 062, 228-230

レヴィ＝ストロース〈クロード〉(Claude Lévi-Strauss／1908-2009)
フランスの文化人類学者、思想家。パリ大学卒業。親族構造、分類の論理を研究し、神話の構造分析を行ない、構造主義人類学を確立。ジャック・ラカン、ミシェル・フーコー、ロラン・バルトらとともに、構造主義の中心を担った。著書に『悲しき熱帯』『構造人類学』『野生の思考』等。　109, 372

レーニ〈グイド〉(Guido Reni／1575-1642)
バロック期に活動したイタリアの画家。ボローニャに生まれる。ルドヴィコ・カラッチのアカデミーに学んだのち、教皇庁関係の重要なフレスコ画などを手がける。ボローニャ派のバロック絵画の代表的存在で、ラファエロ風の古典主義的な画風が特色。代表作はローマのパラヴィチニ＝ロスピリオージ宮殿のフレスコ画「アウロラ」等。　068, 070, 071

レーム〈エルンスト〉（Ernst Röhm／1887-1934）
ドイツの陸軍軍人、政治家。アドルフ・ヒットラーの盟友として、国家社会主義ドイツ労働者党（ナチス）の草創と発展に大きく関与。ナチスの準軍事組織である突撃隊（ＳＡ）を統率し、同党の政権把握に貢献した。やがてヒットラーとの対立が深まり、いわゆる「長いナイフの夜」（レーム事件）で粛清された。328, 329

老子（ろうし／未詳）
春秋戦国時代の楚の思想家。儒教の人為的な道徳・学問を否定し、無為自然の道を説いた。現存の「老子」の著者といわれ、周の衰微をみて西方へ去ったとされる。後世、道教で尊崇され、太上老君として神格化された。249, 252, 253

ロラン〈ロマン〉（Romain Rolland／1866-1944）
フランスの作家・評論家。ソルボンヌ大学音楽史教授時代、長編小説『ジャン・クリストフ』を執筆。スイスに住み、人道主義者として国際平和運動を先導。代表作に『魅せられたる魂』、ベートーヴェン、ミケランジェロの評伝など。一九一五年、ノーベル文学賞を受賞。266, 267, 275

【わ】

ワイルド〈オスカー〉（Oscar Wilde／1854-1900）
イギリスの詩人・小説家・劇作家。大学卒業後、耽美的な生活を実践し社交界の寵児となる。詩や批評など多岐にわたる執筆活動で名声を得たが、男色事件により入獄。その作品は二十世紀の文学に大きな影響を与えた。代表作に『ドリアン・グレイの肖像』『サロメ』等。057, 332

若山牧水（わかやま・ぼくすい／1885-1928）
明治―昭和前期の歌人。早稲田大学英文科卒業。在学中から尾上柴舟の車前草社に参加。歌集『別離』により歌壇の花形となり、同年『創作』を創刊、みずからの主宰誌とする。旅と酒を愛し、平明な歌風により自然主義歌人として活躍した。その他の歌集に、『海の声』『路上』『死か芸術か』『山桜の歌』等。124

和辻哲郎（わつじ・てつろう／1889-1960）
哲学者、倫理学者。兵庫県出身。東京帝国大学哲学科卒業。ニーチェ、キルケゴールなど実存主義哲学を研究。風土論を始め日本文化に先駆的かつ斬新な視野を開き、『古寺巡礼』が人気を博す。法政大学教授、京都帝国大学教授、東京帝国大学教授を歴任。『日本精神史研究』『風土』『倫理学』『鎖国』など著書多数。文化勲章受章。　147

ワルター〈ブルーノ〉（Bruno Walter／1876-1962）
ドイツの指揮者。マーラーに師事。ミュンヘン、ライプチヒなどで活躍したが、ナチスに追われてウィーンに移り、ウィーンフィルハーモニーを本拠に活動。ナチスドイツのオーストリア併合により、フランスを経てアメリカに移住。ニューヨークフィルハーモニー管弦楽団などを指揮した。　241

参考文献

『青の時代』（三島由紀夫著／新潮文庫）
『暁の寺』（『豊饒の海』第三巻　三島由紀夫著／新潮文庫）
『悪霊』（上・下巻　ドストエフスキー著、米川正夫訳／岩波文庫）
『朝日ジャーナル』（一九六五〜六六年、高橋和巳『邪宗門』掲載号、朝日新聞社）
『一九八四年』（ジョージ・オーウェル著、高橋和久訳／ハヤカワepi文庫）
『異邦人』（カミュ著、窪田啓作訳／新潮文庫）
『イリアス』（上・下巻　ホメロス著、松平千秋訳／岩波文庫）
『ヴァレリー詩集』（ポール・ヴァレリー著、鈴木信太郎訳／岩波文庫）
『ヴェニスに死す』（トオマス・マン著、実吉捷郎訳／岩波文庫）
『失われた時を求めて』（全十四巻　プルースト著、吉川一義訳／岩波文庫）
『美しい星』（三島由紀夫著／新潮文庫）
『海と夕焼』（『花ざかりの森・憂国』　三島由紀夫著／新潮文庫）
『英霊の聲』（三島由紀夫著／河出文庫）
『エセー』（『随想録』全六巻　モンテーニュ著、原二郎訳／岩波文庫）
『オデュッセイア』（上・下巻　ホメロス著、松平千秋訳／岩波文庫）
『終りし道の標べに』（安部公房著／講談社文芸文庫）
『風立ちぬ・美しい村』（堀辰雄著／新潮文庫）
『仮面の告白』（三島由紀夫著／新潮文庫）
『カラマーゾフの兄弟』（全四巻　ドストエフスキー著、米川正夫訳／岩波文庫）
『カリギュラ』（アルベール・カミュ著、岩切正一郎訳／ハヤカワ演劇文庫）
『希望の原理』（全三巻　エルンスト・ブロッホ著、山下肇他訳／白水社）
『鏡子の家』（三島由紀夫著／新潮文庫）
『郷愁』（ヘルマン・ヘッセ著、高橋健二訳／新潮文庫）
『金閣寺』（三島由紀夫著／新潮文庫）
『禁色』（三島由紀夫著／新潮文庫）
『近代悲傷集』（『折口信夫全集26 古代感愛集・近代悲傷集（詩）』折口信夫著／中央公論新社）

『クォ・ワディス』(上・中・下巻　ヘンリック・シェンキェーヴィチ著、木村彰一訳/岩波文庫)
『形而上学とは何か』(『ハイデッガー選集1』マルティン・ハイデッガー著、大江精志郎訳/理想社)
『行動学入門』(三島由紀夫著/文春文庫)
『午後の曳航』(三島由紀夫著/新潮文庫)
『古事記』(倉野憲司校注/岩波文庫)
『孤独な群衆』(上・下巻　デイヴィッド・リースマン著、加藤秀俊訳/みすず書房)
『サド侯爵夫人・わが友ヒットラー』(三島由紀夫著/新潮文庫)
『サロメ』(ワイルド著、福田恆存訳/岩波文庫)
『山家集』(西行著、宇津木言行校注/角川ソフィア文庫)
『潮騒』(三島由紀夫著/新潮文庫)
『シーシュポスの神話』(カミュ著、清水徹訳/新潮文庫)
『沈める滝』(三島由紀夫著/新潮文庫)
『邪宗門』(上・下巻、高橋和巳著/河出文庫)
『ジャン・クリストフ』(全四巻　ロマン・ローラン著、豊島与志雄訳/岩波文庫)
『自由からの逃走』(エーリッヒ・フロム著、日高六郎訳/東京創元社)
『種の論理』(『田辺元哲学選I』田辺元著/岩波文庫)
『正法眼蔵 正法眼蔵随聞記』(『日本古典文学大系』道元著、寺田透・水野弥穂子校注/岩波書店)
『死霊』(全三巻　埴谷雄高著/講談社文芸文庫)
『神曲』(全三巻　ダンテ著、平川祐弘訳/河出文庫)
『新生』(ダンテ著、平川祐弘訳/河出文庫)
『人類再生 ヒト進化の未来像』(ミッシェル・セール著、米山親能訳/法政大学出版局)
『朱雀家の滅亡』(三島由紀夫著/河出書房新社)
『砂の女』(安部公房著/新潮文庫)
『すばらしい新世界』(オルダス・ハクスリー著、黒原敏行訳/光文社古典新訳文庫)
『聖書 口語訳』(日本聖書協会)
『聖セバスチャンの殉教』(ガブリエレ・ダンヌンツィオ著、三島由紀夫・池田弘太郎訳/美術出版社)
『聖なるもの』(オットー著、久松英二訳/岩波文庫)
『生の悲劇的感情』(ミゲール・デ・ウナムーノ著、神吉敬三・佐々木孝訳、ヨハネ・マシア解説/法政大学出版局)
『世界史の流れ』(レーオポルト・フォン・ランケ著、村岡哲訳/ちくま学芸文庫)

『狭き門』（アンドレ・ジッド著、山内義雄訳／新潮文庫）
『存在と時間』（全三巻　ハイデガー著、熊野純彦訳／岩波文庫）
『存在の耐えられない軽さ』（ミラン・クンデラ著、千野栄一訳／集英社文庫）
『大衆の反逆』（オルテガ・イ・ガセット著、佐々木孝訳／岩波文庫）
『太陽と鉄・私の遍歴時代』（三島由紀夫著／中公文庫）
『太陽の季節』（石原慎太郎著／新潮文庫）
『第四間氷期』（安部公房著／新潮文庫）
『ダフニスとクロエー』（ロンゴス著、松平千秋訳／岩波文庫）
『地の糧』（ジッド著、今日出海訳／新潮文庫）
『ツアラトストラかく語りき』（上・下巻　ニーチェ著、竹山道雄訳／新潮文庫）
『月と六ペンス』（サマセット・モーム著、中野好夫訳／新潮文庫）
『デミアン』（ヘルマン・ヘッセ著、実吉捷郎訳／岩波文庫）
『伝習録』（王陽明著、溝口雄三訳／中公クラシックス）
『天人五衰』（『豊饒の海』第四巻　三島由紀夫著／新潮文庫）
『ドゥイノの悲歌』（リルケ著、手塚富雄訳／岩波文庫）
『遠乗会』（『花ざかりの森・憂国』三島由紀夫著／新潮文庫）
『友達』（『友達・棒になった男』安部公房著／新潮文庫）
『ドルヂェル伯の舞踏会』（ラディゲ著、堀口大學訳／角川文庫）
『肉体の悪魔』（ラディゲ著、中条省平訳／光文社古典新訳文庫）
『日本の文學史』（保田與重郎著／新学社）
『バガヴァッド・ギーター』（上村勝彦訳／岩波文庫）
『葉隠』（上・中・下巻　山本常朝著、菅野覚明他校注／講談社学芸文庫）
『葉隠入門』（三島由紀夫著／新潮文庫）
『花ざかりの森』（『花ざかりの森・憂国』　三島由紀夫著／新潮文庫）
『春の雪』（『豊饒の海』第一巻　三島由紀夫著／新潮文庫）
『悲劇の誕生』（ニーチェ著、秋山英夫訳／岩波文庫）
『悲の器』（高橋和巳著／河出文庫）
『ファウスト』（第一部・第二部　ゲーテ著、森林太郎

訳／復刊　岩波文庫）

『ブッデンブローク家の人びと』（上・中・下巻、トーマス・マン著、望月市恵訳／岩波文庫）

『文藝』（一九六六年『英霊の聲』掲載号、河出書房新社）

『文藝文化』（一九四一年、『花ざかりの森』掲載号）

『平家物語』（『新日本古典文学大系44・45』高木市之助他校注／岩波書店）

『ペスト』（カミュ著、宮崎嶺雄訳／新潮文庫）

『ヘーラクレース』（『ギリシア悲劇全集6』エウリーピデース著、西村太良訳／岩波書店）

『豊饒の海』（全四巻　三島由紀夫著／新潮文庫）

『奔馬』（『豊饒の海』第二巻　三島由紀夫著／新潮文庫）

『真夏の死』（三島由紀夫著／新潮文庫）

『魔の山』（上・下巻　トーマス・マン著、関泰祐・望月市恵訳／岩波文庫）

『マルローとの対話』（竹本忠雄著／人文書院）

『万葉集』（『日本古典文学大系4・5・6・7』高木市之助・五味智英・大野晋校注／岩波書店）

『三熊野詣』（『殉教』三島由紀夫著／新潮文庫）

『ムッシュー・テスト』（『テスト氏』ポール・ヴァレリー著、清水徹訳／岩波文庫）

『唯一者とその所有』（上・下巻　スティルネル著、草間平作訳／岩波文庫）

『憂国』（『花ざかりの森・憂国』三島由紀夫著／新潮文庫）

『夜明け前』（全四巻　島崎藤村著／新潮文庫）

『ヨハネの黙示録』（小河陽訳／講談社学術文庫）

『癩王のテラス』（『決定版 三島由紀夫全集25巻 戯曲5』三島由紀夫著／中公文庫）

『ラディゲ詩集』（ラディゲ著、なかにし礼訳／弥生書房）

『ルネサンス』（ペイター著、別宮貞徳訳／中公クラシックス）

『歴史の意味』（『ベルジャーエフ著作集1』ニコライ・ベルジャーエフ著、氷上英廣訳／白水社）

『ロダン』（リルケ著、高安国世訳／岩波文庫）

三島由紀夫

（みしま・ゆきお／1925-1970）


本名、平岡公威（ひらおか・きみたけ）。父・梓（あずさ）と母・倭文重（しずえ）の長男として1925年1月14日、東京四谷（現・新宿区）に生まれる。31年、学習院初等科に入り、高等科まで同校で学ぶ。10代前半から小説を発表し、44年、小説集『花ざかりの森』を刊行した。47年、東京大学法学部を卒業後、大蔵省に勤務するも9ヶ月で退職、執筆生活に入る。49年、最初の書き下ろし長編『仮面の告白』を刊行、作家としての地位を確立。54年、『潮騒』で新潮社文学賞を、55年、『白蟻の巣』で岸田演劇賞を、56年、『金閣寺』で、61年、『十日の菊』でそれぞれ読売文学賞を受賞するなど、小説、劇曲、評論の分野で幅広く活躍。68年10月、民間防衛組織「楯の会」を結成。70年、『豊饒の海』全4巻を完結させた後、同年11月25日「楯の会」会員・森田必勝ら4名と共に自衛隊市ケ谷駐屯地に突入、憂国の檄をとばした後、割腹自決をとげた（三島事件）。

『仮面の告白』『潮騒』『金閣寺』『サド侯爵夫人』『豊饒の海』等、多くの傑作を著わし、日本文学界に1つの金字塔を確立した。

（写真／毎日新聞社提供）

特別寄稿

夏日烈烈

竹本忠雄（作家／筑波大学名誉教授）

第五十回憂国忌は、大反響の講演をもって、果然、執行草舟を檜舞台へと押しあげた。あれから五年、三島由紀夫生誕百年を機に、今度は革新的な著書の刊行をもって強烈な脚光が著者に充てられようとしている。

『永遠の三島由紀夫』は、終りが初めに見透されていたかのごとき、終始大いなるヴィジョンの中で火花を散らしつつ回転し合った二つの至純の魂の対話記録であり、またここから展開される文学論である。

一九六六年夏、初会の時に、片や天下に紛れもなき大文豪であり、片や白面の十六歳の青年にすぎなかったという違いは、いささかも問題とならない。重要なことは、作家が『豊饒の海』第一巻『春の雪』を出版したあと、既成文学の枠を完全に突き出た世界的遍歴譚を書きつぐべきか否かと逡巡、懊悩していたさなかに、三島文学に心酔する、驚くべき博識の若者と信州八ヶ岳の乗馬クラブで出遭ったという事実である。執行祐輔（草舟は後年の号）と、若者は名乗った。執行祐輔青年の中に、三島は、第二巻『奔馬』のヒーロー、飯沼勲となるべき人物を投影するに至る。いかなる暗合か、祐輔と出遭ったあと、作家は、作中人物、飯沼勲との衝撃的邂逅の場となる奈良桜井の大神神社へと旅立っていった。

かくして電撃的に生じた交流は、二人がそれぞれ四十一歳と十六歳だった一九六六年から、四十五歳と二十歳になる一九七〇年に至るまで、足かけ五年間にわたって深められていく。何十回にもわたって。その経緯は本書序章に「忘れ得ぬ日々」と題し、簡潔に語られる。

『永遠の三島由紀夫』は、この回想だけに絞って一巻としてもよかったであろう。あるいはそのほうがもっと一般受けする読み物となったかもしれない。しかし著者、執行草舟は、そうはしなかった。回想録ではなく、一個の三島文学論に仕立てることを選んだのだ。

極めて独創的な――。

時と、血とが、それを可能にした。

五十年の歳月と、武士の血統が。

「三島事件」以後、貴重な想い出を執行草舟は安易に翰墨に載せずに、ふかく胸中に蔵してきた。富士の伏流水さながら、地質的時間が岩盤を濾して思想の真清水に変容する期間が必要だったのだ。その間、草舟は、企業家として――バイオ系の――成功し、のみならず堰を切ったように人生の秘義を語る異色の作家、講演家として名声を挙げた。真空中に火花が散ったのだ。発火せしめたのは、執行一族の中に流れる武士の血であった（血の一語を恐れて現代人はＤＮＡと呼ぶであろうけれど）。

執行草舟は、ある合戦で全滅した一族――その名もしるき「葉隠武士」の只一人の生き残りなのである。

ただし、こうした出自に、草舟自身は、本書ではほとんど触れていない。が、師匠三島には語ったかと思われる。そしてもちろんそれは、武人たらんとする作家の心中に深く適ったことであろう。

そこで、著者のレティサンス（黙説法）を補って、一言注記しておくと――
そもそも本書著者は、明治大帝の美術顧問ならびに一九〇〇年パリ万博の日本代表をつとめた執行弘道を祖父とし、三井物産重役、父一平と、上海の国際租界の中で洗練され且つ武芸達人の父の血を引く女丈夫千鶴子との間に生まれ、著名な文人墨客の来訪する特権的環境の中で育った。しかも一家は既に三島由紀夫とも交際があった。祐輔青年は稀覯コレクションのレコードを聴きにくる小林秀雄や森有正など一流文人とも親しく交流を重ねている。

加えて、祐輔は、前記のごとく、古い名門武家の末裔だった。それも極めて悲劇的な血筋の。執行家三十六士は、一五八四年、九州二大勢力の大名、竜造寺家と島津家の間に起こった「島原の戦」で前者の陣営に与し、血闘奮戦のすえ、ことごとく討死にしたからである。ただひとり、一族の生き残りが鍋島藩の家老に伝ぜられ、四百年後、その末裔として執行草舟はこの世に生を享けたのである。

七歳で「膿胸の石化現象」という死病をわずらい、その奇跡的回復のあと、父の書棚から『葉隠』を抜き取って耽読したのが、一生の指針となった。武士道の奥義のみならず人生の秘義を伝える奇書――フランスでも三種の翻訳が出ている――の著者、山本常朝は、執行家と同じ九州佐賀の人であった。

三島由紀夫との出遭いの糸は、つとに幼時より…いや、生前より引かれていたとさえ言えよう。『葉隠』を我が唯一の書と公言し、『葉隠入門』のベストセラーを書いた三島由紀夫との間に、初手から同書をめぐり白熱の論議が交わされたのも当然であった。

わずか小学校五年で綴った「葉隠十戒」を呈して文豪に舌を巻かせたのは、祐輔青年のほうである。平和と民主主義たけなわの戦後日本で、死して生くるを生の至極と思いさだめる覚悟が、絶対の黄金律として、あらゆる差異をこえて二人の言問う士魂をむすびつけたのだった。

三島事件後、半世紀を経て書かれたとは言え、『永遠の三島由紀夫』は青春の書である。大作家を魅了したであろう瑞々しい息吹に全篇が満ち満ちている。その目にどのように執行祐輔は映じたのであろうと考えると、哲学者アランの言葉が思い浮かぶ。「アドレッサンとは、侮蔑し、憤り、責め立てる存在である」。ここは、どうしても、日本語で若者と言っただけでは足りない、全世界に対して「ノン」と言いうる、拒否の姿勢をとった若者という意味での、「アドレッサン」l'adolescentでなければなるまい。

老いを知らぬアポロンさながらのアドレッサンが満を持して放つ本書のメッセージとは、どのようなものであろうか。

執行草舟の著書の多くがそうであるように、これも「語り」の口調で呈されている。叙述は平易ながら説明的ではなく、時間軸の展開は直線的ではなく、螺旋的である。内的運命の探索者として、思想は見えない結晶軸を中心にぐるぐると回りながら伸開していく。特異の語法にやや戸惑わされないではないが、十分に味読するうちに、次第に透明な結晶軸は見えてくる。『永遠の三島由紀夫』のそれは、終末の救い――これではあるまいか。

実質わずか四年間の交流が実に終末思想を基軸としている一貫性に、われわれは深く印象づけられずにいない。「葉隠の同士として永遠の戦いを共にしよう」との師匠の言葉に始まって、「終末論に対する救いの思想として『豊饒の海』という題名を考えられ、そして内容を構築していったのだろう」との弟子の恐るべき明察に至るまで――。

武士道は死ぬことと見つけたりの許容においても、師弟は共通していた。青年は、独自の「破れ」理論をとおして、自身、のちの著述家としての大成に至る以前に、「啐啄の機」を求めて青春の懊悩の渦中にあり、著名作家は、もう日本人は文学を必要としていないと感じ、その中で創作を続けることに「計り知れない苦しみ」を生きつつあった。相寄る魂は、しかし、互いに支え合い、闇をでなく光を、終わりではなく初まりを求めつづけ、叡智と愛と憧憬に満ちた数々のエピソードは本書の譬えようなき魅力を構成し、その一つ一つが読者たるわれわれの感動を喚起してやまない。

恋に悩む青年に向けて、愛の深淵の描写にかけては天下一の日本人作家以外の誰が、こんな含蓄のある言葉を贈りえたであろうか――「君の中に巨大な〈沈黙〉を生み出すだろう。その〈沈黙〉が君の人生を創り上げる原動力となるのだ」と。

そして、あの若さで、執行祐輔以外の誰が、事もあろうに三島に向かって、「忍ぶ恋」を聖セバスチャニスムにむすびえたか。

現代においてまことに希少なこの魂の照応を筆紙に写しとるうえに、著者執行草舟は、なるべく直接語法の会話体を避けて本文中に師匠の名言をちりばめる風格ある方法を取った。本文はこれらの語録を元に、テーマチックに全八章に分かたれる。不条理に始まって、スサノヲの現成、ギリシャ的晴朗、アポロンの巫女、憧れに死す、王陽明逍遥、反文学論から、終末論に至るまで、三島文学の精髄を照らす八面鏡さながらに。

全体を通読して私は、何よりも執行青年の師匠に寄せる理解の深さに打たれた。「私は葉隠を信奉する者として、痛いほど先生の気持ちが伝わってきた」と述懐している。「本来は葉隠的な憧れに生

きるロマン主義的気質を強くもつ先生が、戦後という時代の変貌に合わせて自己を変革された」（第七章）

「私は、三島先生が絶望の淵にいると感じ続けていました」とも語る。「先生はすでに未来に行っていて、そこから現在を見ておられた」

世人は「三島事件」後、憂国の士三島由紀夫の予見性に驚かされつづけてきたが、弱冠十六歳の文学少年が、「絶望の淵」に立ってこそのヴォワイヤンス（透視力）であることを夙に見抜いていたのである。

草舟はこうも回顧する。

「世間の評価は置いておいて、魂的に見たときの各文学の意味するところを先生と二人で話し合ったのです」

魂的に見たとき…

両人がしばしば出遭ったのは、乗馬クラブのあった八ヶ岳の麓ではない。非時間の世界だったのだ。

それは、畢竟、心の場以外のどこであったろう。

しかも、そこは、荒寥と毀たれていた。

馬並めて二人が駆け抜ける高原はどこまでも青く澄めども、二人の心理は文明の墓地を見ていた。永遠なるバビロンの廃墟さながらの。

親子ほどに歳の違う作家とその心酔者は、終始決意した死と虚の語彙をもって語り合った。『葉隠』から『ヨハネ黙示録』に至るまでの。しかし、われわれを打つものは、「デ・プロフォンディス」（深淵より）虚無の終わりをまさぐる絶望なき姿勢なのである。

ここから引き出された三島の言葉、「生涯を賭けて最後に終末論的で、葉隠思想の未来に基づいた文学を世の中に残すことが、自分の決意なのだ」は、限りない重要性を持っている。『金閣寺』をもって人間の魂の敗北を描き、『朱雀家の滅亡』で魂の冀求を、『美しい星』で魂の勝利を描いたのちに『豊饒の海』へと進んだのだ、と――。


かくして本書は、三島文学の原風景を幾重にも重ねつつ不思議な内的構成を呈するに至った。目に見えず交叉する無数の波紋がレーザー光に照射されて一個のホログラムを現出するように、霊性世界でしか顕れない幻像が不意に立つのだ。

たとえば、十六歳の少年は、昇天する「かぐや姫」に永久に追いつけない夢を見つづけたあとに、導師三島由紀夫と出遭っている。

また、「飯沼勲」のモデルとも目されるこの少年と出遭ったあと、三島は、大神神社へと旅立ち、『豊饒の海』第二巻『奔馬』のヒーロー像を描きあげるに至る。

さらにまた、このような波紋の交叉が次第に輪を繰りひろげ、その大いなる一つがこのようにやってくる。一九六九年、日本でポール・ヴァレリーの訳詩集が出版され、時に十八歳の祐輔は特に「アポロンの巫女」に感動して、これを三島に語る。その翌年に、アポロ十一号が月に打ち上げられる。「こうして月の神秘を謳う〈アポロンの巫女〉と、私たちの現代的問題とが議論として浮かび上がってきた」のであった。

「このような符号は偶然のように見えますが」と回想は続く。「三島先生も私も大いに文学や言葉の霊力を信じていましたので、ただの偶然という風には捉えられなかったのです。（…）ただ単に月に物理的に到達するということではなく、人類の分岐点になると、三島先生も私もそう思ったのです。つまり物質文明が人間精神を冒す時代に入ったと…」

現代文学最大のミステリー、『豊饒の海』の起源について、「そうだ。『アポロンの巫女』は私の原風景の一つだ」との聞き捨てならない一語を、最後に若き祐輔は三島から引き出している。

波紋の最後の交叉は、三島自刃の報を受けた瞬間に戦慄的輪を広げた。執行草舟はそのとき、のちに彼の進路を決意させるスペイン思想家、ミゲール・デ・ウナムーノの名著『生の悲劇的感情』を読んでいる最中だったのである。

＊

時代は、巨視的に、あるいは心理的深層から見るならば、十九、二十世紀の断絶の認識を経て、和合の予感へと入りつつあった。失われた人間性の回復は宇宙との紐帯を再発見せずしてはありえない方向である。科学においては量子力学的世界観とともに、考古学上の「前文明」の発見が強烈に意識変革を促した。聖書の世界でカルデアと呼ばれたメソポタミアの地は、シュメールとなった。日本の縄文文化は、考古学上の資料から、いきなり、眩しいばかりの超現代的抽象芸術へと変身した。「もういい原始人は存在しません」と、ルーヴル美術館の地下研究所で二万七千年前のニオの洞窟壁画の研究を指揮する女性所長から聞かされたことを、私は生ま生ましく思いだす。

考古学=先史美術上の革新は、二十世紀初頭から「比較」の時代をもたらした。シュペングラーの

『西欧の没落』は十八世紀「光の世紀」以来の進歩主義史観を真っ向からくつがえし、逆に退化主義的文化の悲観論を生んだ。「西欧的普遍性」の神話は崩壊し、日本の人文科学研究に大影響を与えた。しかし、ひるがえって思うに、そこには、文明相互間の関係を終始、影響関係から見る偏重がありはしなかったか。フェルナン・バルダンスペルジェの『フランスにおけるゲーテの影響』が比較文学研究のモデルとされたように。

これを要するに、そこには依然として実在に対する合理主義的アプローチが大勢を占めていたといえるであろう。

しかし、これとは逆の世界観と接近法も存するのである。それは、合理よりも非合理、ドクトリンよりもヴィジョンを優先する道である。三島由紀夫と執行草舟の連帯(タンデム)の基をなすものはそれであり、そこに私は未来文明への先駆性を感じてならない。

祐輔青年が通常の文芸批評的観点で作品を論じたなら、巨匠の口唇から寛大の微笑は消えたであろう。『金閣寺』を、『美しい星』を、青年はカミュの『異邦人』と引き較べ、そこには共通に「敗れることによって得る真の復活と真の自由が描かれている」と述べ、この比較文学論を「先生はそれを包み込むような笑顔を絶やすことなく、私の考えを聞いて下さった」とあるが、実はこれは、アンチ比較文学だったのだ。

師弟連帯の正味四年間は『豊饒の海』全四巻刊行の年月でもあったことから、当然、執行草舟の視線は熱く同書に注がれるが、これを「霊性文明への入口」として捉えているところに私は非常な新味を感ぜずにはいられない。

この点については幾分のコメントが必要であろう（少なくとも私自身、この件で本書中にリファーされているので、なおさらに）。

霊性文明とは、歴史時代においては十二、三世紀に東西間（主に西洋と日本）に共通して浄土思想と聖フランチェスコ思想、武士道と騎士道の発祥を見たごとき、互いに影響関係なくして生々発展した類似的な文化形態として、いちおう定義されうるであろう。往古においては、ドイツの哲学者ヤスパースによって指摘された紀元前五世紀前後の「軸の時代」――釈迦からプラトンに至る賢者群を輩出した――もそれに当たる。諸宗教は、もちろんスピリチュアルだが、しかし霊性とは、そもそもその結果よりも起源に位置すると言いうるであろう。

三島＝執行の複眼が最終的に「縄文」へと注がれたのは、けだし、当然であった。『豊饒の海』創作をとおして縄文的息吹を文学の中に取り入れたいと師匠が言ったと草舟は記録している。

思えば、日本精神史は様々に書かれてきた。しかし、霊性史なるものはない。霊性史とは神話だからである。

究極的に、ふたたび天孫降臨をとの声――「叫び」――を、草舟は三島から聴いている。

ここから、最終行為、死の決行まで、一直線だった。

＊

直接的交流関係ではなく、意味をめぐる暗在系的波紋の交叉によってホログラフィックに立つのが、霊性世界である。物理的同時性ではなく、形而上学的共時性が、幻像を現出せしめる。

日本では三島由紀夫が『豊饒の海』で、フランスではアンドレ・マルローが『反回想録』で、それぞれインドの輪廻転生の世界を回ったのは、共時的である。三島とマルローの心酔者にしてバレエ界の巨匠、モーリス・ベジャールが、その創作バレエ『マルローの変貌』のフィナーレで「赤い風船を持つ少年」を出現させてマルロー復活を暗示し、三島が『天人五衰』創作ノートで、「何ものか」の生まれ替わりの象徴として「光明の空へと船出せんとする少年」と書き記したのは、共時的である。

霊界の「一眼居士」（鈴木大拙）スウェーデンボルグに先行され――三島はその熱心な追跡者だった――ボードレールの「コレスポンダンス」（照応）によって見事な詩形式を与えられ、ユングのシンクロニシティ理論によって科学の戸口へと入った暗合現象は、おそらく、二十世紀の不可知論文明を一歩先へと前進せしめるうえの必須の鍵を握っている。『豊饒の海』の複雑華麗を極める構成も、そもそもの発端は、一人の貴族の御曹司が見た一夜の夢にすぎなかった。それが如何なる現実に照応するか、世にも奇なる物語として発展していった。

＊

ヴィジョン優先のこうした新世界観を取り入れずして、今後、三島文学論はありえないであろう。本書の先駆性はそこに存する。

一種ユーフォリー（愉悦euphorie）の感情に、三島＝執行の灼熱光は満たされている。虚と終末の間を終始揺れ動きながら、そこには不思議にも、最終的に、ネガティブの感情はないのである。「ギリシャ的晴朗」と二人で呼び合う何かが、群雲を突き抜けた成層圏の深青（みさお）の色をたたえて広がっている。

一九七〇年五月、師匠から最後に電話で伝えられた言葉の意味も、それではなかろうか。受苦のギリシャ神話の意味を、それはくつがえす。玄々妙々の遺偈（ゆいげ）となったこの一言を伝えたことは、『永遠の三島由紀夫』最高の名誉に違いない。

その言葉とは、終章に示された「幸福なシジフォスを思い描かねばならぬ」というものであろう。カミュの『シジフォスの神話』に触発されたこの一言は、究極の三島思想は孤ならず、友愛を呼び寄せるということである。つとに三島は烱眼にも、「…死刑囚であり死刑執行人であることは、かつてボオドレエルが企て、二十世紀にいたって、マルロオの〈行為〉の小説がその一つの典型を打ち建てた、真に今日的な文学の困難な問題がここにある」（ジャン・ジュネ論）と見抜いていた。ボードレールも同時代から断罪され、多年、「アンニュイ」（憂鬱）の元祖、「呪われた詩人」と偏向視されてきた。だが、卒塔婆小町（そとばこまち）めいた美姫の死のおぞましさを歌った詩、「しかばね」は、実は「死の終焉を歌ったものである」とマルローに喝破されるに及んで、評価は一変した。しかして、死の終焉をもたらしたものは、凛として詩人の誇るポエジーの力そのものであった。

同様に、こんにち、われわれは、こう言いうるのではなかろうか。シジフォス神話に示される無限の受苦と、その極みとしての死とを、別のものに転ぜしめる「何か」がある、と。

三島由紀夫の自決、ひいては日本の武士道そのものがヨーロッパのエリートたちに与えた最大のショックは、受苦と死がニヒリズムに陥らないということの一点だったのである。

本書は、いかに三島が執行草舟の未来を先取していたかということを繰りかえし述べている。この思いは三島没後五十年の間に草舟自身の人生をとおして人体実験的に深められていった。殊に、知る人ぞ知る、城ヶ島での切腹未遂事件――「太陽との合一」――と、一年間日参した目黒不動尊での或る物怪のエピファニー（顕現）は、今の世の常識を突拍子もなくこえている。ましてや日本では、一個のミスティックとしての執行草舟のひととなりが容易には理解されがたい一面を雄弁に物語っている。

菌酵素学を素とした企業と、浩瀚（こうかん）な著述刊行による社会的成功は、こうした神秘体験ののちにもたらされたことであった。しかし、草舟は、このような事後体験については一言も本書で洩らしていない。

その必要はないと考えたのではなかろうか。

東京麹町に位置する彼の会社の最上階、宏壮な書斎の真正面に掲げられた扁額、凛乎たる「夏日烈烈」の書に、秘密はありそうだ。

若き祐輔にこれを揮毫したとき、希代のヴォワイヤン（幻視者）三島由紀夫はおそらく、その対句ともいうべき「秋霜烈日」の日の到来を予見していた。死へと、すなわち永遠へと向かう、そして辞世に歌うであろう《…幾とせ耐へて今日の初霜》の道を――。

墨痕の一瞬に、未来は玲瓏と映し取られていたのだ。

解題

救済の終末論へ

富岡幸一郎（文芸批評家）

令和七年一月十四日に、三島由紀夫生誕百周年を迎える。昭和四十五年十一月二十五日に東京市ヶ谷の自衛隊駐屯地において四十五歳で自決してから五十四年の歳月が過ぎた。

その誕生から百年、没後から半世紀余りの時間のなかで世界は大きく変わった。三島が二十歳のとき、この国は千年有余の歴史のなかで未曾有の敗亡を迎えたが、それを決定づけたのは人間が科学の名の下につくり出した悪魔の閃光、すなわち原子爆弾であった。三島の自決の前年にその人類は月に到達し、荒涼たる月面に人間の足跡が刻まれる。三島の死後、二十世紀末から情報技術の革命が世界を席巻し人類史の時空間は決定的な変容を遂げ、二十一世紀のＡＩの登場は、ユダヤ人哲学者ユヴァル・ノア・ハラリ（『ホモ・デウス』二〇一五年刊）が語った、人間（ホモ）が神（デウス）となる「人神」革命を生起せしめている。「神」の如き全能の理性を用いてこの世界を変革し続けてきた人間は、そのことによって今日、存亡の危機に立たされている。

伝えられるところによれば、三島は自決の日の朝に机上に、「限りある生命なら、永遠に生きたい」と書き遺したという。明治以降の日本の文学者として三島は生前も、そして死後も新しい世代の多くの読者の共感を得てその作品は読み継がれている。まさに「死後も成長し続ける作家」（文芸評論家・秋山駿）であり、彼が希ったとおり三島由紀夫は今日も「生きている」といってよい。いうまでもなく、それは小説・戯曲・評論などの多岐にわたる文業の成果の故であり、世界中で今日もその名声は高い。あの衝撃的な死を賭して、戦後の日本人の魂に訴えた憂国の思いが忘れ去られるはずもない。これも次の世代へと受け継がれている。

しかし、百年という歴史の尺度をもって三島由紀夫という存在を改めて捉えてみるとき、この二十一世紀の地平に、この作家は新たな相貌で蘇って来るように思われる。いや、現にここに蘇ったのだ。それは日本と世界の将来を正確無比な言葉で物語った三島由紀夫であり、その証拠こそが執行草舟の『永遠の三島由紀夫』に他ならない。

これまで幾多の三島由紀夫論を私も読んできたが、このように感動と戦慄をもって読んだ本は初めてである。本書の序章で記されているように一九六六年、執行氏は十六歳のときに作家と出会い以後およそ四年間、折あるごとに文学と思想、そして人生をめぐる透徹した議論を交わすことになる。三島の四十一歳から最晩年の四十五歳に当たる時期である。後でまたふれるが、『豊饒の海』の連載が始まり、『英霊の聲』を書き、死への疾走が開始される最重要の四年間である。かねてより私はこの四年間に三島由紀夫のあの自裁の秘密を解く鍵が全てであると確信してきたが、その封印されてきた秘密（いや、むしろ秘義と言いたい）が、ここに開陳されたのである。

一言でいえば、それは一人の天才的な小説家が、一つの民族の慟哭を告知する預言者へと変貌していく奇跡の証明である。

その前にしかし私は、まずもうひとつの奇跡を語らなければならない。正直に偽わりなくいうのだが、この驚愕は私自身の人生のなかでも稀有なものであった。日附は令和五年の十一月二十五日。第五十三回の「憂國忌」である。毎年この日には何人かの方々が登壇者として三島由紀夫について講演するのだが、没後五十三年の命日には執行草舟氏がメインスピーカーとして語った。本書でも述べられているが、三島の「天孫降臨の思想」についての日本民族へのメッセージである。これ自体大変興味深い驚くべき内容であったが、私の受けた衝撃はさらなる別次元にあった。

ライフワーク『豊饒の海』の最終巻『天人五衰』に関して、作家は当初構想していた結末とは異なるものを描いた。各巻の主人公が二十歳で死んで輪廻転生によって生まれ変わるというのが『豊饒の海』を貫くモチーフであり、四巻目の安永透は転生の証人たる本多繁邦の生涯の最後に出現する。自らを選ばれた人間であると矜持する少年は、贋物の転生であり、その傲慢から自殺未遂と失明という結末を迎える。見者として理性に生きてきた本多の老醜と衰亡する運命の子。最終巻において輪廻転生の夢は、安永透の現ずる五衰の相の忌まわしい不吉な闇に消えていく。かくして転生の環は最後に至って突如として絶ち切られる。この結末は創作ノートとは全く違う正反対のものであった。三島の『天人五衰』ノートにはこう記されていた。

《第四巻——昭和四十八年。

「本多はすでに老境。（中略）四巻を通じ、主人公を探索すれども見つからず。ついに七十八歳で死せんとするとき、十八歳の少年現われ、宛然(えんぜん)、天使の如く、永遠の青春に輝けり。（今までの主人公が解脱にいたって、消失し、輪廻をのがれしとは考えられず。第三巻女主人公は　悲惨なる死を遂げし也）

この少年のしるしを見て、本多はいたくよろこび、自己の解脱の契機をつかむ。

思えば、この少年、この第一巻よりの少年は、アラヤ識の権化、アラヤ識そのもの、本多の種子な

るアラヤ識なりし也。本多死なんとして解脱に入る時、光明の空へと船出せんとする少年の姿、窓ごしに見ゆ」》

創作ノートの「少年」は永遠の青春と光明の空へと船出するはずであったのに、『天人五衰』では暗黒と醜悪を体現する者として描かれる。しかし『豊饒の海』全四巻が構想されたとき、最初の結末こそが決定的に重要なものであったことは想像に難くない。そして作家は執行少年に邂逅したとき、彼を最終巻のモデルにしようと決心したのではないか。これが私の直観であった。啓示といってもいい。「憂國忌」の懇親会で執行氏と少しばかり話をする機会があったが、そのことは口にしなかった。帰宅して改めて『天人五衰』の創作ノートを読み、そして私の確信は動かなかった。翌朝、執行氏にメールで講演を通して自分が受けた感動を書き送った。本書第三章「ギリシャ的晴朗――自由への渇望」の「輪廻転生の少年」で執行氏が記されている通りである。このことは三島という作家が『青の時代』『金閣寺』『宴のあと』などの代表作で、作中の主人公を実在した人物や事件をモデルとし描いたという事例と並べて論じるべきものではない。それとは比較にならないほど重大な、『豊饒の海』と自裁への四年間を考えるうえで、つまり三島由紀夫という文学者がその最後に至り着いた場所と、そこから今日の我々にそして将来へと告げている預言を読み解くとき、きわめて重要かつ本質的な問題がここにある。

三島は、作品内の現実と作品外の現実を常に対峙させ対決させて、その二種の「現実」の拮抗の緊張感を持続させることで一貫して自らの文学と人生を築きあげてきた。とくに三十歳をこえてそれまで病弱であった自らの身体を鍛えて、肉体を獲得していった経緯については遺作エッセイ『太陽と鉄』に詳しいが、そこから作品外の現実つまり作家自身の存在（人生）は（そこには彼が刻々に生きていた時代が当然内包されている）、その作品の言葉と強い緊張関係を結ぶようになる。『金閣寺』はこの均衡が産んだ傑作であり、『鏡子の家』はこの拮抗が最大限に拡張された長編であった。そして『豊饒の海』はこの二種の「現実」の対立が最高度に交差しぶつかり合い昇華されるべきことを最終目標とした、文字通りのライフワークとなった。没後刊行の『小説とは何か』で、第三巻『暁の寺』を脱稿（昭和四十五年四月）直後の心境を三島は次のように吐露している。

《「豊饒の海」を書きながら、私はその終りのほうを、不確実な未来に委ねておいた。この作品の未来はつねに浮遊していたし、三巻を書きおえた今でもなお浮遊している。（中略）かくて、この長い小説を書いている間の私の人生は、二種の現実を包攝していることになる。バルザックが病床で自分の作中の医者を呼べと叫んだことはよく知られているが、作家はしばしばこの二種の現実を混同するものである。しかし決して混同しないことが、私にとっては重要な方法論、人生と芸術に関するもっとも本質的な方法論であった。故意の混同から芸術的感興を生み出す作家もいるが、私にとって書くことの根源的衝動は、いつもこの二種の現実の対立と緊張から生れてくる。そして対立と緊張が、今度の長篇を書いている間ほど、過度に高まったことはなかった》

もう一度この四巻が執筆された時期を想起していただきたい。『春の雪』の雑誌『新潮』への連載が始まるのは昭和四十年九月であり、この年の十一月には取材のため奈良の円照寺に行っている。そして翌四十一年は前述したように六月に『英霊の聲』を発表、八月に奈良の大神神社に参詣し、その後『奔馬』取材のため神風連の乱のあった熊本へと足をのばしている。十月に短編「荒野より」を発表し、林房雄との対談集『対話・日本人論』を刊行。このころに自衛隊体験入隊の意志を明らかにし、十二月には「楯の会」の母体をなす青年たちと知り合う。翌四十二年二月『奔馬』の連載が開始される。四月には単身で自衛隊に体験入隊し民兵方式による「祖国防衛隊」(翌四十三年に「楯の会」として結成)を構想する。このようにして自決に至る行動が始まっていたのである。作品外の「現実」は、一九六〇年代後半にかけて先進国では世界的に若者たちの既成の政治権力や文化への反乱が激化し、日本国内でも七〇年安保改定に向けて学生たちを中心にした新左翼運動が展開されていた。六〇年の安保闘争よりも過激化した革命への熱狂が、この国の歴史を揺るがすかも知れないという緊張感の高まりがたしかにあった。三島はあきらかにこの時代のアナーキーな昂揚感を鋭敏に察知しつつ、この「現実」の火炎の内に、自身の存在(肉体)を参加せしめる方途を模索し周到に(「楯の会」などを結成して)準備していた。

村松剛によれば、昭和四十二年の秋頃から、三島に『豊饒の海』第四巻の内容を訊ねると「昭和四十五年の安保騒動、おれが斬死する」と高笑いとともに語るようになったという(『三島由紀夫の世界』)。三島は学生の騒乱が内乱へと拡がることを期待し、自衛隊が治安出動をする直前にそこに「楯の会」が斬り込んで実質的な戒厳令下に日本を導き、憲法改正の機会が訪れるとの計画を立案していた。今日から見ればいささか漫画的なシナリオではあるが、半世紀前の日本は戦後の高度経済成長とその矛盾が様々なかたちで噴出していた時期であり、アメリカへの従属の象徴たる日米安保条約を破棄するという選択肢は、左右の政治思想をこえて、いまだ日本人の矜持には情熱としてあったのである。しかしこうした一連の学生たちの反権力闘争は、一般民衆から浮きあがったものとなり治安当局によって押さえこまれていく。三島が夢想的に期待したような動乱は起こらない。これは昭和四十四年の国際反戦デー（十月二十一日）の新宿駅周辺の学生騒乱が警察によって鎮圧されたことで、自衛隊の治安出動の機会は永久に失われたが、三島はその前年にすでにこの事態を予想し、自身の作品外の「現実」が急速にラディカリズムの鮮度を喪失し、のっぺりとした現状肯定の「日常」と化していくのを感得していた。

『小説とは何か』で第三巻を脱稿した直後の自分の心境を、だから三島は「不快」という言葉で繰返して述べたのである。

《私はこの第三巻の終結部が嵐のように襲って来たとき、ほとんど信じることができなかった。それが完結することがないかもしれない、という現実のほうへ、私は賭けていたからである。（中略）私の不快はこの怖ろしい予感（引用者注・作品内の「現実」に作者たる自分の人生も閉じ込められる）から生れたものであった。作品外の現実が私を強引に拉致してくれない限り、（そのための準備は十分にしてあるのに）、私はいつかは深い絶望に陥ることであろう。思えば少年時代から、私は決して来ない椿事を待ちつづける少年であった。その消息は旧作の短篇「海と夕焼」に明らかである。そしてこの少年時代の習慣が今もつづき、二種の現実の対立・緊張関係なしには、書きつづけることのできない作家に自らを仕立てたのであった》

ここには作家・三島由紀夫の嘘偽りのない告白がある。動乱の最中での「斬り死に」という椿事が現実として遠のいたとき、『天人五衰』の「光明の空へと船出せんとする少年の姿」は、安永透の魂の死んだ残酷な贋物としての余生へと描きかえられた。そして一方で「楯の会」単独による市ヶ谷事件が具体的に計画され挙行されたのである。
前置きが大変に長くなったが、『永遠の三島由紀夫』の解題を書くためには、ここまでの前提が必要となる。「執行草舟」がなぜ「安永透」へとならねばならなかったのか、それを説明するために他ならない。本書序章の「本音の対話」にあるように、三島は『春の雪』を書き終わり、『奔馬』へと歩みを進めようとしながら躊躇していたという。そのまま引用する。

《第二巻の『奔馬』の構想はできつつあったが、実際に書くかどうか筆を進めるか否かを、心底悩んでおられたのです。そのような文学上の悩みまで私が聞いたのは何か巡り合わせというか、信じ難いことでした。／しかし、その後さらに信じられないことですが、先生は私との出会いによって『豊饒の海』を完成させなければならない、と決意したと仰ったのです》

十六歳の少年に作家がこのように語ったこと自体がにわかには「信じ難い」というのであれば、それは違う。人間の魂の交流は年齢や世代、地位や立場をこえて互いの裸形の精神がぶつかり合うことであり、本書の全体から響いて来るものは、その至純の心の出会いが、人にとってどれほど大切で尊い価値を持っているかなのだ。執行氏が自身の半生を語った『おゝ ポポイ！ その日々へ還らむ』（二〇一七年 PHP研究所刊）を読むと、『葉隠』の思想を幼いときから信奉してきた氏が、「死ぬしかない状況」に自分が置かれて、城ヶ島の海辺で自決を試みたことが記されているが、それが『奔馬』の主人公・飯沼勲を彷彿とさせるのは偶然ではない。これも「信じ難い」ことかも知れないが、三島と出会うことで、ある意味では執行氏の半生は『豊饒の海』の作品内の「現実」を生きたことであったといっていい。逆にいえば『豊饒の海』は、『天人五衰』ノートに記された、この「少年」がもたらした不思議な光明によって最終巻まで導かれたのである。

《後に分かったことですが、当時、三島先生は激しい気性をもつ一本気な青年にものすごく興味を持って色々と取材されていたようで、一つの青年像を思い浮かべ想像し、それを自己の文学の中に落とし込もうと試みたようなのです。そのような時期に、私は三島先生と出会ったということです。激しく一本気な気性は良くも悪くも私の最大の特徴でした。そして飯よりも文学が好きだったことも、また私の個性だった。私は先生の文学を神の如くに崇め、そして先生は一つの「青年像」との邂逅を求めていた。先生と私の出会いは、後に考えれば、そのようなときに、「偶然」に出会ったのです》

執行氏が自覚されたように、この「偶然」が「必然」と化すのに大した時間はかからなかったのである。もちろんそれは、一人の人間の人生そのものを運命づけるような恐るべき「必然」である。附言すれば、三島が自身を「拉致してくれる」作品外の「現実」の地平で偶然に出会った「一本気な気性」の「青年」が、自衛隊で共に割腹自決する森田必勝であったのはいうまでもない。森田氏は弱冠二十五歳で死出の旅へと赴いた。執行草舟と森田必勝はしかし決して出会うことはなく、三島もまたこの二種の「現実」を自らの裡で決して混同することをしなかった。執行少年に三島が「楯の会」のことや政治（憲法改正のことなど）について全く語らなかったのは当然の理であった。そして執行少年との四年間にわたる「文学的交流」の内容も、昭和四十五年十一月二十五日という一日を死の押印として以後秘められたのである。

その封印が解かれるまで五十四年、半世紀以上の歳月を要したのも、これもまた偶然ではなく必然であったと私は思う。「憂國忌」への執行氏自身の登壇の機会もそのひとつのきっかけであろうが、何よりもこの半世紀の歳月が、冒頭に述べたように日本民族を、いやこの世界・人類そのものを絶望と危機の淵に立たしめるに至ったことが、その「必然」であったのではないか。三島由紀夫のまさしく預言を執行氏は託された人であった。深く長い沈黙を破ることをあらかじめ定められた人であった。

《私は長年に亘って、沈黙を続けてきました。それは先生への追悼の意も含め、時間を費やす必要が私にはあったからなのです。（中略）悶々と、なぜ先生が亡くなったのか考え続け、先生の文学のもつ憂国性と未来性を思案しながら生きてきたと言えます》

本書の最初で執行氏は、「なぜ、いま三島由紀夫か」を問い、その文学の「憂国性」が「未来性」へと救済の橋を架けていくことをこう明言する。「憂国」とはひとつの「国」だけを愛し憂うることではない。ナショナリズムでも国家主義でもない。人がこの世の不条理のなかで「生きるために死ぬ」という思想である。執行少年と三島由紀夫が『葉隠』をその魂の基盤とするところからあらゆる議論がたたかわせられていることはいうまでもないが、「生きるために死ぬ」ことを忘却したときこそが亡国であり、魂の死であることを、二人の対話は余すところなく伝えてやまない。平岡公威という名前の学習院の生徒が三島由紀夫のペンネームで雑誌『文藝文化』に処女作「花ざかりの森」を発表するのは、十六歳の折である。奇しくも執行氏が晩年の三島と出会うのと同じ齢であるが、「花ざかりの森」で描かれる「先祖との一体化」は、『豊饒の海』の輪廻転生と唯識論の哲学において宇宙的なスケールで展開される。四十五歳の若き文豪の魂は、十六歳のときの自分に、その少年作家のたおやかな心へと還流していく。「生きるために死ぬ」道を疾走し始めた昭和四十年から四十三年にかけて三島は『太陽と鉄』を連載しているが、そこで「文」と「武」の二元論を展開しつつ、人間精神が「終り」を意識することの重要さを示唆している。

本書はこれまで知られていなかった三島自身の自作への「読み」や、同時代の共振する文学家（高橋和巳や安部公房）たちへの評価、さらに折口信夫への異常な関心や、日本神話への三島の独自な解釈など、その驚くべき新事実には枚挙に暇がない。この半世紀にわたる厖大な三島文学研究に全く新しい頁を開いていくことになるだろう。解題者としてはその一つひとつを追いかけていきたいが、それは他日を期したい。

最後に申し述べたいのは、『太陽と鉄』で語られた「終り」の美学が、この二十一世紀で新たな光を受けてひとつの終末論の思想としてここに現出していることである。執行草舟は本書の最後で、三島文学を「真の最終文学」として位置づけて、その「霊性」の本源的な力を、人類史の構図の中心に透視している。「永遠」なる一語を「三島由紀夫」に冠した所以であろう。三島が語り遺した言葉――「我々は正義を振りかざして滅びる。我々は美しいものを追って滅びる。我々は、素晴らしいものによって滅びるのだ」。「聖性に向かうためには、いまよりもっと貧しく苦しく野蛮になって、人間の魂を磨かなければならないのだ」。何と深くそして恐ろしい言葉であろう。この文学的終末論を我々は今こそ必要としているのではないか。

［特別寄稿］ **竹本忠雄**（1932-）

日仏両国語での文芸評論家。作家。筑波大学名誉教授。フランス政府給費留学生として渡仏。ソルボンヌ大学に在籍し、ジャン・グルニエ教授に学ぶ。多年、アンドレ・マルローの研究者・側近として『ゴヤ論』『反回想録』の翻訳、『マルローとの対話』を出版。皇后陛下美智子さまの仏訳御撰歌集をパリで刊行。『未知よりの薔薇』（勉誠出版）の米寿記念刊行、日仏語で『宮本武蔵 超越もののふ』ほか『執行草舟の視線』（講談社エディトリアル）刊行。現在、『幽憶―新フランス詩華集―』（勉誠出版予定）と題し、霊性文明的視点から纏めたアンソロジーを鋭意翻訳、詩論執筆中。芸術文化勲章、コレージュ・ド・フランス栄誉賞、ルネサンスフランセーズ大賞（2024年）受賞。

［解題］ **富岡幸一郎**（1957-）

文芸批評家。中央大学文学部仏文科卒業。中学1年生のときに三島由紀夫の割腹自殺のニュースをきっかけに三島作品に触れ、文学に目覚める。大学在学中の1979年「意識の暗室 埴谷雄高と三島由紀夫」で第22回群像新人文学賞評論優秀作受賞（村上春樹氏と同時受賞）以来、45年にわたり文芸評論に携わり、研究を続ける。1991年にドイツに留学。2012年4月から2023年3月まで鎌倉文学館館長。現在、関東学院大学国際文化学部教授。著書に『使徒的人間 カール・バルト』（講談社文芸文庫）、『〈危機〉の正体』（佐藤優共著・講談社）、『川端康成　魔界の文学』（岩波書店）など。

執行草舟

（しぎょう・そうしゅう）

昭和25年、東京生まれ。立教大学法学部卒。著述家、実業家。生命の燃焼を軸とした生き方を実践・提唱している生命論研究者。また、独自の美術事業を展開しており、執行草舟コレクション主宰、戸嶋靖昌記念館館長を務める。蒐集する美術品には、安田靫彦、白隠、東郷平八郎、南天棒、山口長男、平野遼等がある。魂の画家・戸嶋靖昌とは深い親交を結び、画伯亡きあと全作品を譲り受け、記念館を設立。その画業を保存・顕彰し、千代田区麹町の展示室で公開している。

著書に『超葉隠論』『人生のロゴス』『草舟言行録』シリーズ（以上実業之日本社）、『生くる』『友よ』『根源へ』『脱人間論』（以上講談社）、『おゝ、ポポイ！』『現代の考察』（以上PHP研究所）など多数。

永遠の三島由紀夫

2025年1月14日　初版第1刷発行

著者　執行草舟

発行者　岩野裕一
発行所　株式会社実業之日本社
〒107-0062　東京都港区南青山6-6-22 emergence 2
TEL：03-6809-0473（編集）
TEL：03-6809-0495（販売）
https://www.j-n.co.jp/

印刷・製本　TOPPANクロレ株式会社
装幀　水戸部功
本文DTP　株式会社千秋社
編集協力　石井昌穂
校正　山本和之

 Printed in Japan　ISBN978-4-408-65121-7（第二書籍）